中文社会科学引文索引（CSSCI）来源集刊

U0743691

比较政治学研究

总第26辑

理论范式与国别政治

李路曲 ◎ 主编

天津出版传媒集团

天津人民出版社

图书在版编目（CIP）数据

比较政治学研究. 总第 26 辑 ：理论范式与国别政治 /
李路曲主编. -- 天津 ： 天津人民出版社，2024. 8.
ISBN 978-7-201-20609-7

Ⅰ. DO

中国国家版本馆 CIP 数据核字第 2024AF4499 号

比较政治学研究总第 26 辑 : 理论范式与国别政治
BIJIAO ZHENGZHIXUE YANJIU ZONG DI 26 JI: LILUN FANSHI YU GUOBIE ZHENGZHI

出　　版	天津人民出版社
出 版 人	刘锦泉
地　　址	天津市和平区西康路35号康岳大厦
邮政编码	300051
邮购电话	（022）23332469
电子信箱	reader@tjrmcbs.com

策划编辑	郑　玥
责任编辑	郭雨莹
封面设计	汤　磊

印　　刷	天津新华印务有限公司
经　　销	新华书店
开　　本	710毫米×1000毫米　1/16
印　　张	23.25
插　　页	1
字　　数	280千字
版次印次	2024年8月第1版　2024年8月第1次印刷
定　　价	96.00元

2024 年第 1 辑　总第 26 辑

Comparative Politics Studies No.26

主办单位

天津师范大学政治与行政学院

主编

李路曲

编辑部主任

佟德志

编辑部成员

高春芽　张三南　吕同舟　周幼平　李　辛

卷首语

比较政治立足世界视野，旨在对不同国家政治现象的相似性和差异性进行理论解释。中国式现代化既有各国现代化的共同特征，更有基于自己国情的鲜明特色。在这个场景中，比较政治能够产出政治发展与政治现代化方面的系统性知识，有助于完善现代化理论、推进世界现代化进程。围绕政治文化、国家建构、政党、国别研究等议题，本辑共收录十七篇文章。

理论研究是比较政治学发展的重要动力，本辑收录了两篇文章。郎友兴和王旭梳理了政治文化研究的四种范式，在对比分析其特点和缺陷的基础上，倡导一种强文化范式的政治文化研究新路径。解小宇和张三南论述了黎萨尔民族主义思想的丰富内涵，探究了殖民历史对菲律宾民族国家建构的影响，以期为后发多民族国家的国家建构提供启示。

在政党政治研究方面，王子琛和张长东基于唐斯选举模型与政党竞争现实发生偏离的问题意识，设计出一种理性行为动态模型，用于解释美国政党向极端立场靠拢的政治极化现象。李洋和臧秀玲考察了政党与派系分离的历史，认为英美两国分别实现了政党与派系在观念和经验上的分离。方彪和张鹏对技术革命驱动下西方"政党计算"图式进行了批判性反思。董经纬和高春芽通过阶级投票分析发现，英国呈现出从两党制向两个半政党制转型的趋势。徐贵和乔兆红从政治、经济和社会等维度剖析了"自我更新"与新加坡现代化的双向互动关系。郜浴日以 1989 年匈牙利拟定《政党法》圆桌谈判为案例，分析了政治转型和制度设计之间的复杂关系。陶夏楠梳理了"拜登经济新政"面临的诸多挑战，认为拜登政府试图通过经济上的左倾来"挽回"白人工人阶级选民的策略难以奏效。

国别经验是比较研究的基础,为比较政治研究提供丰富的实证素材。崔磊和卢凌宇运用预期效用理论解释缅甸军方干政行动,试图挖掘其背后的理性选择逻辑。沈欣基于约旦的案例,揭示了部落嵌入国家正式结构的机制,试图回应"部落作为传统社会组织如何影响现代国家构建"这一问题。杨蓉和杨绘荣关注选举的社会戏剧性,以 2022 年美国中期选举为例剖析了选举仪式的聚合逻辑。马天宇以泰国为个案,通过一套兼顾制度与主体维度的权威类型模型分析"国王困境"为何隐藏以及如何显现。程同顺等选取印度尼西亚作为案例,构建了"权力结构—精英行为—文武关系"的三维框架,用于考察文武关系背后的权力结构和精英行为。

关于比较政治学的前沿方法与议题,本辑收录了两篇文章。那传林聚焦当代俄罗斯学者对欧美比较政治学方法论的反思,论述了"政治事件"的理论和方法对实证方法和解释学方法的超越,进而对当代俄罗斯比较政治学研究的前景作出展望。刘博然从专业主义的角度切入,基于对美国城市经理制的历史考察,强调专业主义的治理逻辑演进呈现出再政治化的特性,同时还思考了城市治理中技术性与公共性的平衡问题。

秉持促进学科发展的理念和宗旨,本辑继续推出《中国比较政治学研究的新进展(2023)》,以期展现当年度中国比较政治学研究的整体图景。

《比较政治学研究》编辑部

2024 年 6 月

目　录

1 / 以新范式将政治文化带回政治学研究

郎友兴　王　旭

20 / "第一个菲律宾人"的想象与抉择

——黎萨尔民族主义思想及其对菲律宾民族国家建构的影响

解小宇　张三南

40 / 竞逐极端:一个政党政治极化的博弈论模型

王子琛　张长东

65 / "政党"与"派系"的分离:对英美政党起源的考察

李　洋　臧秀玲

86 / 政党的"计算"抑或"算计"的政党:

技术革命驱动西方政党政治发展新图式

方　彪　张　鹏

107 / 英国是否由两党制转向了两个半政党制?

——基于阶级投票视角的分析　　董经纬　高春芽

127 / "自我更新"与新加坡现代化的关系研究

徐　贵　乔兆红

146 / 匈牙利1989年拟定《政党法》圆桌谈判考察　　邰浴日

163 / 疏离与回归:美国民主党能否"赢回"白人工人阶级?　陶夏楠

179 / 理性选择与缅甸军人干政:基于预期效用理论的分析

崔　磊　卢凌宇

205 / 传统组织的现代性:约旦部落与国家构建研究　　　沈　欣

226 / 政治社会剧视角下选举仪式的聚合逻辑

——以 2022 年美国中期选举为例　　　杨　蓉　杨绘荣

246 / 权威类型、政体选择与"国王困境"

——以泰国为个案的研究　　　　　　马天宇

269 / 精英互动、文武关系与军人政权民主化

——基于印度尼西亚的案例研究　程同顺　肖伟林　许文英

- -

292 / "政治事件":当代俄罗斯比较政治学研究的前沿理论
　　　与方法研究

那传林

318 / 行政再政治化:美国城市经理制的专业主义及历史变奏

刘博然

- -

345 / 中国比较政治学研究的新进展(2023)

周幼平　李　辛　吕同舟

以新范式将政治文化
带回政治学研究

郎友兴　王　旭*

内容摘要　自政治文化成为明确的研究对象以来，其内部发展出不同的研究路径。在梳理国内外该领域研究脉络的基础上，可将其概括为文化史范式、国民性范式、政治发展范式和政治人类学范式。一方面，这些研究范式所探讨的政治文化意涵各不相同，且彼此间存在隔阂；另一方面，在社会科学文化转向的背景下，政治学的文化研究还面临着来自后现代主义的文化研究范式挑战，表现为对经典政治学概念解构做法与理论的微观化倾向。鉴于此，有必要提出新的范式，以应对上述问题与趋势。这一新范式不仅应充分考虑政治学的学科自主性，同时还应促进政治文化研究的发展。

关键词　后现代主义；强文化范式；政治学研究；政治文化；文化转向

* 郎友兴，政治学博士，浙江大学公共管理学院政治学系系主任、教授、博士生导师，研究方向为政治社会学、中国政治。王旭，浙江大学公共管理学院社会学系博士研究生，早稻田大学政治学研究科访问研究员，研究方向为政治社会学、比较政治学。

一、引言

　　1956 年,阿尔蒙德(Gabriel Almond)在《比较政治体系》的文章中首次使用"政治文化"(political culture)的术语,他将政治文化定义为个人政治行为的主观方面,用以替代"民族性""政治意识"等概念。[①]不过,这个定义似乎没有完整地展现出政治文化的丰富内涵以及它在政治学研究中的重要性。作为支配人类行为意义系统的重要成分,政治文化深刻地影响着人们的政治生活,就其社会学意义上的建构主义(constructivism)层面而言,它是一种主体间性(intersubjectivity)的意义呈现,它给予了政治共同体中人们政治行为的根本性动机安排,并决定着该共同体内部的权力与资源的分配。因此,无论在理论还是经验的层面上,政治文化研究的重要性难以被忽视,对政治文化的正确理解则成为这项工作的关键。

　　然而,近年来政治文化研究呈现出乏力的一面,[②]政治学者对于探讨政治文化持谨慎态度,这种谨慎可能源于两方面原因。首先,有人认为政治文化的概念难以与科学化相结合。其次,政治文化常常被视为一种附加的解释变量,仅用于分析那些难以明确界定的对象。这种谨慎态度根植于学术界对政治文化的一种误解,将其视为一个过于涵盖的术语,定义过于模糊,并缺乏一套统一而系统的社会科学研究范式来加以处理。由此导致研究方法繁杂化,理论之间的有效对话也变得越发困难,离科学化的目标变得越来越远。即便有学者试图进行科学化的尝试,但简化的研究方法却削弱了政治文化的丰富内涵。显然,这种长期以来的状态必然导致该领域缺乏学术共识,学术共同体内无法展开有益的对话,因而该领域的研究逐渐走向衰退不可避免。

---

① Gabriel A.Almond, "Comparative Political System," *The Journal of Politics*, 1956(18), pp. 391–490.
② 钱力成:《把政治文化带回来——文化社会学的启示》,《社会学研究》2020 年第 3 期,第220 页。

在接下来的各部分中，我们首先梳理政治文化研究领域的四种主要研究范式，概括每种范式的特点，并指出其缺陷。随后，本文试图提出一种政治文化研究的新范式，它是建立在对传统的政治文化研究路径的考察以及对社会科学的文化转向（cultural turn）反思的基础上提出的新范式，该范式要求政治文化研究需将文化因素当作独立的解释变量，并重新认识到诠释性分析方法在社会科学研究中的意义。此外，我们强调保持对经典政治学的充分尊重，并倡导学科自主性意识。

二、政治文化研究的四种范式

对政治生活背后的文化现象进行学理性分析的传统由来已久，[①]古人很早就关注到了政治文化的差异性现象，并对其进行学理性分析。先秦时期法家思想家韩非子就曾有过"凡治天下，心因民情"[②]的论断。儒家先人洞察到了文化与政治统治（治理）的关系，由该学派所创立的、历经几代思想家改造过的政治伦理学说至今仍深刻地影响东亚地区的政治与社会发展。无独有偶，古希腊时期的亚里士多德也曾总结出道德、习性等文化元素对于政体类型的影响，他认为善的城邦建立在善的公民基础之上。在亚氏学说那里，所谓的"政体"不仅是结构性的，它还包括政治结构背后的意义层面，即文化、道德情操等方面。[③]近代的法国思想家孟德斯鸠则详细分析了一个民族的普遍精神和道德习俗对其政治生活的塑造与影响。[④]由此可见，对政治文化现象的关注遍及中外学术传统。不过，使之成为一个明确的政治学概念并发展出自己的研究分支则是晚近之事。第二次世界大战（以下简称二战）后，在历史学、传播学、心理学、文化人类学等学科的启发下，

---

① 佟德志主编：《比较政治文化导论：民主多样性的理论思考》，高等教育出版社，2011年，第4页。
② 《韩非子》，中华书局，2010年，第681页。
③ ［古希腊］亚里士多德：《政治学》，吴鹏涛译，商务印书馆，1965年，第3页。
④ ［法］孟德斯鸠：《论法的精神》（上），张雁深译，商务印书馆，1961年，第19~29页。

政治文化研究取得了一定进展,并逐步演化为比较政治学一个分支。在这个过程中,政治文化研究分化出多种范式,本文择其最常见的四种范式加以讨论。

(一)文化史范式

受知识社会学的研究方法启发,政治文化史的研究范式主要关注政治与社会思潮的变迁过程,或称之为建构过程,①它以文本中心主义和历史主义为研究方法,就思想本身讨论思想,不涉及一般意义上的实证分析。与政治哲学研究不同,政治文化史路径不对思想进行价值判断,也不涉及政治应然目标阐述,它所关注的是某一政治共同体所呈现出的政治意义领域。不过,政治文化史有时也可被看作是对政治哲学的知识考古学研究,因为任何政治文化的产生都可以追溯至其意识形态层面的源头。因此,对政治文化史的研究就是考察政治思想、理念与价值如何在具体的历史过程中被接受、传承以及发展的知识社会学分析过程。

在《经济与社会》中,韦伯(Max Weber)考察了政治权力的合法性来源,他追溯了不同类型的统治秩序得以延续的政治文化(合法性)基础,并阐述了从克里斯马型权威到传统型权威再到法理型权威的政治文化变迁过程。②曼海姆(Karl Mannheim)通过对意识形态的考察,客观地分析了知识与存在的关系,他延续马克思的唯物史观,将政治意识形态看作是对客观政治结构的反映。③福柯(Michel Foucault)则对权力概念史进行谱系学式分析,并剖析了现代权力结构的政治文化起源。④东亚学界中也有政治文化史研究的传统,较为有代

① [美]彼得·伯格、托马斯·卢克曼:《现实的社会建构:知识社会学论纲》,吴肃然译,北京大学出版社,2019 年,第 3 页。
② [德]马克斯·韦伯:《经济与社会》,林荣远译,商务印书馆,2004 年,第 3 章、第 9 章。
③ [德]卡尔·曼海姆:《意识形态与乌托邦》,黎鸣、李书崇译,商务印书馆,2002 年,第 282~285 页。
④ [法]米歇尔·福柯:《规训与惩罚:监狱的诞生》,刘北成、杨远婴译,生活·读书·新知三联书店,2019 年。

表性的是儒学史研究领域。日本学者丸山真男通过对源于儒学的日本国学文化史梳理，提出了日本现代性思潮起源于德川幕府初期的假说。① 金观涛和刘青峰注意到中国近代以来知识分子们试图从传统中国政治文化中寻求政治现代性起源的意图，在此基础上论证了中国现代政治文化的意涵与结构性特征。② 刘浦江在《南北朝的历史遗产与隋唐时代的正统论》一文中则探讨了自南北朝时起、历经隋唐演化而来的"正统论"在不同朝代所经历的观念之争及其对政治统治所产生的影响。③

政治文化史研究范式所关注的是政治意识（思想）的传承过程，其考察对象是某个历史时期被建构起来的意识形态，它关注那些影响政治行为、政治过程的理念意识，因而该研究路径并不过多涉及规范性论述。因此，该范式为历史的政治过程提供了理念源头的意义分析，并追溯某个政治共同体所践行的政治文化的来龙去脉。但它也存在一些不足之处，首先，由于重视对政治文化脉络的考察，该研究范式不考虑政治变迁过程的现实维度，分析过程缺乏经验感，理论的解释性不够强，且难以证伪。因此，这些理论只能解释特定历史时段内的个案，无法拓展到其他案例进行考证。其次，这种政治文化研究范式缺乏具体的群体指向，无法具体明确文化的所属群体。换句话说，国家与社会的性质决定了维持两个领域的政治文化有所不同，即便是在同一社会内部，不同的族群、阶级、地域所划分的人群践行的政治文化也大不相同，将历史时期的某个政治共同体内的文化表述为某种单一的、无所不包的政治文化，忽视内各组成部分（如阶级、族群等）的相对隔绝状态或差异，这不免有化约之嫌。最后，这种研究范式容易将政治文化与政治哲学、思想史研究混为一谈。就学科取向的角度而言，政治学意义上的政治文化研究与思想史研究最明显的区别

---

① ［日］丸山真男：《日本政治思想史》，王中江译，生活·读书·新知三联书店，2000 年，英文版作者序，第 15~20 页。
② 金观涛、刘青峰：《中国现代思想的起源：超稳定结构与中国政治文化的演变》，法律出版社，2011 年，第 163~169 页。
③ 刘浦江：《正统与华夷：中国传统政治文化研究》，中华书局，2017，第 7~30 页。

在于前者的目的是致力于对群体的主体间性进行科学的诠释性分析（interpretive analysis），不涉及应然层面的讨论，这就要求研究者在分析时需避免带入主观价值判断。政治文化史研究时常会有意无意地模糊掉政治文化史与思想史的界限，将文化史的知识考古研究等同于思想史研究，这样的做法可能会引发该领域研究的语义混乱，将应然性带入了政治文化的实证分析中，必然偏离了政治文化的科学目标。

（二）国民（民族）性范式

该范式的兴起与近代民族国家的兴起有关，聚焦于现代国家中的集体社会心理学议题，始于马基雅维利和托克维尔，并在韦伯那里得到了进一步拓展。通过对君主与公民的性格分析，马基雅维利讨论了君主统治术与共和政体的可能。[①]托克维尔采取实地调查（field-work）的方式洞察美国基层社会的民情，总结了美国民主制度的政治文化基础。[②]韦伯则聚焦于对宗教的文化史考察，并从群体精神分析路径阐述现代资本主义国家在欧洲起源的原因。[③]近代中国的启蒙思想家们则从东西方国民性的差异考察着手，试图通过对本国国民性进行反思性批判来推动社会变革，例如，梁启超、陈独秀、胡适、辜鸿铭等人分别从不同角度剖析了中国人的集体特性。而二战结束初期，对战争进行反思的潮流引来一批学者讨论国民性与战后国家建构和国家转型的问题。在备受关注的著作《菊与刀：日本的文化类型》中，本尼迪克特（Ruth Benedict）进行了一项关于美国日本社区的田野调查，以"他者"的身份来审视日本人的品性。她深入阐述了日本人的群体特征，从而为今后人们对日本人的认识提供了重要的结论。[④]此外，还有一部分学者试图以国家为分析单位，分别探讨不同国家的国民

---

①　［意］尼科洛·马基雅维里：《君主论》，潘汉典译，商务印书馆，2017 年。
②　［法］阿历克西·德·托克维尔：《论美国民主》，董果良译，商务印书馆，2017 年。
③　［德］马克斯·韦伯：《新教伦理与资本主义精神》，阎克文译，上海人民出版社，2018 年。
④　［美］鲁思·本尼迪克特：《菊与刀：日本的文化类型》，何晴译，浙江文艺出版社，2016 年。

性特征与政治变迁过程的关联。①

　　目前，这一研究范式因其丰富的文本构建和浓厚的人文主义特质而受到广泛欢迎。不过，该范式对于民族(国民)性是如何产生的问题所给出的答案往往充满了神秘主义色彩，并将民族性简单地概念化，缺乏对其丰富的内涵进行足够的剖析与解释。此外，与前一范式相似的不足之处在于，当这些无所不包的群体心理学理论在解释特定的子群体社会心理特征时，就会显示出其乏力的一面。例如，《菊与刀：日本的文化类型》中所反映的日本民族性是否也包含了冲绳或北海道地区少数族裔的族群性？答案显然是否定的。同样需要指出的是，这种群体心理学分析的另一明显缺陷是它试图将历史时间冻结，采取静态的文化史观来解释文化，把现实的社会变迁因素排除在分析之外，忽视了文化的再生产过程。从方法论的角度看，这种不够严谨的心理学分析方式难以符合社会科学研究的规范。尽管民族性范式对研究者的个人洞察力提出了高要求，但其结论往往带有较强的个人主观色彩，因此难以满足政治学实证主义的要求，进而不利于政治文化研究的科学化发展。

（三）政治发展范式

　　二战后的新生民族国家建构呈现出步履艰难之迹，政治学逐步摒弃旧制度主义的传统，转而去探究这些国家在政治发展过程中所呈现出的乱象背后的文化因素。在行为主义科学的影响下，比较政治学领域出现了政治发展的文化研究范式。阿尔蒙德和维巴(Sidney Verba)率先开辟了这一政治文化研究范式。在《公民文化：五个国家的政治态度和民主制度》一书中，通过对五个国家(美国、德国、英国、意

---

① 这方面的研究参见 Fagen R, *The Transformation of Political Culture in Cube*, Stanford: Stanford University Press, 1969; Tucker R, *Political Culture and Leadership in Soviet Russia*, New York: Norton, 1987; Nikolai P. Popov, "Political Views of the Russian People", *International Journal of Public Opinion Research*, 1992, 4 (4), pp. 321–334; Lipset S, "Pacific Divide: American Exceptionalism –Japanese Uniqueness", *International Journal of Public Opinion Research*, 1993, 5(2) pp. 121–166。转引自胡鹏:《政治文化新论》，复旦大学出版社，2021 年，第 6 页。

大利、墨西哥)的五千个样本数据分析进行分析,他们提出了公民型、臣民型和村民型三种理想类型的政治文化，分别代表了三种对政治体系的认知、情感与评价方式,这三个要素之间不同的组合比例是解释这些国家政治发展差异的原因。①帕特南(Robert Putnam)则发现了意大利南北部的政治发展差别，通过对意大利近二十年的公民政治态度追踪调查,他提出社会资本理论(social capital theory),用以解释意大利南北部制度绩效所呈现出的差异。②在世界价值观的调查中,英格尔哈特(Ronald Inglehart)强调了经济发展对于现代政治价值观的影响,同时他也指出了代际差异(intergenerational gap)与公民价值观之间的相关性。③鲁恂(Lucian Pye)则注意到了政治发展过程中的合法性危机问题，他认为现代民族国家的建构需要建立在民主制度的基础之上才能走向政治稳定,因而需要经历六大阶段,每个阶段分别对应着不同的危机,即认同危机、合法性危机、贯彻危机、参与危机、整合危机、分配危机。④

　　该范式的重点是政治发展问题，特别关注世界各地民主制度的演变。它将公民文化与政治制度的建构联系起来,致力于建立二者之间的因果关系。然而,进入 21 世纪后,这一路径开始显露出乏力的迹象。避开外部因素不谈,如民主衰退等,这种趋势的出现与该路径自身的特性有关。虽然通过对公民文化的考察,阿尔蒙德和维巴的研究在一定程度上证实了某种简化的政治心理学因素与现代民主体制的相关性。然而实际情况是,两者之间的因果联系并没有他们所认为的那么强烈,例如,采用经济发展的变量来解释这些国家的差异可能更具说服力。同时,从方法论的角度来说,对个体层面政治态度的问卷考

①　[美]加布里埃·阿尔蒙德、西德尼·维巴:《公民文化:五个国家的政治态度和民主制度》,张明澍译,商务印书馆,2014,第 350~357 页。
②　Robert D. Putnam, *Making Democracy Work:Civic Traditions in Modern Italy*,Princeton:Princeton University Press,1993,pp. 260-282.
③　Ronald Inglehart, "The Silent Revolution in Europe:Intergenerational Change in Post-Industrial Societies,"*American Political Science Review*,1971(64)pp. 991-1017.
④　[美]鲁恂·派伊:《政治发展面面观》,王元译,天津人民出版社,2009 年,第 80~85 页。

察结果并不能完整地反应出集体层面的主体间性。并且,该范式将文化看作是一种简单的问卷选项,对于文化的定义也模棱两可,对公民文化的具体意涵缺乏更为详尽的阐述。因此,这种行为主义倾向的研究范式对文化的研究在多大程度上能够站得住脚,至今仍受到学界质疑。

此外,由于这类主题聚焦于世界各地区的政治现代化进程,该范式显现出较强的线性目的论影子,它们将西方自由民主制度的内容不假思索地用于分析发展中国家的政治发展现状,因而常常忽略掉政治发展的其他面向。正如杜赞奇(Prasenjit Duara)对线性式中国近代史研究所作出的批评:中国近代史学"对现代性的表述(相对于封建迷信而言)不仅掩盖了一个复杂的社会世界,而且还掩盖了自身意义的变化"。[1]更有人将这些研究归类为"欧洲中心主义"(eurocentrism),指责其完全忽视掉了东方文化的价值。[2]

(四)政治人类学范式

就社会科学意义而言,人类学主要的研究对象就是异文化。在20世纪初,政治人类学的研究对象很明确,作为为殖民政策提供最有"情报"价值的人类学研究分支,政治人类学关注到了殖民地异文化社会的政治惯例(法律)等方面,借助这些知识,殖民当局获得了统治当地的"合法性"。但这种情况有时候也是棘手的,尤其是在那些政治化水平"较低"的社会里。在非洲,普里查德(Evans Pritchard)所描述的努尔人部落社会是一个"裂变分支"(segmentary)型社会,在这种有序的无政府状态下,普里查德将这种家族裂变分支的结构看作是努尔人社会的文化传统所导致的结果。正是在其作用之下,努尔社会结构呈现出相对和平与稳定的状态。[3]不过,后期的普里查德并不接受将

---

① [美]杜赞奇:《从民族国家拯救历史:民族主义话语与中国现代史研究》,王宪民等译,江苏人民出版社,2020年,第10页。
② Edward W. Said, *Culture and Imperialism*, New York: Vintage Books, a division of Random House, Inc, 1993, pp. 234–235.
③ Evans Pritchard, *The Nuer: A Description of the Modes of Livelihood and Political Institutions of a Nilotic People*, Oxford: Clarendon Press, 1940, pp. 190–191.

自己的研究当作是殖民主义工具的批评声，他在伦敦的后半生学术工作是反思自己早期的田野调查，并试图与政治学进行理论对话。詹姆斯（Wendy James）将早期人类学界出现的这种两难窘境描述为"不情愿的帝国主义者"。[1]二战后，政治人类学的研究逐渐演变成研究者对自身熟悉的政治生活进行理论性反思的一种路径。利奇（Edmund Leach）对缅甸高地诸多政治体系的权力结构作出了精彩的分析，从文化的角度出发，他提出了钟摆模式和动态平衡理论来描述这些地区的政治结构的变迁过程，[2]这个理论极具颠覆性，向长期以来支配人类学界的结构功能主义（structural functionalism）本体论发出挑战。在《尼加拉：十九世纪巴厘剧场国家》一书中，格尔茨（Clifford Geertz）通过对巴厘岛的仪式与身份考察，描绘了一种曾经存在于南太平洋的历史国家形态，并将它与现代民族国家的结构进行对比。与现代民族国家不同的是，边界、民族、法律等现代国家的要素并非 19 世纪剧场国家统治的核心内容。相反，这些国家的结构更多地由地位、礼仪，以及形象等文化因素的传承维持。[3]斯科特（James Scott）则注意到了一种与现代社会运动不同的传统阶级斗争方式。通过对东南亚乡村农民群体的研究，他发现这一地区的农民具有特殊的反抗文化传统，即以消极的方式来对抗阶级剥削。他们的目标并非推翻剥削制度，而只是遵循一种长期传承的生存策略。[4]他的理论挑战了马克思的阶级斗争学说的同时，也启发了社会运动对于微观权力互动的关注。在这个时期，政治人类学研究逐步走向文化相对主义（cultural relativism）立场，褪去了早期的殖民主义色彩。

---

① James Wendy, "The Anthropologist as Reluctant Imperialist", in *Anthropology and the Colonial Encounter*, edited by Talal Asad, Ithaca Press, 1973, pp. 41–69.
② ［美］莱曼、张文义：《利奇克钦模式的得与失》序，载［英］埃德蒙·利奇：《缅甸高地诸政治体系：对克钦社会结构的一项研究》，杨春宇、周歆红译，商务印书馆，2010，第 11~14 页。
③ ［美］克利福德·格尔茨：《尼加拉：十九世纪巴厘剧场国家》，赵丙祥译，上海人民出版社，1999，第 145~148 页。
④ ［美］詹姆斯·斯科特：《弱者的武器：农民反抗的日常行驶》，郑广环、张敏译，译林出版社，第 269~295 页。

　　政治人类学对异文化社会所做的政治文化剖析，启发主流社会重新审视政治"常识"，它致力于对那些已熟知的政治概念、常识进行解构分析并重新阐释，迫使我们不得不重新思考国家、权力、阶级、政府、统治等经典政治学概念的意涵。同时也告诫学者们时刻警惕文化的冲突，关注到地方性知识（local knowledge），①并采用谦卑的文化相对主义视角去研究其他社会的政治现象。不过，自社会科学的文化转向以来，政治人类学在理论建构方面已经逐步呈现出乏力之迹。在全球化的背景之下，那些曾经相对封闭的政治共同体已被卷入现代化这一不可避免的历史洪流中，异文化现象式微，人类的政治生活也变得相对同质化，因此人类学家不得不将其目光转入现代社会。并且，受后现代主义思潮与文化相对主义倾向的双重影响，政治人类学研究也逐步偏向解构视角。因侧重于对经典政治学概念的批判与重构，政治人类学也一直在试图与政治学划清界限。在这种趋势下，政治人类学研究不可避免走向了文化研究的批判路径，与政治学之间的有效对话也越来越少。此外，受到文化转向的影响，人类学仍在科学主义与人文主义之间摇摆不定。当代人类学民族志（Ethnography）的写作强调对文化意义的解释，突出了作者主观性意涵，导致对实证主义方面的关注减弱，文化解释往往演变为文化主观解读。人类学的研究日益向人文主义方向发展，而科学民族志似乎已经变成了乌托邦。

三、迈向政治文化研究的文化科学范式

　　文化向来都是人文学者所青睐的研究对象，他们善于处理文化的丰富内涵，因而对于文化的理解也各不相同。相反，社会科学研究则对文化持有的偏见态度，典型做法就是将其看作是难以处理的对象，进而对文化闭口不谈，或将其看作是结构性要素的产物，让文化

---

① Clifford Geertz, *Local Knowledge: Further Essays in Interpretive Anthropology*, New York: Basic Books, 1983, p. 167.

充当附属的解释变量。①这种错误的文化观一直存在,导致社会科学领域的文化研究被边缘化。不过,随着后现代主义的兴起,对现代性的批判与反思迫使学者们不得不采取文化多元主义的视角来分析社会。在此趋势下,社会科学研究出现了文化转向趋势,文化研究开始从传统的哲学与文化史学的研究取向转为科学的取向。②而且,经济全球化与后现代社会的到来并没有消除人类社会的文化差异现象,相反,却带来了层出不穷的传统文化回潮、亚文化涌现,甚至文明的冲突景象。在这样的背景下,文化科学研究应运而生。在这一语境下,有必要重新纠正以往的错误做法,为政治文化的科学研究范式做出努力。因此,本文将从以下三个维度出发倡导一种新的政治文化研究范式。

(一)以诠释性分析为方法

在文化转向前,社会科学领域多将文化当作附属的解释变量研究,这些研究归位为弱文化范式(weak program)。③一种典型的弱文化范式来自于西方的新马克思主义者。对他们来说,文化作为上层建筑的内容,受制于经济因素,文化本身不是结构性力量的决定因素;另一种典型的弱文化范式来自韦伯式的国家研究。对于韦伯及其追随者来说,文化因素在分析前现代国家和非欧洲国家的议题中十分重要,但在解释现代国家时,其作用并不明显。因此,"国家中心学派"倾向于将文化视为结构性因素的附属品,④或将文化置于国家形成之后

---

① George Steinmetz, *State/Culture: state-formation after the cultural turn*, Ithaca: Cornell University Press, 1999, pp. 2–3.

② 周怡:《文化社会学的转向:分层世界的另一种语境》,《社会学研究》,2003 年第 4 期,第 13 页。

③ Jeffrey Alexander, Philip Smith, "The strong program in cultural theory", in *Handbook of Sociology Theory*, edited by Jonathan H. Turner, Kluwer Academic/Plenum Publisher, 2002, pp. 135–150.

④ 这方面的研究参见 Peter Evans, eds., *Bringing the State Back In*, Cambridge: Cambridge University Press, 1985.

的分析对象。①虽然这两种处理文化的手段并没有忽视对文化的讨论,但它们缺乏对文化要素进行充分的分析,未能视文化为独立的解释变量。相较于此,文化转向之后,一些研究开始强调文化在国家建构(state-building)中的作用,将文化因素当作解释变量来解析现代国家形成的复杂过程。亚当斯(Julia Adams)开始对早期欧洲现代国家建构议题中的理性选择视角进行批判,他认为理性选择分析只关注到了国家建构者的偏好追求结果,但忽视了对这种偏好认知来源的考察,而文化则是塑造这些偏好的根本性因素。②迈耶(John Meyer)致力于推动一种"普世政治文化"传播的国家建构分析方法,她指出,"普世宗教"在近代化早期发挥了世界文化的作用,并总结了国家政治精英采用"世界意识形态"强化现代国家同构性的现象。③而在对尼日利亚的国家建构过程进行考察时,阿普特(Andrew Apter)则细致地揭示了文化与现代国家形成之间的辩证关系,他认为即便后殖民时代的尼日利亚试图找到一种前殖民时期的政治文化传统来凝聚各族群以阻止国家内部的分裂,但却始终无法摆脱从殖民时代继承下来的文化因素的束缚。④这些研究回溯了文化在政治变迁中的重要地位,注意到了文化要素在国家形成过程中的主导作用。在这些研究中,文化不再作为一种附属于结构性元素的变量,文化作为单独变量的解释力得到增强。因此,可将其称为政治文化研究的强文化范式。

　　鉴于此,本文在这里所要提倡的是一种以政治文化为解释变量的强文化研究范式,拒绝将文化当作其他变量附属品的做法。这项工

① 这方面的研究参见 Bruce G. Carruthers, "When is the State Autonomous? Culture, Organization Theory, and the Political Sociology of the State," *Sociological Theory*, 1994(12).

② Julia Adams, "Culture in Rational-Choice Theories of State-Formation," in *State/Culture: state-formation after the cultural turn*, edited by George Steinmetz, Cornell University Press, 1999, pp. 98-118.

③ John W. Meyer, "The Changing Cultural Content of the Nation-State: A World Society Perspective," in *State/Culture: state-formation after the cultural turn*, edited by George Steinmetz, Cornell University Press, 1999, pp. 123-139.

④ Andrew Apter, "The Subvention of Tradition: A Genealogy of the Nigerian Durbar," in *State/Culture: state-formation after the cultural turn*, edited by George Steinmetz, Cornell University Press, 1999, pp. 213-249.

作主要通过诠释性分析方法来完成,它与实证主义方法不同,后者遵循演绎方法,例如实验室实验和调查研究,它是专门用于理论(或假设)测试的社会科学方法;而诠释性分析则主要通过归纳方法来达成解释科学的目标,例如,采取民族志的方法。在实证主义方法中,研究者的一半做法是从理论开始,通过经验数据来验证其理论假设;而在诠释分析的方法中,研究者则由经验现象开始,从观察到的有意义现象中推导出与该现象相关的解释性理论, 该过程是基于这样的认识论假设前提,即发生的社会现实不是单一的或客观的,而是由人类经验及其社会背景(本体论)塑造的。因此,研究者最好在其社会历史范围内进行理解性研究。

通过对不同参与者主观解释(认识论)的协调来重现社会互动过程,其方法论假设的基础为:采取诠释性分析的学者认为社会现实是嵌入在他们的社会环境中并且不可能从他们的社会环境中抽象出来的,所以他们通过"意义建构"过程而不是假设检验过程来"解释"现实,[1]这正好与实证主义的做法相反。根据实证主义范式要求,其假设是相对独立于社会事实所发生的背景,且从中抽象出来的,在此基础上采取标准化测量等客观技术手段来进行研究;而诠释性分析方法则是采取理论抽样的策略,根据理论来选择田野点、受访者,这与实证主义的抽样以达到普遍性目的的做法不同。此外,这种诠释性分析是基于整体式和情境式的,它拒绝还原主义和孤立论的做法,并侧重于从社会事实参与者的角度关注语言、符号和意义的阐释,这与实证主义研究中大量采用的统计方法形成鲜明对比。

因此, 强文化范式的政治文化研究除了把文化当作解释变量之外,它还要求对文化进行诠释分析。文化构成人类社会主体间性的内容,且赋予了人类行为的意义,强文化范式通过对文化意义阐释的方式来推动因果关系的发展, 并突出文化因素在社会与政治变迁过程

---

[1]　Anol Bhattacherjee, *Social Science Research: Principles, Methods, and Practices*, California: Createspace, pp. 103–104.

中的主导作用。在这里,文化为人的日常政治活动及制度创新提供动力,触发人类的能动性(agency),并影响结构再生产和结构转型的过程,[1]它类似于一个"工具包"(tool kit),囊括了社会生活中人类所能认知的习惯、技能和行为风格,[2]它所蕴含的意义成为人类行动的指引,并在特定的历史时空里制度化和普遍化为文化结构并塑造行动者的行为。需要指出的是,我们在此所呼吁的强文化范式与政治发展的公民文化研究取向基本没有关联。就本体论意义而言,强文化范式的研究更多地从社会学和人类学,而非行为心理学的学科视角出发,它需要明确文化的具体社会内涵,从建构主义的视角来分析文化的意义,并突出文化作为自变量的地位。而在政治发展的文化研究中,政治文化充其量是一种对个人政治态度的调查结果叠加起来的政治心理学概念,它粗略地解释了个人偏好行为,但没有深刻描绘出偏好背后的"意义之网"。[3]

(二)重新理解文化

我们之前指出,社会科学领域对文化概念一直存在某些误解,这种错误的文化观可以总结为以下四类:第一,混淆文化与文明的意涵,将文化等同于文明;第二,将文化分析看成一个静态的过程,忽视文化的变动性方面,陷入了"文化决定论"的陷阱;[4]第三,模糊文化分析的层次,将部分的文化看成整体的文化;第四,把文化看作是一个内生的独立系统,对文化的交流与传播过程视而不见,进而导致文化分析缺乏比较文化视野。鉴于此,政治学有必要重新认识文化,明确政治文化的意涵与特质,厘清政治文化的研究对象,它是政治文化研究复兴的重要议题。因此,政治文化应当被看作是政治行为体间主体

---

① [美]小威廉·休厄尔:《历史的逻辑:社会理论与社会转型》,朱联璧、费滢译,上海人民出版社,2013,第155~159页。

② Ann Swidler, "Culture in Action: Symbols and Strategies", *American Sociological Review*, 1986(51), pp. 273–286.

③ [美]克利福德·格尔茨:《文化的解释》,韩莉译,译林出版社,第5页。

④ 秦晖:《公平集》,新华出版社,1998年,第133~144页。

间性的意义呈现,借用比较政治文化学者罗斯(Marc Ross)对文化的定义:政治文化是人们用来处理纷繁的日常生活的政治意义系统,是人们处理周围事物的社会和政治身份的基础,同时也是人们用来组织时间、定位自我与他者的关键,同时它也赋予个人或集体采取政治行动的动机源泉,并将集体身份与政治行动相联系起来,它是促使部分政治行动得以完成,而一些政治行动无法实现的根本原因。①依照此定义,政治文化是理解个体或集成政治行动的关键,因而它就成为亟须被阐释的对象。在明确了政治文化的基本意涵后,还需要注意以下几个方面,以明确政治文化研究的规范,从而促进实现政治文化研究的科学化目标。

首先,需要明确文化的特殊意涵。就文化和文明的概念而言,其差异性大于重叠性,一言以蔽之,文明分析是带有一定的价值判断色彩的研究,而文化是一个价值中性的概念。从科学主义的视角来说,政治文化研究要求研究者本人持价值中立立场,在田野工作中需坚持文化相对主义的原则,以一种文化科学方法来对文化展开解释学工作。

其次,研究者需将政治文化当作一个动态的过程来分析。政治文化并不像文化史学派的一些学者所描绘的那样,它不是一套静态的文化结构,文化的生产与发展是一个不断更新变动的动态过程。在某些历史时刻,行动者的能动性会重塑文化,文化的再结构化过程得以完成,一套新的意义价值体系将发挥其社会学意义的指导作用。所以,对政治文化的考察不仅要注意到社会结构稳定时期的文化结构,也要关注变动时期文化结构再生产过程。

再次,政治文化研究要明确其文化分析对象的范围(如某个族群、国家等),它也需要意识到政治共同体内文化多样性的存在,从多样性中归纳出共性,并对这种共性的文化现象进行抽象"解码",进而提出一种以政治文化为解释变量的分析理论。

---

① Marc Howard Ross, "Culture in Comparative Political Analysis," in *Comparative Politics : Rationality, Culture and Structure*, edited by Mark Irving Lichbach, Alan S. Zuckerman, Cambridge University Press, 2009, p. 134.

最后,政治文化研究需秉持比较视野。一般来说,对政治生活的文化现象考察的问题意识源自对差异性现象的发问以及寻求差异性的文化解释。差异性发问是进行社会科学研究的重要开端,而发问的核心在于研究者对差异性现象的洞察力。①而依照本文的要旨,政治文化的差异造成了不同政治共同体间的结构性安排。因此,从认识论的角度来看,研究者对某种政治现象产生困惑背后所反映的是他的政治生活经验和认知与陌生世界的政治安排的碰撞过程。借鉴人类学的做法,研究者需要跳出自己的认知框架,以理解不同的政治文化现象,并从这种差异性中发现理论。

(三)增强学科自主性意识

在强调一种强文化范式、呼吁重新认识文化的同时,我们还应注意到目前学界存在的另外两种现象,即概念的分化与研究议题的逐步微观化。这两种现象出现的背景有一定的相似性,它们均受后现代主义(postmodernism)理论的影响。在这种趋势下,政治文化研究逐步走向解构主义与微观化。对权力的研究从国家、政府等部门转移到了亚文化群体、监狱囚犯等微观社群(如霍尔、福柯等人的研究),这些学者将传统政治学的研究称为"文化霸权"(cultural hegemony)的建构过程,②因而他们极力想摆脱掉经典政治学的理论与概念的"束缚"。通过对经典政治学话语的解构与再创造,他们重新定义国家、权力、法律等经典政治学领域的概念。这些研究将政治分析泛化到人类生活的每一个层面,并把政治学研究引入了虚无主义立场,通过制造新术语新理论来挑战传统学科的权威,并模糊概念之间的差异性。这些做法显然会引发学科内部的混乱,不利于学科的专业化发展。面对当今越发复杂的国际环境与现代生活,政治现象呈现出五花八门之景象,人文社科领域的研究者们纷至沓来,产生了诸如新马克思主义

---

① 赵鼎新:《质性社会学研究的差异性发问和发问艺术》,《社会学研究》2021 年第 5 期,第 113 页。
② [意]安东尼奥·葛兰西:《狱中札记》,葆煦译,人民出版社,1983 年,第 233 页。

(neo-Marxism)、后殖民主义(postcolonialism)、女权主义(feminism)、种族批判理论(critical race theory)等相关研究主题，它们成为这些学者在理论与方法论上的重要突破点，其中所流露出的共同特征均指向对文化的政治性层面分析，将政治文化研究推向了带有强烈左翼性质批判色彩的文化政治(cultural politics)研究方向。

在这种后现代主义的趋势中，政治文化研究需警惕落入一些无关紧要的泛政治化议题讨论的陷阱里，或深陷于一些概念纠缠的泥潭中而无法自拔。这意味着政治文化研究者需秉持学科自主性的立场，拒绝一些发源于其他学科的、旧瓶新酒式术语和理论的诱惑。另外，还需注意，不同学科对于同一主题的问题意识并不相同，因而它们需对话的理论也有所差异。鉴于文化研究自身的微观倾向特质，在对微观政治文化现象分析与探讨时，研究者需时刻回归到与宏观政治学理论的对话中来，在保持学科立场的同时也弥合宏观与微观之间的二元分化，关注到宏观的历史政治变迁过程，从而增强其理论的解释力。

四、结语

在政治文化研究式微的背景之下，本文总结了政治文化研究领域的四种主要研究范式。它们各有特点，并在政治文化研究的理论建构和方法论实践方面产生了一定的成果。虽然这些路径各自在其内部形成了一定的共识，但由于不同路径间壁垒的存在，彼此并没有形成很好的沟通机制，这使得政治文化研究面临着众多的分歧，这种趋势也导致了学界对政治文化的理解大相径庭，因而衍生出各自不同的研究路径。目前，中国现有的政治文化经验研究基本遵循着公民文化研究思路展开，以政治文化为主题的中文著作或是介绍中西方政治思想传统，或是介绍以公民文化研究为代表的当代西方政治文化研究,①这种考察政治文化的方式似乎有些过时。并且,在后现代主义思潮的影响下,学科之间的模糊性越来越强,政治文化研究越发偏离政治学传统。此外,在社会科学文化转向的背景下,政治文化研究还面临着来自解构主义和研究视角微观化两种新挑战,它们使该领域的议题转向了文化政治研究路径。面对这些趋势,本文在审视现有范式的基础上提出政治文化研究需将文化当作政治分析的解释变量做法,并倡导一种强文化的政治文化研究范式。在这种路径中,研究者还需摒弃错误的文化观,采取诠释性分析方法来阐释行为的文化意义,同时它也要求研究者时刻保持政治学的学科自主性意识。

　　我们在此所强调的是一种政治文化的社会科学研究范式,它既关注政治文化现象,又立足诠释科学的分析过程,且重视基本的科学研究方法。当然,本文所倡导的这种学科自主性与近年来学界所兴起的学科交叉做法并不冲突。学科交叉固然有益于政治文化研究新思路的拓展,在此不需赘述,但需要指出的是,它应恪守一些基本的原则,例如,它需建立在一定的学科自我意识基础之上,它在丰富学科理论建构的同时又不会造成学科内部的混乱与分裂,它以良性的学科分工为出发点,且力图促使学科之间进行富有建设性的对话,并坚持以促进学术多样性为整体目标。

---

① 胡鹏:《政治文化新论》,复旦大学出版社,2020年,第301页。

"第一个菲律宾人"的想象与抉择

——黎萨尔民族主义思想及其对菲律宾民族国家建构的影响 *

解小宇　张三南 **

内容摘要　近代以来,民族主义与民族国家建构相互交织,共同演绎了后发多民族国家的蜕变。黎萨尔被誉为"第一个菲律宾人",其民族主义思想,即"争取平权"的菲律宾民族想象、在改良与革命之间的徘徊和抉择,以及基于策略性东方主义与菲岛族裔观的"去殖民"愿景,对菲律宾民族国家建构的影响十分深远,主要体现为:形塑了菲律宾民族国家建构的认同基础,催化了菲律宾民族国家建构侧重改良的政治模式,以及引领了菲律宾民族国家建构的"去殖民"实践。这也启示菲律宾等后发多民族国家,在民族建构上要协调族际关系与强化国家认同,在国家建构上要加强制度建设与完善国家治理,在文化建设上要尊重文化差异与振兴本土文化。

关键词　菲律宾;黎萨尔;民族主义;"去殖民";民族国家建构

"菲律宾国父"何塞·黎萨尔(Jose Rizal,1861—1896)是与印度泰

* 本文系国家社科基金重大项目"马克思主义经典作家关于民族国家与多民族国家的重要文献整理及当代意义研究"(21&ZD211)和国家社科基金重点项目"多民族发展中国家政治整合经验教训及其对我启示研究"(18AZZ001)的阶段性研究成果。

** 解小宇,山西大学政治与公共管理学院博士研究生,研究方向为比较政治学、比较政治制度。张三南,天津师范大学政治与行政学院教授、博士生导师,研究方向为比较政治学、民族政治学、马克思主义民族理论。

戈尔、中国孙中山同时代的民族主义思想家,后被菲律宾资深外交官兼作家利昂·格雷罗(Leon Guerrero)及美国著名东南亚研究学者、《想象的共同体》作者本尼迪克特·安德森(Benedict Anderson)誉为"第一个菲律宾人"(the first Filipino)。①如果说西班牙的殖民入侵使菲律宾群岛各地的不同族群不得不为生存而团结一致抵御外敌,那么黎萨尔可以说是最早站在菲律宾民族立场上推动反殖民运动的菲律宾人。正是在黎萨尔及其民族主义思想的影响下,越来越多的菲律宾人觉醒并团结起来,投身于争取民族独立和自由的反殖民浪潮中,极大地推动了菲律宾民族国家建构的历史进程。早在 20 世纪初期,黎萨尔就曾以"厘沙路""烈赛尔"等译名出现在梁启超、马君武、鲁迅等人的作品之中。20 世纪与 21 世纪之交,随着福建省晋江市被确认为黎萨尔的祖籍地,国内学界对黎萨尔的关注度日益提升,相继产生了一系列可观的研究成果。不足的是,这些研究成果虽几乎都认定黎萨尔是一位伟大的民族主义思想家,但对其民族主义思想的具体理路着墨不多,也相对忽视了黎萨尔民族主义思想对菲律宾民族国家建构的影响。鉴于此,本文拟从以下几个方面进行探析。

一、"争取平权"的菲律宾民族想象

安德森曾言,"当某一自然领土上的居民们开始感到自己在共享同一命运,有着共同的未来,或当他们感到被一种深层的同道关系联系在一起时,民族主义便产生了"②。菲律宾民族主义的滥觞正如此状。在遭受殖民入侵之前,菲律宾群岛就已存在诸多相同或相近血统的民族群体,但由于地理分割等因素的影响,长期未形成共同的民族意识和民族情感,也未形成涵盖整个群岛的民族共同体概念。西班牙

---

① Leon Guerrero, *The first Filipino: A Biography of Jose Rizal*, Manila: National Historical Institute, 1977, p. 492;[美]本尼迪克特·安德森:《比较的幽灵:民族主义、东南亚与世界》,甘会斌译,译林出版社,2012 年,第 293 页。

② 本尼迪克特·安德森:《民族主义的现在和未来》,少辉译,《天涯》1999 年第 4 期,第 19 页。

殖民者的到来不仅赋予了这片自然领土以"菲律宾"(Philippines,由16世纪西班牙国王菲力普二世之名而来)这一名号,还逐渐打破了之前离散的社会政治结构及群体认同,将他加禄人、比萨扬人等原本各居一方的部族群落置于共同的生存危机之下,使常年散居于这片群岛上的人们逐渐产生了患难与共的民族心理和情感联系。显然,西班牙的殖民统治并非有意,但在客观上促进了菲律宾民族主义的兴起,也为后来黎萨尔等知识精英提供了感知世情民瘼和产生现代民族想象的历史机缘。

黎萨尔出生于西班牙殖民时期末期,此时的菲律宾群岛已历经丰富的反殖斗争史。在 1565—1849 年间,菲律宾群岛共发生近百次反西起义,献身者不计其数。①1872 年菲律宾三位世俗神父被公开处刑的事件,更是成为黎萨尔民族主义思想的激发因素。其中一位被处刑的菲律宾牧师何塞·布尔戈斯(Jose Burgos)是争取教区"菲化"运动的重要领袖。1864 年,身为克里奥尔人②的布尔戈斯在写给西班牙政府的一份宣言中强调了自己的菲律宾人身份,并宣称华人混血和群岛土著人同属于菲律宾人之列。布尔戈斯的种族包容观对黎萨尔产生了深刻影响,这在后者的反殖民主义小说《不许犯我》(*Noli Me Tangere*)中有明显体现。《不许犯我》将菲律宾社会各阶层人物汇聚在共同的舞台上,勾勒出一个相对完整的菲律宾社会场景,这种史无前例的构想也是黎萨尔被缅怀为"第一个菲律宾人"的缘由所在。③正如菲律宾史学家格雷戈里奥·赛义德(Gregorio Zaide)所言,"'1872 年烈士'之血,变成了菲律宾民族主义的种子"④。对此,黎萨尔曾在以第三

① 金应熙:《菲律宾史》,河南大学出版社,1990 年,第 240 页。
② 克里奥尔(Kriol)一词来源于法语 Creole,而 Creole 一词又是通过西班牙语从葡萄牙语借用来的,原词是 Crioulo,意为在热带或亚热带殖民地出生和长大的欧洲人的后裔。参见约翰·桑迪福:《克里奥尔语—— 一种土著语言》,李潮、杨春学译,《民族译丛》1986 年第 3 期。此处指的是在菲律宾出生的西班牙后裔。
③ 参见[美]本尼迪克特·安德森:《比较的幽灵:民族主义、东南亚与世界》,甘会斌译,译林出版社,2012 年,第 296 页。
④ [菲律宾]格雷戈里奥·赛义德:《菲律宾共和国:历史、政府与文明》上册,温锡增译,商务印书馆,1979 年,第 337 页。

人称写给菲律宾历史学家马里亚诺·庞塞（Mariano Ponce）的信中说道："如果没有 1872 年，黎萨尔现在会是耶稣会士，他不会写《不许犯我》，而是会写与之相反的东西。"①

如果说在菲律宾本土遭受的殖民压迫触动了黎萨尔内心的民族主义情绪，那么在西方各国的游学经历，则促使了这位爱国知识分子以现代民族的视角来审视和想象菲律宾民族的构建问题。1882 年，黎萨尔首次踏足欧洲，既是出于躲避国内风险的考虑，也是为了探寻摆脱民族压迫的良方。巧妙的是，黎萨尔发现西班牙人对菲律宾内部的族群和阶层情况不甚了解，不论这些来自殖民地的人士为何种身份，往往被统一视为菲律宾人。相应地，这些人士在西班牙人面前也通常自称为菲律宾人。对此，黎萨尔曾向奥地利人类学家费迪南德·布鲁门特里特（Ferdinand Blumentritt）描述道："这里有年轻的克里奥尔人、混血人和马来人，但我们都只称自己为菲律宾人。"②在黎萨尔看来，较之于殖民地内部根深蒂固的种族和等级观念，身处异国的菲律宾人，特别是留学生群体对菲律宾民族的集体认同感表现得更为强烈。这正如安德森所言，"菲律宾民族主义实际上起源于西班牙城市，而不是菲律宾本土"③。

黎萨尔在欧洲游学过程中，还基于殖民地与宗主国以及宗主国与其他欧洲国家的对比，渐而形成了一种"新生的、躁动的双重意识"④。他不仅意识到菲律宾本土的落后，也感受到西班牙与欧洲发达国家的差距。例如，1883 年的巴黎之旅使他第一次感受到西班牙帝国在经济、文化等各方面的没落，也使他有机会在揶揄宗主国的同时省思菲律宾民族的历史、现实和未来。由此来看，黎萨尔民族主义思想渗透

---

① Estaban A. de Ocampo, "Dr.Jose Rizal, Father of Filipino Nationalism,"*Journal of Southeast Asian History*,1962（1）,p. 47.

② Lisandro E. Claudio, *Jose Rizal：Liberalism and the Paradox of Coloniality*,Springer International Publishing,Palgrave Macmillan,2019,p.13.

③ ［美］本尼迪克特·安德森：《全球化时代：无政府主义者与反殖民想象》,董子云译,商务印书馆,2018 年,第 97 页。

④ ［美］本尼迪克特·安德森：《比较的幽灵：民族主义、东南亚与世界》,甘会斌译,译林出版社,2012 年,第 295 页。

着对所属不同国家、地区的民族之间的比较。

菲律宾民族主义与克里奥尔人的民族想象密切相关。1823 年的马尼拉兵变及之后菲律宾牧师争取教区"菲化"的运动,都是克里奥尔人为争取同宗主国公民享有平等权利而不懈斗争的写照。19 世纪中后期,西班牙本土自由派与共和派在殖民地问题上的立场,如提倡实行民主改革、消除种族歧视和限制教会权势等主张,与菲律宾克里奥尔等群体所渴求的自由、平等之愿景不免契合,这无形中强化了后者试图被宗主国平等接纳甚至"同化"为帝国成员的平权念想。

"争取平权"的民族想象不仅是克里奥尔等群体的愿景,也可谓是黎萨尔早期民族主义思想的集中体现,也折射出黎萨尔深受西方现代政治文明的影响。从法国《人权宣言》、美国《独立宣言》到西班牙的"加迪斯宪法",黎萨尔在借鉴这些政治文明成果的同时,将其中的自由、平等、权利等理念移植到构建菲律宾民族共同体的想象之中。在他看来,菲律宾民族共同体的构建不仅旨在实现菲律宾群岛内部的民族团结,更重要的是以"争取平权"的方式抬升菲律宾民族的地位,使其尽快迈入现代民族发展之路。1888 年,黎萨尔重新注释由西班牙驻菲律宾的殖民地官员、历史学家安东尼奥·莫尔加(Antonio Morga)编著的《菲律宾群岛志》(*Sucesos de las Islas Filipinas*)一书,试图借此唤醒菲律宾同胞对历史的回忆,并将此书作为思考菲律宾未来的基础。正如美国历史学家、神学家约翰·舒马赫(John Schumacher)所指出,"黎萨尔以菲律宾人的身份进行写作,努力通过亚洲人的视角阅读欧洲人的笔墨,又以欧洲人的方法赋予菲律宾民族及其历史新的时代意义"[1]。在此过程中,黎萨尔内心经历了一番挣扎:一方面要彰显本土文化元素,另一方面又不得不"接轨"宗主国的评价标准和阅读习惯,毕竟"语言是帝国的最佳伴侣"[2],身为知识精英的他也深受西方

---

[1]　John N. Schumacher, *The Making of a Nation: Essays on Nineteenth-Century Filipino Nationalism*, Quezon City: Ateneo de Manila University Press, 1991, p. 108.

[2]　参见[阿根廷–美国]瓦尔特·米尼奥罗:《文艺复兴的隐暗面:识字教育、地域性与殖民化》,魏然译,北京大学出版社,2016 年,第 46~48 页;[英]尼古拉斯·奥斯特勒:《语言帝国:世界语言史》,章璐等译,上海人民出版社,2011 年,第 301~345 页。

语言霸权的掣肘。或许这种矛盾心理可以解释为什么他的成名小说是用西班牙语写成,而非菲律宾本土语言。正如有学者所言,"虽然它们是民族主义作品,但其中所塑造的菲律宾民族仍然被黎萨尔有意识地置于以欧洲为代表的现代性之中"①。

二、在改良与革命之间的徘徊和抉择

1896 年 12 月,黎萨尔在牢狱中撰写了生前最后一部政治文本《致菲律宾同胞书》(*Manifiesto a Algunos Filipinos*),又名"十二月宣言"。全文主要有两层意涵:一是反对正在进行的卡蒂普南(Katipunan)革命运动;二是主张"使人们接受良好教育"和"进行自上而下的改革"。②据此不难看出,黎萨尔并未特别强调菲西之间的民族矛盾,而是着重呼吁菲律宾实现自由事业应遵循改良而非革命的实践路径,这实际体现了黎萨尔作为菲律宾新兴民族资产阶级的软弱性和妥协性,尤其表现为对暴力革命的抵触和对底层民众的不信任。这种带有"非暴力"色彩的改良理念,正是黎萨尔民族主义思想的另一重要体现。

这种改良主义的思想映射出黎萨尔内心的纠缠:在情感上对殖民者深恶痛绝,但在理智上又不得不承认和直面本民族自身的落后问题。在黎萨尔看来,沦为殖民地的菲律宾面临两大历史任务:一是摆脱殖民枷锁,争取民族权利和自由;二是开启民智,提高普通民众的思想觉悟。菲律宾人民之所以遭此劫难固然是西班牙殖民统治的结果,但也与其思想的落后有关。对此,1898 年曾任第一届菲律宾委员会主席舒尔曼(Schurman)的秘书弗兰克·甘内特(Frank Gannett)在翻译《不许犯我》时注意到了这一点。根据甘内特的说法,黎萨尔在小

---

① Lisandro E. Claudio, *Jose Rizal: Liberalism and the Paradox of Coloniality*, Springer International Publishing, Palgrave Macmillan, 2019, p. 41.

② Caroline S. Hau, "Did padre Damaso Rape Pia Alba?: Reticence, Revelation, and Revolution in Jose Rizal's Novals," *Philippine Studies*, 2017(2), p. 184.

说中不仅描写了修道士们的不齿行为，也刻画了菲律宾当地人的迷信和无知。为此，甘内特甚至将小说的题目直接译为《修道士和菲律宾人》。①

黎萨尔在抉择改良之路的过程中，也曾在革命道路的关口徘徊。特别是在 1889 年，菲律宾反教权人士屡屡遭到逮捕或流放。西班牙殖民者当局对修道士暴行的纵容与对"宣传运动"的打压形成鲜明对比，这使黎萨尔愈发认识到，菲律宾人只能靠自己争取权利和自由，而不应指望西班牙。为此，黎萨尔在写给布鲁门特里特的信中说道："大多数菲律宾人已经失去了对西班牙的希望"②，并且不再相信"宣传运动"在西班牙的实际领导人马塞洛·德尔·皮拉尔（Marcelo del Pilar）所提倡的同化计划。1891 年 5 月，黎萨尔决定不再为"宣传运动"机关报《团结》撰稿，而是投入《起义者》（El Filibusterismo）的写作之中。如果说《不许犯我》还带有吸引西方读者的目的，那么《起义者》纯粹是为菲律宾人及其未来而作。黎萨尔在《起义者》中写道："我们受苦受难只能怪我们自己，不该怨天尤人。如果西班牙看到我们不再那么顺从那种残暴的统治，敢于起来斗争和不惜为自己的权利战斗和牺牲，那么西班牙就会第一个给我们自由，因为想把足月的胎儿憋死的产妇是会大难临头的！"③

1891 年 11 月，这位刚刚脱离海外"宣传运动"的流亡民族主义者在回国途中停留香港，甚而产生一些革命性的行动设想，比如拟回国后在本土建立民族主义政治组织。黎萨尔在启程前往马尼拉的前夕写了两封信，一封写给家人，另一封写给"菲律宾同胞"，都注明"在我死后拆开"。从两信中可以窥见黎萨尔为何要冒着生命危险返回故土。他在第二封信中写道："一个人如果为了他所爱的东西，为了祖

---

① Anna Melinda Testa-de Ocampo, "The Afterlives of the Noli me tangere," *Philippine Studies*, 2011(4).

② Floro Quibuyen, "Towards a Radical Rizal," *Philippine Studies*, 1998(2), p. 161.

③ ［菲律宾］何塞·黎萨尔：《起义者》，柏群译，人民文学出版社，1977 年，第 419 页。

国,以及为了所重视的生活方式而死,那死有什么要紧呢？"①

　　1896 年 7 月,在古巴革命者何塞·马蒂(Jose Marti)发动武装起义周年之际,菲律宾革命者安德烈斯·博尼法西奥(Andres Bonifacio)等人在马尼拉组建卡蒂普南革命组织,计划采取武装斗争方式来寻求菲律宾独立,并派皮奥·巴伦苏埃拉(Pio Valenzuela)前往达皮丹秘密会见正被流放的黎萨尔,试图取得其支持。黎萨尔则认为菲律宾社会尚未形成统一的战斗合力,革命组织也缺乏充足的武器、资金等条件,因此未予支持。正如他在《起义者》中所强调:"当我们同胞还没有准备好,当他们被骗或被迫来参加战斗,而并不清楚干些什么的时候,无论多么聪明的设想也要失败的。"②在黎萨尔看来,一场革命或许会带来暂时的独立,但未必能产生建基于自由政体之上的民主国家。

　　实际上,黎萨尔并非反对暴力革命本身,而是在意革命成功的条件,并将暴力革命视为争取自由的最后手段。他在 1887 年给布鲁门特里特的信中写道:"我不想参与那些在我看来为时过早且极度危险的阴谋,但当我们除了在战争中寻求毁灭之外没有其他希望的时候,当菲律宾人宁愿死也不愿再忍受他们的痛苦的时候,那么我将提倡暴力手段。"③由此看来,黎萨尔与博尼法西奥之间的分歧主要在于起义的时机,在于确保革命成功之前必须建立的民族共同体的程度。④正如安德森所言,"知识分子阶层往往在殖民地民族主义的兴起中扮演着最为核心的角色。国外留学的丰富经历和出色的双语能力使他们得以接触到最广义的现代西方文化,特别是那些 19 世纪在其他地方产生的民族主义、民族属性与民族国家的模型"⑤。相比于形式上的政治独立,黎萨尔更向往长久且稳定的自由状态。黎萨尔还联想到西

---

① 　John Nery, *Revolutionary Spirit : Rizal in Southeast Asia*, Singapore : ISEAS Publishing, 2011, p. 4.
② 　[菲律宾]何塞·黎萨尔:《起义者》,柏群译,人民文学出版社,1977 年,第 419 页。
③ 　Floro Quibuyen, "Towards a Radical Rizal," *Philippine Studies*, 1998(2), p. 158.
④ 　John N. Schumacher, "Due Process and the Rule of Law : Three Unpublished Letters of Rizal," *Philippine Studies*, 1977(2), p. 238.
⑤ 　[美]本尼迪克特·安德森:《想象的共同体:民族主义的起源与散布》,吴叡人译,上海人民出版社,2016 年,第 112 页。

方资产阶级革命的教训,尽管他赞赏法国大革命的历史成果,但也顾忌大革命之后的专政局面。正如黎萨尔在《起义者》中的诘问:"假如今天的奴隶就是明日的暴君,那还要独立干什么? "①

三、基于策略性东方主义与菲岛族裔观的"去殖民"愿景

近代以来,西方兴起一种研究亚非地区历史、文化、民族、宗教和风土人情的综合性学科,即"东方学"(Orientalism)。随着力量对比的西升东降,"东方学"不仅成为西方了解东方的知识荟萃,还成为西方"根据东方在欧洲西方经验中的位置而处理、协调东方的方式"②。另外,"东方学" 的快速发展也为东方知识精英提供了反向了解自身国度的知识来源和寻求"去殖民"的思想资源。黎萨尔与其他同道在留学之际,大量涉猎欧洲"东方学"成果,尤其被西、法、德、英、奥等国有关菲律宾的史料记载和研究成果所吸引。1882 年,游学欧洲不久的黎萨尔便关注到布鲁门特里特所著的《菲律宾人种志学初探》(*Versuch einer Ethnographie der Philippinen*)一书,并根据这部包罗菲律宾群岛数十类种族、语言等内容的系统论著开展了对菲律宾的全面研究。如前所述,黎萨尔还于 1888 年费尽周折地将莫尔加编著的《菲律宾群岛志》全书抄注,并设法再版。黎萨尔等人的目的是想借助欧洲各大国的"东方学"成果,重塑菲律宾文化自觉和民族想象,摆脱西班牙当局的精神殖民。正如有学者所言,"黎萨尔的小说、诗歌和政论,均可看作菲律宾启蒙派的思想实验场,展现了启蒙派精英如何借重德、法东方学的研究成果, 发明出一套旨在削弱西班牙殖民基础的符号化的策略性东方主义"③。

---

① [菲律宾]何塞·黎萨尔:《起义者》,柏群译,人民文学出版社,1977 年,第 419 页。
② [美]爱德华·萨义德:《东方学》,王宇根译,生活·读书·新知三联书店,2007 年,第 2 页。
③ 魏然:《"他加禄的哈姆雷特"的抉择:何塞·黎萨尔的去殖民与亚洲问题》,《外国文学评论》2020 年第 1 期。

　　确切地说,黎萨尔的东方主义并不像当时中、日、印等"大国"知识精英所追求的"亚洲主义"或"东方复兴"那么宏大,他期冀的是在共同的历史记忆、文化传统及身份认同层面重建菲律宾民族主体的自我意识,实现菲律宾本土文化自觉。其中有两个重要体现:一是最能说明其心何属的菲岛族裔观,二是创建"菲律宾联盟"的努力。1896年12月28日,黎萨尔在接到西殖法庭下达的死刑通知书并被要求签名时,注意到自己在通知书上被写作为"chino mestizo"(混血华裔),于是将其划掉并改为"indio puro"(纯血土著)。①这种临终之前的特别举动耐人寻味,不仅反映出他对土著人身份的在意,还折射出他对于构建菲律宾本土民族身份认同的执着。可以看出,黎萨尔自始便抱着探寻菲律宾民族起源和身份归属的目的来考察欧洲的"东方学"史料,并最终形成这样的观点:菲律宾在前殖民时代曾是东方马来人世界中的重要组成部分,马来人种应是菲律宾历史上一脉相承的本土民族。基于此认识,黎萨尔试图构建以马来族裔为主体的菲律宾民族共同体理念,以此培育和促进菲律宾人民共同的民族认同和身份归属意识。1892年春,在第二次回国前,黎萨尔曾有在英属北婆罗洲建立菲律宾人移民区的设想,而这实际上也是源于他的这种观点。

　　1892年6月,黎萨尔由香港重返马尼拉,并于7月3日建立了菲律宾第一个全国性的民族主义团体"菲律宾联盟",其首要宗旨就是"把整个群岛团结成为一个紧密的、坚强的、同质的团体"②。在黎萨尔看来,建立统一的民族共同体是开展民族主义运动和争取民族自由的前提。尽管黎萨尔一直以马来土著人的身份和视角来看待菲律宾的历史地位,乃至被布鲁门特里特称赞为"前所未有的最伟大的马来人"③,但他也意识到各民族团结互助的重要性。概言之,黎萨尔民族主义思想已然超越了狭隘的种族观念,其最终目标是建立一个以马

---

① Akiko Tsuchiya and William Acree, *Empire's End: Transnational Connections in the Hispanic World*, Nashville: Vanderbilt University Press, 2016, pp. 108–109.
② 金应熙:《菲律宾史》,河南大学出版社,1990年,第355页。
③ 凌彰:《何塞·黎萨尔(Jose Rizal)(1861—1896)》,载周南京、凌彰、吴文焕主编:《黎萨尔与中国》,南岛出版社,2001年,第134页。

来族裔为主体民族且具有广泛包容性的新国度。

　　黎萨尔同时意识到，建立殖民地人民共同的民族认同还有赖于对菲律宾土著语言，例如他加禄语的保护和传承。在这方面，有专门从事欧洲古典语文学研究的菲律宾知识分子对他加禄语的语法、拼写规则进行了梳理和革新。其中，帕尔多·塔维拉（Pardo Tavera）在《他加禄语中的梵文》一书中特别强调他加禄语与源于古印度文明的梵语之间的密切关联，并结合"东方学"的梵语拉丁化规则创造了一套新他加禄语的正字法。①这套新正字法的特殊意义在于重新赋予他加禄语亚洲性的语法特点，使其无需借用西班牙语的字母来转写。1886 年，黎萨尔将德国启蒙文学名剧《威廉·退尔》(Wilhelm Tell)和丹麦的安徒生童话等作品翻译成他加禄文，就曾运用塔维拉所创的新正字法。在黎萨尔看来，对他加禄语的挖掘和保护是摆脱西班牙帝国文化和精神殖民，彰显菲律宾民族东方属性的重要举措。黎萨尔的初衷是使他加禄语这些代表菲律宾民族的文化符号能恢复其本真原貌。他曾在《不许犯我》中描写了一段塔席奥反驳伊瓦腊质疑其撰写象形文字的内容，文中的塔席奥解释道："因为我不是为现代的人写的，我是为后代的人写的。"②黎萨尔借喻塔席奥用象形文字来描绘他加禄文的做法，实则隐含了希冀菲律宾本土语言摆脱西语束缚的良苦用心，亦包含了对实现菲律宾本土文化自觉的殷切期盼。

　　1896 年 12 月，黎萨尔于临刑前夕在狱中写下七十行绝命诗《我的诀别》，诗中所言尽显忠贞不移的爱国之心和对西殖统治的血泪控诉。黎萨尔就义后，该诗于次年 1 月由庞塞在香港首次发表。随着黎萨尔绝命诗的发表及 1899 年 1 月 23 日菲律宾第一共和国在埃米利奥·阿吉纳尔多（Emilio Aguinaldo）总统的宣告下脱离数百年的西殖统治而独立，这一系列事件昭示着菲律宾人业已成为亚洲捍卫民族独立的先锋代表。或许是受多国游学经历的影响，黎萨尔将大部分时

①　魏然：《"他加禄的哈姆雷特"的抉择：何塞·黎萨尔的去殖民与亚洲问题》，《外国文学评论》2020 年第 1 期，第 31 页。
②　［菲律宾］何塞·黎萨尔：《不许犯我》，陈尧光、柏群译，人民文学出版社，1977 年，第 221 页。

间用于同欧洲现代性的对话之中，因而倾向于将当时现代化程度更高的国家作为菲律宾未来发展的模板。正如安德森所言，"黎萨尔的原创性在于他移植、组合和改造了他所读到的东西"①。日渐没落的西班牙殖民帝国同法、德等后来居上的先进国家间的鲜明对比，教会了黎萨尔以多元和发展的眼光来看世界。此外，黎萨尔也强烈预感到西殖菲律宾回归亚洲的可能性。在他看来，对于有着漫长被殖民历史的菲律宾而言，回归亚洲的当务之急是尽快恢复独立，在列强博弈的夹缝中寻求"去殖民"的生存之道。遗憾的是，黎萨尔不曾料想美国和日本对菲的殖民野心，其"去殖民"的愿景几经周折，直到其逝世半个世纪之后的 1946 年才正式迎来真正意义上的国家独立。

四、黎萨尔民族主义思想对菲律宾民族
国家建构的影响

对于后发多民族国家而言，现代民族国家建构的进程通常源于民族意识的觉醒，随之面临"把全部国内族群整合为拥有共同政治文化特质的国族"②这一艰巨任务，即实现统一的民族国家认同。这正是黎萨尔民族主义思想的出发点和价值追求，同样也是菲律宾民族国家建构的主线。民族主义历来是建构民族国家的重要力量，能够为民族国家建构提供源源不竭的动力。放眼菲律宾，黎萨尔民族主义思想对菲律宾民族国家建构的影响既非昙花一现，亦非蜻蜓点水，而是具有深远影响。

（一）形塑了菲律宾民族国家建构的认同基础

基于民族国家建构的视角，菲律宾大抵从前殖民时代各族群分

---

① ［美］本尼迪克特·安德森：《全球化时代：无政府主义者与反殖民想象》，董子云译，商务印书馆，2018 年，第 79 页。
② 于春洋：《现代民族国家建构：理论、历史与现实》，中国社会科学出版社，2016 年，第 82页。

散而居的原始状态,历经若干时期的族际融合与反殖斗争,最终演变为统一的现代多民族国家。①在这一漫长的历史过程中,菲律宾群岛各处的不同族群逐渐汇聚为共同意义上的菲律宾民族,民族与国家的"合体"也使得该地域的绝大多数成员有了一个共同的政治身份,即"菲律宾人"或"菲律宾公民"。这一认识根植于菲律宾民族的形成和发展之中,最早是由黎萨尔在其参与"宣传运动"期间所提出的,并不断扩散开来形成菲律宾各族人民的广泛共识,黎萨尔也因此被誉为"第一个菲律宾人"。显然,黎萨尔并非首个出现在这片群岛上的自然人,这一称誉所指涉的是其具有开创性与奠基性的民族观。这种民族观构成了黎萨尔民族主义思想的内核,为菲律宾民族国家建构形塑了共同的认同基础。

1896 年末,西班牙殖民当局企图谋害黎萨尔以遏制反西势力的计划终是落空,因为当时菲律宾的反殖民运动已从分散的个人或组织立场上升为共同的民族立场,斗争目标也由追求宗教权利转变为追求独立、自主的民族权利,这无不体现出黎萨尔所宣扬的民族意识已深入人心。在某种意义上,菲律宾民族独立运动亦是黎萨尔民族主义思想的现实写照,譬如卡蒂普南运动的领导者博尼法西奥在《菲律宾人应该知道什么》②这一檄文中承袭了黎萨尔的部分革命理念,鼓励民众联合起来共同参与反抗殖民者的斗争。更重要的是,黎萨尔民族主义思想的影响远不止于一场阶段性的民族革命,而是点燃了菲律宾民族觉醒的火焰。1898 年 9 月 29 日,菲律宾第一共和国总统阿吉纳尔多庄严宣布"菲律宾是属于菲律宾人"的独立原则,③这正是对黎萨尔民族主义思想要旨的映射。

---

① 参见张三南、解小宇:《政治整合视阈下的菲律宾国族建构——基于三个例证的分析》,《中南民族大学学报(人文社会科学版)》2020 年第 2 期,第 138~139 页。
② 金应熙:《菲律宾史》,河南大学出版社,1990 年,第 368 页。
③ 金应熙:《菲律宾史》,河南大学出版社,1990 年,第 394 页。

(二)催化了菲律宾民族国家建构侧重改良的政治模式

对于菲律宾应选择何种政治变革模式，黎萨尔并未给出明确答案，但他在和平改良与暴力革命之间的抉择，对近代菲律宾政治变革模式的形成有着潜移默化的影响。值得注意的是，黎萨尔所主张的自上而下的精英化改革方案，被美国加以"粉饰"，用来建立由菲律宾政治精英充当傀儡的殖民文治体系。对美国而言，此举既可拉拢当地的精英阶层，亦能借菲律宾"国父"之名弱化中下层民众的反美情绪，其真实目的在于将菲律宾"美国化"，或称"以菲治菲"。1900 年，美国在菲律宾建立了以"塔夫脱委员会"为核心的文官政府，实行所谓的民主政治，其目的是在政治上使菲律宾彻底受制于它。

在此番别有用心的布局下，黎萨尔的部分改良理念被美国作为其在菲律宾建立殖民文治体系的原始素材。1934 年，美国驻菲律宾的最后一任总督墨菲(Frank Murphy)对此评价道："一个健全和持续的民主所具有的主要标志已经在这片土地上建立了。"[1]而后，《1935 年宪法》的颁布意味着菲律宾政治变革的主要模式，即精英主导下的宪政体制基本成型。对此有学者指出，"所谓的'体制内的精英化改革以变革菲律宾政治'的'黎萨尔主义'开始成为 20 世纪初期以来菲律宾政治变迁的主导模式，经过独立初期打击'虎克起义'，'暴力革命'的政治变革模式更为体制内的精英化改革模式所取代"[2]。独立之后，菲律宾政坛延续了这种侧重改良的政治模式，这不免伴有黎萨尔民族主义思想的影响。

(三)引领了菲律宾民族国家建构的"去殖民"实践

相比于民族意识的觉醒，黎萨尔民族主义思想的长远意义更在于掀起了菲律宾"去殖民"的实践浪潮。事实上，黎萨尔揭示了菲律宾

---

[1]　Raul P. Guzman, *Government and politics of the Philippines*, Singapore: Oxford University Press, 1988, p. 43.

[2]　周东华：《黎萨尔与菲律宾现代政治变革模式的形成》，《史学月刊》2007 年第 10 期，第 101 页。

民族"去殖民"的两条路线：一是以本民族历史为教育资源，对内凝聚。这主要得益于黎萨尔国外留学期间对菲律宾本土历史的查阅与细究，并由此奠定了黎萨尔后来的历史观和民族情结。二是以他者优势为融合因子，对外吸纳。黎萨尔反对不平等的殖民压迫，而非抵制全部外来文化。他在翻阅古籍时也曾注意到，菲律宾早期漫长的移民过程渐渐促成了当地多姿多彩的民族景象。为此他特别重视教育的作用，并主张吸收西方文化中的先进元素为己所用。在这两个方面，黎萨尔民族主义思想为菲律宾开展反殖民斗争以及推进民族国家建构提供了宝贵的"去殖民"经验。

黎萨尔关于"去殖民"的种种构想在菲律宾美殖自治政府时期便逐步得以践行。1935 年 9 月，菲律宾成立了以奎松(Quezon)为首的自治政府，该政府在成立之初便制定了发展民族经济、文化教育以及建设国防等一系列政策。特别是在文化教育上，奎松总统高度重视菲律宾本土语言的功用，其于 1937 年 12 月 30 日颁布 134 号总统行政命令，宣布将他加禄语作为菲律宾国语的基础语言，[1]同时主张采用体现民族主义和爱国主义的课本，将菲律宾本国历史作为重点研究内容。正如加拿大著名政治学家威尔·金里卡(Will Kymlicka)所言，"民族国家的建构指的是那些旨在传播共同的民族认同、民族文化和民族语言的政策"[2]。奎松政府的上述举措与黎萨尔民族主义思想中的"去殖民"愿景强烈呼应，有力推进了菲律宾的现代民族国家建构。

1946 年以来，菲律宾历届政府在"去殖民"的道路上都进行了不同程度的探索。1956 年 5 月 12 日，由参议员雷克托提出的"黎萨尔法案"(共和国第 1425 号法令)在菲律宾议会通过，该法案不仅以黎萨尔的名字命名，还规定将《不许犯我》和《起义者》等黎萨尔民族主义作品设为学校教育的必读书目。[3]1958 年 8 月 21 日，加西亚(Carlos

---

[1] 金应熙：《菲律宾史》，河南大学出版社，1990 年，第 537 页。
[2] [加拿大]威尔·金里卡：《少数的权利：民族主义、多元文化主义和公民》，邓红风译，上海译文出版社，2005 年，第 242 页。
[3] 金应熙：《菲律宾史》，河南大学出版社，1990 年，第 709 页。

Garcia)执政当局通过国家经济会议第 204 号决议正式提出"菲人第一"的发展政策。①到 20 世纪 60 年代,美菲关系伴随世界格局的变化开始向新形势转变。1965 年,马科斯总统在执政之初继续提出具有浓厚民族主义色彩的"菲律宾第一"的口号,将发展民族经济视为首要任务,从本国利益出发不断调整对外政策,逐渐脱离长期被迫与美国外交保持一致的旧轨。从长远来看,尽管菲律宾在某些方面仍受制于美国,但其确已由西方的附属国转变为独立自主的现代民族国家,这也表明黎萨尔所向往的以及伴随菲律宾民族数百年来的"去殖民"愿景正逐步变为现实。

五、结论与启示

综观黎萨尔民族主义思想,可归纳出两方面的特点:一是倾向"非暴力"的斗争原则,这并非黎萨尔对殖民主义的容忍,而是源于其对本民族历史、现实及未来的深刻省思;二是具有内在的矛盾性,这根源于 19 世纪末菲律宾民族资产阶级固有的阶级局限,表现为既不甘于帝国主义的压迫,又因势单力薄不得不依附于帝国主义以争取相对平等的政治和经济地位。诚然如此,黎萨尔是第一个真正提出要建立团结一致的菲律宾民族共同体的菲律宾人,使"菲律宾人""菲律宾民族"等共同的身份概念在菲律宾这片群岛上得以塑造和延续,其民族主义思想对于菲律宾民族国家建构有着不可磨灭的影响,可谓亚洲近代民族主义政治思潮之典范。不仅如此,黎萨尔民族主义思想也为菲律宾等后发多民族国家的民族国家建构提供了可资借鉴的启示,主要有以下三点:

(一)在民族建构方面,要协调族际关系与强化国家认同

民族作为一个基础概念,主要有"国族"(nation)与"族体/族群"

① 金应熙:《菲律宾史》,河南大学出版社,1990 年,第 712 页。

（nationality/ethnic group）意义上的民族两层含义。前者顾名思义是指国家民族，它并非自然形成的，而是经由历史发展建构而生的共同体概念，如中华民族、美利坚民族等；后者是指某种族裔，它是基于血缘、宗教和文化等自然与社会因素而形成的，如菲律宾的他加禄人、比萨扬人等。二者的最大区别在于"是否形成一个统一的国家"①，这是民族建构（nation-building）的前提。事实上，黎萨尔民族主义思想已经有了对民族建构的初步认识，主要表现为将单一菲律宾群岛族裔的立场上升到了整个菲律宾民族的高度。

对于后发多民族国家而言，实现国家内部民族认同向国家认同的转变并非易事。正如美国知名政治学家鲁恂·派伊（Lucian Pye）所言，"在大多数新国家中，传统的认同方式都是从部族或种姓集团转到族群和语言集团的，而这种方式是与更大的国家认同感相抵触的"②。相比于西欧的原生型民族国家，亚、非、拉美等地的后发多民族国家普遍受殖民历史的影响，特别是"族际关系中的不同民族群体实力、地位、政治倾向的复杂性"③，致使其民族建构阻碍重重。当今，多民族国家已然成为全球国际体系中的主要组成部分，而稳定的族际关系与国家认同的建构相辅相成，是实现多民族国家内部和谐统一的重要前提。以非洲、中东等地区为例，国家认同、基本平等的社会结构的缺失是造成这些地区乱局频发、治理无效的重要因素之一。④在这方面，黎萨尔民族主义思想中的民族平等、民族团结等理念为处理复杂的族际关系提供了良好经验。对此，菲律宾等后发多民族国家应当更加重视族际关系的协调，加强族际合作，为其民族建构奠定稳固的认同基础。

---

① 夏引业：《"国族"概念辨析》，《中央民族大学学报（哲学社会科学版）》2018 年第 1 期，第 35 页。
② ［美］鲁恂·派伊：《政治发展面面观》，任晓、王元译，天津人民出版社，2009 年，第 81 页。
③ 常士䛵：《多民族发展中国家的族际合作治理——以亚非发展中国家为例》，《民族研究》2018 年第 2 期，第 15 页。
④ 杨光斌、张舒：《历史政治学与中国自主的政治学知识体系建构》，《政治学评论》2022 年第 2 期，第 80 页。

（二）在国家建构方面，要加强制度建设与完善国家治理

国家建构（state-building）同样是现代民族国家建构的重要一环，强调国家法律和制度层面的建设，主要是"通过一套制度化的机制来确保民族对国家的接受和认可，从而使国家成为民族的政治屋顶"①。换言之，国家建构的过程亦为政治合法性的生成过程，这种合法性并非建立在强权之上，而是源于广泛的民意认可与支持。事实上，黎萨尔当初对暴力革命的质疑，更多也是出于对革命政权合法性的忧思。在他看来，通过绝对的暴力手段所获取的政治权力，很有可能催生更加难控的专制局面，若此便与殖民行径别无二致。当前来看，菲律宾等大多数后发多民族国家其国家建构的核心任务已由"建国"转向"治国"，而后者则有赖于不断加强制度建设，进而强化国家建构的制度基础。

当今时代，利益群体的多元化趋势日益显著，对国家治理提出了更高的要求。正如亨廷顿所言，"一个社会的成分越复杂，各种集团越是纵横交错，其政治共同体的形成和维持就越依赖于政治制度的功效"②。对于多民族国家而言，任何制度及政策的制定和执行都应以保障各族人民的切身利益为出发点，不断扩大社会各阶层的政治参与，并在此基础上努力打造"民族群体合作共赢和民主建设之路"③。这也意味着后发展中国家的国家建构需立足国情，不能盲目引进西方自由民主制度，否则可能造成国家建构进程的瓦解。④概言之，菲律宾等后发多民族国家在其国家建构上，应进一步加强制度建设，完善国家治理，这既是培育政治认同的必要之举，也是促进政治发展的关键之策。

---

① 周平：《民族国家认同构建的逻辑》，《政治学研究》2017 年第 2 期，第 3 页。
② ［美］塞缪尔·亨廷顿：《变化社会中的政治秩序》，王冠华等译，上海世纪出版集团，2008 年，第 8 页。
③ 常士閣：《国家性建设与多民族发展中国家政治整合——路径设计的反思》，《思想战线》2016 年第 1 期，第 126 页。
④ 周光辉：《现代国家建构与中国式民主道路》，《政治学评论》2022 年第 1 期，第 34 页。

（三）在文化建设方面，要尊重文化差异与振兴本土文化

对一个民族而言，文化凝结着整个民族长期以来所积淀和传承下来的最为核心的价值观与精神追求，能够给予其成员无可替代的身份认同和情感依赖，因而也是其民族特性的重要体现。正如有学者所指出，"一个民族之所以能够成其为一个独特的群体，被'他族'视为一个完整的共同体，其民族文化是核心与关键"[①]。可见，民族文化构成了民族与国家认同的重要维度。特别对于多民族国家而言，其悠久的文化传统与民族记忆是凝聚民族力量、维系民族情感的宝贵精神财富，这一点也是黎萨尔在国外留学期间翻阅大量菲律宾历史古籍时的深刻感悟，并由此催生出黎萨尔民族主义思想当中挥之不去的"去殖民"愿景。

当前，世界文明与文化的多样性图景愈发丰富，国际上也越来越注重文化领域的交流和沟通。这就要求多民族国家，对内要尊重族际文化的差异，促进族际平等的文化交流，振兴本土文化；对外要以开放、包容的心态吸纳外来优秀文化中的"精华"，尊重文化多样性，同时也要警惕和防范文化殖民。历史已经证明，民族和国家的振兴离不开文化的振兴，文化是每个民族得以一脉相承的精神支柱和生存根基，若是失掉这一"本色"，整个民族便犹如一盘散沙，更无真正的独立、自强可言。特别对于菲律宾等后发多民族国家而言，"去殖民"的历史任务绝非一蹴而就的，需要在充分尊重文化差异的基础上，坚持不懈地发展本土文化的振兴伟业，这亦是其推进现代民族国家建构的重中之重。

综观菲律宾近现代史，黎萨尔所拥有的崇高而独特的历史地位及其对菲律宾民族国家建构的影响是其他政治人物难以比拟的。其中，以探寻菲律宾民族构建和发展之路为己任的黎萨尔民族主义思

---

① 陈茂荣：《全球化背景下多民族国家的国家认同危机》，《中南民族大学学报（人文社会科学版）》2012 年第 5 期，第 20 页。

想功不可没,也为黎萨尔赢得了"第一个菲律宾人"的盛誉。盛誉的背后,不仅流传着关于这位年仅 35 岁就义者的悲壮传奇,也为后人提供了比较研究亚洲民族主义启蒙思想史和东南亚多民族国家建设史的鲜活素材。在这方面,作为黎萨尔祖籍地和菲律宾重要邻邦的中国之学界,应大有可为之处。

竞逐极端:一个政党政治极化的博弈论模型 *

王子琛　　张长东 **

内容摘要　美国的政党政治极化体现了日趋极端的政治议程,围绕2020年美国大选舞弊的争论,出现了对代议制民主过程的不信任,及选举结果正当性的质疑。民调显示,多数美国选民的信念与共和党人的观点相悖,以安东尼·唐斯的理论为基础的选举空间模型无法解释两党制下的主要政党竞争与中位选民主张相悖的议程的理性动机。在信息不对称、不完全理性和初选选举制度三种可能的静态解释外,本文提出了一种解释竞逐极端议程的理性行为动态模型:松散的美国政党制度使得议程竞争可视为个体政治家竞逐选民和立法机关代表支持的政治市场,但作为政治商品的政策议题存在哈罗德·德姆塞茨所言的潜在适意性的特征,这给予了选民额外的极化动力。在不完全信息市场竞争中,隐藏真实偏好是理性行为。而政治市场因存在潜在适意性产生激励扭曲,使得隐藏真实偏好的理性策略行为促进了竞争极端议程的行为。这一模型说明了松散的美国政党结构为政治家竞争极端议程的理性行为提供了可能空间,而这一理性行为

---

*　本文系2019年度国家社会科学基金重大项目"中国共产党党内政治生态建设的百年历程与历史经验研究"(项目编号:19ZDA011)的阶段性成果。

**　王子琛,北京大学政府管理学院政治学硕士,政治学博士候选人。张长东,政治学博士,北京大学公共治理研究所研究员、政府管理学院教授,主要研究制度主义、国家社会关系和税收政治。

与唐斯选举空间模型中政党的理性行为并不兼容。这为解释美国政治极化过程提供了新的因果机制。

关键词　潜在适意性；政治极化；美国政治；选举空间模型

2015 年以来国际政治中出现的"黑天鹅"事件中，很大一部分与极端政治家及其政治议题的崛起有关①：英国脱欧、科尔宾在英国工党中的胜利、特朗普当选美国总统，以及巴西、瑞典、意大利等国特朗普式政治人物的当选，2020 年 1 月 6 日美国国会骚乱等事件都表现了这一点。这些重大事件和现象与传统政党政治研究中认为两党制促进趋中倾向的既有观点相悖。即便在极端派政党执政绩效不佳、外部冲击对极端派政党的执政不利的条件下，极端派政党仍有可能在两党制体制下赢得选举②，或表现出独特的选举韧性③。这意味着政治极化不仅是伴随着经济周期起伏而产生的阶段性政治现象，也可能具有长期延续性。因此，即便个别政治极化事件随着选举周期结束，政治极化仍是值得深入研究的议题。而以"全民党"④特性、稳定的两党制格局称著的美国政党制度中所发生的极化现象，更具加以研究的代表性。基于此，本文提出论点：由于潜在适意性（amenity potential）在选民和候选人中的存在，美国政党政治家提出极端议程和采取极端立场成为政治竞争中的理性策略，从而试图为解释美国政治极化提供新的机制。

---

① Matthijs Rooduijn, Why is populism suddenly all the rage? *Guardian*, 2018-11-20(https://www.theguardian.com/world/political-science/2018/nov/20/why-is-populism-suddenly-so-sexy-the-reasons-are-many)对民粹主义和政治极化的关注即是一例，另如 K.N.C. & A. L. On tyranny, populism—and how best to respond today, *The economists*, 2018-7-30 等文章将政治极化和民粹主义联系在一起。
② 举例而言，匈牙利极右派执政党，欧尔班·维克托（Orban Victor）的青民盟（FiDeSz）在欧盟对其进行资金制裁和乌东冲突环境不利于其执政党首脑，而反对派组成选举联盟对抗 FiDeSz 执政的情况下，仍于 2022 年 4 月的大选中获得胜利。
③ 美国前总统唐纳德·特朗普在执政满意度长期不足半数，而且遭遇新冠肺炎疫情所造成的严峻公共卫生危机情形下，仍在 2020 年大选中赢得大量白人选民支持，在对垒温和中间派的约瑟夫·拜登时仅在摇摆州以微弱优势落败。
④ Daniel Bell, *The End of Ideology: On the Exhaustion of Political Ideas in the Fifties*, Harvard university press, 1950; Seymour Martin Lipset. *Political Man: The Social Bases of Politics*, Doubleday & Company, 1960. 等关于冷战中期的美国政治研究都普遍认为美国政党具有"全民党"属性。

一、美国政党政治极化的既有研究

早在 1994 年纽特·金里奇就发起了共和党的"保守主义革命"[1]，加速了美国共和党右转的进程，推动美国政党政治极化的变迁。而 2010 年起爆发的"占领华尔街"与茶党运动则进一步引起了美国政治研究者对美国政党政治极化的兴趣。自特朗普成为美国总统以来，大量关于民粹主义、身份政治、新右翼政治、草根运动和社交媒体的影响的政治学研究开始聚焦政治极化。[2]

既有的政治极化研究多将原因诉诸技术变迁、结构性因素或制度性因素。然而，当前研究多侧重经验案例分析，而少有寻求政治极化的因果机制解释，这部分源于已有理论都建立在以选区为单位的选举制度在结构上不利于政治极化这一预设之上。以经典制度解释为例，安东尼·唐斯的选举空间模型提出，单一选区头名制（FPTP）下的两党体制结构性地有利于中间派的诞生：两党的最优理性选择都是靠拢中间派，以尽可能最大化潜在得票空间。[3]即便选民的偏好不是单峰而是双峰，在两党制结构下，选择选民意识形态分布空间的中轴而非两端仍然是可以博弈论的最优均衡加以证明的策略。

---

① Mckay Coppins, The Man Who Broke Politics, https://www.theatlantic.com/magazine/archive/ 2018/11/newt-gingrich-says-youre-welcome/570832/讨论了这一过程。
② 如 Zsolt Enyedi, Populist Polarization and Party System Institutionalization：The Role of Party Politics in De-Democratization. *Problems of Post-Communism*, 2016, Volume 63-Issue 4：Political Institutions and Authoritarian Drift, pp.210-220 以匈牙利为例探讨政治极化和民粹主义的关系；Michael D. Conover, Jacob Ratkiewicz, Matthew Francisco, Bruno Goncalves, Filippo Menczer, Alessandro Flammini, *Political Polarization on Twitter*, Fifth International AAAI Conference on Weblogs and Social Media, 2011-07-05 讨论了社交媒体与政治极化的关系；W. Lance Bennett, The Personalization of Politics：Political Identity, Social Media, and Changing Patterns of Participation, *The ANNALS of the American Academy of Political and Social Science*, 2012, Volume 644-issue 1, pp.20-39 讨论了社交媒体、身份政治和政治极化与政治个人化之间的关系；Cas Mudde, *The Far Right in America*, Routledge Press, 2017, chapter 17 中特意探讨了另类右翼与美国右翼和政治极化的关系等。
③ Anthony Downs, *An Economic Theory of Democracy*, New York：Harper and Row, 1957.

因此，对政治极化的制度解释在因果机制上面临同一个挑战：解释政党如何克服唐斯模型中两党选举体制下竞逐意识形态中轴——而非走向远离中轴的极端立场——的倾向。

一种解释考虑选民的投票率，认为极端主张有助于动员忠诚选民参与投票，从而克服了温和派候选人在意识形态空间中的优势。这一解释本质上考量了选举的空间模型中存在的信息不对称性：选民有动机隐藏自己的真实偏好，从而"欺骗"政党候选人并使其未能采取更有利于自身的政策[①]，而投票率则是检验选民真实偏好的指标。但这一解释无法得到足够的经验支持：现实中极端派选民愿意为了赢得胜利而支持温和派候选人，尤其是在他们认识到极端派候选人可能会带来的选举后果之后[②]。与此同时，投票率的高涨未必能够助力极端候选人，反而可能降低其得票率。[③]

另一种可能的解释关注筛选政党正式候选人的初选制度，与强化两党制结构的"选票列名法"。一个候选人一旦参加了政党初选就不能再以独立候选人身份进入选票，而加入政党初选则必须为了赢得党内提名而吸引较为激进的选民群体。温和派一旦在初选中因未能吸引激进选民群体而失败，则无法以独立参选的方式作为反制威胁，这在强化了两党垄断的同时，推动了极端派候选人的胜出。[④]这一解释考量了有限理性下选民的行为：选民的理性是分阶段的，在初选阶段的最优化函数同决选阶段的最优化函数不同，这使得初选制度

[①] 斋藤淳：《政治分肥：自民党长期政权的政治经济学》，上海人民出版社，2017 年，在研究中便探讨了这种隐瞒真实偏好的机制会对霸权党的选举动机产生的困难。

[②] 参见 Andrew B. Hall, What Happens When Extremists Win Primaries, *American Political Science Review*, 2015, Vol.109, No.1.

[③] 在荷兰 2017 年选举中，投票率增长了 6.3%。与选前的最后民调相比，中间偏右的执政党 VVD 增加了大约 8 个席位，而极右翼政党 PVV 则减少了 2 个席位。在法国 2017 年总统选举中，相比选前最后的民调给出的预期投票率，实际投票率高出约 5%，而极右翼候选人勒庞的支持率相比民调均值下降了超过 1%。

[④] 对于初选制度的讨论，参见 Elisabeth R. Gerber and Rebecca B. Morton, Primary Election Systems and Representation, *Journal of Law, Economics & Organization*, 1998, Vol.14, No.2, pp. 304-324；Michael Kang, Sore Loser Laws and Democratic Contestation, *Georgetown Law Journal*, 2011, 99(4), pp. 1013-1075 专门讨论了这种选票列名法对政治极化的影响。

能够影响决选中胜出者的立场激进程度。然而,由于政党提名人不是竞选职位的最终胜出者,这使得初选决策必然是一个两阶段模型,而经验证据并不足以支撑这种有限理性的预设。选民必须考虑政党提名者在第二阶段的大选中所具有的可当选性(electability),并以此调整其在初选中的策略,这一考量正被视为 2020 年美国民主党初选中约瑟夫·拜登早早锁定胜势的原因。①通过有限理性选民的学习可以解释这一案例,但在极化的长期存在上欠缺解释力:通过信息更新,有限理性的选民同样可以长期抑制极化进程。

这两种解释在因果机制上并不明晰,也不能很好地契合经验实证研究。在既有的国内研究中,王希全面分析了特朗普在 2016 年选举胜利的原因,从政治、经济、社会、文化多个维度探讨了政治极化的机制和后果,清晰透彻,但仅局限于特朗普当选本身,未深入分析政治极化如何能够突破选举空间模型中两党的趋中倾向②;刘颜俊与周礼为侧重于美国政治极化下政治中的反智主义,从美国反智主义的传统到反智主义的实际政治影响,深入探讨了反智主义对选民理性化假设的冲击③。然而,反智主义固然是政治极化的成因之一,其如何从机制上影响了选民的选举行为,并导致政治极化的加剧,却仍是需要阐明的。

为了解释美国两党制下政治极化现象的因果机制,有必要对安东尼·唐斯的基础模型——尤其是其基本预设——加以考察并做出相应调整使其更符合现实,从而更好解释社会共识和选民偏好发生了巨大变化后的美国政治。

---

① VOX 的报道"What the media missed about Joe Biden's electability"详细说明了民主党选民对拜登可当选性的重视(https://www.vox.com/2020/3/9/21169367/joe-biden-electability-democratic-primary-bernie-sanders-donald-trump)。其他同一时间的新闻报道也表明可当选性对拜登赢得民主党提名的重要意义。参见 https://www.cbsnews.com/news/joe-biden-democratic-presidential-nomination-electability/;https://www.latimes.com/politics/story/2019-12-22/joe-biden-electability-democratic-nomination.
② 王希:《特朗普为何当选:对 2016 年美国大选的历史反思》,《美国研究》2017 年第 3 期,第 9~29 页。
③ 刘颜俊、周礼为:《美国政治中的反智主义:表现、成因与后果》,《美国研究》2022 年第 1 期,第 40~71 页。

二、唐斯选举模型与政党内部选民的"潜在适意性"

唐斯的选举模型又被称为"选举的空间模型"(spatial model),这一模型具有四个预设(assumptions):完美信息、无成本投票、选民最优化与候选人职位竞争。[①]其中,完美信息指选民与候选人了解彼此的立场偏好,信息获取零成本;无成本投票指参与投票行动无成本,故任何人都会投票;选民最优化指选民的投票动机为使自身得到的公共政策转移支付最大化[②];候选人职位竞争指所有候选人都以在选举中获得政治职位为目标。前述的两种解释政治极化的理论中,考虑选民投票率的模型增加了选民投票成本的变量,因此放弃了无成本投票这一预设;考虑初选制度和有限理性的模型则增加了选民了解候选人政策的成本,并使候选人需要先竞争政党提名,因而需要在信息完美和候选人职位竞争这两个预设上做出调整。

最接近现实政治的预设是选民最优化,以及由此派生出来的"政治市场"。在政治市场中,政党候选人和选民都是理性行为者,以最大化个人效用为目标。政党候选人谋求职位,选民则通过支持最恰当的政策使个人利益最大化。政党候选人将公共政策与议题当作商品向选民抛售,"利润"最高者成为选举竞争的胜利者。因此,选民最优化的动机是这一动态"政治市场"得以运转的必要条件,这也可以视为唐斯模型的实质性论点。

---

① Downs, 1957.
② 另一种解释是,选民是以自己对政策感知的"主观效用"而非实际的转移支付收益评估支持候选人带来的效用。然而,对政策的主观效用是不可测量的私人效用,无法通过实证研究加以检验,如果采用这一种解释,其得出的任何结论都不具备学术研究所需要的可证伪性。因此,必须采用转移经济支付收益这一可测量、可观测的效用。

"政治市场"模型在经验上是有效的,可以通过统计方法将政策议题归纳在一个二维空间上,以研究政党的竞争策略。[①]"政治市场"模型也可以解释极端派小党生存的空间, 如若部分选民和政党的最优化策略需要依赖特定议题以影响其他政党的政策偏好,极端小党在政治市场中出现本身也是合理的。

如果接受支持了政治市场模型的选民最优化预设, 则两党制国家中的两大主要政党必然以寻求政治职位作为最优化目标。在将选民视为政策和公共议题"购买者"的情形下,趋向选民立场的中轴仍将是两党的最优化策略, 这使得选举的空间模型在政治极化现象上解释力有限。

选民最优化的预设因此值得重新检视并加以修正。一个重要的经验问题在于,选民选择公共政策的交易过程并非零交易成本(transaction cost),投票需要耗费时间和经济成本,即便了解候选人的政策主张也需要时间成本,这也是部分选民选择"有限理性"乃至"理性的无知"的原因。在真实市场上,企业的销售人员降低了购买者搜集信息的成本。在政治市场上,政党的积极分子则承担了企业销售人员的职能,提供政策信息、协助政治动员。[②]因此,选民最优化的预设忽略了两类选民的区分:一类是"外部选民",他们是政治市场的顾客,只考虑自身的转移支付效应最优化;一类是"内部选民",他们相当于"政党企业"的员工,积极参与"政党企业"的政策生产,并对政策展开宣传和动员。

在政治市场中,内部选民和外部选民有显著的区别。哈罗德·德姆塞茨在解释为何代议制民主会出现代表性不足问题时, 正是注意

---

① George Th. Mavrogordatos, Downs Revisited:Spatial Models of Party Competition and Left: Right Measurements,*International Political Science Review*,Vol.8,No.4 (Oct.,1987),pp. 333–342.就提出了将不同维度的"左–右"坐标整合压缩在一条坐标轴上,以适用于唐斯的空间模型的设想。Michael Laver, Policy and the Dynamics of Political Competition, *American Political Science Review*,2005,Vol.99,No.2 的研究是此类研究的一个范本。

② John Aldrich, *Why Parties? The Origin and Transformation of Political Parties in America*, University of Chicago Press,1995.

到内部选民和外部选民在行为动机上的区分,并提出"潜在适意性"使政治市场区分于商业市场。[1]"潜在适意性"的定义是指商品本身能够给个人带来的"私人效用"(private utility)。在竞争性选举中,这一概念以如下的方式被体现:

德姆塞茨将政党视为企业,政党的内部选民,亦即属于政党核心团体同时又为政党提供"政策产品"的积极成员被视为公司内部的职工,而政党的外部选民才被视为需要争取的选举市场。"政党企业"与商业企业的一大不同就在于政党企业内部成员的"潜在适意性"。商业企业的成员关注商品的销售和利润,并不关注企业本身所生产的商品。他们的效用函数源于商品提供的利润,而非商品本身。举例而言,福特汽车工厂的工人本身不需要对福特汽车存在偏好,他们可以更偏好丰田汽车,但仍为福特工厂生产福特汽车以换取薪金。亦即只需能够获得出售汽车而获得的薪水,生产何种汽车对其而言是无差异的——这代表他们的效用并非私人的(private),而是可公共衡量和转移的(以金钱的形式)。然而,在政党运作中,政党提出的纲领本身对于政党企业的内部成员具有效用,而这是私人的、不可被转移支付衡量的效用。这一"潜在适意性"区分了政党的内部选民和外部选民,同时也对政党能够采取的策略产生了限制。[2]

政党政策对内部选民的"潜在适意性"区分了内部选民和外部选民的不同特质,并修改唐斯模型的选民最优化预设。在唐斯模型中,

---

① 德姆塞茨的研究使得以形式理论扩展韦伯的理性类型学成为可能。韦伯的理性概念区分了工具理性和价值理性,但形式化的效用与理性理论模糊了工具理性和价值理性的区分。当代理性理论将理性模型化为符合存在性、完备性和传递性的效用函数的最优化,从而使效用(utility)和最大化效用(maximization)的过程基于主观选择。然而,德姆塞茨的潜在适意性使得形式化韦伯的工具理性和价值理性再次成为可能:工具理性不仅意味着物质经济效用,而可以被理解为公共层面可转移的利益,而价值理性则对应了潜在适意性所代表的、无法流动和转移的价值性"私人效用"(private utility)。因此,潜在适意性不仅帮助解释政党政治极化,也能够帮助模型化韦伯的理性类型学。

② Harold Demsetz and Kenneth Lehn, The Structure of Corporate Ownership:Causes and Consequences,*Journal of Political Economy*,Vol.93,No.6(Dec.,1985),pp. 1155-1177.在经济学领域探讨了这一概念,随后 Harold Demsetz., Amenity Potential,Indivisibilities,and political competition,Chapter 5 of *Perspectives on Positive Political Economy*,Edited by James E. Alt and Kenneth A. Shepsle,Cambridge University Press,1990 将其引申到政治学领域。

政党的意识形态是具有功能性的，也即对于吸纳积极分子和进行政治动员提供帮助。[1]但美国政治极化的现象中，政党意识形态出现了功能失调（dysfunction），不对称的极化使得尤其是右翼的共和党受制于其极化的意识形态约束[2]，限制了共和党本身在温和选区的选举竞争力。通过考察内部选民及特定政策对内部选民产生的潜在适意性，我们可以理解意识形态作为动员政党积极分子和整合政党凝聚力的功能所依赖的微观理性基础，从而帮助构建一个能够解释政治极化的美国政党竞争模型。这一模型可以在尊重安东尼·唐斯模型的基本框架的前提下，通过对其预设的修正，并纳入党内初选和大选不同阶段的不同制度情境，解释两党制下政党存在竞逐极端立场的动机及其运作机制。

三、潜在适意性下的政策市场模型

考虑一个两阶段的政策市场模型。在第一个阶段中，候选人提出政策偏好以竞争党团内部的支持。在第二个阶段中，获得优势的政策偏好在大选中进行竞争。

定义政策区间为 $(-1,1)$ 所包含的空间，在第一阶段，两个政党分别在 $(-1,C]$ 和 $[C,1)$ 区间内进行政策竞争，其中 $C \in (-1,1)$。定义 C 为该选区中位政策主张所在点。[3]

两政党 D、R 分别存在两位候选人 D_1、D_2 与 R_1、R_2。在第二阶段决选的受提名者分别为 Dn 与 Rn。在选民群体 P 中，分别存在比例为 d% 与 r% 的"内部选民"与比例为（1-d%-r%）的"外部选民"。三个群体的投票率分别为 α%、β% 与 δ%。假定 Dn 与 Rn 最终采取的立场坐标

① Downs,1957, chapter 8.
② Matt Grossmann,David A. Hopkins, Ideological Republicans and Group Interest Democrats: The Asymmetry of American Party Politics, *Perspectives on Politics*,2015,Volume 13,Issue 1,pp. 119–139.就探讨了美国政党中的非对称极化现象,尤其强调了共和党的意识形态化特性。
③ 这符合两党制下竞争的经验直觉:两党都不会采取越过意识形态中轴的立场。

分别为 D_0 与 R_0。

在安东尼·唐斯的基本模型中,所有选民均进行投票,投票仅取决于政策市场本身的偏好与选民的距离,则 $\alpha\%$、$\beta\%$、$\delta\%$ 均为 1。"内部选民"与"外部选民"均立场固定,且支持政策空间中与自身立场最接近的候选人的立场。在第二阶段选举中的最优策略是使 $D_0=R_0=C$。在第一阶段选举中,考虑第二阶段选举的胜利策略,两党的初选策略亦为 $R_1=R_2=D_1=D_2=C$。这得出了唐斯模型中的经典结论,即两党竞争政策空间中的中位立场。

基本模型的一个预设是不同偏好及偏好强度不同的选民投票的概率是意义的,而忽视了投票率所发挥的作用。然而,采取更激进立场的政党或候选人可能有利于提高其核心支持者的投票率。此时,Dn 得票率为 $\delta\%*P(-1,D_0/2+R_0/2)*P*(1-d\%-r\%)+\alpha\%*P*d\%$。而 Rn 得票率为 $\delta\%*P(D_0/2+R_0/2,1)*P*(1-d\%-r\%)+\beta\%*P*r\%$。其中 $P(x,y)$ 表示在所有外部选民中,政策立场处于坐标 x 与 y 之间的选民比例。

考虑在政党内部选民的投票效用:$U_i \propto 1/|P_i-N|$,其中 P_i 为该内部选民的政策偏好坐标,N 为政党提名人所提出的正式立场的政策偏好坐标。当且仅当 $U_i \geq C_i$,亦即投票效用高于投票的时间和经济成本时,选民才会参与投票。由于对政党 D 的内部选民而言,$P_i<C$。对政党 R 的内部选民而言,$P_i>C$,则当 D_0 向左偏离 C 时,α 增加。当 R_0 向右偏离 C 时,β 增加。此时第二阶段的选举胜利策略不再是 $D_0=R_0=C$[①]。此时,应有 $D_0=D'$;$R_0=R'$。易得 $D'<C$,且 $R'>C$。而在初选过程中,两党候选人的最优策略分别是 $D_1=D_2=D'$,$R_1=R_2=R'$。

这一模型可以解释为何两党候选人都未曾真正处于政治中轴,而是各自具有左倾和右倾的立场。然而,这一模型并不能解释政治极化在美国的爆发:D' 与 R' 的具体坐标随外部选民的比例、其在政策坐标轴上的分布和内部选民立场的激进程度与比例而变化。容易得出,当外部选民比例下降、外部选民在坐标轴中心区域的分布密度下

---

① 事实上,此时的 D_0 和 R_0 受到 $\alpha\%$ 和 $\beta\%$ 随立场向内部选民靠拢时的增长状况而定。

降,以及内部选民比例和投票率上升时,D'下降而 R'增加,亦即其距离政治中轴的位置不断增长。然而,在美国政治极化的过程中,温和派选民始终占据选民总量的大多数。[1]仅仅依靠所谓忠诚选民,抑或内部选民的投票率机制,并不能促成美国今日的政治极化现象。我们需要将候选人采用的政策对内部选民的潜在适意性加以考量。

考虑投票率的改进模型仍将在决选中获得胜利视为初选中举足轻重的内部选民的效用来源,而忽视了候选人所采取的政策本身对内部选民的潜在适意性。在美国选举中,绝大多数州份的初选都是开放或半开放式的,亦即不仅对注册为本党的成员开放初选投票资格,也对独立选民甚至对方政党的注册者开放投票资格。[2]故考虑在政党 D 的第一阶段选举中,存在外部选民和内部选民两个团体。

假定外部选民和内部选民在初选阶段中的目标都包括使本党候选人当选概率最大化。[3]则当且仅当 $D_1=D_2=D'$ 时,两位候选人采取了最优策略。在真实竞选中,D_1 和 D_2 的微妙差别可以来自不同的初选团体对决选投票率预期的差异。然而,考虑潜在适意性:

对于外部选民而言,其最优化策略为:Max $PD_0(R_0)$ 和 Max $PR_0(D_0)$ 亦即在给定对方政党所采取的决选政策立场时,最大化己方候选人的胜选概率。如若选民仅包括外部选民,则两党选民的最优化策略都是支持 $D_0=D'$ 和 $R_0=R'$。

然而,考虑内部选民的最优化策略:Max $[PD_0(R_0)+\mu]$。其中 $\mu \propto$ $1/|Pi-N|$,代表内部选民对政策的潜在适意性。在"相对更接近自身"的候选人赢得决选胜利所提供的效用(这相当于出售商品赚得的经济

① Jacob Westfall, Leaf Van Boven, John R. Chambers, Charles M. Judd, Perceiving Political Polarization in the United States: Party Identity Strength and Attitude Extremity Exacerbate the Perceived Partisan Divide, *Perspectives on Psychological Science*, 2015, Volume 10-issue 2, pp. 145-158 也定量地说明了极化并没有人一般认知地那么显著,选民的极化可能是被夸大的结果。
② 美国州议会国家论坛对各州初选制度有概述总结,参见 https://www.ncsl.org/research/elections-and-campaigns/primary-types.aspx。
③ 事实上,不能排除并非希望某党赢得选举,而是希望通过策略性初选影响大选中出场的两党候选人的立场来使两党候选人立场更都符合自身偏好的策略性选民的存在。然而,这种策略性选民有可能导致过于复杂的理性化动机,这不在我们的研究范畴之内。

利润)之外,自身倾向的政策在党内得到接纳本身也为内部选民提供了效用(这相当于商品的性质本身给生产者带来潜在适意性)。联立内部选民的最优化策略,则对内部选民的投票选择来说,其最优立场D"<D',R">R'。因此,为了赢得党内内部选民的支持,在初选阶段,牺牲大选中的获胜概率(至少是在当期选举中获胜的短期收益)而寻求为内部选民提供潜在适意性(这可能对候选人在未来的大选中带来长期授意)成为初选中的一种理性选择(见表1)。这一模型并不表明所有的政党提名者都会选择极化策略,而是阐明所有的政党提名竞争者都会受到极化立场的压力,其中一部分竞争者则会直接选择极化策略,正如2016年的唐纳德·特朗普和伯纳德·桑德斯。即便拒绝采取极化策略,政党的最终提名者仍受到采取极化策略的竞争者的影响,这是2016年希拉里·克林顿和2020年约瑟夫·拜登的正式立场相比其早期立场大幅左倾的原因。[1]这也为我们上一节提出的理论提供了初步的检验。

表1　三个模型的结论对比:内部选民对政策的潜在适意性效应推动了政治极化

	信息完美	无成本投票	选民最优化	候选人职位竞争	结论
唐斯基础模型	√	√	√	√	竞争中间立场
两阶段模型	×	×	√	×	偏离中间立场
纳入内部选民潜在适意性效应的模型	×	×	×	×	竞逐极端

---

[1]　美国政治观察者普遍认为,初选期间,希拉里·克林顿的立场在民主党内大幅左倾,甚至可能对其大选的可当选性带来威胁,如 https://www.wsj.com/articles/how-hillary-clinton-shifted-leftward-1465345261。

四、美国政党政治极化:潜在适意性与议题性质

　　潜在适意性的模型有助于解释美国政党极化的一个关键问题:如果政党积极者往往更加激进,为什么组织严密的政党,如德国社会民主党反而在 2021 年选择温和派领袖朔尔茨,而非激进派的党主席代表该党参加竞选,从而有效克制了政治极化的进程;而以自由、松散著称的美国政党常识上应当更鼓励温和派政治家的出现,使其较少受到政党意识形态的束缚,在现实中却反倒产生了更加显著的政治极化现象?

　　美国政党的议题特性和制度结构都使得内部选民对特定议题具有的潜在适意性强化了美国政党的候选人过程。政治学界普遍认可美国政党结构存在自由主义和保守主义的议题周期。[1]共和党的"南方战略"开启了 20 世纪 70 年代开始共和党右转的战略模式,这为里根新保守主义革命的胜利和纽特·金里奇在 1994 年全面推动共和党转型为保守化的意识形态政党所加剧。"南方战略"的实质特性正是用以种族身份认同为核心构筑保守主义意识形态, 以打破小罗斯福总统的"新政联盟"[2]。然而,"南方战略"的使用在打破民主党政治垄断的同时,使得共和党变得更加意识形态化,这最终导致了美国政治中"不对称极化"现象的出现。[3]

　　不对称极化与南方战略的并行推进了"身份政治"现象的突出。[4]

---

[1]　Arthur Schlesinger, *The Cycles of American History*, Houghton Mifflin, 1986 是这一论断的开山之作。

[2]　"南方战略"是共和党人向保守派妥协的一个重要方案,其重点在于放弃共和党的进步主义立场,倒向南方州种族歧视、文化保守和新福音派运动的方向。对于"南方战略"的运用,参见 Earl Black and Merle Black, *The Rise of Southern Republicans*, Harvard University Press, 2003。

[3]　Nathaniel Persily, *Solutions to political polarization in America*, Cambridge university press, 2015, chapter3 中探讨了这一不对称的极化(asymmetric polarization),也就是说极化主要是因为共和党的温和派的退场所造成的。Grossmann and Hopkins, 2015 更是对比了民主党的利益集团特性和共和党的意识形态化特性。

[4]　Bennett, 2012 讨论了社交媒体、身份政治和政治极化与政治个人化之间的关系。

既有研究关注白人身份政治与右翼民粹主义之间的联系[1]，却忽视了身份政治和认同政治现象使得具有较强潜在适意性属性的政策议题在公共议程中受到重视，而这可能是推进政治极化的另一重机制。常规的经济再分配议题固然引发利益集团的纷争，其潜在适意性却相对较弱。可以想象，对堕胎手术进行公共资金赞助的议题不仅因其转移支付效应而影响选民的经济效益，更因其对胎儿生命定义的潜在内涵而对特定的内部选民团体带来了巨大的潜在适意性：对共和党的内部选民而言，以公共资金赞助堕胎手术不仅是让纳税人蒙受经济损失的转移支付的浪费，更是民主党漠视胎儿生命权的价值问题[2]，这并非以其他转移支付的经济收益可以计量与弥补的、对共和党特定选民群体存在的"私人效用"。相比之下，最低工资应当设置为每小时7.5美元还是12美元则是一个可以用转移支付和税收手段加以协调的议题，其对特定内部选民团体的潜在适意性很难达到助推政治极化的程度。

　　潜在适意性的存在使得李普塞特和贝尔在20世纪对美国全民党促进温和政治的预判需要重新考量：美国确实存在彼此交错而非平行的"社会裂痕"（social cleavage），然而欧洲式"阶级党"有可能使得潜在适意性相对较低的经济议题占据公共议程的主轴。相比之下，无论是"利益集团"的民主党，还是"意识形态化"的共和党，美国两党的全民性模糊了经济分配议题在公共议程中的主导地位，而引入了关注身份政治的特殊利益集团及意识形态主张下所重视的、具有较强潜在适意性效应的议题。这部分解释了美国政治极化现象的推进

---

① Matthew D. Lassiter, *The Silent Majority：Suburban Politics in the Sunbelt South*, Princeton University Press，2007 探讨了南方州郊区的"沉默多数"在身份政治议题上的 sentiment，事实上，"沉默多数"本身是一种身份政治下的修辞发明。

② https://www.kff.org/womens-health-policy/issue-brief/the-hyde-amendment-and-coverage-for-abortion-services/讨论了公共资金赞助堕胎的各项政策。而 https://www.oah.org/tah/issues/2016/november/abolishing-abortion-the-history-of-the-pro-life-movement-in-america/则介绍了保守主义者在此话题上的立场。

程度,并揭示了右翼民粹主义与政治极化伴随出现的可能机制。①

　　围绕着医疗健保议题的争论和与之相伴的政治极化现象表明,经济性议题转化为价值性议题强化了潜在适意性影响推动政治极化的进程。由于"冗长议事"制度的存在,少数党在参议院可以轻易通过这一机制阻挠多数党的立法议程,自从 2010 年通过奥巴马医改(Obamacare)以来,美国国会再未曾通过常规立法程序实现重大立法,因此奥巴马医保法案在美国政治极化现象的研究中具有独特意义。奥巴马医保法案在美国国会参议院得到的 60 票支持全数来自民主党,而未能获得共和党的跨党派支持,这也被视为美国政党政治极化现象进一步激化的证据。因为奥巴马医改而激起的茶党运动更是成为美国共和党新右派民粹主义运动的一个重要潮流。②

　　医疗保险改革在美国最初只是一个与再分配和社会福利相关的纯经济议题。在后新政时期,朝野各界对医疗保险的推动具有广泛共识,在理查德·尼克松时期一度接近实现全民健保。③然而,随着 20 世纪 80 年代里根新右翼运动崛起,共和党迅速靠拢新古典自由主义价值观,又通过小政府作为操纵南方州保守白人选民的"狗哨"④。1994年比尔·克林顿主导的全民健保法案在国会闯关失败时,议题争论的焦点还局限在利益集团博弈。民主党内部的分歧而非党派之争挫败

---

① 事实上,由于极化的不对称性,首先推动政治极化的往往是政坛上的极右翼力量和右翼民粹主义者。Kenneth M. Roberts, Populism and Polarization in Comparative Perspective:Constitutive,Spatial and Institutional Dimensions,*Government and Opposition*,first view,2021 详细讨论了民粹主义、社会断裂、政治结构之间的联系。
② Nella Van Dyke and David S. Meyer, *Understanding the? tea party movement*,Ashgate publishing,2014 详细介绍了奥巴马医改与茶党运动的诞生, 和茶党运动与美国政治极化的联系。
③ 参见 Steffie Woolhandler and David U Himmelstein, The Affordable Care Act:How Nixon's Health Reform Proposal Became Democrats'Albatross,*International Journal of Health Services:Planning,Administration and Evaluation*,2017 Oct.,47(4),pp. 612-620.
④ 参见 Lassiter,2007;共和党采用"南方战略"诉诸右翼选民和认同政治的战略除 Black and Black,2003 具有参考价值外,Devin Caughey, *The Unsolid South:Mass Politics and National Representation in a One-Party Enclave*,Princeton university press,2018 也提供了有价值的视角。

了希拉里的健保法案计划①，而医生协会等游说利益集团的压力则是改变民主党保守派立场的关键因素。由于医疗保险本质上是一种社会风险分摊的机制，这本可以被视为再分配议题。共和党人米特·罗姆尼在马萨诸塞州担任州长时成功通过的"罗姆尼医保"②便说明医保政策存在讨价还价空间。

然而，随着纽特·金里奇在 1994 年带领共和党夺回国会控制权，经济议题被逐步意识形态化，③使潜在适意性发挥作用。奥巴马政府推出的医保计划本是效仿米特·罗姆尼在马萨诸塞州的医疗保险方案，却被共和党人攻击为"大政府"的代表。是否通过联邦版本的医疗保险法案不再仅仅是利益集团博弈与转移支付数额的分歧，而是涉及了联邦政府的根本权力性质，被视为政府是否在侵犯个人经济权利自由的价值问题。

一批共和党议员和政治家并非从医改的具体方案上反对奥巴马医改，而是从价值理念上反对奥巴马医改中强制参保的政策。2010 年茶党运动兴起，共和党务实政客开始受到专注意识形态议题的激进派冲击。④经济–社会结构因素对共和党新右派兴起的推动力不可否认，然而当奥巴马第二任期经济形态好转之后，茶党运动却并未退潮，一个很可能的解释正在于奥巴马政府的政策已经被共和党包装成"价值性议题"，从而为共和党的一部分核心选民带来了巨大的潜在适意性。

当共和党未能执政的时候，团结一批具有政治活跃性的内部选民对于议员在安全选区寻求连任、避免初选对手的挑战而言具有实

---

① https://www.princeton.edu/~starr/articles/articles07/Starr-HillarycareMyth-10-07.pdf 介绍了希拉里的全民健保计划夭折的全过程。

② https://www.wbur.org/news/2011/12/20/mitt-romney-health-care 介绍了罗姆尼在马萨诸塞州的医改计划，以及医改议题逐步成为关键的价值议题的过程。

③ Mckay Coppins，The Man Who Broke Politics，https://www.theatlantic.com/magazine/archive/2018/11/newt-gingrich-says-youre-welcome/570832/讨论了金里奇革命对共和党意识形态的影响。

④ 佛罗里达州 2010 年的参议员选举就是一个典型案例。Dyke and Meyer，2014 全面介绍了这种意识形态运动对共和党务实派的冲击。

际效益①。以众议院"自由党团"(freedom caucus)为首的激进保守派基于小政府和新古典自由主义的理念阻止共和党领导层同民主党达成任何妥协。2016 年特朗普上台,共和党全面控制两院和白宫后,如何对待"奥巴马医改"成为共和党人的棘手难题。由于"废除并改良奥巴马医改"是特朗普竞选的核心议题,这成为共和党国会必须向选民证明的政绩。

共和党本可以有两种思路:寻求民主党保守派的妥协,在强制参保这一关键议题上提出妥协方案,兼顾各利益集团和选民团体的要求;或寻求党内的妥协,使本党的极端保守派接受一个改良的奥巴马医改方案,展现共和党的执政能力。然而,奥巴马医改已经在茶党运动中被塑造为两种价值理念的对立象征。对大批共和党内部选民和一部分共和党议员而言,在奥巴马医改上的任何妥协带来的不仅是转移支付效用的改变,更是对共和党所捍卫的根本价值的背弃。潜在适意性的存在推高了共和党人寻求妥协的成本——同民主党保守派的跨党合作会被内部选民视为抛弃原则,而共和党保守派则坚决拒绝任何不全面废除奥巴马医改的妥协方案。②

以保罗·莱恩和米奇·麦康奈尔为首的共和党国会领导层进行了长达一年的协调,其间共和党激进派议员以所谓的"选民压力"为理由要求国会领导层全面让步。选民压力的来源不只是共和党在奥巴马医改方案上的妥协损害了选民的经济利益,更在于选民对共和党国会领袖"背叛"共和党价值观的不原谅情绪。③医保愈发成为政治化议题,内部选民潜在适意性的效应也愈发凸显。一部分温和派共和党人在奥巴马执政期间将全盘反对奥巴马医改作为一种谈判策略,却

---

① 埃里克·坎脱正是寻求同民主党的合作路线从而受到初选挑战惩罚的典型案例。
② https://www.politico.com/story/2017/03/trump-freedom-caucus-obamacare-repeal-replace-secret-pact-236507 介绍了自由党团的极端立场在奥巴马医改废除上的作用。https://www.vox.com/policy-and-politics/2017/8/11/16131336/freedom-caucus-leader-saving-repeal-obamacare 则反讽地指出了自由党团极端立场的存在使得奥巴马医改反而可能存活。
③ 一个在共和党人中越发知名的词语"RINO"(republicans in name only)体现了这一情绪。

在具体执政之后因该策略帮助塑造的价值观念和这一价值观念导致的潜在适意性而无法改变立场。于是，在共和党占据国会多数，且民主党保守派存在合作意愿的前提下，共和党两次提出修改奥巴马医改的方案，两次受到本党内激进反对派的抵制。最终，茶党共和党人迫使共和党领导层诉诸对奥巴马医改的全面废除，并以一票之差在参议院落败。

如果不考虑奥巴马医改在茶党运动中被意识形态化，使得该议题从经济议题拓展为价值议题和认同议题，由此增加了议题对共和党内部选民的潜在适意性，便无法理性地解释共和党修改奥巴马医改失败的原因。作为共和党多年的核心议题，成功修改奥巴马医改将为其带来可观的政治资本。然而，反复承诺全盘废除奥巴马医改的极端派共和党人受制于其选民对废除医改这一议题本身价值的重视，无法在政策商谈中做出妥协——深红州庞大的内部选民数量让赢得内部选民的支持足以成为一种更优策略。松散的美国政党组织无法约束受制于激进内部选民的极端议员，也无法阻止极端议员提出激进主张将可以妥协的政策议题价值化。潜在适意性影响到大批内部选民之后，政策妥协的激励被扭曲，内部选民的偏好被放大，共和党最终在握有国会多数的情况下，仍然选择了竞逐极端，哪怕这带来了议程上的失败。

五、美国政党政治极化：潜在适意性与激励扭曲

除了政策议题性质的变化使得潜在适意性的作用更易推进政治极化，潜在适意性的影响本身还可能在政治家提出公共议程的时候产生扭曲激励。美国相对松散的政党结构使得政治家个人的议程设计必须置于公共议程的形成中加以考察，由于美国政党的实际议程较少如同欧洲的相应政党一般，经由党大会加以确认，而更多由政党政治家个人加以宣传和推动，我们有必要将党内的政策和议程讨论过程视为一个"政策市场"。

假设党内存在两个政策主张者，其政策主张坐标分别在 $(0, 0.5]$ 和 $[0.5, 1)$ 之间分布。政党最终需要采取一个最终政策立场，影响这一立场坐标的考量因素包括该立场被采纳后能够在立法机关中被接受的概率 P、因为该立场而在该党内部选民中得到的支持 Q，以及两位政策主张者 C_1、C_2 本人的立场偏好 A_1、A_2。

由于信息不对称的存在，候选人彼此只能观察到 $A_1 \in (0, 0.5]$ 和 $A_2 \in [0.5, 1)$。假定在党团博弈中，双方最终能够接纳的立场只能是双方所提出立场 A_1' 与 A_2' 的平均值 A_0，[①]则 C_1 的最优策略为：

Max $[\alpha P(A_0) + \beta Q(A_1') + \gamma 1/|A_1 - A_0|]$。其中 $P(A_0)$ 是最终产生的政策在立法机构中通过的可能性。在给定 A_2' 的情况下，随 A_1' 的减小而减小。α 则是该项考虑对候选人 C_1 效用函数的权重。$Q(A_1')$ 是提出政策 A_1' 在内部选民中能够得到的支持，对于 C_1 的目标选民而言，可假定该项在 $(X, 0.5)$ 随 A_1' 的减小而增加，在 $(0, X)$ 随 A_1' 的减小而减小。β 则是该考虑对候选人 C_1 效用函数的权重。$1/|A_1 - A_0|$ 则描述了该项政策对 C_1 的主观效用。显然，在 $A_0 > A_1$ 的情况下，给定 A_2，该项随 A' 减小而增大。γ 则描述了该主观效用在 C_1 的效用函数中所占权重。（$\alpha + \beta + \gamma = 1$）

相应地，C_2 的最优策略为：

Max $[\alpha' P(A_0) + \beta' Q(A_2') + \gamma' 1/|A_2 - A_0|]$。其中 $P(A_0)$ 是最终产生的政策在立法机构中通过的可能性。在给定 A_1' 的情况下，随 A_2' 的减小而减小。α' 则是该项考虑对候选人 C_2 效用函数的权重。$Q(A_2')$ 是提出政策 A_2' 在内部选民中能够得到的支持，对于 C_2 的目标选民而言，可假定该项在 $(0.5, Y)$ 随 A_1' 的减小而减小，在 $(Y, 1)$ 随 A_1' 的减小而增加。β' 则是该考虑对候选人 C_2 效用函数的权重。$1/|A_2 - A_0|$ 则描述了该项政策对 C_2 的主观效用。显然，在 $A_0 < A_2$ 的情况下，给定 A_1'，该项随 A_2' 减小而减小。γ' 则描述了该主观效用在 C_2 的效用函数中所占权

---

① 事实上，显然双方的博弈策略、谈判能力甚至时运变量都有可能影响最终的妥协结果，导致最终的政策输出立场应当属于一个范围。为模型的简化考虑，我们直接采用平均数加以理解，并不违反这一模型所揭示的机制。

重。($\alpha'+\beta'+\gamma'=1$)

联立两式,在 $X<A_1$、$Y>A_2$,且 α 较小[1]的情况下,有 $A_1'<A_1$,$A_2'>A_2$。亦即,两个政策倡议者都有隐藏个人真实偏好,以谋求在"政策市场"的讨价还价(bargaining)中获取优势的动机。然而,最终输出的结果 A_0 会与 $(A_1+A_2)/2$ 高度接近。亦即,在讨价还价中的策略性行为只是为了实现策略性优势,而不会对最终的政策结果造成严重偏离。

此时考虑潜在适意性,候选人所公开提倡的政策主张本身会为该主张的内部选民提倡者带来潜在适意性 μ。显然,对于立场相对极端的候选人 C_1 而言,其选民群体更可能产生潜在适意性。如此,候选人 C_1 的最优化策略为:

Max $[\alpha'P(A_0)+\beta'Q(A_2')+\gamma'1/|A_2-A_0|-\delta(A_0)\mu]$。其中 $\delta(A_0)$ 是因妥协到政策 A_0 所产生的立场差距所造成的潜在适意性惩罚系数。值得注意的是,由于潜在适意性是在宣传和动员中产生的,在提出政策之前,$\delta(A_0)$ 在候选人 C_1 看来正比于 A_0 与 A_1 的差距。而在事后,$\delta(A_0)$ 则正比于 A_0 与 A_1' 的差距。由于 $A_1'<A_1$,当政策 A_1' 被提出后,C_1 将无法接受 $A_1'+A_2'/2=A_0$ 的妥协方案,因其效用低于其最初估计的最优化策略效用。若 C_1 与 C_2 愿意平分"效用损失",则最终妥协的立场 $A_0'<A_0$。这意味着潜在适意性的存在扭曲了激励,使得讨价还价的策略最终助推极化进程(表 2)。

表 2　激进内部选民的潜在适意性偏好与政策极端立场

	温和者策略	极端者策略	妥协限制	最终政策
无信息不对称	真实立场	真实立场	居中妥协	真实立场的平均值
有信息不对称	提出更温和立场	提出更极端立场	居中妥协	真实立场的平均值
存在激进内部选民	提出更温和立场	提出更极端立场	极端者妥协空间小	相比真实立场平均值更极端

———————

[1]　对于立场相对极端的候选人而言,γ、β 的考量大于 α 是显然的。

　　这一模型所能解释的一个实际例子就是围绕 2020 年美国总统选举的"舞弊争议"产生的政党分歧。长期以来,美国共和党采取"投票压制"(voting suppression) 的措施来降低少数族裔和社会弱势群体的投票率,以凸显共和党在高投票率的城郊富裕选民和老年人选民中所占据的优势地位。这不仅导致美国投票率在同等发展水平的选举式民主政体中相对偏低,更使得共和党政治家和理论家生产出多种反对降低投票门槛的理论,其中要点之一就是担忧邮寄选票、降低注册选民登记门槛可能造成的选举不规范(election irregularity)行为。这是共和党动员本党选民反对降低投票登记门槛、继续实现投票压制的一种策略性行为。绝大多数共和党人并不真心认为大规模的选举舞弊和选举不规范可能存在,美国两党公平参与的独立选举委员会和投票观察者们也证实了历次大选基本的公正性。①

　　然而,在部分相对激进的共和党内部选民看来,共和党政治领袖所举出的选举不规范性正是民主党能够赢得选举的内在原因。因此对所谓"选举舞弊"的关注,并不是共和党政治领袖实现政党政治利益的策略,而是捍卫美国民主真谛和正当性的关键议题。基层共和党选民不会满足于政党政治家阻挠民主党通过相应投票权法案的努力②,而会相信选举舞弊已经成为攸关美国民主体制生死存亡的关键议题。让步和妥协无法冲抵这一议题对这些内部选民产生的潜在适意性。

　　由于支持特朗普的选民在共和党初选中具有的强大动员效应,部分与特朗普关系密切的共和党人提出相当激进的论点,质疑民主党在大选中获得胜利的任何可能都来源于选举舞弊。特朗普的政治盟友泰德·科鲁兹③等人在与共和党领导层看法存在分歧的情况下,

---

① https://www.dailymail.co.uk/news/article-8937865/Election-fair-fraud-free-international-observers-invited-State-Department-report.html.

② 共和党为阻止亲民主党的选民团体如黑人等投票,采取了许多州一级的立法措施,同时阻止民主党人通过全国层面的投票权保护法案。https://www.aclu.org/news/civil-liberties/block-the-vote-voter-suppression-in-2020 介绍了其中的许多措施。

③ https://www.texastribune.org/2021/01/02/ted-cruz-joe-biden/和约书亚·霍利 https://www.ksdk.com/article/news/politics/sen-josh-hawley-renews-objection-call-for-voter-fraud-investigation-after-riot-at-capitol/63-7cb9473b-6600-4a59-9a39-0090dd888b73.

仍然支持特朗普缺乏证据的"选举舞弊"论调。绝大多数共和党领导层碍于内部选民的影响力和党的松散性，既不能在大选之前阻止极端派共和党人将选举舞弊这一议题炒作成为共和党人关注的中心话题，又希望能够借此在选举后的政治博弈中获得优势。许多支持特朗普的共和党人相信对选举舞弊的反对将成为一旦选举失败仍能维系共和党党团团结的政治动机，从而促成共和党在中期选举和 2024 年大选中取得胜利的可能动力。[1]然而，潜在适意性的存在扭曲了极端议题的激励，使得议题的发展超出共和党建制派的控制。

2020 年大选结束之后，特朗普团队发起了一大批指控选举舞弊的论调。虽然第三方研究和机构都表明 2020 年大选不可能存在系统性的选举不规范行为[2]，共和党国会领导层碍于内部选民对该议题的关注，仍不敢公开宣布选举结果无可置疑、约瑟夫·拜登已经是合法的当选总统。为了避免被内部选民视为在核心价值上"背叛"，共和党领导层在特朗普已经败选的情形下，仍然虚假地拒绝否定特朗普仍然可能就任总统的论点。绝大部分共和党议员深知拜登最终会被宣布为总统，于是附和特朗普和其内部选民的核心力量所提出的选举舞弊观点，以谋求个人的政治利益，在未来共和党内部议程博弈中获取讨价还价的有利地位。

换言之，正因为共和党人深知选举结果并不会被根本推翻，才表达了更加极端的立场。这些立场只能被认定为在前述模型中作为"讨价还价"策略的激进立场。可是，这些被视为根本性价值相关的议题为内部选民所重视。为满足内部选民的潜在适意性，大部分共和党议员无法转变其公共立场，而将压力置于少数具体的选举官员身上。在他们被视为"叛徒"之后[3]，共和党激进派仍谋求将选票清点的权利从

---

[1]　在 2022 年中期选举中共和党人采取的现实策略证实了这一点：https://revealnews.org/podcast/campaigning-on-the-big-lie/。

[2]　https://www.washingtonpost.com/elections/interactive/2020/election-integrity/做了详尽的总结。

[3]　https://www.npr.org/2022/03/03/1082841586/georgias-race-to-oversee-voting-pits-an-election-denier-against-an-election-defe.

选举官员身上剥夺，以满足内部选民捍卫"选举公正性"的要求——即便这会在数年后对州议会的议员造成强大的压力。

这一压力可以从美国国会山发生的"1 月 6 日事件"上看出。激进的共和党选民不能接受选举结果被践踏，这不仅是四年一次的总统更迭，更关系到美国民主本身的正当性。对于一部分共和党建制派国会议员而言，选举失败带来的不过是政治利益效用的损失。而对共和党选民来说，这一损失还包含了其关键议题上潜在适意性的损失。然而，即便是激进的挺川派议员要求重新审核选票，其目的也不是如同国会山外的抗议者一样要求推翻选举结果。约书亚·霍利和泰德·科鲁兹要求核准选举结果的说辞是为了"加强选举结果的公正性"[1]，这充分表明这些激进派政客将极端议题用作公共政策博弈的筹码，是一种"讨价还价"的策略。然而，被他们煽动和说服的选民，却对他们举出的特定议题深信不疑。最终，这些激进派政客也为这些特定议题对内部选民产生的潜在适意性所"俘获"[2]，从而限制了政党在政策空间中的回旋余地。

六、结论

对安东尼·唐斯基础模型的分析，表明选举空间模型对于分析政治极化现象的困难不仅源于其缺乏对包括初选制度和选票列名法等政党制度的考量，也在于模型对选民的投票动机做了单一预设。虽然有研究指出意识形态和政治动员在政党政治中起到的关键作用，将支撑政党政治存在的内部选民和其对特定议题的潜在适意性与政治

---

[1]　事实上，作为参议员，他们并不敢承认共和党内部选民试图"纠正"选举结果的诉求是正当的。https://thehill.com/homenews/senate/536311-hawley-denies-trying-to-overturn-election-results/.

[2]　https://www.npr.org/2021/11/01/1050291610/most-americans-trust-elections-are-fair-but-sharp-divides-exist-a-new-poll-finds 对共和党就该议题的极端倾向做了详尽调查。https://www.washingtonpost.com/politics/2022/01/07/republicans-big-lie-trump/的研究也证明共和党人正在被这种"极端立场"所"俘获"。这使得"选举舞弊"议题对他们的潜在适意性大增。

极化现象联系起来的因果模型仍不够清晰。笔者认为在内部选民对特定议题具有潜在适意性的情形下,选民的双峰偏好将更有可能使得政党降低赢得选举的政治考量,而寻求稳固内部选民支持的政治策略,从而推动了政党向极端立场靠拢的政治极化现象。

笔者进一步发现,美国政党作为松散的全民党,强化了潜在适意性现象对政治极化趋势的推动。不可否认的是,社会经济结构的变迁、传播媒介的改变是政治极化现象的起因:模型清楚地表明,只有占据一定比例的选民开始集体偏离政治意识形态光谱的中轴,而在偏向两轴的方向形成新的偏好峰时,政治极化现象才开始诞生。然而,美国政党的特性使得主动竞争极端成为部分政党政治家的一种策略选择。

作为与特定阶级缺乏紧密联系的"全民党",美国政党在经济议题上需要兼顾不同选民群体的利益,并且引入了不同的政策利益集团,这使得美国两党的政策议题博弈复杂化,并引入了大量与价值观和认同相联系的议题。相比经济议题,它们对内部选民潜在适意性的效应更强,这强化了美国政党在初选中向内部选民妥协并选择相对极端立场的动机。围绕奥巴马医改问题的政治博弈揭示了政策议题因其蕴含的内在理念价值,而对内部选民产生强大潜在适意性后导致的议程极化。

另外,美国政党松散的组织结构使得其缺乏严密的党内程序制定政党公共政策,而使得政党政治家个人可以设置公共政策的议程。笔者提供的模型揭示了在公共政策制定过程中,政党政治家存在隐藏其个人偏好而寻求"讨价还价"优势的理性动机。然而,部分政治家个人为设置议程而提议的极端政策可能对政党的部分内部选民产生潜在适意性,这限制了在政策制定过程中向温和派妥协的能力。潜在适意性的存在事实上起到扭曲激励的作用,使得部分政治家可以为其个人政治利益提出更加极化的政治议程,并迫使政党逐步接纳这些极端的议程,这部分理性化了政党在政治极化现象中主动竞逐极端的行为。

　　这一模型的实际效力仍有待更多定量研究的检验，如何测量内部选民和议题对其具有的潜在适意性效应可能是定量研究的难题。除此之外，德姆塞茨认为政治市场同经济市场的区别除了潜在适意性之外，还包括政策产品的不可分性，这一不可分性在诸多价值性议题中体现明显，并同样可能对政治极化进程产生推动作用。如何改进模型，以使其能够解释政策产品的不可分性对政治极化现象的影响，亦是亟待研究和进一步加以阐明的。

"政党"与"派系"的分离：
对英美政党起源的考察 *

李　洋　臧秀玲 **

内容摘要　在作为正式的政治概念被广泛接受之前，政党在相当长的时间里被当作派系的同义词，带有明确贬义。出于现实政治的需要，英美两国的政论家和政治精英开始了将政党与派系相分离的进程，最终使政党获得了道德上的可接受性和政治上的合法性。具体来说，二者在观念上的分离首先在英国发生，但由于英国政治架构和政治传统的强大惯性，其在经验上的分离最终在美国完成。在此过程中，派系始终扮演着"负面推责方"的角色，承担着建构正面政党形象的重任。对政党与派系分离历史的考察，既是观念史厘定，也是经验史梳理，是我们理解英美政党起源的重要视角。

关键词　政党起源；派系；同化；分离

　　现代意义上的政党最早在英、美等国家出现，并发展成为当代民主政治运行的重要支柱。国内外学界对英美政党起源虽多有述及，但较少涉及两组重要关系的区别和联系：其一，政党在起源阶段与派系

---

*　本文系 2023 年度教育部哲学社会科学研究重大攻关项目 "健全全面从严治党体系研究"、中国博士后科学基金第 67 批面上资助（2020M672184）的阶段性成果。

**　李洋，河南大学经济学院副教授，主要研究方向为世界政党政治、中美关系。臧秀玲，山东大学政治学与公共管理学院教授、博士生导师，主要研究方向为政党政治、中共党史党建。

高度"同质化",但学界对其如何摆脱派系污名、获得了道德上的可接
受性和政治上的合法性关注不足。其二,现有研究或基于国别个案,
或将英美政党起源并为一谈,对两国在政党创生过程中的关联性和
差异性缺少专门探究。本文认为,在政党发轫之初,派系是重要的"负
面推责方",是政党形象由负转正的关键媒介;英国率先完成了对政
党的抽象概念建构,美国则首先实现了对政党的具象实体建构。笔者
将观察点聚焦到派系在政党创生阶段的特殊作用,对二者在英美两
国分别实现观念和经验分离的历史作出分析,以期为理解英美政党
起源提供思路借鉴。

一、派系与政党的同化:词源及内涵考证

欧洲古典政治著述中不乏关于派系的描述。在《理想国》中,柏拉
图描述引发城邦对抗的穷人党魁(penetes)和有产者(plousioi)时,使
用的希腊词语是(拉丁文转写为 stasis),意即派系。在《雅典政治》中,
亚里士多德同样用 stasis 命名割裂雅典的高山派、平原派和沿海派。
Stasis 原指血亲(blood kinship)之间的斗争,之所以用来指称派系,是
由于城邦本是古希腊人基于血缘和宗族关系构建起来的对共同生活
的整体意象。①基于这样的认知,派系在古希腊被视作城邦的对立面。
柏拉图认为,派系将私利凌驾于整体利益之上,是对"美善之邦"
(kalliplis)最大的威胁。②类似地,在被称作"政治病理学"的《政治学》
第五卷中,亚里士多德谴责派系是阻挠城邦善业的最根本的政治弊
病。③这些论述形构了派系与国家的二元对立,为"派系罪恶论"定下
了基调。

"派系罪恶论"在罗马得到了延续和强化。在崛起过程中,罗马见

---

① Giorgio Agamben,*Stasis: Civil War as a Political Paradigm*,Stanford: Stanford University Press,2015.
② [美]乔治·萨拜因:《政治学说史》,邓正来译,上海人民出版社,2008 年,第 100~102 页。
③ [古希腊]亚里士多德:《政治学》,商务印书馆,2017 年,第 7 页。

证了希腊因派系争斗引致的"城邦的黄昏"，自己也深陷"三头政治"泥淖，最终因派系纷争分崩离析。无怪执政官西塞罗叱骂派系"把整个国家都拖入陪葬的烈焰"①。进入帝国阶段后，派系的贬义色彩愈发突出。在《罗马史》中，阿庇安详细记录了罗马因派系倾轧造成的历次内乱，预言帝国终将因"结派"鸟焚鱼烂、破败而终。②随着罗马的扩张和天主教的流传，拉丁文逐渐成为欧洲通用语言，"派系"的负面意涵也由此传播扩散开来——它的拉丁文是 factiō（对应现代英文 faction），与倾轧、凌压、擅权等词同义。

进入中世纪后，派系的负面形象有增无减。12 世纪圭尔夫派（Guelfi）和吉伯林派（Ghibellini）的长期对抗、13 世纪城市共和国的接连覆灭、15 世纪教派间的流血冲突，都令时人相信唯有消灭派系才能维护国家存续。③直至中世纪末期，政治思想家们依然严守亚里士多德的政治病理学，视国家为不同要素构成的有机体：若某个"要素"不安其分，如肺想思考、大脑想呼吸，有机体就会在派系争斗中解体或被吞噬。④

16 世纪伊丽莎白时期，派系开始作为政治术语在英国的时评和小册子中频繁出现，特指议会内反政府的清教徒团体。此后，议会内部滋生出的各种小集团（通常由家族姻亲、门生故吏等社会关系联结而成）皆被冠上派系之名，与"宗派"（fraction）、"阴谋集团"（cabals）、"私党"（cliques）等交替使用。相较而言，作为政治术语的"party"出现较晚。直至斯图亚特王朝时期，随着圆颅党（Roundhead）、骑士党（Cavalier），以及辉格党和托利党的相继建立，用"party"命名政治组织的做法才逐渐流行开来。

这一时期的"政党"带有浓厚的派系残余，通常凭借宗亲关系或

---

①　[古罗马]马库斯·图利乌斯·西塞罗：《论如何治理国家》，陈越骅译，上海社会科学院出版社，2016 年，第 12 页。

②　[古罗马]阿庇安：《罗马史》，谢德风译，商务印书馆，1963 年。

③　Quentin Skinner, *The Foundations of Modern Political Thought*, Vol.1, Cambridge: Cambridge University Press, 1978.

④　[英]约翰·麦克里兰：《西方政治思想史》，彭淮栋译，海南出版社，2003 年，第 164 页。

贿买贿卖即可拼凑成"党"。人们自然而然地将其与派系关联在一起，当作同义词相互混用。同时，长期以来对派系的嫌恶也悉数转移到政党身上——合成词"anti-partyism"（反政党主义）甚至比正规的政党组织更早出现。然而，考察政党的词源可知，party 的拉丁文是"pars"或"partiō"，指分配、分开，是中性语汇。最先进入英语的词汇形式是"part"，指"社会的组成部分"，同样是中性的。①可见，"政党"刚成为具有政治学意义的专有名词就背上了派系的"原罪"。

政党与派系"同质化"的影响是深远的。即使在现代英文词典中，政党依然时常与派系捆绑在一起——1978 年版的《韦氏新国际词典》将派系定义为：在国家、政府或其他组织内的政党、联合或小集团，纷争不断、自私自利且不顾公共利益。②事实上，在真正的现代政党出现之前，被称作"party"的政治组织经历过许多不同的样态。但由于英文中缺乏与现实多样性相对应的丰富词汇，与派系混用的做法被长期保留和沿用。③这不断延续着人们对政党的反感和憎恶，增大了区分两者的难度，也延长了人们接受政党的时间。

政治语言的变化不同于普通语言的变化。前者的发生不仅是名称的更改，更是观念认知的转换。多数政治语言都是在曲折发展中形成的，甚至会短暂中断或倒退。然而，某些关键的、固定的要素一定会沉积起来，逐步构成政治语言的核心语料库。"政党"也是如此。随着英美政治现代化的开启，"恣肆""营私""自肥""扰攘"等负面内涵被逐渐剥离，"结党正义""政治参与""公民权利"等语汇被陆续添加进政党语料库，成为政党创生的意识前提和思想保障。因此，考察政党与派系在观念上分离的启动契机和实施历程，是我们考察英美政党起源的基本出发点。

---

① 孙关宏：《政治学概论》，复旦大学出版社，2003 年，第 238 页。
② Philip Babcock Gove, ed., *Webster's Third New International Dictionary*, New York: Merriam-Webster, 1978, p. 99.
③ ［美］谢茨施耐德：《政党政府》，姚尚建、沈洁莹译，天津人民出版社，2016 年，第 94 页。

二、政党与派系在观念上的分离：
英国政党政治的发展

在资产阶级革命的推动下，英国形成了当时欧洲最为宽松的政治制度。在君权和议会权力的此消彼长中，新的政党观念开始在一批英国政论家中萌发。他们积极为政党正名，是政党和派系在观念上分离的重要推手。

(一)斯图亚特王朝末期：政党与派系的同质化

政党作为政治术语在英国广为使用的时候，议会制度已经在英国实行了三百年。1679年排斥法案危机催生了以议会为斗争中心的辉格党和托利党，奠定了英国18世纪的政党结构基础。1688年光荣革命有效增强了两党的实力，权力的天平进一步从王权向议会倾斜。尽管此时两党组织结构松散、政治立场多变，但影响力已不容小觑。这使得君主在厌恶政党的同时产生了强烈的防备之心。

威廉三世深知辉格党势大，便有意重用托利党人，试图通过在两党之间玩弄平衡术维持君权。直到1694年内外交困之际，他才向辉格党妥协，任命其组成世界上首个一党内阁。安妮女王同样对政党没有好感，在位前期大力擢升无党派议员和党派观念淡薄者。直到1710年为了退出西班牙王位继承战，她才不得已任命支持停战的托利党人组成一党内阁。①这是政党在与王权斗争过程中取得的重要阶段性成果，展示了两党在国家治理中日益上升的地位。

此时辉格党和托利党身上带有深深的派系烙印。多数"党员"对自身所处"政党"的认知十分模糊，将其当作争权夺利的工具。《权利法案》也没有带来统而不治的"虚君"，君主依然拥有制定内外政策、

---

① 阎照祥:《英国政党政治史》，中国社会科学出版社，1993年，第49、50、102页。

随意召开和解散议会、任免各部大臣和官吏的权力。①尤其是,随着君主立宪制的确立和反专制任务的初步完成,两党均不愿过度限制王权,而是希望借助王权维护和扩大自己的特权。这种投机心态和依附心理阻碍了它们向现代政党的转化,也极大延缓了政党与派系的分离。

(二)汉诺威王朝初期:为政党正名的肇始

汉诺威王朝的君主延续了对党员既打压又拉拢的做法。乔治一世虽厌恶政党,但不得不仰仗辉格党巩固自己的统治。乔治二世对朝政的荒废、卡罗琳王后对辉格党重臣的依赖,更是导致以沃波尔为首的宫廷辉格党(简称宫廷党)大权独揽。宫廷党一面笼络收买议员和选民,致使贪墨成风、政以贿行;一面无情地打压托利党人,称其为"詹姆士分子",将图谋复辟、卖国求荣变成托利党的代名词。不愿坐以待毙的托利党人和失意的辉格党人遂组建乡村党,作为下院反对派与宫廷党进行针锋相对的论战。

这场跨越汉诺威王朝前两任君主的论战对英国的政党观念产生了重要影响。其中,贡献最为突出的是乡村党人博林布鲁克(Henry St. John Bolingbroke)。他区分了政党和派系"恶"的程度,认为政党是邪恶的,而派系是所有政党中的"最恶者",从而在政党和派系之间撕开了一条关键的裂缝。这一做法为"不同于派系的政党"找到了重要的"负面推责方",把批判的矛头引向派系,为政党争取了一定的喘息空间。此外,为使托利党与"詹姆士党"划清界限,他写道:依然拥护斯图亚特王朝的那批人只是不足为患的派系分子,配不上"党人"的称号,更不配被称作"托利党人"。②这种"以政党为荣,以派系为耻"的做法下启苏格兰启蒙思想家大卫·休谟(David Hume),成为 18 世纪中后期许多为政党"正名"者的重要论战工具。

遗憾的是,由于坚信"政党终将堕落为纯粹的派系",博林布鲁克

---

① 钱乘旦:《英国通史:转型时期——18 世纪英国》,江苏人民出版社,2016 年,第 3~4 页。
② [英]博林布鲁克:《博林布鲁克政治著作选》,中国政法大学出版社,2003 年,第 72、93~94 页。

最终走向了政党的对立面。为了取信于乔治二世,他声称要打造对两党都保持距离的"爱国君主"(Patriot King),甘愿政党沦为王权的工具。他高调宣扬"政党终结论",呼吁通过"无党之党"(nonpartisan party)建立"无党政府"。他说,乡村党就是终结所有政党的无党之党,是君主通往绝对统治的权宜之计,是一种"必要的恶"。①总之,将消灭政党作为理论终点,反映了博林布鲁克个人和时代的局限性。

宫廷党方面同样吸引了许多杰出政论家,休谟就是其中的重要代表。他比博林布鲁克晚出生三十余年。其间,议会政治虽进展缓慢,但也有了一定的发展。这使休谟的政党观念有了更大的包容性和进步性。在判断依据上,休谟把原则作为区分派系和政党的重要标准。他指出,人们结派的原因不外有四:个人、情感、利益、原则。其中基于前三种原因结成的派系古已有之;但基于"抽象原则"的结派则是现代政党的独有特征。②他在《论原始契约》中写道:如果哪个政党缺少指导政治实践的哲学思想或原则体系,是很难在现在这个时代立足的。③这一标准既为"基于原则的政党"作出了辩护,也使政党和派系之间的分野变得更加清晰。

在处理方式上,休谟是"政党调和论"的奠基人。他相信人类"天生强烈倾向于分成派系",并且"党派创始人所种下的野草一旦在任何国家生根,就极难铲除"。因此,政党的出现固然意味着国家之疾,但尝试消灭政党却比生病本身更加可怕,唯一的办法就是接受生病的事实,积极治疗。在《英国史》中,他明确指出温和派系是无害的,甚至可以成为社会发展进步的正向力量。④书中系统呈现了英国派系斗争的历史,认为正是各派之间的妥协让步,英国才得以从野蛮走向文明。⑤

① [英]博林布鲁克:《博林布鲁克政治著作选》,中国政法大学出版社,2003年,第263、42、119页。
② [英]大卫·休谟:《休谟政治论文选》,张若衡译,商务印书馆,2018年,第39页。
③ [英]大卫·休谟:《休谟政治论文选》,张若衡译,商务印书馆,2018年,第169页。
④ Constant Noble Stockton, "Hume-Historian of the English Constitution", *Eighteenth-Century Studies*, Vol. 4, No.3, 1971.
⑤ Mark G. Spencer, "Hume and Madison on Faction", *The William and Mary Quarterly*, Vol. 59, No.4, 2022.

在《关于理想共和国的设想》中，他提出可以通过完善国家制度防止派系的扰攘。具体做法是："阻止一党对另一党的一切无理侮辱和盛气欺凌，支持稳健的意见，寻求所有争执的合理折中方案。"①与"政党终结论"相比，休谟致力于抑制党派冲突的弊端，是政党观念史上的的一大进步。遗憾的是，他没能完成政党和派系在概念上的彻底分离，而是止步于为宫廷党及其所代表的大贵族和大资产阶级辩护，被恩格斯称为"辉格党寡头统治的热烈拥护者"。

（三）乔治三世时期：政党与派系在观念上的分离

乔治三世致力于恢复王权昔日荣光，认为国家不应交由党人之手，而应由国王的"忠臣"代为管理。为此，他一面对陷入内斗的辉格党穷追猛打，一面挑拨托利党内部矛盾、大力擢升投靠自己的托利党人。同时，大肆收买无党派议员、地方乡绅、食客谋士等，组建"国王之友"。他们对国王曲意逢迎、借王权打压政敌，成为乔治三世建立个人统治、掣肘议会两党的核心基础。

两党深感王权过重，担心宪政异化为宰制个人的专制力量。于是，为政党的辩护进入了新的阶段，并最终实现了政党和派系在观念上的分离。其中贡献最大的是议会中组织最完善、反王权最坚决的反对派团体"罗金汉姆派"②。在与"国王之友"的斗争中，该派逐渐发展成为当时最为先进的议会组织。它打破了传统派系以亲朋故旧等社会关系为主要联结的组合方式，由对政治时局看法较为一致的青年议员组成。

埃德蒙·柏克（Edmund Burke）是罗金汉姆派的中坚力量，也是政党与派系分离新的核心推动者。他一改"政党未必总是坏的"的模棱论断，旗帜鲜明地指出"政党总是有用的，派系总是有害的"③。通过对

---

① ［英］大卫·休谟：《休谟政治论文选》，商务印书馆，2018 年，第 169 页。
② 该派是在纽卡索公爵旧部（辉格党内的派系之一）的基础上建立起来的，主要代表英国老牌大贵族的利益。
③ Richard Bourke, "Party, Parliament, and Conquest in Newly Ascribed Burke Manuscripts", *The Historical Journal*, Vol.55, No.3, 2012.

政党进行规范性定义,他明确划分了政党与派系之间的界限。首先,政党为民,发乎公利。柏克称,下院为民而设,是统治者和民众之间的桥梁,理应孚民望顺民心。"与民心没有同感,下院就不成其为下院。"①政党作为下院主体,应当关注、解决民众关切的每个问题。其次,相较于派系凡事逐利、毫无原则,政党有清晰连贯的政治原则,是"根据一致同意的特定原则去促进国民利益的人们的联合体"②。最后,政党有明确的政治目标,是试图掌管国家的组织。柏克鼓励政党大大方方追求权力,因为"想尽职守,是不能不占据要地的",否则就与沉迷于"小利益"的派系无异。③

"结党正义"是柏克对政党观念的另一个重要贡献。他说,在联合中,"即便最微贱的人,也因依附整体的力量而有价值,有用益;但脱离了联合,则纵有雄才大略,也是万难服务于公众的"④。相反,那些离群索居、没有组织归属的人"倘非天使,则必是魔鬼"。为了激励更多议员加入罗金汉姆派,他强调"联合与朋党,是一物之两称",空有正直之心但不结党的人只是与俗流合污的伪善者,甚至是对国家和职守的犯罪。他还说,在最伟大的共和国中,最有爱国心者,都是提倡和鼓励结党的。他坚信,对于恪尽职守的公职人员来说,唯有结党才能同心协力推进国家利益。

在为政党正名的论述中,柏克突破了前人将政党作为一种"必要的恶"的接受,而将其作为"必要的善"加以辩护,在思想认识上斩断了政党与派系的纠缠。自柏克以降,政界、学术界、新闻界等逐渐改变了透过派系棱镜评判政党的做法,开始正视这一股新生政治力量。这在客观上促进了柏克政党思想的传播,提升了政党在英国的接受度和认同度,使英国成为现代政党思想的发祥地。

不过,政党在英国的发展并未就此踏上坦途。从政治条件来看,

① [英]埃德蒙·柏克:《美洲三书》,缪哲译,商务印书馆,2003 年,第 246 页。
② [英]埃德蒙·柏克:《美洲三书》,缪哲译,商务印书馆,2003 年,第 241 页。
③ [英]埃德蒙·柏克:《美洲三书》,缪哲译,商务印书馆,2003 年,第 297 页。
④ [英]埃德蒙·柏克:《美洲三书》,缪哲译,商务印书馆,2003 年,第 295~301 页。

君权的持续存在抑制了政党的发展。即便是被视作反王权斗士的柏克,也没有把"正直的党派"精神践行到底。法国大革命爆发后,他作为辉格党右翼投靠乔治三世,成为自己曾经口诛笔伐的王党的一员。晚年的柏克很少再关注政党,他把更多的精力投入与潘恩的论战中,成为马克思笔下"被英国君主收买的诡辩家"。从社会条件来看,普选权的缺失是阻碍英国政党发展的重要根源。直到 1832 年第一次议会改革前,也就是柏克为政党正名的 60 多年后,英国 2400 万居民中仅有 3% 的成年人拥有选举权。①党人们缺少对民众进行话语动员和建立情感联系的动力,加上多数民众依然秉承着强烈的封建忠君意识,很难在短时间内彻底打消对政党的成见。正如柏克对英国人的评价:"大多数人,至少落后于政治 50 年。"②

总之,尽管辉格和托利两党在议会内已经有了相当的发展,但始终局限在统治阶层内部,没有自发、自觉地与议会外力量相结合。按照爱泼斯坦的判断,"即使按照最宽泛的定义,这样的群体还不是确切的政党"③。18 世纪的英国只是完成了政党和派系在观念上的分离,而两者在经验上的首次分离,最终是由大西洋彼岸的美国政治精英完成的。

三、政党与派系在经验上的分离:
美国早期政治精英的努力

(一)1788 年之前新大陆的政党观

柏克为政党正名时,华盛顿、亚当斯那一代的美国人正在争取国家独立,无暇顾及政党这一无关宏旨的议题,以致《1787 年宪法》完全

---

① 〔德〕马克斯·韦伯:《学术与政治》,冯克利译,商务印书馆,2019 年,第 78 页。
② 〔英〕埃德蒙·柏克:《美洲三书》,缪哲译,商务印书馆,2003 年,第 218 页。
③ 〔美〕利昂·D.爱泼斯坦:《西方民主国家的政党》,何文辉译,商务印书馆,2014 年,第 29 页。

没有提及政党。柏克对法国大革命的立场以及与潘恩的论战则使新大陆的政治精英对其挟怨生嫌，导致他的政党思想很难在美国这个新生国家立足。相反，多数美国人认为英国已经陷入党争纷沓、道德堕落的泥潭。他们急于与母国划清界限，希望建设一个不同于旧大陆的、没有党派的新国家。

美国建国初期的政治讨论弥漫着浓厚的反党情绪，视结党为道德沦丧的表现。本杰明·富兰克林警告人们提防政党："政党间无休止的相互攻讦会把最优秀的人物撕成碎片。"乔治·华盛顿同样对政党避之而唯恐不及，认为政党助长贪污腐败、削弱政府效能；分裂社会、煽起骚动和叛乱；招致外敌、为外国影响和腐蚀大开方便之门，是"一种不能鼓励的精神"。①

与英国一样，这些反"党"言辞多源自对派系的一贯贬抑。派系政治从一开始就是新大陆政治的一部分，长期滋扰着殖民地的团结。早在 1606—1607 年横渡大西洋时，开往詹姆斯敦定居点的船上就出现了派系纠纷。在每一个新的定居点，也都会因为宗教和利益争端产生派系运作。1776 年后，各州均出现了围绕一小撮有权势的贵族家庭组织起来的地方派系。它们为数甚众，是美国独立之初居于主导地位的政治组织形态。"政党"作为专门术语在英国流行起来以后，新大陆同样出现了名为"托利党"和"辉格党"的政治联合，新大陆会议期间也有自称"联邦党"和"反联邦党"的组织。但是，它们本质上是由政治精英和社会名流组成的松散派系。约翰·麦克利兰甚至认为国父们最初反对的"政党"充其量是今天的利益集团。②

然而，由于国内外形势的巨大变化和政治斗争的需要，国父们迅速改变了此前对政党的道德判断。曾担心政党导致"多数人暴政"的麦迪逊改口说，"自由于党派，如同空气于火，是一种离开它就会立刻

---

① Michael Wallace, "Changing Concepts of Parties in the United States: New York, 1815–1828", *The American Historical Review*, Vol.72, No.2, 1972, pp. 453–490.
② ［英］约翰·麦克里兰：《西方政治思想史》，彭淮栋译，海南出版社 2003 年，第 408 页。

窒息的养料"①。杰斐逊转而盛赞政党"是诚实之人以诚实为目的进行的联合,是当国家落入坏人之手时唯一有效的防御、一个永不退缩的冠军、一个永不睡觉的守护者"。就连原本反对结党最坚决的华盛顿也承认,"党派性是和我们的本性不可分的,在人类心灵最强烈的感情中扎下了根"②。

　　观念的转变带来了行为的转变。国父们开始主动带上党派标记,积极投身创建政党的实践。从国会内部的横向结盟到遍及各州的纵向整合,再到组织和意识形态层面的统一,他们为美国政党的创生做出了重要贡献。短短数年间,前两届国会时期的无党派局面已经彻底改变——联邦党和杰斐逊的民主党相继建立起机制完善、纲领明确、动员有效的全国性政党组织,实现了与派系在经验上的分离。正如小阿瑟·施莱辛格所说:"既然原先不存在政党,因此就得发明创造它。"③

(二)1788—1800 年:政党与派系在经验上的分离

　　本节采用安格鲁·帕尼比昂科(Angelo Panebianco)关于政党创生的制度主义研究路径,展示美国最初的两个国会派系逐步发展成为全国性政党的过程。帕尼比昂科将政党分为两类:没有制度化的和经过制度化的。其中前者处于政党的"初创阶段",即处于派系期的政党;只有经过严格制度化的派系才能归入政党阶段。④

　　就美国而言,政党的创生可以分为五个阶段。派系主义阶段:代表不同利益的小集团在国会结为临时团体,并逐渐汇集成两大稳固的派系;地方化阶段:派系领袖主导搭建"地方骨干网络",以"地域渗透""地域扩张"等方式培植地方势力;制度化阶段:联邦领袖和地方骨干共同协作,为组织制定框架结构和运转规则,是派系"政党化"的关键步骤;扩大化阶段:选举政治产生了系统动员选民的强烈需求,

---

① 〔美〕罗伯特·艾萨克:《美国政治思想经典文献选读》,北京大学出版社,2004 年,第 120 页。
② 〔美〕乔治·华盛顿:《华盛顿选集》,聂崇信等译,商务印书馆,1983 年,第 319 页。
③ 〔美〕小阿瑟·施莱辛格主编:《美国共和党史》,复旦大学国际政治系编译,上海人民出版社,1977 年,第 23 页。
④ 〔意〕安格鲁·帕尼比昂科:《政党:组织与权力》,周建勇译,上海人民出版社 2013 年。

由此产生的"涓滴效应"使国会派系不断扩大社会基础；意识形态化阶段：意识形态作为重要的组织黏合剂，为追随者提供集体认同和集体行动支撑，是国会派系转为政党的决定性力量。这五个阶段相互嵌套、彼此促进，共同构成了从派系制度化为政党的连续体。

1.派系主义阶段

首届国会期间(1789—1791年)，以汉密尔顿为首的联邦主义者和以麦迪逊为首的反联邦主义者围绕国家权力、首都选址和经济政策等议题尖锐对立，造成精英阶层的水平分化。汉密尔顿率先组织起"首都派系"(capital faction)，接连通过多项重要议案。麦迪逊等随即以"共和主义势力"的面目出现，与汉密尔顿集团矛盾相向。自第二届国会(1791—1793年)开始，杰斐逊与汉密尔顿决裂，与麦迪逊结为紧密同盟，有效壮大了反联邦党人的力量。但是，这两个临时性团体缺乏稳定性，议员们随着议题的转换频繁调整结盟对象，带有鲜明的派系主义表征。很少有人具备基本的政党意识，也几乎无人预见到政党的到来——"即使那些同党的创建有密切关系的领导人也没有完全认识到他们在构筑什么东西"①。

国会分化为两个有凝聚力的投票集团主要发生在华盛顿的第二个任期(1793—1797年)。其间，《杰伊条约》和对法关系成为国会辩论的核心问题，历史学家认为它们对美国两党的创生至关重要。②在此过程中，两大集团开始以联邦党和民主共和党自居，成员的组织性和纪律性不断增强。到第四届国会结束时，两院议员在关键立法投票中呈现较为稳定的两极化分布，意味着国会派系已经较为成熟，形成了对政党创生十分关键的"组织内核"。

在这一阶段，各派领袖效仿英国的做法，将派系当作负面推责

---

①　[美]小阿瑟·施莱辛格主编：《美国共和党史》，复旦大学国际政治系编译，上海人民出版社，1977年，第21页。

②　Stephen Kurtz, *The Presidency of John Adams: The Collapse of Federalism, 1795-1800*, Philadelphia: University of Pennsylvania Press, 1957; Rudolph Bell, *Party and Faction in American Politics: The House of Representatives, 1789-1801*, Westport: Greenwood Press, 1973.

方,在舆论上为结党正义造势。同时,双方都不肯让对手沾政党这个名字的光,长期以派系之名贬抑、消解对方。例如,当注意到麦迪逊等人自称共和党人后,汉密尔顿批评道:"麦迪逊先生同杰斐逊先生一起,在领导着一个对我和我的政府采取敌视态度的派别。"①作为回应,麦迪逊在写给杰斐逊的信中直呼联邦党为"恶性派系"(pernicious faction)。杰斐逊则回笔提醒:"你竟然说汉密尔顿的联邦党是派系,他很快就会提笔驳斥你。"②再如,1796 年,杰斐逊将联邦党蔑称为"阴谋家和君主主义者组成的派系"③,联邦主义者则在 XYZ 事件爆发后速速给共和党人打上了"法国派系"的标签。④这些插曲表明,国父们此时不仅在观念上接受了政党和派系的不同,也能够悦纳政党在现实中的存在,显露出从派系主义向党派主义过渡的倾向。

2.地方化阶段

国会精英分裂为两大横向联盟后,开始积极在各州寻找纵向同盟,作为政党筹建的战略支点。在首都派系方面,最初的响应者包括纽约州的斯凯乐派(Schuyler faction,汉密尔顿妻族)、汉密尔顿派(汉密尔顿的战友及追随者)、联邦主义支持者(新英格兰的公理会牧师、南部各州的种植园主)等。这些既有社会网络是首都派系的首批"渗透"对象,构成了联邦党的初始地方骨干网络。他们率先打上联邦党的标签,竭力拉拢和组织民众,凭借自己在当地的影响力"繁殖"出新的组织成员,成为联邦党进行地方建设的生力军。这是一种较为典型的地域渗透式起源模式,在组织与追随者之间存在较强的庇护关系,不利于形成高度制度化的政党。

共和主义势力在国会站稳脚跟后,同样大力培植地方骨干网络。

---

① [美]小阿瑟·施莱辛格主编:《美国民主党史》,复旦大学国际政治系编译,上海人民出版社,1977 年,第 21 页。
② [美]乔伊斯·阿普比、特伦斯·鲍尔主编:《杰弗逊政治著作选》,中国政法大学出版社,2003 年,第 412 页。
③ Richard Hofstadter, *The Idea of A Party System: The Rise of Legitimate Opposition in the United States, 1780–1840*, Berkeley: University of California Press, 1969, p. 124.
④ James Morton Smith, *Freedom's Fetters: The Alien and Sedition Laws and American Civil Liberties*, New York: Cornell University Press, 1956, p. 418.

其中既有"渗透"模式,也有自己独特的"扩张"模式。"渗透"对象主要包括在纽约政坛耕耘多年的克林顿家族、弗吉尼亚州的名门望族和政客团体、宾夕法尼亚州的"州立宪派"等。"扩张"对象包括纽约州的坦穆尼协会(Tammany Society)、马萨诸塞州的反建制派社会团体等。这些地方原本没有共和党组织或组织较为薄弱,但共和主义思想传播到该地之后,开始像种子一样生根发芽,发展出了属于自己的骨干力量。这种渗透和扩张相结合的复合型组织发展模式既有庇护关系,也有认同驱动,更易产生强制度化的结果。

3.制度化阶段

国会立法博弈和总统选举是联邦主义者和共和主义者推动政党建设的关键动力。为了制定立法策略和维持成员忠诚,汉密尔顿集团于1790年率先成立了国会核心小组。共和主义者也随之建立了自己的核心小组,与联邦主义者针锋相对。这是国会派系在联邦层面进行制度化的积极尝试和重要探索。在地方层面,随着选举政治的发展和选区的扩大,两大集团开始效仿"核心会议俱乐部"(Caucus Club)的做法,建立起为各级组织挑选和吸收领袖的正式程序,为精英储备和组织发展提供制度保障。同时,沿袭殖民地时期波士顿通信委员会的协调机制,进行常规化跨地区联系,协调全国统一行动。①

经过1792年和1796年两次大选,两大集团的组织架构和运行机制不断完善。但是,所有选战依然围绕领导人个人展开,没有建立起统一、正式的提名程序,党的纲领也没有提升到竞选的核心。而且当选战结束后,仅宾夕法尼亚和纽约等个别州建立了正式组织,距离发展成为全国性组织仍有一定的距离。历史学家将这一阶段的组织形式称作"潜在政党"(potential party)。②

为了迎接1800年大选,双方的制度化建设迈上新台阶,形成了

① Moisey Ostrogorski,*Democracy and The Organization of Political Parties*(Volume II: The United States),Chicago,Square Press,1964,pp. 3-4.
② William Chambers,"Party Development and Party Action: The American Origins",*History and Theory*,Vol.3,No.1,1963,pp. 91-120.

委员会制度与核心会议制度相结合的独特构架。具体来说,在国会核心小组的指挥协调下,各州先后建立起数量庞大的区委员会,构成组织的基础单元。这些委员会在地方一级与选民直接接触,负责对全区范围内有投票权的居民进行拉网式"人口普查",以便开展有针对性的政治动员工作。各区委员会通过区通信委员会横向联系,形成全覆盖式的基层组织体系网络;同时通过(常务)总委员会和县、市委员会等与上级组织保持垂直联系。在州一级,立法机构中的议员和全州各地的地方领袖组成"州核心会议",负责统筹和管理全州的组织工作,包括对地方委员会进行垂直指导、对州政府关键职位进行候选人提名等。国会议员与家乡州的"核心会议"集团保持密切往来,持续向后者传递党中央的意图与主张。①不同层级分工明确、配合密切,兼具联邦领导的统一性和地方执行的灵活性。这种制度化组织架构呈现出较高程度的稳定性和可复制性,最初零星见于罗德岛和纽约州,到1800年大选前已经全面覆盖至各州。此外,双方还相继确立了国会提名总统候选人的核心会议制度,目的是使全党集中力量支持一个候选人。这成为日后全国党机构中最核心的制度,同时也是在党的领导中维持国会势力的最有力手段。

在这一时期,联邦领袖和地方骨干共同协作,为组织的某些关键政治功能制定标准化实施方式,是政党在创生阶段最为关键的一步。随着该步骤的完成,整个组织得以摆脱权宜性和临时性,开始用规范、稳定的方式组织政治活动、履行政治职能,从派系阶段步入"政党连续体的末端"。②

4.扩大化阶段

面对胶着的选情,政治精英需要动员大量组织化程度较低的选民。新大陆独特的政治环境则为其提供了有利条件。当时,北美十三

① Moisey Ostrogorski,*Democracy and The Organization of Political Parties* (Volume II: The United States),Chicago,Square Press,1964,p. 73.
② John Hoadley, *Origins of American Political Parties*,1789–1803,Lexington: University of Kentucky Press,1986,p. 18.

州 60% 至 90% 的成年白人男性有投票资格，远高于同时期的欧洲各国。①法国大革命和法英战争使美国社会分裂为支持英国的"盎格鲁派"（Anglomen）和同情法国的"高卢派"（Gallomen），成为政党进一步扩大社会基础的重要支撑。其中前者多为新英格兰各州关心商业的城市人口，能够从汉密尔顿集团的政策中获利；后者则主要来自南部各州的农业区和北方大城市的新兴中产阶级，是杰斐逊集团维护州权和平等主义的受益人。他们与"地方骨干网络"共同构成了帕尼比昂科所说的"中阶区域"。

随着时间的推移，许多工薪阶层，尤其是造船业工人和种植商业作物的自耕农集团纷纷加入联邦主义的追随者大军之中。杰斐逊集团则主要通过职业化的基层党务工作者凝聚基层选民。每到关键选举，国会议员会提前向地方骨干发出通函，详细介绍党的各项政策和竞选方针；后者则通过发放小册子和集会、游行、开放日宣讲等让选民了解他们的候选人。逐渐地，相当一部分选民开始通过志愿工作、财政捐助和其他活动支持"我们的党"。除此之外，流动的信息网络——咖啡馆和乡村旅馆的报纸、商人的信件、小贩的传言、搬运工的闲谈——持续不断地将两大集团的主张带到更多人面前，使其组织触角从统治阶级内部伸及更为广大的底层，西进运动和移民的持续涌入也使越来越多的潜在选民被初创的政党"捕获"。这不仅整合了新的社会力量，也获得了现代政党创建所需的社会基础。

5.意识形态化阶段

在政党与派系的分离过程中，意识形态是论证政党合法性的内在依据。在组织成立后不久，汉密尔顿集团就发展出了独特且鲜明的观点和态度，包括支持强大的中央政府、支持民族资本等。共和主义者同样高度重视意识形态及其话语权的建构。在与联邦党人的论战中，支持平等主义和个人主义、反对特权和精英成为其代表性意识形

---

① Robert Dinkin, *Voting in Revolutionary America: A Study of Elections in the Original Thirteen States, 1776-1789*, Westport: Greenwood Press, 1982, pp. 81-89.

态。法国大革命和英法战争进一步巩固了二者的意识形态分野。对联邦党人来说,法国大革命意味着无政府状态的出现和对传统基督教价值观的拒斥。共和党人则认为,法国人对"自由、平等和博爱"的呼声是美国革命的延伸;惧怕法国革命的联邦党是阴谋家和君主主义者组成的"小派系",与本党存在原则性分歧。

历次大选为二者提供了补充和完善意识形态的平台。他们以竞选为契机,勾画社会政治的理想图景,内容涵盖联邦-各州关系、国防、外交、对外贸易、宗教信仰等,其中既有理性的立场性声明,也不乏情感性呼吁。威廉·钱伯斯认为,这种成熟的意识形态宣传技巧和把控力构成了国会派系转化为政党的最后也是最核心的要件,意味着"真正的现代性政党的出现"。[1]

印刷资本主义大大提升了党派意识形态的传播力,将地理空间分散的基层民众联结到初生的政党周围。自 1765 年《印花税法危机》以来,报纸在北美殖民地迅速走向政治化,两党之间的斗争也随之延伸到这一重要的公共领域。汉密尔顿与《美国公报》的发行人约翰·沃德·芬诺结为紧密联盟,标志着政党与大众媒体之间就此建立起不可分割的联系。麦迪逊则说服菲利普·弗里诺主编《国家公报》,成为杰斐逊派的第一份也是最重要的党派报纸。尽管这些报纸最初的订阅量有限,但很快变成了党与追随者之间最受欢迎的沟通方法。1792 年出台的《邮政服务法》允许报纸以低价附在邮件内,赋予了两党利用官方邮路的权利。这一点尤为重要,因为 90% 以上的人口生活在农村地区,否则他们很难知晓华盛顿的政党动态。

1790—1800 年,美国全国报纸数量从 96 家增长到 234 家。[2]同一时期,邮局数量从 73 个上升到 903 个,邮政系统传送的报纸数量从

---

① William Chambers, "Party Development and Party Action: The American Origins", *History and Theory*, Vol.3, No.1, 1963, pp. 100–101.

② John Brooke, "To Be 'Read by the Whole People': Press, Party, and Public Sphere in the United States, 1789–1840", *Proceedings of the American Antiquarian Society*, Vol.110, No. 1, 2000, pp. 41–118.

50万份增加到190万份。①由于识字率很高（美国革命时期已达到80%），加上对国会辩论和大选的普遍关注，这些报刊竞相报道选举活动、发表政论文章、宣传新兴党派及其候选人，成为传播意识形态、凝聚政治共识的重要载体。正是在印刷资本主义的推动下，多数学者认为，到1800年，联邦党和共和党已经开始像现代政党一样行事。②

（三）第一政党体系：从政党到派系

1800年民主共和党赢得大选，美国正式进入第一政党体系时代。在这一时期，两党既展示了动员全党夺取政权的技巧，也显示了治理国家和社会的才干，为美国实行政党政府奠定了基础。然而好景不长，两党相继落入"从政党到派系"的境地，导致第一政党体系饱受冲击，在短短25年后黯然落幕。从组织来看，作为初创的政党，两党均处于弱制度化水平，在许多方面的"派性"都高于"党性"。例如，1800年的两党既没有政纲，也没有理论，甚至没有留下章程、正式通信或会议记录。它们的地方组织在选举间隙通常处于休眠状态，无法维持公民对公共事务的持续参与。因此，"全国性的政党似乎不过是各州团体的松散组合"，它们每四年联合一次，以便选举一位总统。③无怪有学者认为，从严格意义上来讲，"联邦党从未充分发展成为政党"④，而民主共和党充其量是一个"紧凑的派系"⑤。

从发展来看，联邦党和共和党的运行在很大程度上还是依靠少数政治精英的个人权威。即便在组织发育较为成熟的几个州，也依然因循着家族式管理模式。由于组织涣散、纪律松弛，党内机制沦为实

---

① Richard John, *Spreading the News: The American Postal System from Franklin to Morse*, Cambridge: Harvard University Press, 1995, pp. 51、54.
② Benjamin Rohr, *Portraits of a Political World: The Structure of the First Party System in New York, 1777–1822*）, PhD Thesis of Chicargo University, 2022, p. 2.
③ Alfred Young, *The Democratic Republicans of New York.The Origins, 1763–1797*, Chapel Hill: University of North Carolina Press, 1967, p. 578.
④ Judson James, *American Political Parties in Transition*, New York: Harper & Row, 1974, p.34.
⑤ Harry Ammon, "The Jeffersonian Republicans in Virginia: an Interpretation", *The Virginia Magazine of History and Biograph*, Vol.21, 1963, p. 154.

现个人野心的工具,两党迅速派系化。在联邦党方面,1796年大选后,许多元老继续效忠汉密尔顿,党内"新贵"则选择追随当选总统的约翰·亚当斯,造成严重的党内分裂。汉密尔顿去世后,联邦党很快解体。作为一个统一的全国性组织,它在1816年以后就不复存在了。在民主共和党方面,杰斐逊担任总统后,几个重要的政党分支相继出现内讧。而在麦迪逊的两届总统任内,同党倾轧和内耗已经成为党内最为严峻的问题,为其最终分裂成国家共和党和民主党埋下了伏笔。

猖獗的派系活动不仅损害了两党的发展,还导致许多人对政党的观感发生了改变。代表国家共和党当选美国第六任总统的约翰·昆西·亚当斯表示:"随着法国大革命战争的结束,以及美国与英国的和平,有害的党派纷争的杂草应当被连根拔起。"①民主共和党众议员、第七任副总统约翰·卡尔霍恩同样指出,政党不过"蛊惑人心的破坏者的工具"②。讽刺的是,这位号称美国"最后一位国父"的政治家正是民主共和党派系化的重要参与者——在白热化的党内斗争中,他尝试在南部另立新党,以维护州权和奴隶制。

概言之,美国两党与派系"分离"后,旋即进入到党内派系化阶段,在经验和观念上都出现了"从政党到派系"的倒退。正如托克维尔在19世纪30年代访问美国后所写:"美国有过伟大的党,但是现在不再有了。"③

四、结语

政党的兴起是政治现代化的重要标志之一。然而在政党的初创期,由于客观历史条件的限制,以及与派系长期混用带来的惯性思

① Richard Hofstadter, *The Idea of A Party System: The Rise of Legitimate Opposition in the United States*, *1780–1840*, Berkeley: University of California Press, 1969, p. 234.
② William W. Freehling, "Spoilsmen and Interests in the Thought and Career of John C. Calhoun", *Journal of American History*, Vol.52, 1965, pp. 25–42.
③ [美]小阿瑟·施莱辛格主编,复旦大学国际政治系编译:《美国共和党史》,1977年,第82页。

维,它每向前发展一步都面临着非议和阻力。表面上看,派系的"原罪"直接引发了"反政党主义",阻碍了人们对政党的接受。但正是由于派系作为"负面推责方"的存在,政党的正面形象才开始逐步确立,政党和派系得以最终分离。分离进程从观念开始到实体结束,从英国开始到美国结束。在此过程中,英国为美国提供了观念层面的依据和支撑,美国则为英国作了经验层面的展示和确认。从这个意义出发,政党观念的流变史和政党实践的经验史,都可以视为政党与派系分离的产物,在某种意义上是一脉相承的。

政党的"计算"抑或"算计"的政党:技术革命驱动西方政党政治发展新图式 *

方　彪　张　鹏 **

内容摘要　近年来,以社交媒体、大数据和人工智能等为代表的数字技术在西方政党政治中得到广泛应用, 计算被当成一种技术装置和思维嵌入西方政党政治和政党治理中,进而建构着一种新的"政党计算"图式。究其实质,政党是政治斗争的产物,计算则蕴含政党在政治斗争中的西式现代化理性主义、利益博弈以及依赖数字技术形成的计算行动,其最终目标就是赢得选举、执掌政权。总体来看,西方政党在诸多数字技术的驱动下呈现出不同的政治景观, 但其并未突破西方传统政党政治的窠臼。政党运行依然被限制在积弊已久的旧制度范围内,隐含着权利悬置、权威消解和权力异化等民主悖论,需要我们对西方国家政党政治中的"政党计算"进行批判性反思。

关键词　政党政治;技术革命;"政党计算";政党转型发展

---

*　本文系教育部哲学社会科学研究重大课题攻关项目"积极参与全球治理体系改革和建设研究"(20JZD057)、2022—2023 年度复旦大学陈树渠比较政治发展研究中心基金项目"西方政党政治现代化中的'迷思':基于一种'政党计算'范式比较研究"(CCPDS-FudanNDKT23009)的阶段性成果。

**　方彪,管理学博士,华东政法大学政府管理学院,主要研究方向为政党政治、国家安全治理。张鹏,管理学博士,中国浦东干部学院教学研究部讲师,主要研究方向为数字政治学,政党政治。

一、当前西方政党政治嬗变

政党政治及其发展转型一直以来都是政治学界关注的核心议题之一。著名政治学家谢茨施耐德（E. E. Schattschneider）就明确指出，"政党的兴起是现代政府的显著标志之一。政党主要扮演了政府的缔造者，尤其是现代民主政府的缔造者角色"①。对内，不同阶级和社会力量组织政党参与到选举和民主程序当中进行利益博弈和政治斗争，以获得选票和席位上台执政；对外，政党竞选上台垄断国家权力，代表国家意志实行对外政策和参与全球竞争。然而西方政党经过几百年的发展，其政治运行也随着经济社会和内外部环境变迁而发生诸多新变化。

首先，在政党总体格局上，右翼政党"左转"，左翼政党"右转"，政党格局碎片化更加明显②，海盗党（Piratenpartei）、五星运动（Movimento 5 Stelle）和波德莫斯（Podemos）等凭借网络而兴起的民粹主义与极端化的新型政党相继出现，主流政党也向民粹化转型。③其次，在政党组织结构特征上，数字化和智能化技术改变了传统的政党组织结构，政党结构凝聚力弱化，④同时个人领导的兴起成为当代政党政治的一个重要趋势，新兴政党的领导人对党的身份和组织至关重要。⑤最后，在政党政治运行上，数字广告为政党竞选活动提供强大助力，社交媒体也为选民政治参与和政党支持者间意识形态分类提供了新的平台，但数字鸿沟、参与不平等、参与文化的变化，以及核心政治问题向后物质和新保守主义价值观的转移也发生在西方社会的大部分地

---

① ［美］谢茨施耐德：《政党政府》，姚尚建、沈洁莹译，天津人民出版社，2016，第44页。
② 吴韵曦：《欧洲政治转型背景下左翼政党发展新动向》，《当代世界》2022年第6期，第69页。
③ 彭枭：《政党竞争与西方主流政党的民粹化转型》，《外交评论》2022年第3期，第70页。
④ 高奇琦：《算法政治转向与治理功能弱化：新科技革命下西方政党政治发展趋势研判》，《行政论坛》2022年第1期，第148页。
⑤ Fortunato Musella、Michelangelo Vercesi, "Definitions and measures of party institutionalization in new personal politics: The case of the 5 star movement", *Zeitschrift für Vergleichende Politikwissenschaft*, 2019(13), p.225.

区。①在所有引起政党转型和变化的因素当中,以大数据、人工智能、区块链、社交媒体和算法等为代表的数字技术不仅冲击传统政党政治的日常运作和结构功能,还推动其理论范式与实践模式的发展创新,从而深刻地改变了世界政党政治景观。譬如立法机构的开放数据和机器学习工具使预测议会动态和政党更替成为可能,有学者基于意大利第十七届(2013—2018年)和第十八届(2018—2022年)立法机构的投票数据,开发一个算法来预测意大利议会中的党派转换,其准确率高达70%以上。②特别是随着生成式人工智能的成熟应用,政党也可以基于算法和模型来生成政治广告、竞选集会和社交互动所需要的海报、口号以及宣传视频等内容,科技使政党政治运行更加游刃有余。

全景勾勒与比较分析人类历史可以得出,每一次技术革命都会改进生产方式,促进生产力大发展,引发相应的产业革命,也都会引发相应的社会变革、政党政治变革与政党转型。③今天,日新月异的数字科技在西方政治领域的应用已屡见不鲜,从英国工党"数字政党"建设到德国另类选择党(AfD)有策略地使用TikTok征服联邦议会、进入所有州议会和欧洲议会、成为数字领域影响力最广的德国政党,④一些有远见的政党组织和政党精英也在谋划如何在数字技术的赋能下推动政党政治的变革与发展。技术从根本上改变了现代民主,而现代政治的大部分内容都是数字化的,通过导致传统的空间和时间实体的放松及其对政治进程的影响,改变了政治场景中参与者之间的

① Ilkka Koiranen,et al.,"Ideological motives,digital divides,and political polarization:How do political party preference and values correspond with the political use of social media?" *Telematics and Informatics*,2020(46),p.19.
② Nicolò Meneghetti,et al.,"Predicting party switching through machine learning and open data," *iScience*,2023(26),p.1.
③ 刘红凛:《技术革命驱动政党转型发展:历史逻辑与当代演绎》,《政治学研究》2021年第6期,第137页。
④ Marcus Bösch,"Alternative TikTok Tactics:How the German Right-Wing Populist Party AfD Plays the Platform",in *Fast Politics*:*Propaganda in the Age of TikTok*,edited by Laura Pérez Rastrilla,Pablo Sapag M.,and Armando Recio García,Springer,Singapore,2023,pp.149–167.

交流。①在此过程中，西方政党政治的"计算"隐喻日益显现。受理性主义精神的影响，"现代人们用以对付世界，用以调整其内在的关系的精神功能大部分可称作为计算功能。这些功能的认知理念是把世界设想成一个巨大的算术问题……经常以多数人投票表决来决定公众生活是同一种发展倾向的表现"②。进而言之，当前西方国家政治活动在很大程度上是为数字及隐藏在背后的智能算法和计算所驱动。政党与社交媒体、大数据以及人工智能等深度结合，计算被当成一种技术装置嵌入到西方政党竞选制度中，建构着一种新的政党政治和政党治理图式。③由于其强烈的计算博弈属性和政治竞争模式"计算化"的技术倾向，本文将这种西式政党政治图式称之为"政党计算"。

　　从根本上来看，"政党计算"其实是一种伴随着西方现代化理性主义思想和技术革命共同发展起来的党争模式，它深刻地揭示了西方政党政治的本质内核——竞争，其外在形态也因技术变革的塑造而呈现出不同表征。本文认为"政党计算"主要指政党凭借数字技术在政治竞争中的理性计算和利益博弈，即西方政党组织与代议制政府之间以及国家与人民之间的在利益代表和整合、公共决策和政策输出等方面的竞争和博弈，"政党计算"根本落脚点在于"计算"以及"计算"背后的谋划和竞争。本文接下来继续探讨"政党计算"作为一种西方政党政治和政党治理图式，它到底是一种"计算"还是一种"算计"？与传统社会相比，技术的变革下的"政党计算"又有哪些特点？它又是如何与技术合谋对国家与社会进行"俘获"与"算计"的？

---

① Georgios I. Zekos, "Digital Politics, GDPR, and AI", in *Political, Economic and Legal Effects of Artificial Intelligence: Governance, Digital Economy and Society*, Springer, Cham, 2020, pp.473–511.
② [德]西美尔：《货币哲学》，陈戎女等译，华夏出版社，2002，第358~359页。
③ 阙天舒、方彪：《西方政党政治现代化中的"迷思"——基于一种"政党计算"范式的比较分析》，《学术月刊》2023年第6期，第89页。

二、政党的"计算"：技术革命驱动政党转型发展

回溯政党与技术革命的历史演变轨迹我们可以发现，不同阶段的技术不仅会变换政党政治的发展动力，同时也在不断革新政党治理方式。当下，第四次工业革命显现出欣欣向荣之势，生成式人工智能、元宇宙、社交媒体、区块链与算法等数字技术融合发展，使得西方政党政治进入新的发展阶段。在所有数字技术当中，以算法为主的新型技术能够迅速渗透到政党政治的政治竞选、社交媒体宣传、投票分析和舆情分析等方方面面，能够帮助政党更好地了解选民的需求和关注点。

（一）竞选画像：政党选民的双向呈现

在西方政党参与政治选举的过程中，围绕个体选民的"算法竞赛"已经成为决定竞争性选举胜败的关键，选举已不再是简单的政党政策主张的比拼和政党政治理念的表达，而是越来越趋向于算法技术等智能化工具的较量。[①]从政党角度来说，政党及其候选人需要通过民意调查、智库咨询以及媒体大数据来分析其支持者和潜在的选民，对该群体进行信息识别和数字"画像"，进而通过有针对性地开展竞选活动。如果你是一个 38 岁的白人男性，与伴侣和孩子住在美国的"摇摆州"，并且你对宗教、性取向和枪支等话题有看法，你可能会在收件箱或新闻源中找到量身定制的信息，试图说服你某个政党会照顾你的价值观和利益。如果你是一名 64 岁的黑人女性，有其他价值观和兴趣，生活在一个传统上在每次选举中都以相同方式投票的州，你很可能会收到来自同一政党的不同政治广告，而且会更少，因为你不生活在摇摆州。在浏览数字世界和使用在线服务时，公民会留

① 王鸿铭：《新技术时代的西方政党：变化特征、运作形态与困境挑战》，《当代世界与社会主义》2022 年第 4 期，第 131 页。

下数字痕迹，使政党等组织能够根据这些数据生成选民档案。①从选民角度来说，选民可以通过新闻报道、政党网站主页以及各种新媒体平台等渠道了解政党及其候选人的相关信息，并通过关联视频、图片和文字等内容在脑海中勾画出政党与政治领导人形象，从而决定是否支持该党派和相关议题政策。在当代民主国家，政治精英在互联网和社交平台塑造的形象对他们的选举吸引力至关重要。西班牙极右翼政党 Vox 在 2022 年安达卢西亚议会地区选举期间就很好地利用了 TikTok 这个平台，用来瞄准年轻选民。该政党在 TikTok 上强调了视听、美学和频道语言的运用，构建出简洁明了的竞选信息，这样就使得他们的领导人形象平易近人，从而与传统政治区分开来。②由此，基于数字画像的竞选活动在政党参与和政治选举活动中日益增多，政党和候选人普遍在社交媒体上分享公共信息，其主要目标就是塑造一个良好形象，吸引媒体关注并说服选民支持自己。

　　尽管政党和选民之间的竞选"画像"是双向呈现的，政党能够通过投票信息分析选民结构、地域差异、议题关注以及政治态度等；选民也可以通过网络、新媒体乃至社交账户进一步拉近与政党的距离，及时掌握候选人的动态和情绪，使得政党和选民双方的情况都更加具象化。但是就实际情况来看，西方国家的主流政党一直垄断着权力、资源和技术，在竞选宣传和视觉表达上占据主导地位，选民所看到的"画像"或"剧情"从来都是政党及政治精英想让他们看到的"画像"或"剧情"。政党和政治精英有策略性地使用社交媒体，他们中的一些人几乎只传播与其竞选活动密切相关的图像，而另一些人则遵循亲密的模

①　Eva Odzuck, Sophie Günther, "Digital campaigning as a policy of democracy promotion: Applying deliberative theories of democracy to political parties," *Zeitschrift für Politikwissenschaft*, 2022(32), p.508.

②　Andrea Castro-Martínez, José Luis Torres-Martín, Pablo Díaz-Morilla, "The Spanish Far Right's Use of TikTok: The Case of Vox in the 2022 Regional Andalusian Election Campaign," in *Fast Politics: Propaganda in the Age of TikTok*, edited by Laura Pérez Rastrilla, Pablo Sapag M., and Armando Recio García, Springer, Singapore, 2023, pp.169-184.

式寻求与选民的真正认同。①有学者研究了加拿大总理特鲁多(Justin Trudeau)在上任第一年对 Instagram 的使用情况发现,社交媒体帮助特鲁多与选民在个人偏好和政治立场上产生共鸣, 例如他在整个竞选过程中都强调思想开放、社交能力和亲女性的个性化形象。②此外,许多政党精英还会采用一种个性化形象曝光策略, 即通过曝光或透露政党候选人情况,从而在选民之间引发特别高的影响力和互动率。譬如挪威的一项研究发现, 候选人和政治精英在社交媒体平台上之所以比政党获得更多的喜欢和评论,是因为他们的账户比政党账户更有可能分享竞选细节和个人信息,从而吸引选民的好奇与关注。③

(二)计算宣传:政党沟通的媒体传导

政治宣传和沟通是政党运行的重要组成部分, 数字技术的发展进步不但改变了政党的竞选模式, 还带来政治宣传和沟通方式的变化。在互联网和社交媒体出现之前,西方政党一般通过广播、报纸以及电视机等传统媒体进行政治宣传。例如亚历克斯·扬德尔(Alex Yeandle)通过利用历史自然实验的证据研究发现,BBC 地方电台的推出对 1918 年至 1924 年间英国选区的选民投票率产生了强劲的、积极的因果效应。④然而彼时的政治沟通宣传主要是一种单向度的宣传,很难接收到选民的有效反馈,政党还需要通过其他方式来获取社情民意。与传统大众媒体相比,网络和社交媒体提供了一个多媒体信息平台,允许民众自由地参与和表达意见。民众能够从政治精英或政党那里获得政治信息, 政治精英和政党也可以建立自己的社交媒体

---

① Marco Mazzoni,Roberto Mincigrucci, "Storytelling through images:how leaders managed their visual communication on Facebook during the 2019 European election campaign", *Journal for Cultural Research*,2022(2),p.221.
② Mireille Lalancette,et al., "The power of political image:Justin Trudeau,Instagram,and celebrity politics",*American Behavioral Scientist*,2019(63),pp.888–924.
③ Larsson. A.O., "Skiing all the way to the polls:exploring the popularity of personalized posts on political Instagram accounts",*Convergence*,2019(25),p.1096.
④ Yeandle.A., "Does public broadcasting increase voter turnout? Evidence from the roll out of BBC radio in the 1920s",*Electoral Studies*,2021(74).

账户,宣传自己以吸引民众的注意力。例如,有研究对美国前总统奥巴马和韩国前总统李明博的总统网站照片进行跨文化比较时发现,奥巴马主要依靠同情心和大众吸引力,而李明博在宣传时则更关注政治家风度和理想候选人形象。[1]

伴随社交媒体的兴起,一种依托于社交媒体平台的新宣传方式——"计算宣传"应运而生。[2]西方政党的计算宣传则主要表现在政治品牌塑造、情感动员和即时互动上,其特点是范围广、速度快、精准化程度高。

首先,计算宣传重视塑造政党及个人政治品牌。近年以来,随着西方政治中民粹主义兴起、政治素人[3]相继上台执政以及政治极化加剧,无论是政党还是政治精英都愈加重视政治品牌的塑造和维护。以意大利五星运动和捷克海盗党为例,这些新兴政党的成功与数字化网络平台和计算宣传密不可分,社交媒体让更多的公众了解和熟悉这些政党及其特色,进而促使他们加入其中成为新兴政党的一分子。政治精英也尝试通过个人社交媒体来塑造政治品牌形象。

其次,计算宣传注重宣传策略与情感动员。西方政党在计算宣传中会充分利用民粹主义对选民进行情感动员和增强政治认同,社交媒体可以鼓动民粹主义的涌现,因为民粹主义者充满情感的语言与社交媒体算法非常吻合。学者搜集分析了荷兰、瑞典和奥地利的 682 名国会议员的 Facebook 使用率,以及他们 10355 个帖子的表情符号回复。研究表明,民粹主义政党精英大量使用 Facebook 来接触他们的选民与社区,与其他政党相比,民粹主义党员发布的消息收到民众回复的

---

①　Jayeon Lee,"Presidents' visual presentations in their official photos:A cross-cultural analysis of the US and South Korea",*Cogent Arts & Humanities*,2016(3),pp.1–14.
②　邹军、刘敏:《全球计算宣传的趋势、影响及治理路径》,《现代传播 (中国传媒大学学报)》2022 年第 6 期,第 28 页。
③　参见马正义:《当代欧美"政治素人"的兴起根源与影响限度》,《暨南学报(哲学社会科学版)》2022 年第 2 期。

表情符号比普通党员的要多。①另外一项关于奥地利和荷兰选举期间政治候选人使用社交媒体的调查研究发现，无论其政治派别如何，候选人更有可能在竞选前和竞选期间转向民粹主义言论，这些民粹主义的沟通言论被用来拉近和选民的亲密关系。②当然，政党在计算宣传中还会呈现性别与党派的视觉传播差异。有学者以 2019 年欧洲大选为例，比较了来自欧盟所有 28 个成员国的女性和男性政治候选人在社交网站上的视觉自我描述及其在新闻报道中的描述，对女性和男性政治精英的描述存在明显差异。③还有学者通过分析 2019 年欧洲议会竞选活动，比较 28 个国家民粹主义和非民粹主义政党的视觉政治传播，指出民粹主义政党在视觉传达风格的独特特征及其与非民粹主义政党也存在着差异。④

最后，计算宣传借助社交媒体与民众进行即时互动。社交媒体不仅有助于政党向普通民众展现其"真实鲜活""亲民友好"的形象，还能够借助网络和社交媒体与普通民众直接互动和及时沟通，提升魅力和影响力。例如，美国前总统特朗普使用两个 Twitter 账户，第一个是他在担任总统之前推出的个人账户，而第二个是美国总统使用的官方账户。当选后，特朗普宣布他将继续使用他的个人账户，以便直接与人民交谈。⑤总之，社交平台的叙事促进了政党和政治精英的新视觉表现，以及对互动形式和逻辑的重新定义，将它们推向了政治传播进

---

① Linn Sandberg, J.Kristof Jacobs and Niels Spierings, "Populist MPs on Facebook: Adoption and emotional reactions in Austria, the Netherlands, and Sweden", *Scandinavian Political Studies*, 2022(45), p.504.

② Desirée Schmuck, Michael Hameleers, "Closer to the people: A comparative content analysis of populist communication on social networking sites in pre- and post-Election periods", *Information, Communication & Society*, 2020(23), p.1531.

③ Marc Jungblut, Mario Haim, "Visual Gender Stereotyping in Campaign Communication: Evidence on Female and Male Candidate Imagery in 28 Countries", *Communication Research*, 2021(50), p.561.

④ Xénia Farkas, et al., "Strikingly similar: Comparing visual political communication of populist and non-populist parties across 28 countries", *European Journal of Communication*, 2022(5), p.545.

⑤ Siddique B.C, "Tweets that Break the Law: How the President's @RealDonaldTrump Twitter Account Is A Public Forum and His Use of Twitter Violates the First Amendment and the President Records Act", *Nova Law Review*, 2018(42), p.6.

一步情感化的方向。[①]

(三)政党更新：政党政治的技术渗透

政党根据时代要求对自身观念、纲领、组织形式、活动方式等方面进行全面的调整，都可以用"政党现代化"来概括。[②]政党现代化是一个系统变革与全面创新的过程，需要政党在政治运行当中不断适应民众需求和时代需求，从而更好地履行政党的职能和责任。如前所述，技术革命的发展推动政党走过不同的治理阶段，不论是传统技术还是现代技术都在不断塑造着政党的管理结构、活动形式与治理方式等。这种政党现代化在当下则表现为，政党努力利用数字技术维持自身的权力和权威，并创新运用不同的技术手段和政策工具来增强自身实力，从而在政党政治和治理上进行全面更新。

鉴于人工智能和社交媒体在西方政党政治中的广泛运用，西方国家的一些主流政党逐渐开始接受算法和智能计算技术对政治领域的"入侵"现实，并且寻求自身变革，在理念和价值上做出相应调整。新兴政党普遍依靠数字网络来寻求组织和党员的发展壮大，老牌政党也开始越来越多地将数字技术纳入其内部流程。最新研究发现，几乎所有的民主国家中的政党都在一定程度上对其组织进行了数字化转型，以适应时代发展需要。这种数字化乃至智能化转型在政党治理层面最为显著，我们可以毫不夸张地说，算法和人工智能被西方政党集成应用到越来越多的基于计算的应用中，这些应用正塑造着西方政党政治的日常生活和现实，并且持续地放大政党治理的影响力。此外，智能合约等数字技术也可以被政党用来进行投票，如爱沙尼亚政府就开始在政府组织中使用区块链技术，并在投票系统中采用了智能合约，使得选举结果无法操纵。很多西方政党还通过人工智能技术

①　Edoardo Novelli, "Visual Political Communication in Italian Electoral Campaigns", in *Visual Political Communication*, edited by Anastasia Veneti, Daniel Jackson, Darren G. Lilleker, Palgrave Macmillan, Cham, 2019, pp.145–163.

②　王长江：《政党现代化论》，江苏人民出版社，2004，第29页。

进行形象传播和政治动员，为重塑日渐衰落的西方政党政治提供新的可能性。[①]然而从实践来看，算法和计算对政党政治和民主提出了一些挑战。比如，在算法加持下，政治信息过滤、定向推送和虚假宣传等现象可能会使选民两极分化，推动两极分化的不是与对立观点的孤立，而恰恰是社交媒体和算法将我们带到了"算法气泡"当中。算法推荐虽然某种程度上解决了信息泛滥的困扰，但容易引发"信息茧房"和"回音室"效应，制造"过滤气泡"，导致"群体极化"现象。[②]社交媒体通过党派分类而两极分化，形成了一个漩涡，越来越多的身份、信仰和文化偏好被卷入其中，造成整个社会的分裂。有研究指出，近年来许多政党和政治精英依靠 Amazon.com 等电子商务平台来宣传和销售他们的书籍，作为党派之争的综合工具，这些政治书籍的星级评定得分可能会无意中导致人们情感两极分化。[③]算法还可能在整个社会传播假新闻，对政治平等构成威胁，有些政党和政治精英会利用计算宣传的手段来操纵新闻舆论，而民众则容易受到这些人的操纵。

综上所言，算法和计算给西方政党政治和政党治理带来诸多变革，使得西方政党以及西式政党现代化在国际政治舞台呈现出独特的景观，可是正如前文所述，景观背后隐藏的还有深深的不平等和民主危机。我们既要看到西方政党政治中"计算"的一面，也要看到其背后"算计"的一面，透过技术与权力对西方"政党计算"这种图式进行批判性反思。

三、"算计"的政党：西方政党政治局限及其悖论

"就政治发展而言，重要的不是政党的数量而是政党制度的力量

---

① 孙会岩、郝宇青：《人工智能时代的西方政党政治：机遇，发展与困境》，《国外社会科学》2019 年第 5 期，第 101 页。
② 郭小安，甘馨月：《"戳掉你的泡泡"——算法推荐时代"过滤气泡"的形成及消解》，《全球传媒学刊》2018 年第 2 期，第 76 页。
③ Rachel L. Neo, Benjamin K. Johnson, "Online products and consumers: Partisan ratings and mechanisms for affective polarization," *Telematics Informatics*, 2020(54), p.101.

和适应性。政治稳定的先决条件在于有一个能够同化现代化过程所产生出来的新兴社会势力的政党制度。"①从本质上来说,西方政党在层出不穷的数字技术塑造下不断突破旧的政党政治模式,改变了传统的政党政治运行方式,却没有创造出新的政治制度来容纳已经扩大了的政治参与需求,普通民众的权利和利益依然被限制在政党政治之外。因而,在西方国家经济危机、政治极化、社会撕裂和意识形态分歧愈加严重的今天,政党在数字技术的支撑下并未维持好政治秩序的稳定,反而导致民主制的悖论。

(一)权利悬置:民众成为被操纵的提线木偶

选举投票被普遍认为是西方民主政治的基石,美国的西式民主把选举本身视为最高成就……两大政党组织均通过设置迷宫般的行政程序,使"民主"从目的沦为党争的手段。②随着数字技术对政党政治活动的不断渗透和快速扩张,技术从辅助决策转向主导人们的日常政治生活。在此过程中,公众在政治中的主体性逐渐丧失,法律赋予的权利也被悬置,成为被政党操作的提线木偶。"奇怪的是,在美国这个人民统治原则受到普遍赞赏的国度,几乎没有采取什么措施来确保选举结果忠实反映人民的意愿。"③

一般来说,在西方既定的政党竞选框架下,选举是政党按照民主政治运行的程序向民众展现的最为显著的政治景观,如街头演讲、议题辩论甚至彼此在社交平台互相攻击诋毁。从表面上来看,在选民和选票的推动下,不同的政党轮番上台向公众讲好执政的故事,政党候选人则努力扮演好受民众欢迎的角色,以获得他们的掌声和支持。而事实上,无论公众对哪个政党或候选人的叙事感兴趣、无论选民最终

---

① [美]塞缪尔·亨廷顿:《变化社会中的政治秩序》,王冠华、刘为等译,上海人民出版社,2008年,第350页。
② 周淑真、穆若曦:《试论美国现实的宪政危机及困境——基于2016年以来政党政治演变的考察》,《政治学研究》2022年第5期,第80页。
③ [美]小瓦尔迪默·奥兰多·基:《政治、政党与压力集团》(下),浙江人民出版社,2021年,第807~808页。

将选票投向哪一方，选举这场木偶戏最重要的控制权还是在幕后的那些政党精英和利益集团手上，选民才是被选举活动和舆论操纵的木偶。已有研究结果证实，政党的新闻稿很重要，其对大众精英的政策联系、党的策略和公众舆论都有影响。学者对瑞士的政党在 2007 年至 2017 年间发布的 1500 多份有关移民政策的新闻稿进行编码，发现了政党说服效应，即选民从他们偏好的政党获取政策线索，并出现了明显的反弹效应，选民将自己的立场与他们不喜欢的政党的表态相背离。①

西方国家政党将数字技术当作手中的线，运用手中的权力来设置议题和规则，通过舆论宣传、政治营销和选举游戏等来吸引民众的目光。正如克利福德·格尔兹（Clifford Geertz）指出，"宫廷仪式借由露天剧场上演了巴厘政治思想的核心主题：中心是典范的，地位是权力之根基，治国术乃是演剧术"②。例如政党控制的社交机器人模仿并可能操纵选民及其在社交网络中的行为，这些机器人能够潜在地影响选民对某个主题的看法。有研究分析了在竞选之前和期间关于机器人流行率和活动的七个德国政党的 Twitter 粉丝。结果显示，社交机器人的比例从之前的 7.1% 增加到竞选期间的 9.9%。③在这个选举活动中，观众的存在被有意或者无意地忽略，甚至已经被计算技术简化为数字和选票，人们看到的只是政党或者政党候选人在剧场或社交平台卖力地表演，却没有想到政党所展示的木偶剧其实是政党想要民众看到的假象，其幕后隐藏的是政党精英和算法的意志。这样，"普通民众已经失去对政治的控制，被腐败的政客和不能代表他们的精英

---

① 　Alexandra Feddersen, James F. Adams, "Public opinion backlash in response to party messages: A case for party press releases," *Electoral Studies*, 2022(80).

② 　［美］克利福德·格尔兹：《尼加拉：十九世纪巴厘剧场国家》，赵丙祥译，商务印书馆，2018 年，第 108 页。

③ 　Tobias R. Keller, Ulrike Klinger, "Social Bots in Election Campaigns: Theoretical, Empirical, and Methodological Implications", *Political Communication*, 2019(36), p.171.

排斥在权力大门之外"①。

除了选举之外,在西方政党计算模式下同样存在着许多被权力和技术所穿透的无形之线,它支配着整个政治生活的规则和架构。对普通公众来说,数字技术极大地拓宽了其自由表达和政治参与的渠道。移动互联网和社交媒体的兴起,促使选民与政党和政治人物进行以对话为导向的沟通变得稀松平常。②技术重塑了政党与民众之间的权力关系,普通民众与权力中心的距离被进一步缩小。然而从现实情况来看,民众始终处于消极、被动的境地,人们的某些权利似乎在技术赋能下获得了延伸和拓展,但他们的隐私安全、自由选择以及政治主体性却在政党的精密计算和安排下更进一步地受到限制。毫无疑问,政党和政府比普通民众拥有更多的技术资源和能力,如果民众可以运用新媒体来进行政治参与行动,它们同样能够被政府所利用,构建一个通过技术控制和操控的"全景式监狱"。在数字社会中,个人的生活越来越依赖数字平台和算法。更令人担忧的是,被权力和技术所穿透的无形之线正变得正常化并融入日常生活中。在提线木偶中,提线是实然的存在,也是观众在观看木偶剧时选择忽略的东西,即便那根线在台前若隐若现,但观看木偶剧的观众似乎都看不到它的存在。③因此,要实现代议制下的自由和民主,并不能简单地通过规则和技术赋予民众"权利"和"自由",而是要在突破现有的政党政治体制和竞选剧本去重新定义和塑造民众的主体性和安全边界。

(二)权威消解:政党组织与党员关系的虚化

数字技术对政党政治的介入,使得其在组织结构上呈现不同发展

---

① Margaret Canovan,"Taking Politics to the People:Populism as the Ideology of Democracy", in *Democracies and the Populist Challenge*,edited by Yves Mény,Yves Surel,New York: Palgrave,2002,p.27.
② 张佳威、吴纪远:《"边缘的兴起":对当代德国政党体制变动的解析》,《德国研究》2022年第1期,第50页。
③ 蓝江:《数码身体、拟-生命与游戏生态学——游戏中的玩家-角色辩证法》,《探索与争鸣》2019年第4期,第79页。

趋势。社交媒体的发展，对传统上下垂直的官僚体制产生冲击和挑
战,它改变了政党与民众的外部关系,使政党内部的金字塔式的组织
系统发生了显著变化。①如前文所说,数字技术的发展掀起了一场扁
平化的革命，西方国家政党为适应外部环境变化纷纷推进组织结构
转型,例如压缩裁减党的中间组织、把更多的机构职能迁移到线上。
当然,也有学者研究指出,不同类型的政党对数字化的适应会随着不
同程度的创新而变化。一种政党践行的是治理的创新,根据自身情况
进行渐进地变革,这样既不会显著影响原有的组织结构,又不会变更
政党所要履行的职能,只不过在方法策略上做出相应调整。比如,有
学者研究了荷兰地方政府如何使用 Twitter 与公众进行互动,尽管社
交媒体使用策略在一定程度上可以由市政当局的社会经济特征和公
民偏好驱动,但政治维度不应被忽视。不仅左翼政党较多的市政当局
更倾向于使用社交媒体，而且政治多样性也增加了更多政府使用社
交媒体进行互动的动机。②还有一种政党坚持彻底的组织创新,虽然
技术还未触及政党的某些核心要件和标准程序，然而已经在某种程
度上改变政党的组织形式。激进左翼政党 "不屈的法国"(La France
Insoumise)构建了一个模糊正式成员、活动人士和追随者之间界限的
"超级平台",获取党派成员资格仅需在网站上进行无费注册。该平台
整合了多种功能,如注册会员资格、组织基于本地或主题的"行动小
组"和在线投票等,既是动员公民的组织手段,也是新的颠覆性空间,
促使人们向主流政党竞争。③这些新兴政党的出现致使西方民主国家
政党政治向新的多元化转变,政党组织的权威也在转型过程中被逐渐

---

①　陈文胜:《社交媒体时代西方政党的调适性变革及其新困境》,《当代世界与社会主义》
　　2017 年第 5 期,第 138 页。
②　Bram Faber,Tjerk Budding,Raymond Gradus,"Assessing social media use in Dutch mu-
　　nicipalities:Political,institutional,and socio-economic determinants",*Government Infor-*
　　mation Quarterly,2020(37),p.7.
③　Marco Guglielmo,"Anti-party Digital Parties Between Direct and Reactive Democracy. The
　　Case of La France Insoumise",in *Digital Parties:The Challenges of Online Organisation*
　　and Participation,edited by Oscar Barberà,Giulia Sandri,Patricia Correa and Juan Ro-
　　dríguez-Teruel,Springer Cham,2021,pp.127-148.

消解。

20 世纪 70 年代以来，西方发达国家开始出现政党政治危机，集中表现为党员数量和政党归属感的逐渐下降。①数字技术则进一步加剧了党员与政党间的关系危机，因为社交媒体培养了组织实验的文化和"政党即运动"的心态，使许多人能够拒绝等级纪律和习惯性的党派忠诚规范 。②政党也开始利用数字技术来应对政党政治危机，它们尝试通过不同的网络平台和社交媒体对党员以及潜在的支持者进行数字招募、互动沟通和整合管理。当然，也有人表示担忧，政党是联接国家机器和人民群众之间的枢纽，过度使用这些网络媒体技术会导致政党和民众对富有权威和魅力型政党领袖或者精英的依赖程度加深。因为他们的一言一行以及在社交平台上的公众形象将在很大程度上决定党员和选民对该政党的支持率，甚至会直接决定政党的兴衰更替和执政风险。近些年出现的新型"数字政党"的情况都是如此，这些政党与其创始人的命运紧密相连，在其迅速而惊人地崛起之后面临着一个棘手的制度化过程。此外，尽管新型政党组织利用数字技术增强了组织和党员之间的沟通交流效率，但是党员在网络空间的"虚拟化""社群化"发展在一定程度上也造成党员与政党组织之间关系的虚化。以西班牙的 Podemos 和意大利的 Movimento 5 Stelle 为例，其都非常乐于接受党组织的创新，公民可以访问政党的数字平台，并在政党平台和其他社交媒体上成为政党"数字支持者"。两党也都为党员提供了参与许多党内决策机会和一些重要决策过程，例如领导人的选举、各级候选人的选举以及部分政策等。然而，数字工具仅被用来给政党成员留下参与党的决策的印象，实际上他们既不能

---

① 张建伟：《政党研究中的西方中心范式：挑战、局限与突破》，《马克思主义与现实》2022年第 5 期，第 134 页。

② Chadwick.A，Stromer-Galley J，"Digital Media，Power，and Democracy in Parties and Election Campaigns：Party Decline or Party Renewal？"，*The International Journal of Press/Politics*，2016（3），p.283.

质疑领导层的优越性,也不能对"游戏规则"有发言权。①另外,西方国家政党其党员的身份类型和衡量标准是不断变化的,不同的时期对应着不同类型的政党,并且当前西方国家经济危机、政治极化和民粹主义兴起使党员关系变得更加复杂多变。西方主流政党正逐渐以获取选票为中心,并开始与社会公众发生疏离,政党不但弱化了其利益整合与调节功能,反而倾向于赢得选票与获取公职。②

(三)权力异化:数字集权和治理危机加剧

技术的颠覆性与政党对国家权力的强烈偏好具有天然耦合性,也更容易赋予西方政党的政治控制和俘获国家与社会的能力。西方国家主流政党在推动算法和其他数字技术用于政党治理的同时,也挤压了其他治理主体的行动空间和可能用于其他议题的资源。这样在公共资源有限的情况下,"算计"的政党会对政治有序运行和经济社会发展都造成一定程度的损害,并加剧了数字集权和国家治理危机。

西方新兴政党出现和政党对数字技术的应用在某种程度上让民众有更多的机会和平台直接参与到政党政治和国家治理当中来,有助于破解当下政治参与低下、民众政治冷漠的困境。事实上,民众政治参与机会的增加与制度对参与的容纳性之间没有形成平衡,广泛的社交媒体参与和有效的决策参与之间也不能画等号。虽然民众政治参与取决于数字化工具的实际使用,但参与问题并不遵循线性、可预见的发展轨迹。在这里,公共空间可能对政治家、公民和政党开放,然而这并不意味着开放会自动导致民众普遍获取的包容性。数字化隐含的开放性过于简单化和简化,技术不能被视为使个人、机构或民

---

① Cecilia Biancalana,Davide Vittori ,"Cyber-Parties' Membership Between Empowerment and Pseudo-participation:The Cases of Podemos and the Five Star Movement",in *Digital Parties:The Challenges of Online Organisation and Participation*,edited by Oscar Barberà, Giulia Sandri,Patricia Correa and Juan Rodríguez-Teruel,Springer Cham,2021,pp.109 - 126.

② 张鹏:《西方算法民粹主义:生成、表征及缺陷》,《理论月刊》2021 年第 11 期,第 41 页。

族国家更加民主的媒介。①可以毫不夸张地说，西方"政党计算"对技术和权力的利用并没有"使民主运转起来"。恰恰相反，"政党计算"会慢慢形成权力的"再中心化"，由此促成一种"数字集权"。在缺乏制衡的情况下，政党凭借手中的政治资源、技术优势以及和金融资本合谋，加强了政治权力的集中和扩大化，会进一步滋生数字专制主义，冲击着传统的国家—市场—社会之间的关系和自由平等的价值体系。

政党是阶级利益的代表者，它的首要功能是进行利益表达和利益综合。②西方政党在技术驱动下经过多年的发展演变，并没有带来人们所期望的结果。我们有必要对西方的政党计算进行祛魅，将其还原为多元政治主体在政治竞争体制下进行权力和利益博弈的政治工具。从目前的实际情况来看，西方政党的"计算"与政治算计的边界日益模糊，政党政治运行纯粹是为斗争而斗争，进而触发深刻的国家治理危机。

其一，"算计"的政党助推民粹主义的发展。在逆全球化和全球经济危机浪潮侵袭的当下，西方国家的政治生态也发生了明显的异化。某些民众在面临严峻的经济形势和不稳定的政局时，容易转向反体制、批评代议制民主的民粹主义，他们借助社交媒体传播民粹主义思想，如贸易保护、排斥移民以及反对某些宗教等。为寻求身份认同或政治选票，不少西方国家的政党出台一系列或激进、或保守、或极端政策议题，并运用社交媒体和算法向民众推销其思想主张，让民众错误地认为这些政党和政治精英是在表达底层声音。荷兰政党"民主论坛"（Forum voor Democratie）自 2016 年成立以来，从一个在众议院只有两个席位的小党成长为 2019 年地方选举中的第一大党，该党一直被指责采取民粹主义策略，并被贴上极右翼政党的标签。有学者通过对 2017 年 3 月至 2019 年 3 月在该党及其领导人蒂埃里·博德

---

① Sangeeta Bagga-Gupta, Aprameya Rao, "Languaging in digital global South-North spaces in the twenty-first century: media, language and identity in political discourse," *Bandung: Journal of the Global South*, 2018(5), p.5.

② 刘文科：《大众媒体对当代西方政党政治的影响》，《政治学研究》2013 年第 6 期，第 78 页。

(Thierry Baudet)的账户上发布的 250 条推文进行话语研究,其结果检验了这些说法。[1]此外,公民对国内经济形势的不满是与投票给反建制政党的决定相关的另一个因素。

其二,"算计"的政党加剧政治极化和社会撕裂。西方一些国家一直存在着严重的政治极化问题,"政党计算"一旦将算法和社交媒体结合,向支持者精准推送其关心的观点或议题,更容易挑起民众内部矛盾、撕裂社会,加剧政治对抗。例如,借助社交媒体的技术支持,政客们能够通过 Twitter 直接交流民粹主义话语,在"好人"和"腐败"精英之间构建一个无处不在的社会鸿沟。[2]另外,还有一些新党或者小党,为获得短期利益和选民支持,逐步倾向于诉诸民粹思想和情绪,挑战主流的意识形态和价值观,不断挤压传统大党、老党的发展空间,最终导致政党分歧和政治上动荡。这样就会使不同意识形态和社会群体更加撕裂,意识形态极端的选民,尤其是右翼选民,认为他们不支持的政党比温和的选民离他们更远。与选民合理化他们的看法相反,意识形态极端的选民认为客观上处于意识形态光谱另一边的政党是极端的。[3]

其三,"算计"的政党引发西方国家治理的危机。政党在权力和资本的暗箱操作下,通过算法将边缘群体、弱势群体以及不支持该政党的群体排除在政治框架之外,这种抛弃情况比传统的金钱政治或者政党竞争更加彻底。因为"政党计算"在加剧政党对数字技术和计算的依赖程度的同时,也进一步穿透民众的日常政治生活,民众从具有自主性的政治主体变为一张张选票和一个个可计算可分析的数字,成为可以筛选组合的选项。在这种情况下,无论政党在社交平台推销

① Anoek van Raalte,Pieter Maeseele,Sean Phelan,"Twitter as a right-wing populist's playground:The algorithmic populism of Dutch political party 'Forum voor Democratie' and leader Thierry Baudet during their political rise,"*Discourse,Context & Media*,2021(44).

② Michael Hameleers,"Augmenting polarization via social media? A comparative analysis of Trump's and Wilders' online populist communication and the electorate's interpretations surrounding the elections",*Acta Politica*,2020(55),pp.331.

③ Javier Padilla,"Do ideologically extreme voters have extreme perceptions of political parties?",*Electoral Studies*,2023(86).

的口号或者政策主张多么贴近民众需求，到最后都会演变成为政党和政客利益服务，并不能促进民众利益和国家治理。并且，西方政党往往通过新技术动员民众，过度夸大民调数据和计算的作用，缺乏实地调研，将复杂的社会现实简化为指标和图表，很容易导致公共决策的失误，引发新的治理难题。难怪国内有学者认为，西方的政党无力解决国家的系统问题，自身反而成了国家发展所面临的巨大问题。①

四、余论

"政党计算"的兴起是当今西方政党政治发展演变的重要动向，也是学者们普遍关注的关键议题。从更深层次来看，"政党计算"的出现是西方经济、政治、社会和文化领域危机加剧以及民粹主义等多重因素的综合反映，也是技术革命导致全球激烈竞争的一种现实投射。究其实质，数字技术的应用只是推动西方政党政治沟通、政治宣传以及政治竞选的工具，但没有从根本上改变西方政党制度。"众声喧哗，政治如常"，无论是传统的大党老党还是新出现的网络党、数字党等，他们都要在代议民主制的制度框架下进行参选和竞争，遵循着传统的民主游戏规则，不同党派之间不择手段竞争、相互倾轧以及选举机制僵化和不平等的制度"土壤"一直都存在。另外，诸多新型政党在发展上还面临一系列发展困境，如政党制度化建设任重道远、偏重技术资源而社会基础相对薄弱、依赖政治领袖的个人魅力而存在组织的不稳定性、政党的意识形态和纲领模糊不清等。

数字技术本身并没有意义或目的，只有当人们在政党政治实践中运用它并参与其中时，它才会被赋予新的形式和内容。尽管数字技术能够赋予公民直接参与的权利和创造新的政治空间，特别是社交媒体平台促进了青年和年轻人的政治互动，但公民政治参与下降一

---

① 张春满、郭苏建:《政党中心主义中西比较:21 世纪的大分流》,《学术月刊》2023 年第 3
期,第 92 页。

直是当代民主国家发展中最重要的问题之一。事实证明，即使在西方
国家之间和内部，公民通过数字技术参与政治的机会也存在显著差
异，因为政党为公民参与提供的条件和平台存在着很大差异。从现实
情况来看，欧洲政党的数字技术应用并没有美国政党以及政治精英那
样普及和发达，这既与西方政党制度的内部差异有关系，也与 Face-
book、Twitter、Instagram 等社交媒体平台总部设在美国也有关系，更与
美国的民情与个人主义政治传统也有关。在欧洲政党内部，那些极右
翼政党或者民粹主义政党与传统主流政党在数字技术的应用上同样
存在着差异，但相同的是他们都是在利用技术进行"算计"来操纵政治
以获得更多权力。总之，西方政党由于其固有的制度缺陷，在数字技
术的加持下既没有打破旧制度创造出新的制度，也没有很好地解决民
主参与问题和治理危机。

英国是否由两党制转向了两个半政党制?
——基于阶级投票视角的分析 *

董经纬　高春芽 **

内容摘要　二战后,英国形成了以工人阶级和资产阶级二元分化为主体的社会结构。基于阶级分野的投票模式,从微观行动上巩固了英国的两党制。随着英国由工业社会向后工业社会的转型,阶级分野的显著性开始下降,价值观分野的显著性逐渐上升。同时由于主流政党在政策纲领方面的趋同,英国相对稳定的阶级投票模式走向弱化。阶级投票强度的下降和议题政治凸显,重构了英国两党制的政治形态。英国由此出现了从两党制向两个半政党制转型的趋势,具体表现为非主流政党的兴起以及联合政府的出现。从执政形态上判断,当下的英国依然是两党制国家。英国是否最终转型为两个半政党制,有待未来选举的验证。

关键词　英国;阶级投票;两党制;两个半政党制

自 19 世纪议会改革以来,英国在资本主义发展的推动下,逐渐形成了现代意义上的两党制,它具体表现为两个主要政党通过竞争

* 本文为国家社科基金一般项目“当代西方民粹主义兴起背景下的政党体制代表性问题研究”(20BZZ008)的阶段性成果。
** 董经纬,天津师范大学政治与行政学院博士研究生,主要从事比较政党体制相关研究。高春芽,政治学博士,天津师范大学政治与行政学院教授,主要从事比较政党体制和政治学理论研究。

性选举的方式轮流执掌国家政权。从 1859 年到 1924 年,英国主要由自由党和保守党轮流执政。从 1924 年到 2010 年,除了二战期间组织的联合政府外,工党取代了自由党开始与保守党轮流执政。进入 21世纪的第二个十年,英国先后出现了两次联合政府的情形。第一次是2011 年保守党(Conservative Party)与自由民主党(Liberal Democrats)组成联合政府,第二次是 2017 年保守党与北爱尔兰民主统一党(Democratic Unionist Party)组成联合政府。联合政府的重复出现,引发了英国是否由两党制向两个半政党制转变的疑问。围绕这一问题,国外以艾伦·西亚罗夫(Alan Siaroff)为代表的学者,从社会结构变迁的角度指出,英国的政党体制已经由两党制转变为两个半政党制。[1]而以菲利普·林奇(Philip Lynch)为代表的学者,从政党体制自我调节能力的角度指出,英国的政党体制"稳定又脆弱",[2]依旧属于两党制。

在国内学者中,周建勇认为英国的"议会第三大党尚无法挑战保守党和工党",英国"依然将维持两党制"。[3]郝诗楠则基于英国 2010年和 2015 年两次大选的结果认为,"两个半政党制在英国已经初步形成"。[4]上述国内外学者主要采用宏观制度结构分析的视角,为了在此基础上推进研究,本文选择阶级投票(class voting)的微观视角。阶级投票是一种基于阶级认同心理所采取的投票行为,它指的是特定阶级的选民倾向于稳定地支持代表其利益诉求的政党及其候选人。[5]阶级投票微观分析视角的引入,将根据选民行为、政党组织和制度结构的互动关系,考察英国政党体制运行的阶级基础及其变迁趋势。

---

[1] Alan Siaroff, "Two and a Half Party Systems and the Comparative Role of the 'Half'", *Party Politics*, 2003(9), pp.267–290.

[2] Philip Lynch, "Party System Change in Britain: Multi-Party Politics in a Multi-Level Polity", *British Politics*, 2007, Vol.2, No.3, pp.323–346.

[3] 周建勇:《英国:稳定又脆弱的两党制? ——基于 1979—2017 年十次大选的分析》,《当代世界与社会主义》2017 年第 4 期,第 132 页。

[4] 郝诗楠:《试析英国两党制向"两个半党制"的转变》,《国际论坛》2015 年第 6 期,第 56 页。

[5] Geoffrey Evens, "The Continued Significance of Class Voting", *Annual Review of Political Science*, 2000(3), p.402.

一、二战后基于阶级投票形成的两党制

在现代国家建构过程中，社会阶级结构是塑造政党体制的决定性力量。进入工业社会之后，围绕生产资料的占有等问题，英国的社会结构逐渐形成了资产阶级与工人阶级的分化局面。李普塞特（Seymour Martin Lipset）曾指出，现代国家的民族革命和工业革命，产生了对政党体制特征影响深远的四组分野，分别是"中心-边缘"、"教会-国家"、"土地-工业"以及"雇主-工人"。①二战结束后，随着前三组社会分野对政党体制的渗透性逐渐降低，"雇主-工人"凸显为社会主导性分野，资本所有者与工人劳动者之间的阶级冲突，成为社会冲突的主要形式。在社会环境变迁的背景下，英国形成了"两个政党、两个阶级"的格局。②政治舞台上活跃的保守党和工党轮流执掌政权，它们分别主要代表资产阶级与工人阶级的利益。

工业社会的阶级分化，包含客观的阶级构成和主观的阶级认同两个方面的内容。首先，从阶级构成情况看，世界大战促使英国产生了规模庞大的工人阶级。20 世纪 50 年代，从事工业生产的人数占劳动力总数的 43.6%。③到了 20 世纪 70 年代，英国的社会结构中，工人阶级约占 60%，资产阶级约占 40%。④除了数量的平衡外，工人阶级的政治地位也得到了显著提升。1948 年，英国通过了第五部《人民代表法案》，取消了复票制，实现了真正的一人一票。在工人阶级规模扩大且政治平等地位获得制度保障的条件下，工人阶级已经成为同资产阶级合法竞争领导权的重要力量。

其次，从主观的阶级认同来看，产业工人对于本阶级的认同度不

---

① ［美］西摩·马丁·李普塞特：《共识与冲突》，张华青等译，上海人民出版社，2011 年，第 137 页。

② Paul Webb, *The Modern British Party System*, London: SAGE Publications, 2000, p.9.

③ Brian Brivati & Tim Bale eds, *New Labour in Power: Precedents and Prospects*, New York: Routledge, 1997, p.49.

④ 史志钦：《全球化与欧洲社会民主党的转型》，中央编译出版社，2007 年，第 235 页。

断提高。工人阶级的身份认同表现在两个方面:第一,社会调查数据可以直观地反映产业工人的阶级认同度。1948 年的数据显示,有 46% 的英国公民认为自己属于工人阶级,47% 的人认为自己属于资产阶级。①自认为属于工人阶级的占比与同时期从事工业生产的劳动力占比几乎相同,这说明产业工人有强烈的集体身份认同感。第二,工党党员和工会成员数量的变化,也可以显示出工人阶级对于自身的认同度。在成立之初,工党并不允许公民以个人名义加入,只能以集体身份成为工党党员。1918 年,工党为了增加自身的社会影响力和扩大选民基础,开始接纳个人党员。及至 1945 年,工党有约 47.8 万名个人党员,这几乎是战时工党个人党员人数的两倍多。1952 年,工党的个人党员人数达到了约 101.5 万人。②二战时期,英国工会的成员约有 238 万,到了 20 世纪 50 年代,工会的成员数量已经达到了约 507 万。③工党党员和工会成员几乎同比例的增加,说明工党以工人阶级为主体的选民基础越来越广泛。尽管不是所有的工党党员都属于工人阶级,但工人阶级构成了工党党员最主要的组成部分。党员人数的增加,从侧面反映了工人阶级身份认同的不断提高。

综上可以看出,英国在战后形成了工人阶级和资产阶级二元分立的社会格局。在工业社会中,产业工人和资本所有者之间的阶级斗争是贯穿始终的主题。由于代议民主制度的建立和完善,阶级斗争愈来愈通过体制内的方式加以解决,实现了"阶级斗争民主化"。④阶级斗争的民主化,指的是在代议民主的周期性选举中,存在利益冲突的社会阶级为了实现自身利益的最大化,通过投票的方式支持所认同的政党,合法地竞争领导权。战后保守党和工党竞争之间的选举冲突

---

① Paul Addison, *The Road to 1945: British Politics and the Second World War*, London: Jonathan Cape Ltd, 1975, p.42.
② David Butler, Gareth Butler, *Twentieth-Century British Political Facts*, New York: St.Martins Press Inc., 2000, pp.158-159.
③ Henry Pelling, *A Short History of the Labour Party*, London: Macmillan Press Ltd, 1996, pp. 197-198.
④ [美]西摩·马丁·李普塞特:《政治人》,张绍宗译,上海人民出版社,1997 年,第 204 页。

并不是根本原则的对抗,而主要表现为政策纲领的竞争。为了更快地恢复英国的经济以及有效的改善民生,两党之间形成了共识政治(consensus politics)。萨托利(Giovanni Sartori)将政治社会中的共识分为了三个层次,分别是"价值观和价值目标的共识"、"程序的共识"和"对政策和政府的共识"。[①]战后英国的共识政治,符合萨托利所定义的程序共识和政策共识,左右翼主流政党对国家的社会调节功能形成了相互谅解。作为左翼政党的工党,认识到了资本主义在经济发展中的效率优势,愿意在资产阶级民主政治的体系内部展开领导权竞争。作为右翼政党的保守党,逐渐认同福利国家的价值,愿意将经济再分配视为矫正资本主义消极后果的必要措施。为了实现政策的延续性,两党在建设福利国家的基本经济政策方面达成了一致。但在诸如住房和税收等问题上,保守党和工党为了维护各自的阶级基础,依然存在着政策性分歧。具体而言,工人阶级和工党结成联盟,致力于推动经济资源的再分配,建立更加公平的民主社会。资产阶级与保守党也结成了联盟,维护私人财产权的首要价值,捍卫市场在经济活动中的主导作用。工党和保守党在选民联盟的支持下轮流执政,有效地缓和了资本主义经济体系与大众民主之间的矛盾。

在阶级分野主导的社会结构推动下,工党和保守党分别对两个阶级的利益进行整合。工党开始在推动国有化、建设福利国家等方面,出台符合工人阶级利益的政策,吸引工人阶级的投票支持。历届工党政府都推行了大量体现工人阶级利益的政策主张。例如,将银行、民航等与民生息息相关的行业进行国有化改革,推行社会福利制度与建立全民医疗保障体系,撤销1927年通过的《反工会法》,通过《工会争议法》和《多余劳动力补贴法》,承诺建立更多的住房以及生产更多的生活必需品等。上述措施有效降低了通货膨胀率,保障了就业,这些都与工人阶级的利益紧密相关。与工党相对应,保守党也提

① [美]乔万尼·萨托利:《民主新论》(上卷),冯克利等译,上海人民出版社,2015年,第146~148页。

出符合资产阶级利益的政策主张,争取资产阶级选民的支持。在经济政策方面,保守党一贯对国有化持敌视态度。在反对国有化的同时,保守党强调市场机制在经济部门中的积极作用,主张减少国家对于经济的干预,并通过刺激措施增强私营企业的活力。与工党政府倡导的再分配政策形成对照,保守党政府宣扬市场机制的资源配置效能,竭力维护资产阶级的利益。

在社会结构二元分化的基础上,工党和保守党分别通过制定符合工人阶级和资产阶级利益的政策纲领吸引选民。工人阶级和资产阶级的选民,则由于自身的利益诉求能够获得有效代表,分别投票支持工党和保守党。工党与工人阶级以及保守党与资产阶级之间,均形成了稳定的联盟关系,推动了"分裂结构向政党制度的转化"。[①]但社会结构向政党制度的转化,并不会自发出现,而是社会成员的政党认同和阶级投票共同作用的结果。政党认同的心理归属和阶级投票的行为支持,是宏观结构背景下的微观推动力量。具体而言,1945—1973年间,约有80%的英国选民对两大党保持着认同,而没有政党认同的选民仅有不到10%。[②]与此同时,在战后英国的大选中,72%的工人阶级将选票投给了工党,79%的资产阶级将选票投给了保守党。[③]在两大选民联盟的主导下,英国大选中出现了高强度的阶级投票。学界通常用阿尔福德指数(Alford index)来测量阶级投票的强度。该测量方式将选民划分为脑力劳动者和体力劳动者,并且假设体力劳动者更加倾向于左翼政党,而脑力劳动者倾向于右翼政党。两个选民群体做出相反投票的百分比之差即为阿尔福德指数。20世纪50年代和60年代,英国的阿尔福德指数分别高达37.3%和38.3%,达到了整个

---

① [美]西摩·马丁·李普塞特:《共识与冲突》,张华青等译,上海世纪出版集团,2011年,第150页。

② David Butler and Donald Stokes, *Political Change in Britain The Evolution of Electoral Choice*, London: The Macmillan Press LTD, 1974, p.470.

③ David Butler and Donald Stokes, *Political Change in Britain The Evolution of Electoral Choice*, London: The Macmillan Press LTD, 1974, p.77.

西欧的最高水平。①有鉴于高强度的阶级投票,保守党和工党在选举竞争中垄断了绝大多数选民的支持,在这一时期的几次大选中,两党的平均得票率到达了92.4%,小党失去了动员选民的空间,所以英国两党制在阶级投票的支持下愈发稳定。

二、后工业社会阶级投票的弱化

阶级投票是维系英国两党制的重要因素,其稳定性受到阶级结构、社会环境和政策因素等诸多方面的影响。因为阶级投票的强度反映了选民对联盟政党的认同程度,所以阶级投票的下降意味着选民联盟的削弱。20世纪70年代和80年代,英国的阶级投票强度呈现下降的趋势,阿尔福德指数分别为24.3%和23.4%。②2000年以后,阶级对于投票率的影响比阶级与投票选择之间的关系更大,阶级作为参与性分歧(participatory cleavage)比作为选举分歧(electoral cleavage)更为重要。③所有这些研究结果都表明,英国阶级投票的强度趋于弱化。

英国阶级投票强度的下降,可以从社会结构变迁、政治文化转变以及政党政策转向三个角度进行解释。首先,从社会结构变迁的角度分析,阶级投票强度下降源于英国在战后形成的以阶级为主导的社会分野趋于弱化,阶级二元分化的社会格局逐渐解体。20世纪70年代以来,随着科学技术的发展以及产业结构的升级,西欧开始进入后工业社会。与工业社会不同,第三产业在后工业社会的经济部门中占据了越来越重要的地位,传统工人阶级的数量不断减少。例如,1992年,从事制造业的人数从60年代的34.8%下降到18.9%。④不只是数

①　Paul Nieuwbeerta, "The Democratic Class Struggle in Postwar Societies: Class Voting in Twenty Countries, 1945–1990", *Acta Sociologica*, 1996(39), p.356.
②　Paul Nieuwbeerta, "The Democratic Class Struggle in Postwar Societies: Class Voting in Twenty Countries, 1945–1990", *Acta Sociologica*, 1996(39), p.356.
③　Oliver Heath, "Policy Alienation, Social alienation and Working –Class Abstention in Britain, 1964–2010", *British Journal of Political Science*, 2018(48), pp.8–9.
④　[英]唐纳德·萨松:《欧洲社会主义百年史》(下),姜辉等译,社会科学文献出版社, 2013年,第747页。

量的变化,工人阶级党员占工党党员的比重也在下降。20世纪80年代末,尽管工人阶级占工党选民总数的64%,但是工党内部却早已不再由工人阶级主导。特殊群体,诸如中产阶级和知识群体开始在工党内部占据主导地位,其比重达到了49%,而工人阶级党员仅占比31%。①在工人阶级数量与比重降低的同时,工人阶级内部也开始分化。在后工业社会,工人阶级分化为产业工人、服务人员、办事员等不同阶层群体。这些群体的政治立场和利益主张,并不与传统工人阶级完全一致。与此同时,作为过渡阶级的新中间阶级(new intermediate class)也开始出现。新中间阶级并不具有明确的界限,一般指的是处于工人阶级上层和资产阶级下层之间的群体。过渡阶级的出现,导致工业社会中泾渭分明的阶级界限不复存在,工人阶级可以较为容易地完成阶级流动。阶级界限的淡化,降低了阶级作为政治行动社会基础的显著性。②阶级流动性的增强和阶级内部的阶层分化,共同导致了阶级投票强度的下降。

其次,从政治文化转变的角度分析,阶级投票强度的下降源于具有后物质主义(post-materialism)价值观的公民数量不断增加。由于后工业社会政治环境的持续稳定以及公民生活水平的不断提高,人们的价值观发生了革命性的变化。以个人为中心、强调自我表达的后物质主义价值观,逐渐取代了工业社会时期强调经济收入、政治安全的物质主义价值观。人们关注的焦点从与自身生存发展密切相关的经济议题转移到了环境、性别、少数族裔权利保护等方面的社会文化议题。随着社会群体的代际更替,持后物质主义价值观选民的数量开始超过持物质主义价值观的选民,1970年英国后物质主义者比物质主义者少近30%。到了2000年,后物质主义者比物质主义者多了近10%。③

---

① 史志钦:《全球化与欧洲社会民主党的转型》,中央编译出版社,2007年,第239页。
② Adam Przeworski & John Sprague,*Paper Stones: A History of Eletroral Socialism*, Chicago and London: The University of Chicago Press, 1986, p.3.
③ [美]罗纳德·英格尔哈特:《后物质主义价值观及生存价值观向自我价值实现价值观的转变》,载[美]罗伯特·E.戈定主编:《牛津政治行为研究手册》,王浦劬等译,人民出版社,2018年,第216页。

与工业社会不同，后工业社会出现了"从以阶级为基础到以价值观为基础的政治分化"，[1]价值观的对立在社会冲突过程中的显著性开始上升，阶级分野的显著性逐渐下降。以阶级分野为基础的阶级投票，逐渐被以价值观为基础的文化投票（culture voting）所超越。[2]价值观的变迁，因而成为英国阶级投票强度下降的重要原因。

最后，从政党政治的角度分析，阶级投票强度下降源于主流政党政策趋同，阻塞了选民利益表达的制度渠道。在后工业社会，阶级结构和政治文化的变化使主流政党必须在两种竞选策略中进行选择。一种是防御性竞选策略，动员现有支持者；另一种则是进取型竞选策略，寻求新选民的支持。[3]随着中间选民规模的不断扩大，其在大选中的影响力也越来越大。保持原有的选民基本盘还是迎合中间选民的诉求，成为英国两大主流政党急需解决的问题。尤其是对于工党来说，他们需要更快地做出选择，因为传统工人阶级数量的减少，造成了其选民基本盘的分解。权衡之下，工党在尼尔·金诺克（Neil Kinnock）、约翰·史密斯（John Smith）和托尼·布莱尔（Tony Blair）三任党魁的领导下开始改革，采取与保守党相近的政策主张以吸引选民。具体的改革措施包括，在经济上，工党改变了对于国有化和国有企业的态度，用市场社会主义（market socialism）的经济理论来指导英国的经济建设。同时，淡化国家干预在经济体制运行过程中的作用，放弃高税收政策，维护保守党经济改革的成果。在思想上，工党修改了党章的第四条，自由开始与平等一样，成为工党的核心价值。在组织建设上，工党降低了工会在选举党魁时选票的比例，削弱了工会对工党的控制。在政党领导人布莱尔的推动下，工党开始加速从工人阶级的政

---

① ［美］罗纳德·英格尔哈特：《发达工业社会的文化转型》，张秀琴译，社会科学文献出版社，2013年，第262页。

② Jeroen van der Waal，Peter Achterberg and Dick Houtman，"Class Is Not Dead—It Has Been Buried Alive：Class Voting and Cultural Voting in Postwar Western Societies"，*Politics & Society*，2007（35），p.408.

③ Peter Mair，*Party System Change：Approaches and Interpretations*，Oxford：Clarendon Press，1997，p.158.

党向全方位政党(catch-all party)转型。改革后的工党逐渐成为"个体户和失业者、小企业主和他们的顾客、经理人和工人、房屋所有者、补贴住房租用者、技术工程师,还有熟练的医生和教师的党"。①在外交上,工党不再反对留在欧共体中,开始承认欧洲一体化的价值。在 20世纪 80 年代末 90 年代初的改革中,工党在经济政策、外交政策以及意识形态上都开始逐渐向"撒切尔主义"(Thatcherism)靠拢,借此来吸引更多的支持者。90 年代末,保守党在面临选举困境时也做出了和工党同样的选择。为了竞争中间选民的支持,保守党和工党的政策倡议趋于重合。两党的趋同政策使其阶级代表性下降,阻断了核心支持者的利益表达渠道,英国的阶级投票水平也随之降低。

三、阶级投票弱化对两党制的挑战

战后英国的两党制建立在阶级与政党之间联盟关系的基础上,随着后工业社会阶级投票的弱化,两党制的阶级基础趋于松动。当主流左右翼政党的阶级联盟变得松弛, 而同时又面临多种新兴社会议题的压力时,这将为挑战性政党的选举动员提供机会。阶级投票模式弱化后,选民不再严格地按照身份认同进行投票,具体社会议题的显著性和吸引力开始上升。选民和政党之间形成了"不同于阶级联盟的议题联盟"。②由于议题类型逐渐取代阶级身份成为投票的现实依据,选民的政党选择趋于多元化,政党的选票支持趋于分散化,最终导致主流政党支持率的下降。1983 年以前, 保守党和工党可以垄断超过80%的选票。然而,自 1983 年大选开始,保守党和工党的总得票率开始总体呈现下降的趋势。该趋势在进入 21 世纪后变得更为明显,2005 年、2010 年和 2015 年的三次大选中,保守党和工党的总得票率

---

① [英]托尼·布莱尔:《新英国:我对一个年轻国家的展望》,曹振寰译,世界知识出版社,1998 年,第 26 页。
② 高春芽:《工人阶级选民为何支持激进右翼政党?——选民联盟视野中的西欧政党政治变迁分析》,《社会科学》2022 年第 4 期,第 111 页。

分别只有 67.6%、65% 和 67.3%,均未超过 70%。①这些数据有力地表明,主流政党的影响已经下降,大选选票的流向趋于分散。

随着主流政党影响力的削弱,曾经被意识形态掩盖的社会议题逐渐凸显。在诸多新型议题中,最具显著性的是疑欧主义议题和苏格兰独立议题。

首先,围绕疑欧主义议题,英国内部对于是否加入欧共体一直存在争论。站在英国政府的立场上,之所以选择在 1973 年加入欧共体,是因为英国政府试图借助欧洲的力量,摆脱当时的社会经济危机。但是,英国加入欧共体后经济不但未能好转,反而开始向国际货币基金组织(International Monetary Fund)借贷。②这一时期,英国的失业率从 20 世纪 70 年代初的 3.8% 上升到 5.5%,平均通货膨胀率接近 16%,1975 年最高时达到 24%。同时,英国经济的年均增长率仅维持在 1% 左右,而且出现了两次负增长的情况。上述情形导致保守党内部以及作为在野党的工党,都开始质疑加入欧共体的正确性。站在英国公民的立场上,加入欧共体并没有带来生活质量提高的预期收益。多数人对欧共体缺乏身份认同,他们更倾向于认为自己是英国人而不是欧洲人。在 1975 年的公投中,有约 33% 英国公民选择脱离欧共体。自 1977 年到 1999 年,英国持疑欧主义态度的公民平均约占 45.8%。③因此,自 20 世纪 70 年代开始,疑欧主义就成为英国充满争议的议题。进入 20 世纪 90 年代,经济全球化、欧洲一体化的深入发展,不同程度地限制了英国经济政策的自主性。诸如外来移民对社会治理的挑战等问题,导致疑欧主义议题不断发酵。

其次,苏格兰独立议题对英国而言是一个"新的旧议题"。该议题之所以旧,是因为自苏格兰王国与英格兰王国合并以来,有关苏格兰

---

① 数据来源:http://www.parties-and-elections.eu/unitedkingdom.html,最后访问日期:2023 年 11 月 14 日。
② 钱乘旦主编:《英国通史(第六卷)》,江苏人民出版社,2016 年,第 143 页。
③ Robert Worcester, *The British: Reluctant Europeans: Britain and the Euro. Forecasting the Result*, London: MORI, 1999, p.7.

独立的话题就一直存在。只不过苏格兰人的独立诉求,长期无法在政治体系中获得有效表达的机会。而该议题之所以新,是因为在 20 世纪 70 年代,代表选民独立要求的苏格兰民族党,通过重塑政党形象、加强基层组织建设等措施逐渐获得了话语权。特别是第四次中东战争导致的石油禁运以及北海油田的重新开发,促使苏格兰选民对英国政府的经济政策产生了极大的不满。苏格兰民族党通过检讨以往失败的竞选实践,在 1974 年的大选中采取了"对比式"动员策略,即将苏格兰和英格兰的发展状况进行横向比较,着重突出二者之间的巨大差距,强化苏格兰人心中的利益剥夺感。例如,苏格兰民族党在竞选宣言中强调,"苏格兰在过去一直受到英格兰的压迫"。[1]这种对比策略推动了苏格兰民族党的崛起,促使选民认为苏格兰民族党是能够同英国政府抗衡并真正代表地区利益的政党。在 1974 年 10 月的大选中,苏格兰民族党在苏格兰选区的得票率超过 30%,与工党仅相差不到 6%。[2]随着苏格兰民族党政治影响力的上升以及苏格兰与英国政府矛盾的激化,要求苏格兰独立重新成为英国政坛的热门议题。从中可以看出,在阶级投票弱化的背景下,苏格兰独立议题和疑欧主义议题逐渐凸显。而这种议题显著性的上升,又会进一步强化阶级投票走弱的趋势,松动英国两党制的社会基础。

阶级投票的弱化对两党制的冲击,直观地表现为原有小党影响力的上升和挑战性政党的出现。20 世纪 70 年代以来,小党已经开始逐渐从威斯敏斯特体系的外围转向了核心区域。[3]这些小党有些来自政治建制体系内部,有些则来自政治建制体系之外。首先,从政治体系内部看,自由民主党及其前身自由党在 1980 年之后选举表现良好,持续威胁着保守党和工党的统治地位。自由民主党长期以中间化意识形态示人,吸引了众多中产阶级选民的支持,加之对主流政党不

---

① M. S. Leith, "Scottish National Party Representations of Scottishness and Scotland", *Politics*, 2008(28), pp.85–86.

② M. Meadows, "Constitutional Crisis in the United Kingdom: Scotland and Devolution Controversy", *The Review of Politics*, 1977(39), p.48.

③ Paul Webb, *The Modern British Party System*, London: SAGE Publications, 2000, p.12.

满的选民采取"惩戒性投票"，助推了自由民主党的选情。在1983年到2010年的七次大选中，自由民主党的得票率从未低于16.7%，最多一次获得了62个议席，并且在2010年与保守党组成了联合政府。其次，从政治体系的外部看，对两党制的威胁主要来自民粹主义激进右翼政党（populist radical right party）和区域性的民族主义政党。

英国最具有影响力的民粹主义激进右翼政党是英国独立党（UK Independence Party），独立党成立于1993年，一直以英国脱欧作为其政治目标。在两大党政策趋同的条件下，独立党吸收了大量"被遗弃的选民"和对保守党政策不满的右翼人士，扩充了自身的选民基础。2015年之前，独立党的大选成绩乏善可陈，但在欧洲议会和地方议会的选举中成绩良好。2009年的欧洲议会选举中，独立党以13席的成绩成为英国欧洲议会第二大党。2014年，独立党以26.77%的支持率和24个席位取代保守党，成为英国在欧洲议会的第一大党。[①]同年，英国举行地方议会选举，独立党获得163个议席。在2015年的大选中，独立党取得了成立以来的最佳成绩。受限于英国的选举制度，独立党仅获得了一个议席。但独立党以12.6%的得票率取代了自由民主党，在选举层面成为英国第三受欢迎的政党。对主流政党形成挑战的区域性民族主义政党，主要指的是苏格兰民族党（Scottish National Party）。英国是一个有着较强区域性认同的国家，以地区独立作为核心议题的苏格兰民族党，在选举市场中占据着不容小觑的位置。2010年之后，苏格兰地区独立的情绪愈演愈烈，苏格兰民族党也得到了越来越多的选票支持。在2015年的大选中，苏格兰民族党获得了56个席位，取代了自由民主党，成为英国在议会中的第三大党，并且在2017年和2019年的大选中分别以35和48个议席的成绩维持了自身的地位。当一个小型政党的主要选民"集中在某一区域"，且"该区域的选区数量足够多"，[②]那么该党就有可能对主流政党形成威胁。苏

---

① 数据来源：https://www.europarl.europa.eu/elections2014-results/en/country-results-uk-2014.html，最后访问日期：2023年1月4日。
② 郝诗楠：《试析英国两党制向"两个半党制"的转变》，《国际论坛》2015年第6期，第55页。

格兰民族党就是有效的例证。

英国不同类型小党的兴起，挑战了政治学中的迪韦尔热定律（Duverger's Law）。根据该定律，迪韦尔热（Maurice Duverger）认为一轮投票多数选举制将促成两党制。[①]英国作为实行单一选区相对多数选举制的国家，理应形成稳定的两党制。然而，1970 年之后，英国的两党制开始出现松动的迹象。此种现象表明，一个国家的政党体制并非简单地由选举制度所决定，社会结构和价值观的变迁、选民投票行为的变化，都会对政党体制产生重要影响。社会结构和价值观的变化，促使阶级不再是影响投票行为的首要因素。阶级投票作为战后英国两党制的微观社会基础，其弱化趋势逐渐重构了英国两党制的社会基础，导致了两党制政治形态的变迁。

四、英国向两个半政党制转向的表现及影响

随着阶级投票强度的下降，英国的政党体制也表现出重构效应。20 世纪 70 年代以来，英国开始出现向两个半政党制转型的趋势。这一趋势最初体现在选举结果上，进入 21 世纪之后，又逐渐体现在议会构成中。两个半政党制的概念由法国学者让·布隆代尔（Jean Blondel）提出，他认为如果政党体制内除了两大党之外，还有一个虽然较小但具有执政潜力且扮演着重要政治角色的政党，那么该政党体制可以称作两个半政党制。[②]

判断一个国家的政党体制是否转向两个半政党制，目前学界有三种评判的标准。第一个标准是第三党在大选中的表现是否威胁到两个主要政党，这是最直观的标准。第二个标准是通过一个国家的有效政党数（effective number of parties）来进行判断。布隆代尔认为，当

① ［法］莫瑞斯·迪韦尔热：《政党概论》，雷竞璇译，青文文化事业有限公司，1991 年，第198 页。
② ［美］阿伦·利普哈特：《民主的模式：36 个国家的政府行使和政府绩效》，陈崎译，北京大学出版社，2017 年，第 53 页。

一国的有效政党数达到 2.6 时,该国就是两个半政党制。所谓有效政党数,指的是通过运算公式,得出一个国家的政党体制内到底有多少政党,各个政党之间力量的对比关系如何,以及小型政党对政党体制的影响程度如何。在单一选区相对多数制下,选民对小党的支持程度并不能完全体现在议席数上。针对英国而言,有效政党数的计算分为两个方面,一方面是议会层面的有效政党数,另一方面是选举层面的有效政党数。第三个标准来自萨托利,他认为如果一个政党具备"执政潜力"或"勒索潜力"(blackmail potential),该政党便可以被视作政党体制的相关性政党。具体而言,如果小型政党"在一段时间或在某些时刻处在至少是可能的政府多数之一的位置上",该政党就具有了执政潜力。如果小型政党能够改变主流政党的"竞争的战术"和"竞争方向",该政党就具有了勒索潜力。①

　　根据上述三个标准可以初步认定,英国的政党体制已经具有向两个半政党制转型的趋势。具体原因如下:首先,第三党开始崛起。随着阶级投票强度的下降,价值观议题、独立运动议题以及脱欧议题等开始凸显。传统小型政党和新兴单一议题政党(single issue party)的地位由此上升,开始获得越来越多的选民支持。20 世纪 80 年代至 2010 年的大选中,自由民主党作为议会的第三大党,一直保持着 15% 以上的得票率。在 20 世纪 80 年代的两次选举中,自由民主党的得票率比当时议会中的第二大党工党的得票率仅低不到 10%,但是其议席却比工党少了 200 个。这表明自由民主党已经具有了影响选票分布的能力,只是由于选举制度的限制,无法获得与其选票数量相称的议席。在 21 世纪的前三次大选中,自由民主党都获得了超过 50 个议席,并且能够与保守党组成联合政府。2010 年之后,自由民主党在大选中的表现开始持续下滑,但这并不意味着英国的政党体制回到了稳固的两党制。该时期苏格兰独立问题、英国脱欧问题,开始成为英

---

① 〔意〕乔万尼·萨托利:《政党与政党体制》,王明进译,商务印书馆,2006 年,第 173~174 页。

国议会中的重要议题。代表支持脱欧选民的英国独立党和代表支持
苏格兰独立选民的苏格兰民族党,二者的政治地位获得了显著提高。
较之只是在欧洲议会选举中取得成功的英国独立党,苏格兰民族党
在英国议会的选举中已经超越了自由民主党,成为第三大党。在
2015、2017 和 2019 年三次大选中,作为地区性政党的苏格兰民族党,
连续三次获得了超过 35 个席位。①总体而言,在包括 1997 年大选在
内的 7 次大选中,第三大党都可以在大选中取得良好的成绩,获得 35
个以上的席位。如果淡化选举制度造成的影响,第三党早已是影响领
导权角逐的重要力量,并且一度表现出在得票率上超越工党的可能。
因此,从选举表现判断,英国的政党体制具有向两个半政党制转型的
客观趋势。

其次,英国的有效政党数,也显示了从两党制向两个半政党制转
变的趋势。英国采取单一选区相对多数制,这种选举制度天然地对小
党不利。研究者在探讨英国的有效政党数时,既需要考虑政党的议席
数,也要考虑政党的得票率。从议会层面的有效政党数来判断,在战
后典型的两党制时期,英国的有效政党数一直维持在 2.0 左右,1959
年甚至只有 1.99。进入 20 世纪 70 年代,随着阶级投票强度的下降,
英国的有效政党数达到 2.2 以上,并且呈现上升的态势。2010 年,英
国的有效政党数首次达到接近 2.6 的水平。②如果单纯地依照布隆代
尔的观点,英国在 2010 年之前都是稳固的两党制国家,直到 2010 年
才显示出成为两个半政党制的可能性。但如果将政党的得票率作为
计算有效政党数的自变量的话,就会得出不同的结论。自 1974 年爱
德华·希斯(Edward Heath)提前举行大选开始,英国的有效政党数就
从未低于 3.0,在 2010 年甚至还达到了 3.71。③将议会层面的有效政
党数和选举层面的有效政党数相结合可以发现,从 20 世纪 70 年代

---

① 数据来源:http://www.parties-and-elections.eu/unitedkingdom.html,最后访问日期:2022
年 3 月 8 日。
② 数据来源:http://www.nsd.uib.no/european_election_database/country/uk/,最后访问日期:
2022 年 3 月 9 日。
③ Alistair Clark,*Political Party in the UK*,London:Palgrave Macmillan,2012,p.11.

开始，英国选举已经呈现出三党竞争的局面。只是由于英国选举制度的特性，导致议会依旧由两大党主导。政治表象背后的实质表明，英国的政党体制已经隐含了向两个半政党制转型的现实趋势。

最后，按照萨托利的标准，英国的自由民主党和苏格兰民族党，都可以被视为政党体制的相关性政党。自由民主党具有执政潜力，苏格兰民族党则具有勒索潜力。自由民主党在2010年与保守党组成了联合政府，其党魁尼克·克莱格（Nick Clegg）成为该届政府的副首相，并且为自由民主党争取到5个阁员的名额。2010年自由民主党和保守党的组阁，与2017年北爱尔兰民主统一党（Democratic Unionist Party）和保守党的组阁不同。当时爱尔兰民主统一党仅获得保守党承诺的10亿英镑的拨款，而自由民主党获得了内阁职位，这能够为本党争取更多的利益。苏格兰民族党作为区域性的单一议题政党，很难在出现悬浮议会的情况下同保守党或工党组成联合政府。然而其长期秉持的苏格兰独立的政治目标，能够有效地对两大政党形成压力，迫使它们修正各自的政治主张。苏格兰民族党为了实现独立的目标，提出了建立苏格兰议会、改变选举制度等策略性要求。这些具有社会动员能力的策略，促使执政党不得不对其做出回应。1997年，布莱尔政府通过了建立苏格兰议会的法案，并且该法案在苏格兰的全民公投中获得通过。该法案的实施，致使苏格兰独立的支持率由近50%下降至不到30%。2014年，英国政府再一次对苏格兰民族党的独立要求作出回应。围绕苏格兰独立问题持谨慎态度的保守党政府，由于担心苏格兰民族情绪的激化，允许苏格兰进行独立公投。由此可以发现，苏格兰民族党能够迫使主流政党对其政治诉求作出回应，所以苏格兰民族党可以被看作是一个具有讹诈潜力的政党。

上述变化并不意味着，作为传统两大政党的保守党和工党的地位出现了根本性的下降。无论是自由民主党、苏格兰民族党或其他民粹主义政党，在短时间内都无法取代两大党的地位。从选举表现和议会席位进行分析，英国的政党体制确实出现了向两个半政党制转变的趋势，但并未彻底实现政党体制的转型。若此趋势能够一直延续，英国的政党体制势必受到影响。从积极影响来看,首先,英国向两个半政党制转型,将为政策偏好各异的选民群体的利益表达创造条件,选民的政党选择将更加多元化。保守党和工党为了竭力争取中间选民,疏离了部分原有支持者,导致该部分选民失去了表达自身利益的正式途径,"丧失了保护性政治关系"。[1]转型为两个半政党制后,政治体系中将会形成更多有竞争力的政党。新崛起政党的议题动员,能够吸纳被两大党疏离的选民。在社会阶层分化的条件下,多元群体通过不同的政党渠道表达利益诉求,有助于提高民主制度的政治代表性。

其次,英国转向两个半政党制,还有可能推动主流政党的适应性变革。保守党和工党为了吸引中间选民,流失了一部分传统支持者。如果两党想要重新获得这些选民的支持,就必须调整相关的政策纲领。英国正面临日益多元化的阶层结构和相互冲突的价值观群体,现实情形要求两大主流政党必须有针对性地回应不同群体的利益要求。正是因为主流政党对于社会热点议题的忽视或回避,单一议题政党才获得了崛起的空间。主流政党需要改变工业社会形成的以阶级分野为主导的政治认知,增强对移民等社会文化议题的回应。

英国向两个半政党制的转型,还有可能产生不容忽视的消极影响。首先,英国转向两个半政党制,有可能降低行政效率,甚至造成政府的不稳定。出现两个半政党制,意味着增加联合政府的可能性。在联合执政的条件下,因为议会下院的多数议员并非来自同一个政党,所以议员表决时会出现各种"跑票"现象。如果英国从两党制向两个半政党制转型,由于政府和议会内部的构成变得复杂等因素的影响,议员与党鞭进行对抗的筹码趋于增多,他们更有可能按照自己的偏好而不是本党的要求进行投票。一旦组成联合政府的政党发生冲突,议会表决陷入困境的可能性就会上升。其次,英国政党体制的变化有可能给民粹主义政党带来机会。民粹主义政党是一种在意识形态色

---

[1] Wouter Van Der Brug, Meindert Fennema and Jean Tillie, "Anti-immigrant Parties in Europe: Ideological or Protest Vote?", *Journal of Political Research*, 2000(37), p.97.

彩上表现出本土主义、威权主义取向的非主流政党。[①]民粹主义政党为了争取选民的支持，倾向于操纵主流政党忽视的社会议题。当两党制转型为两个半政党制后，英国出现联合政府执政的可能性将大幅度增加。联合政府意味着，在议会选举中获得相对多数的政党，需要通过谈判以及利益让渡的方式组建内阁。跨党派组建联合政府，将为民粹主义政党的议题讹诈提供机会。

五、结语

二战后，英国形成了以阶级分野为主导的社会结构。阶级投票作为建立在阶级分野基础上的集体行动，巩固了英国两党制的社会基础。随着后工业社会的来临，社会成员愈发关注经济资源分配之外的文化议题，不同于物质主义价值观的后物质主义价值观开始兴起。由于人口的代际更替，后物质主义价值观群体的规模不断扩大。阶级之外的价值观冲突，也成为重要的社会分野形式。阶级分野和价值观分野的并行，导致选民结构的多元化，反映到政治领域即表现为政党体制的相应调整。在价值观分野显著性上升且主流政党政策纲领趋同的条件下，基于阶级投票模式的两党制开始变得不稳定。进入 20 世纪 90 年代，特别是进入 21 世纪后，英国脱欧议题和苏格兰独立议题的重要性日益突出，选民投票的议题导向愈发明显。在此背景下，英国的政党体制从执政形态上判断仍未溢出两党制的范畴。然而，如果从阶级投票的微观视角分析，同时辅之以有效政党数等数据，那么英国的政党体制存在发生转变的潜在空间。阶级投票强度的下降，通过显示政党社会基础的收缩，引发了英国两党制的重构效应。政治体系内外小党的兴起，促使英国具有了从两党制向两个半政党制转型的趋势。政党体制的转型，是社会结构、政党策略和选举制度长期互动

---

① Cas Mudde, *Populist Radical Right Parties in Europe*, New York: Cambridge University Press, 2007, p.293.

的结果。当下英国存在走向两个半政党制的可能性,这种政党体制转型能否成功,最终有赖于未来选举结果的证明。阶级投票是分析英国政党体制变化的微观视角, 并不是排斥宏观社会结构分析或政治制度分析路径。为了深入地探讨英国政党体制变迁的动力和趋势,研究者可以将微观行动因素和制度结构因素相结合,并在引入全球化、地缘政治等外部条件的基础上,提出更加有效的分析框架。

"自我更新"与新加坡现代化的关系研究

徐　贵　乔兆红 *

内容摘要　新加坡现代化的成功历来为人们所关注，但各种研究分析中却鲜少关注以"自我更新"为代表的人民行动党的党内政策与新加坡现代化之间的关系。"自我更新"与新加坡现代化的关系更多地表现为一种双向互动，后者决定了前者的必然性存在，而前者则对后者的推进与实现具有实质性影响。这种双向互动具体可以从政治、经济和社会等维度进行考察。在政治维度上，一方面，新加坡的政治现代化要求人民行动党必须进行"自我更新"；另一方面，"自我更新"不但在政党层面上助力人民行动党完成了党内人才的有序的代际更替，并使其在新加坡民众心目中树立良好的政党形象，而且在更宏观的政治层面上构成了新加坡现代化民主政治的重要内容。在经济维度上，新加坡经济的特性要求人民行动党必须及时进行"自我更新"，而反过来，"自我更新"通过在民主诉求与政治稳定之间寻求平衡、为新加坡经济现代化创造稳定的政治环境以及提供力量引擎和方向牵引，实现了对新加坡经济现代化的推动。在社会维度上，社会现代化对"自我更新"的决定性可以从人民行动党的社会教化职责中

---

*　徐贵，上海交通大学马克思主义学院博士研究生，研究方向为中国式现代化、比较政治。乔兆红，政治学博士，上海交通大学马克思主义学院教授、博士生导师，研究方向为马克思主义中国化、中国式现代化。

找寻,而"自我更新"对社会现代化的影响存在于社会主体依照"自我更新"所表达的精神实质来校准自身的行为方式或准则的过程中,具体内容主要包括重视人才、居安思危、实用主义、道德垂范、规则意识等。

关键词 自我更新;人民行动党;新加坡;现代化;双向互动

"现代化",在作为一种高水平的社会发展状态被讨论时,是二战后众多后发国家的奋斗目标。尽管这些国家在二战前同样有现代化的诉求,但它们中的大多数并未获得国家或民族的独立,现代化只能屈居于更紧迫的反殖民与争取国家独立的任务之后。从中,我们可以对"现代化"和"现代性"的区别有一个更加直观的认识:大多数后发国家虽然在二战之前并未开启现代化进程,但彼时的社会中已然具备了一定的现代性因素,这些因素是国家独立之后开展现代化的基础,只是彼时还欠缺有效的组织和动员。因此,"从某种意义上说,只有国家获得独立后才能够开始真正的现代化"[1]。

这一观点同样适用于有关于新加坡现代化的起点的讨论,即新加坡的现代化开始于 1959 年新加坡自治邦成立。然而,对于随之而来的"新加坡是如何实现现代化的"这一问题,就远不如前者那样有一个较为清晰而一致的讨论结果了。其中大多数人所认同的,是将新加坡的现代化归功于传统儒家或中华文化的作用,李光耀本人也曾秉持这一观点。此外是有关政治体制方面的讨论,即将新加坡的现代化归功于新加坡特有的威权主义政体。与之相对的,是在这一波又一波的有关于新加坡现代化成功经验的热烈讨论中,对新加坡政府背后的人民行动党在其中发挥的作用的研究和讨论相对较少,更不要说将其与人民行动党的党内政策相联接了。这种状况的出现,在很大程度上是因为人民行动党妥善地安排了党政关系,有效地弥合了政

---

[1] 陈祖洲:《"权威型"政治与新加坡的现代化》,《南京大学学报(哲学·人文科学·社会科学版)》2002 年第 5 期,第 73~80 页。

党与政府之间的张力。这种党政关系使得任何对于新加坡现代化的审视,都容易偏向被推向"聚光灯下"的新加坡政府,而忽视了身居幕后长期执政的人民行动党的推动和领导作用。

政党惯以自身为模板来改造国家,而"新加坡的现代化进程是在人民行动党的领导下进行的"①,因此,人民行动党的党内政策也势必会在很大程度上影响新加坡的现代化进程。但是,选取哪些党内政策切入,以及探讨这种影响是如何实现的,就目前国内外的相关研究来看,还鲜有涉及。

一、国家现代化、政党现代化与"人"的现代化

就人类当前的现代化实践来看,国家现代化的一个重要侧面就是政治现代化,而政党政治则是政治现代化的重要表现。在所有施行政党政治的国家中,国家现代化与政党现代化总是密切相关的,但细究之后我们就会发现,二者的关系在先发国家和后发国家之中存在着较为明显的差别:在先发国家的现代化过程中,国家现代化和政党现代化大多是经由资产阶级革命完成的,国家的现代化并非由政党驱动,而是一个社会性的自发过程;但是在后发国家,特别是那些成功地走上了现代化道路的后发国家中,政党现代化却明显地居于国家现代化进程开始之前,在国家取得独立之后,政党政治的一个非常重要的目标,就是实现国家的现代化。

不难发现,后发国家与先发国家不同,其国家现代化进程大多是一个由政党驱动的非自发过程,其动力主要源于由政党组建的政府。尽管政党政治不排除缺乏必要现代性的政党的参与,但后者一旦成为执政党,就缺少足够的内在动力和能力为国家现代性的累积赋能。其中的原因很大程度上在于,政党是特定社会阶级利益的代表,一个缺乏现代性的政党,其背后的支持力量往往对现代化持相当消极和

---

① 覃敏健:《新加坡人民行动党研究述评》,《八桂侨刊》2006 年第 3 期,第 65~68 页。

保守的态度。因此,只有现代化的政党才能成为推动国家现代化的重要力量,国家现代化得以顺利开启和平稳推进的一个重要前提就是政党——特别是执政党——的现代化,反过来,国家现代化的水平或前景也可以从执政党的现代化程度上得以体现。

而判断一个政党是否具有现代性,或政党是否完成了自身的现代化,不外乎是从其组织架构、制度规范、意识形态等方面着手加以审视,即该政党是否具有较为清晰而又完整的组织架构体系、是否遵循相对完善而又严格的制度规范约束、是否分享共同而又与时俱进的意识形态理念。但是,无论是组织架构、制度规范,还是意识形态,最终都围绕着"人"展开、服务于"人"的需要,以"人"为核心。换句话说,一个政党的组织架构、制度规范和意识形态的构建和运行,都依赖于具体的"人"的实践,没有现代化的"人"参与其中的政党现代化是无从谈起的,也是注定失败的。因此,政党现代化并不仅仅在于组织架构、制度规范抑或意识形态,更为关键的还是在于党内的"人"的现代化,一如习近平总书记在不同场合不断强调的那样,"现代化的本质是人的现代化"①。

当我们带着以上讨论来观察新加坡的现代化过程,就不难发现:一则,与过往大多数的相关研究将新加坡国家现代化的成功归因于新加坡政府而忽视其背后的人民行动党的作用不同,我们在这里得出的结论直接将新加坡国家现代化的成功与人民行动党的现代化相连接,强调在一个如新加坡一样的后发国家的现代化过程中,国家现代化依赖于政党现代化;二则,人民行动党致力于政党现代化,即推进党内"人"的现代化的核心举措,非"自我更新"莫属,这就意味着,人民行动党在党内施行的"自我更新",经由推进党内的"人"的现代化、政党现代化以及政治现代化,最终一步步地实现了与国家现代化的实际联结。而国家的现代化,就是一个"经济领域的工业化,政治领域的民主化,社会领域的城市化以及价值观念领域的理性化的互动

① 《五、开启全面建设社会主义现代化国家新征程》,《人民日报》,2019 年 7 月 29 日,第 6 版。

过程"①,因此关于这种联结的研究,我们大致可以从政治、经济和社会三个主要方面展开。

二、"自我更新"与新加坡政治现代化

"自我更新"与新加坡政治现代化的联结是最直接和显著的。

一方面,新加坡的政治现代化要求人民行动党必须进行"自我更新"。当经济基础在现代化过程中发生重要变化时,上层建筑不得不为了适应现代化的发展要求进行改变,那么,作为上层建筑的重要组成部分的政治也将不可避免地开启现代化。政治现代化在绝大多数国家和地区,普遍地表现为赋予民众足够的可以制度化实现政党更迭的民主权利,这就必然导致执政党更加注重和捕捉民众关切。因此,当人民行动党敏锐地捕捉到新加坡民众希望看到更具有生机和活力的政治新人以及出现不一样的声音时,比如1981年的安顺补选,果断加快了"自我更新"的幅度和步伐。以李光耀为代表的人民行动党领导人非常清楚,如果人民行动党做不到"自我更新",那么就无法有效回应新加坡民众在政治现代化方面的需求,最终将失去新加坡民众的支持与信任。

另一方面,"自我更新"对新加坡的政治现代化也产生了重大影响。从政党的层面来说,首先,"自我更新"助力人民行动党完成了党内人才的有序的代际更替。诚然,无论一个政党是否具有现代性,都必须面对代际更替的问题。但是,现代化政党能够借助于既有党内机制或规则,实现这一过程的有序开展,这是其与非现代化政党的最显著和最重要的区别之一。从这个层面来说,人民行动党之所以是一个现代化政党、新加坡之所以是一个政治现代化的国家,在很大程度上得益于"自我更新"的提出和实行。与此同时,我们应当承认,"任何政

---

① [美]西里尔·E.布莱克:《比较现代化》,杨豫、陈祖洲译,上海译文出版社,1996年,第7页。

党经过一段时间的发展,都容易产生政党寡头和利益集团。如果不打破的话,政党就不再保持开放的性质"①。这就意味着,政党在这一过程中还应当兼顾有序性和开放性,"自我更新"就是以李光耀为首的人民行动党领导人针对这一问题给出的药方。一则,从国家独立之初提出"自我更新"问题开始,到 1981 年安顺补选失利之后对"自我更新"工作的全面推进,"人民行动党的自我更新是有序进行的"②;二则,"自我更新"不仅在选拔程序上,而且在选拔对象上都具有相当高的开放性,前者体现在将民主选举、多个委员会考察作为重要环节,后者体现在以"任人唯贤"为基本原则,"唯才是用一直是人民行动党自我更新的一个特点"③。

其次,主动地推进"自我更新",有利于人民行动党在新加坡民众心目中树立良好的政党形象。一个政党想要实现长久执政,就必须重视自身在民众心目中的形象。这对于政党而言,不仅意味着它必须关切与回应民众的切身利益,而且意味着它必须时刻表现出积极、阳光、与时俱进的风貌,"自我更新"正是在后者的层面上有效地拉抬了人民行动党的政党形象。一则,"自我更新"使得人民行动党能够在整体上表现出一种蓬勃的朝气和活力,"增强了行动党对年轻选民的向心力和吸引力,通过展现新面孔,使选民更感兴趣,更信任行动党"④;二则,人民行动党在主动开展的"自我更新"过程中所表现出来的有序性、开放性,会在民众之中形成"人民行动党是一个负责任的、具有现代化精神的理性政党"的感观,从而增加民众对人民行动党执政的信心。

而从更宏观的政治层面来说,"自我更新"则是新加坡现代化民主政治的重要内容。在自由民主和法治纪律之间,以李光耀为首的人

---

① 胡荣荣:《政党"寡头统治铁律"及其超越——基于新加坡的制度创新经验》,《党政干部学刊》2013 年第 1 期,第 34~38 页。
② 王瑾、季正矩:《新加坡人民行动党长期执政的基本经验》,《当代世界与社会主义》2012 年第 6 期,第 86~92 页。
③ 孙景峰、于保军:《2011 年新加坡大选与人民行动党的自我更新》,《四川师范大学学报(社会科学版)》2015 年第 2 期,第 36~42 页。
④ 孙景峰、于保军:《2011 年新加坡大选与人民行动党的自我更新》,《四川师范大学学报(社会科学版)》2015 年第 2 期,第 36~42 页。

民行动党领导人为了持续推进新加坡的现代化,坚定地倾向于后者。在他们看来,"国家的发展更需要纪律,而不是自由民主。各国发展的现实表明,民主本身并不总是能导致发展"①。但这并不意味着政治现代化在新加坡现代化进程中是缺位的,相反,人民行动党通过发展体制内民主,不断推进新加坡现代化民主政治向前发展,这一点在"自我更新"的实践中表现得尤为明显。"自我更新"的结果并不全然受人民行动党意志的支配,它"主要是通过大选实现的,新生政治力量通过大选,获得民众认可,从而进入政坛,进而担任政治职务"②。尽管以西方民主政治的标准来看,"自我更新"所建立的核心选举机制是威权主义和精英主义的,缺乏广泛的民意基础。但是,从在新加坡社会中占据主流的传统儒家政治文化的标准来看,有鉴于"儒家政治文化的主要特征是皇权主义、清官思想、等级观念和集团意识"③,"自我更新"更像是其在现代化条件下的社会历史性表达。从这个角度考量,我们就能够更好地理解李光耀为什么会提出"东方式民主"这一概念了。

在"东方式民主"的概念中,李光耀想要表达的,是以新加坡为代表的东方国家可以在政治现代化的过程中,选择走一条与西方不同的道路。换句话说,李光耀利用"东方式民主"肯定了政治现代化道路的多样性。而在导向这种多样性的因素中,"自我更新"作为人民行动党形塑新加坡现代化民主政治的重要工具,发挥着关键性的作用,也在维护这种政治体制的运行,更重要的是,控制其输出结果。因此,当参与到新加坡的现代化民主政治之中后,"自我更新"就其自身而言,具备了最低程度上的保守性,其目的是保证人民行动党能够长期执政,而非推翻既有的根本性政治安排,即在组织和意识形态层面上表现出更多的改革性而非革命性。而这种改革性,也即人民行动党追求在组织和意识形态上相对保守的渐进变化,而不是更为激进的骤然

---

① 刘绵锦:《新加坡威权政体的新解读:从现代化的视角》,《河南师范大学学报(哲学社会科学版)》2010年第2期,第81~85页。

② 孙景峰、于保军:《2011年新加坡大选与人民行动党的自我更新》,《四川师范大学学报(社会科学版)》2015年第2期,第36~42页。

③ 李路曲:《新加坡的权威主义政治与现代化》,《政治学研究》1997年第1期,第87~95页。

突变,正是整个新加坡在人民行动党经过几轮"自我更新"之后,其宏观政治生态能够保持相对稳定、没有发生根本性变化的重要原因。

三、"自我更新"与新加坡经济现代化

新加坡经济现代化是"自我更新"的最终落脚点。换句话说,"自我更新"最终所服务的对象就是新加坡的经济现代化,以推进新加坡经济现代化为导向,其成功与否也在很大程度上仰赖于新加坡经济现代化水平能否不断提升。而反过来,"自我更新"也在很大程度上影响着新加坡经济现代化的进程。

从某种角度上来看,新加坡经济在产业结构上较高的对外依存度,要求人民行动党必须对外界的变化保持高度敏感,这为"自我更新"的推出奠定了坚实的基础。"新加坡独立前是一个商业城市,几乎全部经济活动都与转口贸易有关"①,这种经济形态延续到了新加坡独立之后,成为新加坡启动现代化进程的重要基础。"由于推行高度外向型的经济发展战略,新加坡一直以建立与发展国际性经济中心来构筑其经济结构。……新加坡的工业化主要依靠外国跨国公司的资本与技术,并形成了以外国跨国公司为主导的企业结构。"②这也就意味着,新加坡的经济发展与国际经济的运行情况高度绑定。如表 1所示,从 1965 年独立之后到 2022 年的 57 年间,新加坡总共出现了五次 GDP 接近零增长乃至负增长的情况,而与这五个时间节点同时发生的影响全球的国际事件分别是石油价格危机(1985)、亚洲金融危机(1997)、"9·11"事件以及"互联网泡沫"破裂(2001)、美国次贷危机(2008)、新冠肺炎疫情(2019)。可以看到,新加坡的经济状况与这些影响全球的国际事件的发生高度相关。而如果我们将新加坡历年

① 张广良、郭跃柱、马德鹏:《"小虾"成"小龙"——新加坡经济腾飞探秘》,《中学政治教学参考》1995 年第 12 期,第 25~27 页。
② 王勤:《论新加坡现代化发展五十年》,《厦门大学学报(哲学社会科学版)》2015 年第 4 期,第 70~77 页。

表1　新加坡1961—2022年GDP增速

年份	增速(%)	年份	增速(%)	年份	增速(%)	年份	增速(%)	年份	增速(%)
1961	8.14	1974	6.12	1987	10.8	2000	9.04	2013	4.82
1962	7.55	1975	3.99	1988	11.26	2001	−1.07	2014	3.94
1963	10.04	1976	7.44	1989	10.16	2002	3.92	2015	2.98
1964	−3.1	1977	6.85	1990	9.82	2003	4.55	2016	3.6
1965	7.83	1978	7.78	1991	6.69	2004	9.94	2017	4.54
1966	10.18	1979	9.55	1992	6.64	2005	7.37	2018	3.58
1967	12.51	1980	10.11	1993	11.46	2006	9.01	2019	1.33
1968	13.53	1981	10.82	1994	11.1	2007	9.02	2020	−3.9
1969	13.83	1982	7.1	1995	7.18	2008	1.86	2021	8.88
1970	13.94	1983	8.55	1996	7.47	2009	0.13	2022	3.65
1971	12.41	1984	8.79	1997	8.32	2010	14.52		
1972	13.32	1985	−0.62	1998	−2.19	2011	6.21		
1973	10.6	1986	1.34	1999	5.72	2012	4.44		

数据来源:世界银行

的GDP增长率和全球的放在一起,二者的正相关性自20世纪70年代初开始到当下表现得越来越明显(如图1)。

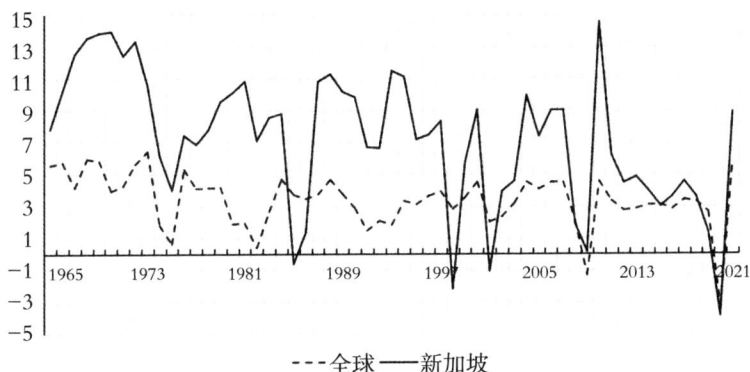

数据来源:世界银行

图1　1965—2021年新加坡与全球GDP增长率

这种正相关性对新加坡的执政党提出了更高的要求。"由于新加坡经济是一种外向型的经济,对外依赖性强,这要求执政者能够根据形势的变化,迅速调整策略,这客观上也要求政治上高度集权,因为分权难以对变化的环境作出迅速的反应。"①而高度集权的执政党想要做到对形势变化的准确研判和积极应对, 就必须在人员和组织上时刻保持生机和活力,这是非"自我更新"所办不到的。因此,"自我更新"是人民行动党对新加坡经济现代化客观需要的主动反映,换句话说,人民行动党想要顺利实现新加坡经济的现代化,就必须在其党内不断开展"自我更新"。

而当我们换个角度就会发现,"自我更新"反过来对新加坡的经济现代化起到了助推作用, 这一作用主要是通过在民主诉求与政治稳定之间寻求平衡、为新加坡经济现代化创造稳定的政治环境,以及提供力量引擎和方向牵引来实现的。

首先,"自我更新"所强调的更新方式和对象都是"自我",这既表达了人民行动党"刀刃向内"的决心,也说明了人民行动党不放弃执政地位的坚持。如果"更新"的结果是失去了"自我",那么"自我更新"也便没有了继续开展的必要。对于人民行动党来说,其之所以会选择"刀刃向内"的"自我更新",主要是因为以李光耀为首的人民行动党领导人敏锐地认识到一种紧迫性, 即如果不尽快实现党内人才的代际更替, 人民行动党将很快失去人民的支持, 继而失去执政党的地位。在李光耀等人眼中,政党轮替带来的必将是国家政局的动荡,最终这种动荡会传递到社会经济的发展上,拖累新加坡的现代化进程。因此,从"自我更新"之中,我们可以清晰地看到人民行动党巩固自身执政地位的努力。

其次,以李光耀为首的人民行动党领导人,一方面在长期的政治实践中体认到,民主与经济发展之间并不存在必然的联系;而另一方面又认知到,"新加坡政治控制程度比较高, 政治公民的耐压程度有限,一旦突破临界点,人民行动党将失去政治权威,现代化将会失去

---

① 陈祖洲:《"权威型"政治与新加坡的现代化》,《南京大学学报(哲学·人文科学·社会科学版)》2002 年第 5 期,第 73~80 页。

稳定的保证"①。因此,人民行动党对以"自我"为本的坚持,是通过"自我更新""选择主动变革治理方式而不是放弃执政地位、搞政党轮流执政来满足现代社会生成后对国家治理提出的要求,以此避免因民主转型而产生的如社会失序、混乱等'阵痛',这不仅保证了民主始终在有序的轨道上发展,而且可以使国家治理的体系得到不断优化、治理的能力能够持续提升"②,在民主诉求和政治稳定之间找到了合适的平衡点,这是大多数发展中国家乃至于很多发达国家都无法做到的。

需要说明的是,这里的"政治"稳定是包含两个层次的内涵,它既是狭隘意义上具备稳定性的"政权",也是广泛意义上具备连续性的"政策"。二者在关系上表现为:稳定的"政权"是连续的"政策"的必要不充分条件,即前者是后者的基础和前提,但前者的存在并不必然意味着后者的产生。而对于一个致力于实现经济现代化的国家来说,具备连续性的政策则是必要条件,这进而要求国家政权保持高度的稳定性。从这个意义上来说,"自我更新"所发挥的非常重要的作用在于,人民行动党借此实现了组织和人员乃至执政理念的渐次的与时俱进,规避了经济现代化过程中可能发生的政党更迭在政权稳定和政策连续两个方面的不确定性。

最后,在如何推进经济现代化,以及经济现代化走向何方等问题上,我们可以从人民行动党"自我更新"的实践中找到一些线索。"自我更新"最直接的目的是为人民行动党储备未来的人才,这些人才的重要任务之一就是推进新加坡的经济发展。尽管很多国家在现代化的过程中同样注重以服务国家经济发展为导向进行人才储备,但新加坡将"自我更新"这一人民行动党党内政策作为重要的方式方法,从全世界范围来看,具有鲜明的独特性。从结果来看,一方面,人民行动党可以通过"自我更新"储备优秀人才,来增强自身执政能力,以更

---

① 陈祖洲:《"权威型"政治与新加坡的现代化》,《南京大学学报(哲学·人文科学·社会科学版)》2002 年第 5 期,第 73~80 页。
② 卢正涛:《国家建设与一党长期执政——基于新加坡政治发展的分析》,《学术界》2021 年第 8 期,第 59~69 页。

好地服务于新加坡的经济现代化;另一方面,人民行动党领导层对于新加坡未来经济发展方向的思考,可以从"自我更新"选择吸纳的人才领域中窥见一斑。当这些人才通过"自我更新"进入人民行动党、担任新加坡的领导职务之后,就不可避免地会对新加坡的现代化发展方向产生影响。从这个层面上来说,"自我更新"为新加坡的现代化提供了重要的力量引擎和方向牵引。

四、"自我更新"与新加坡社会现代化

在新加坡,"在产生什么样的统治形式的问题上,起决定作用的还是更为根深蒂固的东方传统文化"①。然而,作为"东方传统文化"代表的传统儒家文化,其对新加坡的影响并不局限在统治形式上,"在经济建设取得巨大成就的历史进程中,新加坡儒家道德伦理教育和经济建设始终相伴随,并为新加坡经济发展提供了文化底蕴"②。可见,人民行动党对于新加坡社会的掌控力的建构,在很大程度上依赖于这种文化影响力的加持。

传统儒家文化与西方政治伦理不同的是,社会管理者明显承担了更多的社会教化职责。这一方面意味着,人民行动党想要推进新加坡的现代化,就不得不面对新加坡社会现代化的问题,而想要实现新加坡社会的现代化,人民行动党自身就得具备成为社会教化者的能力。换句话说,如果人民行动党在道德品行上有亏,那么它就缺少了推动新加坡社会现代化的合法性。因此,人民行动党推行"自我更新",是迎合新加坡社会对执政党及其政府较高的道德要求的必然结果。另一方面,这种社会教化者的角色,使得长期一党执政的人民行动党的党内政策往往会产生相当大的外部性影响,主要包括两种:一种是消极影响,即党外社会主体质疑、否定乃至对抗人民行动党的党

① 李路曲:《新加坡的权威主义政治与现代化》,《政治学研究》1997 年第 1 期,第 87~95 页。
② 王建红:《儒教与新加坡经济现代化》,《漳州师院学报（哲学社会科学版）》1999 年第 4 期,第 65~70 页。

内政策;另一种则是积极影响,即党外社会主体对人民行动党的党内政策抱有支持、肯定和配合的态度。而不管哪一种,都会在新加坡社会中引发不同程度的示范效应,即党外社会主体会依照人民行动党的党内政策校准自身的行为方式或准则,所谓"上行下效"便是如此。"自我更新"在人民行动党内部的推行也同样遵循这一示范效应,从而使其具有双重属性:它既是新加坡社会现代化对人民行动党的要求的重要表现和缩影,又不自觉地成为人民行动党促进新加坡社会进一步现代化的重要工具。

国家现代化的过程也是社会新旧价值观从接触、碰撞、对抗到之后的共存与融合的过程,在这个过程中,哪些价值观念得以保留并成为社会主流价值观的一部分,对于先发国家大多是自觉或自发产生的,而对于后发国家则大多是人为选择的结果。对后者来说,选择哪些社会价值来推进自身的现代化,与很多因素相关,比如政治传统、经济基础、文化形态、国际环境等;采用什么样的方式来完成对社会价值的选择,则通常与该国的政治体制相关。因此我们看到,在那些实行军事独裁的后发国家中,选择什么样的社会价值,取决于独裁者的意志;在遵行西方民主政治的后发国家中,由不特定政党执政的政府发挥或名义或实质的主导作用;而在那些如新加坡一样由单一政党稳定长期执政的国家中,则由执政党主导完成这一过程。换句话说,在新加坡,对社会主流价值观内容的摘选,很大程度上取决于人民行动党对新加坡社会及其现代化的认知和判断。而人民行动党能够进行摘选的前提,就是其党内已经在主流价值观念的内容上具有较为统一的认知,并且能够为之不断展开活动。因此,我们从人民行动党的党内活动就能一窥其主流价值观念的内容。

"自我更新"正是人民行动党这种党内活动的典型代表,它的精神实质潜移默化地渗透到了整个新加坡社会的运行肌理之中,进而在社会层面影响到了新加坡的现代化发展。具体来说,这种影响暂且

可以粗略地概括为以下五方面①:

其一,重视人才。"自我更新"所凸显的人民行动党对人才的极度重视,深刻地影响了整个新加坡的现代化进程。"人才储备是人民行动党自我更新运行的逻辑起点,没有人才持续有效的供给,自我更新便成了无源之水、无本之木。"②而人民行动党对人才的重视,特别是利用人才之后的良好效果,生动地让新加坡社会认识到了人才所能发挥的巨大作用,继而在全社会形成了一种重视人才的氛围。这一方面促进了新加坡国内高等教育的优质发展,另一方面也极大减小了新加坡民众对于吸引他国人才在新加坡定居或移民的可能阻力,为新加坡社会乃至其他各方面的现代化提供源源不断的动力。

其二,居安思危。"自我更新"中所蕴含的居安思危理念,在不同时期都激发着新加坡社会的现代化潜力。人民行动党居安思危的理念包含政党和国家两个层面,在政党层面,这一理念之所以会形成,最直接的原因就是人民行动党所不得不面对的定期选举,正如李光耀本人所说,"如果我们没有挑选最能干和最肯献身的人才,如果我们只让我们自己喜欢的人或随波逐流的人填满国会,我们一定失败"③,而这也是"自我更新"能够推出的核心因素。在国家层面,李光耀为首的人民行动党领导人不断地提醒新加坡民众,新加坡国家现代化的成就巨大但脆弱,"经济危机、疾病暴发、恐怖主义、种族和宗教冲突以及与邻国马来西亚和印度尼西亚的不稳定关系不断作为国家威胁呈现在公众面前,在国家指导的媒体上作为报道传播和再传播"④,这一叙事过程同样离不开"自我更新"的有机参与。在这两个层面的熏陶之下,居安思危的理念深深地嵌入了新加坡民众的脑海中,继而被

① 诚然,无论是重视人才、居安思危,亦或是实用主义、道德垂范或规则意识,都不是"自我更新"甚至新加坡社会所独有的。但是,人民行动党透过"自我更新"所实现的对相关价值观念的强调,才是本文论述的关键所在。

② 孙景峰、王新磊:《新加坡人民行动党自我更新的内在运行逻辑》,《探索》2014 年第 4 期,第 44~48 页。

③ 李光耀:《李光耀 40 年政论选》,现代出版社,1994 年,第 475 页。

④ Oliver S, Ostwald K, "Explaining Elections in Singapore: Dominant Party Resilience and Valence Politics," *Journal of East Asian Studies*, 2018(2), pp.129-156.

他们用来指导自身所参与的新加坡现代化进程实践。这一方面使得新加坡在现代化过程中，并没有像很多后发国家那样陷入狭隘民族主义乃至民粹主义的泥淖之中，民众始终保有足够的理智和警醒；另一方面也使得新加坡民众能够打开视野，更加关注国际，始终敏锐地捕捉国际政治经济的风云变幻。

其三，实用主义。在新加坡的现代化过程中，"人民行动党政府的政治利益实际上已经与全球资本的利益密不可分，他们的伙伴关系被充分阐述和精心设计的实用主义言论所掩盖和公众所接受"①。诚然，实用主义一直是人民行动党的政党底色，其最重要的缔造者之一——李光耀也并不讳言自己是一名实用主义者。这在很大程度上是因为，客观环境迫使新加坡人不得不抛却形而上的意识形态执念，采取一种更为务实的态度面对国家政治和社会生活。"自我更新"正是这种实用主义风格的重要表现，它直指人民行动党党内存在的核心问题，快准狠地抓住痛点并加以解决，凸显了现代化过程中对于效率的重视，为新加坡人如何提升组织效率做出了很好的示范，是解放思想和社会生产力的有效方法论。

其四，道德垂范。"自我更新"对人民行动党党员，特别是那些身居领导岗位的党员，提出了很高的道德要求。在"自我更新"的过程中，"许多人民行动党议员不愿意退位下台，也不喜欢被正式宣布政治生涯从此结束。这是人之常情。放弃权力需要非常大的道德勇气"②。但是，人民行动党最终还是实现了"自我更新"的有序、有效推进，一方面是一大批人民行动党领导人"退位让贤"，"在每一次大选中，执政党都常规地使三分之一的议会议员退休，以为新鲜血液让路"③；另一方面，"'作风正派'是人民行动党对党员干部的道德要求，人民行

① Oliver S,Ostwald K,"Explaining Elections in Singapore:Dominant Party Resilience and Valence Politics",*Journal of East Asian Studies*,2018(2),pp.129-156.
② 王瑾、季正矩:《新加坡人民行动党长期执政的基本经验》,《当代世界与社会主义》2012年第6期,第86~92页。
③ 胡荣荣:《政党"寡头统治铁律"及其超越——基于新加坡的制度创新经验》,《党政干部学刊》2013年第1期,第34~38页。

动党对'作风不严'干部采取的是'零容忍'态度。任何党员干部一旦发现有作风问题,都必须引咎退党辞职以承担责任"①,这就给新加坡社会形成了极强的道德垂范。对于社会大众来说,人民行动党以较高的道德标准开展行动,加强了其社会教化的能量和说服力,在全社会起到了正本清源的作用。而对其他从政者来说,人民行动党第一代领导人主动开启"自我更新",会对他们构成比较上的道德压力,进而迫使他们不得不以同样甚至更高的道德标准要求自己。在党内,"2004年,执政 14 年便毅然决然辞去总理职务的吴作栋秉承了第一代领导人的退位让贤做法,顺利实现了第二代领导人向第三代领导人的自我更新"②;而在党外,由于反对党相较执政党缺少对优秀人才的吸引力,很难跟进"自我更新",这使得人民行动党在政治道德方面获得了巨大优势。

其五,规则意识。人民行动党的"自我更新"遵循着制度化的程序,"在新加坡,高级领导人的确定要经过七个选拔委员会的笔试、面试、心理测验、试用、参加竞选以至最高领导人的面试等各种法定的程序才能完成。……任何人都很难通过这种程序以外的途径进入政治体系"③。这就意味着,每一位人民行动党党员走上领导岗位的程序都是制度化的。其中,参加并赢得竞争性选举是"自我更新"制度化程序中的重要一环,"凡是在选举中不能击败反对党的候选人,就不能成为议员,也就不能成为内阁成员"④,这使得人民行动党表现出了极强的规则意识。此外,"自我更新"还是人民行动党将民众支持制度化的过程。一如亨廷顿所说,"一个强大的政党能使群众的支持制度化。政党的力量反映了大众支持的范围和制度化的水平"⑤。人民行动党

① 吕元礼、张彭强:《新加坡如何让官员"能下"》,《人民论坛》2015 年第 28 期,第 70~72 页。
② 孙景峰、王新磊:《新加坡人民行动党自我更新的内在运行逻辑》,《探索》2014 年第 4 期,第 44~48 页。
③ 李路曲:《新加坡的权威主义政治与现代化》,《政治学研究》1997 年第 1 期,第 87~95 页。
④ 李路曲、王晓飞:《新加坡人民行动党的现代化导向与治国方略》,《经济社会体制比较》2022 年第 5 期,第 180~189 页。
⑤ [美]萨缪尔·亨廷顿:《变革社会中的政治秩序》,李盛平等译,华夏出版社,1998 年。

的这一制度设计,使得那些经由"自我更新"走上领导岗位的人拥有制度合法性的背书,从而拥有稳固的制度性权力。总而言之,执政党面对党内成员能够严格地遵照程序,尽量杜绝破格提升、特事特办,其中的规则意识在新加坡民众与政府的接触中为新加坡民众所感知到,进而推动在整个社会中形成一种照章办事、尊重和遵循规则的习惯,使其成为新加坡社会现代化的一个重要侧面。

五、结论

显然,"在新加坡,具有现代性的精英型的行动党是推进现代化进程的领导核心"[1]。人民行动党想要发挥好自身在这一进程中的领导核心作用,就必须重视和解决党内存在的问题。"自1959年以来长期执掌新加坡政权的人民行动党……较好地保持了活力和生机。究其原因,在于该党及其政府特别注重自我更新。"[2]因此,人民行动党的"自我更新"与新加坡的现代化之间存在某种关系联接也是必然的。

新加坡作为一个典型的后发现代化国家,其现代化进程真正开始于独立之后,但是在时空的排列方面,"自我更新"的提出与开展却在现代化进程开启之后。这就意味着,新加坡的现代化并不是人民行动党"自我更新"的结果,自诞生的那一刻开始,它就借助人民行动党这一载体,在各个方面影响着新加坡的现代化。可见,"自我更新"与新加坡现代化,二者是一种双向互动的状态。一个国家的现代化主要可以从政治、经济和社会等维度进行观察,因此对于这种双向互动关系的理解可以分为三个方面:

其一,由于新加坡在实质上是人民行动党一党独大制,因此新加坡的政治现代化的重要内容和驱动力就是人民行动党的政党现代化。而政党现代化无非是从政党的组织、制度、意识形态等方面开展,

---

① 李路曲、王晓飞:《新加坡人民行动党的现代化导向与治国方略》,《经济社会体制比较》2022年第5期,第180~189页。
② 吕元礼、张彭强:《新加坡如何让官员"能下"》,《人民论坛》2015年第28期,第70~72页。

其落脚点和核心都在于"人"的现代化。在"人"的现代化上，人民行动党很早就意识到并展开实施，此即"自我更新"。于是，"自我更新"与新加坡国家的现代化构建起了实质上的联系。这种联系一方面使得人民行动党的"自我更新"在新加坡的现代化过程中具备了必然性；另一方面也为"自我更新"借助新加坡的政治现代化影响其现代化进程提供了通路。这种影响在政党层面表现为，"自我更新"不但助力人民行动党完成了党内人才的有序的代际更替，而且在新加坡民众心目中树立良好的政党形象；而在更宏观的政治层面上，"自我更新"则构成了新加坡现代化民主政治的重要内容。

其二，新加坡经济对外的高度依赖是一个不争的事实，如果想平稳地推进它的现代化，人民行动党就不得不面对两重必然的挑战：一是对国内外的各种变化保持高度敏感，做到及时捕捉、研判和应对；二是拥有足够强大的能力在民主诉求与政治稳定之间寻求平衡、为新加坡经济现代化创造稳定的政治环境，以及提供力量引擎和方向牵引。从这个角度来说，"自我更新"是人民行动党为了具备这种高度敏感性和强大能力而实施的必然举措："自我更新"不仅能够不断地赋予人民行动党以生机和活力，帮助其对外界的各种变化始终保持敏感，而且通过将选举有机地纳入"自我更新"的程序中，选拔最优秀的人才加入人民行动党参与国家政治，在保障民众民主权利的同时，避免了在其他后发国家现代化过程中出现的政治失序问题，实现了国家政权和政策措施的稳定，从而为经济现代化提供了稳定的发展环境、强大的力量引擎和重要的方向指引。

其三，在社会维度上，新加坡深受传统儒家文化的影响，进而在很大程度上赋予了人民行动党采用一种异于西方民主政治标准的一党独大的方式治理新加坡以合法性。在这样的社会环境中，人民行动党会承担比西方政党多得多的社会教化职责，这种职责一方面迫使人民行动党不得不进行"自我更新"，另一方面又使其"自我更新"会对新加坡的社会现代化造成很大的影响。具体来说，社会教化者的角色使得人民行动党在设计"自我更新"的制度化程序时，多了一重对社会现代化影响的考虑，这也就导致了社会现代化对"自我更新"在实质内容或程序上的形塑。反过来，"自我更新"对社会现代化的影响就存在于党外社会主体依照"自我更新"所传达的精神实质来校准自身的行为方式或准则的过程中，其内容可以大致概括为重视人才、居安思危、实用主义、道德垂范、规则意识等。

匈牙利 1989 年拟定《政党法》
圆桌谈判考察 *

邰浴日 **

内容摘要 1989 年举行的匈牙利圆桌谈判，专门设立了政治谈判第二工作委员会来负责拟定《政党法》的谈判工作，授权其为多党制下政党组织的运作和财政管理制定规则。其所涉及的议题主要包括：应当规定担任哪些国家公职的人士不得是政党党员、是否应当允许政党在工作单位中设立或运行政党组织、政党是否应当对外披露其资产统计信息、在转型时期内如何为各个新建政党和社会组织提供财政支持等。三方代表团经过艰难曲折的谈判博弈，虽然完成了《政党法(草案)》的拟定工作，却未能就其中两个核心议题达成协议，只得交由全民公投作出决定。最终得到议会表决通过的《政党法》采纳了反对派的相关主张，并为匈牙利的政党制度奠定了法律基础。

关键词 匈牙利社会主义工人党；圆桌谈判；政治转型；《政党法》

在第三波民主化转型浪潮中，许多国家都面临过要为多党制下政党组织的运作和财政管理确立基本规范的任务。落实到立法层面，

---

* 本文系国家社科基金一般项目"东欧剧变中的波兰圆桌会议研究"(项目编号：20BSS040)的阶段性成果。
** 邰浴日，历史学博士，华东师范大学政治与国际关系学院副教授，研究方向为东欧政治转型、冷战国际史、法律史。

往往体现为需要制定一部《政党法》，来就相关规则作出具体规定。举例来说，西班牙在其转型初期便制定了 1978 年第 54 号法律(即《政党法》)，主要用于"为政党自由构建初步的制度框架"；①而韩国则制定有《政党法》《政党事务管理规则》和《政治资金法》，用以对政党组织的运作规范和政治资金的使用规范作出规定。②

亨廷顿在其著作中曾将匈牙利的转型方式归为"主动转变"的类型。③但事实上，匈牙利的政治转型是在经历了漫长而艰难的朝野博弈之后才得以最终实现的，其代表性事件便是 1989 年 6 月 13 日至 9 月 18 日期间执政的匈牙利社会主义工人党④(以下简称"社工党")与反对派阵营所举行的圆桌谈判。由此看来，将其归为"交相改变"的类型似乎要更为合理一些。而在这场"交相改变"的转型过程中，也同样绕不开该如何拟定《政党法》这个议题。

其实在匈牙利圆桌谈判中，就专门设立了政治谈判第二工作委员会(以下简称"第二工作委员会")来负责拟定《政党法》的谈判工作。在展开实际运作后，其所涉及的谈判议题主要包括：应当规定担任哪些国家公职的人士不得是政党党员、是否应当允许政党在工作单位中设立或运行政党组织、政党是否应当对外披露其资产统计信息、在转型时期内如何为各个新建政党和社会组织提供财政支持等。

那么，不同政治主体在此谈判过程中展开了怎样的互动与博弈？作为"政治过程"的政党法圆桌谈判对于国家的相关制度设计产生了哪些具体影响？而作为圆桌谈判议程之一的政党法谈判，反过来又会对匈牙利的整个政治转型进程产生怎样的影响？本文将基于相关资料，对上述问题展开实证性考察，以期为学界深入理解和探讨政治过

---

① 《西班牙政党法规和党内法规选译》，刘晋彤等译，社会科学文献出版社，2019 年，第 2 页。
② 《韩国政党法规和党内法规选译》，蔡永浩等译，社会科学文献出版社，2018 年，第 3~75 页。
③ [美]塞缪尔·亨廷顿：《第三波：20 世纪后期的民主化浪潮》，欧阳景根译，中国人民大学出版社，2013 年，第 103 页。
④ 匈牙利社会主义工人党的前身是匈牙利共产党。1948 年 6 月，匈牙利共产党与匈牙利社会民主党合并，改名为匈牙利劳动人民党，1956 年 11 月 1 日改名为匈牙利社会主义工人党。

程与制度设计之间的互动关系增添一个重要案例。①

一、谈判的历史背景

20 世纪 80 年代后半期,因为此前体制改革的局限性,匈牙利的经济陷入了极为困难的局面,主要表现为经济增长乏力、物价不断上涨和外债持续增多。为了应对渐行渐近的经济危机,匈牙利当局需要采取一系列不受民众欢迎的紧缩性经济政策,例如提高物价和削减福利,但同时又需要尽量维持社会的稳定和民众的认可,以防止经济危机进一步演变为社会和政治危机。对此时执政的社工党来说,除了实行一定程度的分权改革,并没有太多其他选择。而如果想要通过与社会上的反对派开展协商和妥协的方式来实现体制的转型,首先就需要允许反对派组织以合法谈判者的身份出现在政治生活当中。

因此,在党内改革派的主导下,匈牙利议会于 1989 年 1 月 11 日表决通过了 1989 年第 2 号法律(即《结社法》)。这部法律规定,匈牙利公民拥有自由结社和建立政党的权利,此后将由一部专门的《政党法》来就政党运作的规范作出具体规定。在同年 2 月 10 日至 11 日召开的社工党中央全会上,通过了决定在匈牙利实行多党制的政治宣言,并于 2 月 13 日正式对外发布。

在《结社法》通过之后,此前几年里陆续成立发展起来的各种反对派组织纷纷正式建党。其中较具代表性的一些反对派政党在 3 月 22 日召开会议,成立起一个反对派的联合组织——反对派圆桌会议,由此打破了社工党试图对反对派阵营实施分化瓦解的政治策略。4 月

---

① 既有研究成果多聚焦于匈牙利实现政治转型的背景、条件、方式及结果评价,相对缺乏从政治过程与制度设计互动的角度展开的专题研究和比较研究。相关成果包括:Béla Király and András Bozóki(eds.), *Lawful Revolution in Hungary*, 1989-1994, Boulder: Columbia University Press, 1995; András Sajó, "The Roundtable Talks in Hungary," in Jon Elster(ed.), *the Roundtable Talks and the Breakdown of Communism*, Chicago: University of Chicago Press, 1996, pp. 69-98; 郐浴日:《1989 年匈牙利圆桌谈判研究》,《俄罗斯东欧中亚研究》2017 年第 3 期,第 134~155 页;郐浴日:《匈牙利 1989 年宪法修订圆桌谈判研究》,《社会科学》2020 年第 11 期,第 139~149 页。

19 日，反对派圆桌会议向社工党中央递交了一份关于倡议尽快开启政治谈判的提案，其中为谈判设定的核心任务之一，就是要为政党的建立和运作制定出相应规则。

6 月 10 日，社工党、反对派圆桌会议和第三方①的代表共同签署了关于开启圆桌谈判的协议。协议规定，圆桌谈判的目标在于为国家的体制转型设立相应法律前提，所以只有在谈判各方就相关法案达成协议之后，国家才能据此展开相应法律变革。也就是说，上述规定排除了政府单方面将那些涉及政治转型的基础性法案提交给议会进行审议表决的可能性。②6 月 21 日，三方代表团继而就圆桌谈判的架构安排和议题设置签署了协议。第二工作委员会的职责是"就政党的运作制定规则"，以及"为政党的财政管理设立规范"。

二、谈判取得系列进展

在第二工作委员会于 1989 年 6 月 30 日召开的首次会议上，三方代表首先讨论了基本的谈判规则。社工党的代表、时任司法部副部长波格丹·蒂博尔（Bogdán Tibor）承诺表示，他会尽快将司法部所掌握的所有相关背景材料分发给与会代表。反对派和第三方代表团则一致提议，所有参加此次圆桌谈判的政党组织，都应当提交一份自身的资产声明，以此作为开启政党法谈判的前提。此外，政府当局还应当提交一份关于财政预算是如何在各个社会组织和政治组织之间进行分配的详细报告。社工党代表团对此表示认可。③

---

① 第三方包括爱国人民阵线、工会全国理事会、匈牙利民主青年联盟（前身为匈牙利共青团）等总计 7 个社会团体。

② "Megállapodás a Nemzeti Kerekasztal–tárgyalások megkezdéséröl 1989.június 10.（közlemény）", in András Bozóki, Márta Elbert, Melinda Kalmár, Béla Révész, Erzsébet Ripp and Zoltán Ripp（eds.）, *A Rendszerváltás Forgatókönyve：Kerekasztal–Tárgyalások 1989–Ben*, Vol.1, Budapest：Magvető, 1999, pp.604–608.

③ "Az I/2. számú munkabizottság ülése 1989. június 30.（jegyzőkönyv）", in Melinda Kalmár and Béla Révész（eds.）, *A Rendszerváltás Forgatókönyve：Kerekasztal–Tárgyalások 1989–Ben*, Vol.6, Budapest：új Mandátum, 2000, pp.178–179.

在 7 月 5 日的会议上，三方代表一致同意关于政党的建立和对政党的运行进行宪法监督的规则应当在《宪法》《结社法》和《政党法》当中予以规定。三方代表还就如下规定达成了共识：①建立一个政党的人数下限为 10 人；②只有匈牙利公民才能担任本国政党的创始人及骨干党员；③专职法官和宪法法官不得是任何一个政党的党员；④第二工作委员会将向政治谈判第一工作委员会建议，在未来的宪法修正案中增加如下规定："任何社会组织的纲领或行动都不得指向以武力手段夺取或行使公共权力，也不得掌握旨在取缔其他政党或对其进行限制的独断权力，还不得煽动公民不服从宪法和宪法秩序。"[1]此外，反对派代表团还专门就政党的资产和财政管理问题拟定了一份备忘录，在其中详细列举了社工党及其卫星组织所应当公开披露的所有资产类别，并在会议结束后递交给社工党和第三方代表团。

在 7 月 10 日的会议上，三方代表出现了首个实质性分歧——反对派和第三方代表团一致提议，应当在《政党法》中明确规定："政党不得在工作单位(公共服务或教育机构)中设立或运行政党组织。"但是社工党代表团表示反对，并要求以后继续就此展开讨论。[2]

在7 月 17 日的会议上，三方代表就如下规定达成了一致：①《政党法》不仅适用于政党组织，还应适用于那些拥有个人会员的公民组织，即当这些公民组织完成登记注册之后便应当承认，涉及政党运行和财政管理的法规对它们也同样具有约束力；②如果一个政党在连续两届议会选举中都未能提名议员候选人，即应予以解散，并从政党注册名录中除名；③无论是检察官还是负责裁定轻罪指控的司法机构人员，只要其掌握剥夺他人自由的权力，就不得加入任何政党；④外国公民可以成为一个(匈牙利)政党的党员，但不能拥有

---

① "Az I/2. számú munkabizottság ülése 1989. július 5. (jegyzőkönyv)", in *A Rendszerváltás Forgatókönyve*, Vol.6, p.184.

② "Az I/2. számú munkabizottság ülése 1989. július 10.(jegyzőkönyv)", in *A Rendszerváltás Forgatókönyve*, Vol.6, p.189.

被提名权。①

在 7 月 19 日的会议上，三方代表出现了新分歧——反对派代表团一直主张在政治转型时期内，社工党应当为其他新建政党和社会组织提供一定的财政支持，而第二工作委员会则应就社工党该如何拿出其部分资产分配给各个政党和公民组织这一问题展开讨论；但是社工党和第三方代表团却以第二工作委员会缺乏相应权限为由，建议将其提交至中级会谈委员会讨论决定。②

在 7 月 21 日的会议上，三方代表主要依据如下四项原则对《政党法》草案第四章和第五章③的内容进行了修订：①政党的财政管理应当做到对外公开透明；②政党不得与商业机构建立紧密联系；③公共资金应当在规范的框架内予以提供；④政党解散之后，其资产不得"被带回家"。④

在 7 月 24 日的会议上，第二工作委员会拟定了一份协议草案，并打算提交至中级会谈委员会讨论确认。这份草案由社工党的代表波格丹负责起草，其内容已经较为全面地囊括了三方代表此前达成的一系列共识。此外，社工党代表团当天还向第二工作委员会提交了一份非正式文件，其中已经根据反对派代表团此前(7 月 5 日)递交的关于社工党披露其资产统计信息的备忘录中的相关要求，分门别类地列出了社工党名下资产的简要统计信息。⑤

至此，社工党似乎已愿意披露其资产统计信息，继而解决如何为

---

① "Az I/2. számú munkabizottság ülése 1989. július 17.(jegyzőkönyv)", in *A Rendszerváltás Forgatókönyve*, Vol. 6, pp.193–194.
② "Az I/2. számú munkabizottság ülése 1989. július 19.(jegyzőkönyv)", in *A Rendszerváltás Forgatókönyve*, Vol. 6, p.200.
③ 《政党法》草案第四章和第五章的标题分别为"政党的资产与财务"和"对政党财务的审计"。
④ "Az I/2. számú munkabizottság ülése 1989. július 21.(jegyzőkönyv)", in *A Rendszerváltás Forgatókönyve*, Vol. 6, pp.204–206.
⑤ 社工党代表团于 1989 年 7 月 20 日拟定完成了这份文件，并于 7 月 24 日提交给第二工作委员会。文件显示，截至 1987 年 12 月 31 日，社工党拥有或管理的不动产总计达 2648 座建筑物，总价值达 73.769 亿匈牙利福林。其中正在被社工党直接使用的不动产包括 168 座办公大楼、20 个教育中心及其 34 座附属建筑，以及 4 个度假村的总计 90 座建筑物。此外，社工党还拥有 2 家研究机构、20 家教育机构和 20 家出版社。

其他政党组织提供财政支持的问题。然而正当三方代表都以为用不了多久就可以顺利拟定出《政党法》草案的时候,局势却突然发生了重大转折。

三、谈判遭遇重大转折

在三方代表初步达成协议仅仅两天之后, 社工党代表团就在第二工作委员会会议上推翻了其此前的立场, 此举直接导致相关谈判停滞了近一个月之久。在 1989 年 8 月下旬重启谈判之后,虽然在不少议题上取得了进展,但是由于社工党领导层决定坚持强硬立场,第二工作委员会最终还是未能就某些核心议题达成协议。

(一)社工党转变立场

在 7 月 26 日召开的第二工作委员会会议上,社工党代表团的政党法谈判负责人布扎克利亚·马加什(Budzsáklia Mátyás)突然出人意料地宣布, 社工党决定拒绝签署 7 月 24 日拟定的那份协议草案,并阐述理由如下:"……在过去的 45 年里,社工党是通过合法途径获得其资产的,它只应向自己的党员披露资产统计信息,任何其他政党或公民组织均不得以任何理由对此提出要求。因此,中级会谈委员会也无权就此事作出决定。"①

面对社工党代表团突如其来的立场转变,②反对派代表团的政党法谈判负责人派特·伊万(Petö Iván)针锋相对地指出,上述声明完全是与社工党代表团此前的立场相违背的。反对派圆桌会议从一开始就持有如下原则立场,即政治变革不应给公众造成额外开支。反对派圆桌会议一直强调, 只有在达成在转型时期内为各个政党组织提供

---

① "Az I/2. számú munkabizottság ülése 1989. július 26.(jegyzőkönyv)", in *A Rendszerváltás Forgatókönyve*, Vol.6, p.214.

② 社工党之所以出现如此剧烈的立场转变,主要是因为当时保守派领导人费伊蒂·哲尔吉(Fejti György)暂时取代了改革派领导人波日高伊·伊姆雷(Pozsgay Imre)担任社工党代表团负责人,继而推动调整了其谈判策略。

运作条件和财政资助的协议的前提下,其才会支持《政党法》草案。正因如此,反对派圆桌会议才坚持要求对社工党及其附属公民组织的资产状况予以准确地评估和披露。然而,社工党如今的行为却表明,它已经背离了迄今为止所完成的全部的立法谈判工作。有鉴于此,反对派圆桌会议决定不再针对社工党声明中的具体内容作出回应,而是主张除非社工党改变其现有立场,否则将没有任何理由再继续第二工作委员会的谈判工作。第三方代表团也对此表示认同。①

(二)谈判的后续进展

第二工作委员会因此被迫暂停了其谈判会议。然而,这一局面却并不有利于社工党。因为此前签署的协议曾规定,只有在谈判各方就相关议题达成协议之后,才能将相应法案提交给议会进行审议表决。如今谈判工作陷入停滞, 也就意味着达成协议的日期被进一步延后了,而这恰恰是社工党最不愿看到的状况。所以在休会近一个月后,第二工作委员会于 8 月 21 日重启了会议。在这次会上,反对派代表团依然坚持要求社工党退回到 7 月 24 日的立场,而社工党代表团则未作让步。②

到了 8 月 28 日的中级会谈委员会会议上,针对是否应当在工作单位中禁止政党组织的问题,三方代表依然坚持各自的立场。最终,社工党代表团负责人波日高伊提出了一个妥协方案,即社工党原则上可以接受反对派和第三方的立场, 但是其具体实施还需要一个过程。因此,社工党可以分阶段撤销其在各类工作单位中的党组织——在《政党法》生效之日撤销其在所有法院中的党组织;不晚于 1989 年12 月 31 日撤销其在所有政府管理机构中的党组织;不晚于 1990 年7 月 1 日撤销其在所有其他工作单位(指企业、工厂、中小学和大学等

---

① "Az I/2. számú munkabizottság ülése 1989. július 26.(jegyzőkönyv)",in *A Rendszerváltás Forgatókönyve*,Vol.6,pp.214–215.

② "Az I/2. számú munkabizottság ülése 1989. augusztus 21.(jegyzőkönyv)",in *A Rendszerváltás Forgatókönyve*,Vol.6,pp.218–220.

单位,但军队机构除外)中的党组织;不晚于 1990 年 12 月 31 日撤销其在所有军队机构中的党组织。上述提议得到了反对派和第三方代表团的基本认可。①

此外,三方代表还就在转型时期内如何为各个新建政党和社会组织提供财政支持和创造运作条件的问题进行了讨论。针对这个问题,政府总理内梅特·米克洛什(Németh Miklós)曾在 5 月 10 日召开的议会会议上表示,政府已经在就此问题起草一份提案。7 月初,政府对外宣布,相关财政支持的金额为 5000 万匈牙利福林。但是随后不久,部长会议任命的负责人就在未对相关申请的合理性进行严格审核的情况下,将其中的 1000 万匈牙利福林资金分发给了一些要求获得财政支持的政党组织。②

反对派圆桌会议随即对此提出疑问,并敦促负责监督协议条款执行情况的善意委员会在 7 月 21 日召开的会议上就此事展开讨论。善意委员会最终决定,应当暂时冻结剩余资金的分配,直到相关分配规则被清楚制定出来为止。③随后,反对派圆桌会议又专门拟定了一份书面提案,针对为政党提供财政支持以及如何分配现有 5000 万匈牙利福林资金的问题提出建议,并在 7 月 31 日递交给部长会议办公室。而在此次中级会谈委员会会议上,三方代表则一致决定,将委托第二工作委员会拟定出相关分配规则。④

在 8 月 30 日的第二工作委员会会议上,三方代表进一步就此展开讨论。社工党代表团提出,其愿意拿出价值 21 亿匈牙利福林的资产(约占其总资产的四分之一)交给政府,以此来为各个新建或重建的政党组织创造适当的运作条件。反对派代表团表示基本接受。第三

---

① "A Nemzeti Kerekasztal-tárgyalások középszintű politikai egyeztető bizottságának ülése 1989. augusztus 28. (jegyzőkönyv)", in *A Rendszerváltás Forgatókönyve*, Vol.3, pp.513–514.

② Magyar Nemzet, "A Magyar Nemzet megkérdezte: Kik és mennyit kaptak az ötvenmillióból?", July 22, 1989, p.7.

③ "A Jószolgálati Bizottság ülése 1989. július 21. (jegyzőkönyv)", in *A Rendszerváltás Forgatókönyve*, Vol.6, p.701.

④ "A Nemzeti Kerekasztal-tárgyalások középszintű politikai egyeztető bizottságának ülése 1989. augusztus 28. (jegyzőkönyv)", in *A Rendszerváltás Forgatókönyve*, Vol.3, pp.503–509.

方代表团进而提议，由于这些资产事实上来源于国家资产和国家预算，所以应当将最终的分配处置权交给议会。除了被用于为各个政党提供财政支持之外，这些资产还应当通过某种规范的方式被用于国家公共服务的关键领域（即教育、医疗和文化领域）。唯有如此，所谓"国家资产的社会化"才符合社会正义的标准。

在此次会上，三方代表还一致同意，此前政府提供的 5000 万匈牙利福林将会从社工党获得的预算额度中作相应扣除。三方代表将敦促部长会议办公室对反对派圆桌会议递交的那份提案作出回应，尽快制定出分配 5000 万匈牙利福林资金的具体方案并予以实施。此外，未来还应当建立一个由各个政党和政府方面的代表共同组成的委员会，委托其针对价值 21 亿匈牙利福林资产的分配方案和制度规范拟定出一份提案，继而交由议会审议表决。[①]

另一方面，在波日高伊提出关于撤销工作单位中党组织的妥协方案之后，该问题似乎已得到解决。然而，社工党方面随即又出现了新的变数——原来波日高伊的这个提议事先并未征得党内高层的同意，所以此举又引发了党内保守派的强烈反对。8 月 31 日，社工党政治执委会（相当于政治局）召开会议，正式否决了波日高伊在 8 月 28 日的中级会谈委员会会议上提出的妥协方案。社工党主席涅尔什·赖热（Nyers Rezső）在会上强调指出，虽然波日高伊未来有很大的机会能够当选总统，[②]但是如果社工党面临分崩离析的局面，那么所有改革派领导人都将会受到冲击，届时可就未必能确保获得总统宝座了。涅尔什由此告诫波日高伊，应当将集体利益置于个人利益之上。[③]

9 月 1 日，社工党召开中央全会，对政治执委会的上述决定予以正式确认。全会继而决定，社工党在如下 4 个关键议题上将不再作出

①　"Az I/2. számú munkabizottság ülése 1989. augusztus 30.(jegyzőkönyv)", in *A Rendszerváltás Forgatókönyve*, Vol.6, pp.230–233.

②　因为反对派阵营缺乏知名领导人，所以社工党在转型过程中一直致力于推动创设一个民选总统职位，以期其候选人波日高伊能够当选。

③　Meeting of the MSZMP Political Executive Committee, Verbatim Record of Minutes, August 31, 1989, Hungarian National Archives(HNA)M–KS–288. f. 5/1076 ő.e.

实质性妥协,即披露资产统计信息的问题、撤销工作单位中党组织的问题、解散工人卫队的问题,以及关于总统选举的问题。①

到了 9 月 4 日的中级会谈委员会会议上,波日高伊委托布扎克利亚向与会代表宣读了社工党中央的最新立场:"政党不得在宪法法院、普通法院、议会和国家总统办公室、国家审计署、检察官办公室、公共行政机构、武装部队、警察和国家安全机构中设立和运作组织。除上述单位外,各政党可以在平等条件下在工作单位中设立组织,且必须遵守如下三条规则:第一,(党组织)不得在工作时间内从事政治活动;第二,(党组织)不得成为工作单位管理结构的组成部分;第三,(党组织)不得干涉工作单位的专业运作。"②

针对社工党再次出现的立场倒退,反对派的数位代表均发言指出,反对派此前已经作出妥协,对社工党在上次中级会谈委员会会议上提出的分阶段撤销工作单位中党组织的提议表示了接受。然而社工党此次提出的这个方案,已然违背了反对派的原则立场,因而是无法令人接受的。最后,会议主席也只能遗憾地宣布,三方代表就此依然未能达成共识。③

9 月 20 日,第二工作委员会召开了最后一次会议。会上社工党的代表依然坚持宣称,在其召开下一次代表大会并就相关议题作出正式决议之前,社工党无法就自身的资产状况给出一份详细的列表说明。该立场自然未能被反对派代表团接受。④

---

① Anna Kosztricz, János Lakos, Karola Némethné, László Soós and György Varga (eds.), *A Magyar Szocialista Munkáspárt Központi Bizottságának 1989, évi jegyzőkönyvi*, Vol.2, Budapest: Magyar Országos Levéltár, 1993, pp.1413–1533.

② "A Nemzeti Kerekasztal-tárgyalások középszintű politikai egyeztető bizottságának ülése 1989. szeptember 4.(jegyzőkönyv)", in *A Rendszerváltás Forgatókönyve*, Vol.4, pp.150–151.

③ "A Nemzeti Kerekasztal-tárgyalások középszintű politikai egyeztető bizottságának ülése 1989. szeptember 4.(jegyzőkönyv)", in *A Rendszerváltás Forgatókönyve*, Vol.4, pp.153–160.

④ "Az I/2. számú munkabizottság ülése 1989.szeptember 20.(jegyzőkönyv)", in *A Rendszerváltás Forgatókönyve*, Vol.6, pp.242–243.

四、谈判的最终结果

1989 年 9 月 18 日，是三方代表团约定签署最终谈判协议的日子。第二工作委员会将其业已完成的《政党法》草案提交到当天召开的中级会谈委员会会议上，并获得通过。当天晚些时候，召开了圆桌谈判的最后一场全体大会即闭幕大会。此时，尚有如下 4 个议题未能达成共识——①是否应当禁止在工作单位中设立政党组织；②社工党是否应当对外披露其资产统计信息；③是否应当解散工人卫队；④总统选举的时间与方式。其中前两个议题属于《政党法》的范畴。

在闭幕大会上，反对派圆桌会议的成员组织之一即自由民主主义者联盟（以下简称"自民盟"）的代表特尔杰希·彼得（Tölgyessy Péter）就上述议题对于自由选举和民主转型的重要性进行了强调，并对社工党坚持强硬立场的做法提出了指责。特尔杰希继而宣布，自民盟将拒绝签署此次的谈判协议，并提议将这些悬而未决的重要议题交由一场全民公投来作出最终决定。①

在最后举行的协议签署仪式上，社工党、反对派圆桌会议的 6 个组织和第三方的 6 个组织共同签署了谈判协议，其他 3 个反对派组织即自民盟、青年民主主义者联盟（以下简称"青民盟"）和独立工会民主联盟则没有签署协议。在这份协议中，较为明确地体现了第二工作委员会已经取得的谈判成果："以政治多元化为基础的多党制，不得给民众带来比一党制更大的财政负担。政府应加快其旨在为新建的和希望恢复自身运作的社会组织和政党创造公平运作条件的工作。（各政党敦请部长会议办公室主任采取必要措施。）作为财务自控的标志，社工党应从其总资产组合中拨付价值 20 亿福林的资产给相关自治机构以用于公共目的，包括用于为其他政党的运作创造物质

① "A Nemzeti Kerekasztal-tárgyalások plenáris ülése 1989. szeptember 18. (jegyzőkönyv)", in *A Rendszerváltás Forgatókönyve*, Vol.4, pp.500-501.

条件;除此之外,社工党已从其现有的政府预算补贴中拿出 5000 万福林返还给了中央政府预算。"①

谈判协议签署之后不久,自民盟便开始组织起发动全民公投的联署签名活动。公投设有如下 4 个议题:①是否应当禁止在工作单位中设立政党组织;②社工党是否应当全面披露其资产统计信息;③是否应当解散工人卫队;④是否应当在议会选举之后再举行总统选举。自民盟特意将其命名为"4 个赞成公投",因为他们期望民众在这 4 个议题上全都投出赞成票。

此后的政治局势发生了极为迅猛的变化。1989 年 10 月 6 日至 9 日,社工党召开第十四次(非常)代表大会。大会正式决定将社工党改组为一个新的政党——"匈牙利社会主义党"(以下简称 "社会党")。随着党内改革派的进一步占据优势以及社会舆论压力的进一步加大,社会党随后陆续决定,将会在全民公投的前三个议题上转而接受反对派的主张,只是在总统选举议题上还依然坚持原先的立场。

10 月中旬,匈牙利议会表决通过了关于政党的运作规则和财政规范的 1989 年第 33 号法律(即《政党法》)。其中规定,在工作单位中禁止设立任何政党组织,工作单位中的既有政党组织应在下一次议会选举的 90 天之前全部予以解散,并且所有政党都应当对外披露其资产统计信息。②

11 月 26 日,全民公投顺利举行。在《政党法》的两个议题上,匈牙利民众用超过 95%的赞成票表达了对反对派立场的一边倒支持。虽然此时真正需要通过投票来决定的,其实只剩下关于总统选举的那个议题了。

---

① "Megállapodás a politikai egyeztető tárgyalások 1989. június 13-a és szeptember 18-a közötti szakaszának lezárásáról 1989. szeptember 18.(jegyzőkönyv)", in *A Rendszerváltás Forgatókönyve*, Vol.4, p.517.

② "A kerekasztal-tárgyalások kronológiája 1989. január–1990. április", in *A Rendszerváltás Forgatókönyve*, Vol.5, p.684.

五、结论

回顾三方代表在此次谈判中的主要立场分歧,我们看到,社工党出于要尽量保住其组织力量和财政优势的目的, 主张允许在工作单位中设立政党组织,以及政党无须对外披露其资产统计信息;而反对派和第三方则基于公平竞争的原则, 主张禁止在工作单位中设立政党组织,以及所有政党都应当对外披露其资产统计信息。最终,议会通过的《政党法》采纳了反对派和第三方的相关主张,继而在全民公投中得到了民意上的确认。通过考察此次圆桌谈判的政治过程,我们可初步得出如下三个结论。

首先,《政党法》的制定标准相对明确,所以在很大程度上限定了谈判的博弈空间。比较世界上主要民主政体的《政党法》,我们会发现其所遵循的核心原则以及由此生发的主要规则并没有实质上的差别。因为其目标都是要提供一套基本的规则框架,以使得各个政党能够规范而公平地开展竞争。

以财政管理规范为例,各国的《政党法》一般都会遵循政党财政公开的原则作出相关规定。例如,联邦德国的《政治党派法》第二十三条(公开账目报告的义务)第一款就规定:"政党的执行委员会应制作一份账目报告,如实公开政党一年内(财务年)经费的来源和拨发及其资产。"第二款则规定:"责任报告……必须依第十九 a 条第三款第一句的前半句规定的期限递交给联邦议会议长并由议长按联邦印刷文件分发。……联邦议会议长就政党递交的责任报告直接公开。"[1]由此便不难理解,为何匈牙利最终通过的《政党法》要规定所有政党都应当对外披露其资产统计信息, 以及在全民公投中为何民众会一边倒地要求社工党全面披露其资产统计信息了。

当然,在政治转型的过程中,并非在制度设计的任何方面都不存

---

[1] 《德国政党法规和党内法规选译》,朱海迷等译,社会科学文献出版社,2017 年,第186页。

在悬念。例如同样是工作委员会层级的谈判,政治谈判第三工作委员会所负责的《选举法》谈判的博弈空间就要大得多。因为同样是多党制下的自由选举,不同选举方式的选择以及具体判定规则的设定往往并不存在一定之规,这就使得原执政党可以通过将选举制度设计得更为有利于自身的方式,来尽量地保住其政治权力。①事实上,社工党在选举法谈判中也的确如愿争取到了更为有利于自身的选举规则,但是其在《政党法》谈判中坚持强硬立场的做法,却给自身带来了不小的负面冲击。

其次,《政党法》谈判的某些议题又鲜明地体现出苏东国家政治转型所具有的独特性和艰巨性。典型案例当属是否应当禁止在工作单位中设立政党组织这个议题了。与苏东国家的其他列宁式政党一样,社工党在工作单位中也普遍设有其党组织,因而自然不愿轻易放弃这个巨大的组织优势。但是,这种状况显然无法得到反对派政党的接受,也是与政治转型的基本目标背道而驰的。该议题由此成为圆桌谈判最终未能解决的四大争议之一,无疑为匈牙利的转型进程增添了更多变数。

再就财政资助方式来说,各国《政党法》一般都会规定由国家来为政党提供一定的财政资助。例如,联邦德国的《政治党派法》第十八条(国家资助的原则和数量)第一款就规定:"国家应为政党提供经费作为完成基本法赋予他们职责的部分资助。国家资助的分配应以政党在欧洲、联邦议会和州选举中成功赢得选民为基础……"②而日本则是在《政党助成法》中,对政党申请国家补助金的规则和方法进行了详细规定。③

可是在政党法谈判中,我们却看到反对派阵营一直坚持主张,应

---

① 相关分析可参见邰浴日:《匈牙利选举制度的圆桌谈判渊源》,《比较政治学研究》(2020年第 2 辑),商务印书馆,2020 年,第 60~85 页。
② 《德国政党法规和党内法规选译》,朱海迷等译,社会科学文献出版社,2017 年,第182 页。
③ 《日本政党法规和党内法规选译》,许亚营等译,社会科学文献出版社,2017 年,第1~42 页。

当由社工党来为政治转型时期内的其他新建政党和社会组织提供财政支持。其缘由就需要追溯到匈牙利社会主义时期的相关历史和制度背景。因为当年(1948年)是社工党的前身即匈牙利共产党强行实施了对社会民主党的组织合并，随即又取缔了其他所有的反对派政党,继而确立起苏联模式的一党体制。所以在反对派阵营看来,社工党如今所谓的"党产",事实上多是来源于国家资产和国家预算,那么在政府已然债台高筑的现状下，自然就应当由社工党来承担相应责任了。而社工党最终之所以在三方签署的谈判协议中承诺将进行"财务自控",同意"从其总资产组合中拨付价值20亿福林的资产给相关自治机构以用于公共目的，包括用于为其他政党的运作创造物质条件"，并从其现有的政府预算补贴中拿出5000万福林返还给中央政府预算,也是因为受到了来自党内改革派、反对派阵营和社会舆论的多重压力所致。

最后,《政党法》谈判对匈牙利的政治转型进程及之后的民主巩固进程均具有重要影响。以朝野双方针对那两个争议议题的艰难博弈为例。在谈判后期,社工党选择坚持强硬立场,自然是出于要尽量保住其组织力量和财政优势的目的,但这又明显违背了《政党法》所要求的公平竞争原则。所以当自民盟提议付诸全民公投的时候,社工党随即感到了巨大的政治压力，因为民众对这两个议题的立场是不言自明的。正因如此,社工党的后继党在协议签署后不到一个月的时间内就迅速转变了立场，然而此举也未能扭转其给民众留下的不佳印象。

此后的局势发展又很快表明,反对派将圆桌谈判的前三个争议议题与总统选举议题绑在一起,对社工党来说是一件多么吃亏的事情。因为匈牙利民众对前三个议题的立场是高度一致的,但是对总统选举议题的立场却并非铁板一块。事实上,这恰恰是自民盟将这场公投刻意命名为"4个赞成公投"的原因所在。因为他们期望利用民众对前三个议题的明确立场,来带动人们在第四个议题上也投出赞成反对派立场的一票。虽然反对派最终仅以6101票的微弱优势在总统选举议题上获得险胜,但这也足以使得社工党原本寄予最大期望的最后一个制度性倚靠最终化为了泡影。在这个意义上,社工党试图尽量保住其既有优势而坚持强硬立场的做法,客观上反而导致了自身在道义上和制度上的加速失势。其后继党在随后举行的议会自由选举中遭受重创,也就不难预料了。

在完成政治转型之后,匈牙利能够相对较快地实现民主巩固,继而在 2004 年成为首批四个成功加入欧盟的东欧国家之一,也是与其在 1989 年的《政党法》中就确立起遵循国际惯例的一系列规则不无关系的。如果我们将目光投向更多的前苏东集团国家,便会发现同样都经历了政治转型,有的国家此后发展得较为平稳顺利,有的国家却依然停滞不前,甚至会再次陷入某种政治危机之中。而各国发展质量的高低,在很大程度上又是与其在转型过程中是否能实现相对合理的制度设计,以及相关政治主体是否能作出较为理性的政治选择密切相关的。

因此,更多地了解不同国家的转型进程和制度变迁,以及相关制度设计所具有的运行逻辑和所产生的现实影响,有助于后发转型国家汲取相关经验教训,继而践行那些业已经受住历史检验的政治原则和制度安排,并规避那些已经被历史数度证伪的行为模式与制度陷阱。

疏离与回归：美国民主党能否"赢回"白人工人阶级？*

陶夏楠 **

内容摘要 20世纪60年代以来，曾被喻为"工人阶级政党"的美国民主党逐渐地疏离了一度为其社会根基的白人工人阶级，并演变成了一个代表那些受过良好教育的中产阶级和少数族裔的政党。美国社会阶级结构的深刻变化以及新社会运动中诞生"身份政治"是推动民主党社会基础重组的动因。被民主党抛弃的美国白人工人阶级选民成为支持2016年特朗普所代表的右翼民粹主义势力崛起的关键性力量。为了"赢回"白人工人阶级选民，拜登和民主党在2021年重新执政后效法"罗斯福新政"，推行一套以"工人就业"和"再分配"为核心的经济议程。但囿于共和党的掣肘与竞争、白人工人的种族主义以及民主党在文化议题上的困境，拜登和民主党试图通过经济上的左倾来"挽回"白人工人阶级选民的策略将难以奏效。

关键词 美国民主党；白人工人阶级；右翼民粹主义；拜登经济新政

---

* 本文系2019年度国家社会科学基金一般项目"比较政治学的学科范畴研究"（项目编号：19BZZ008）的研究成果。
** 陶夏楠，政治学博士，广西师范大学政治与公共管理学院讲师，主要研究方向为政党政治、民粹主义。

20 世纪 30 年代,富兰克林·罗斯福(Franklin Roosevelt)在美国经济大萧条期间推行的"新政",为美国民主党构筑了以"白人工人阶级"①为基石的"新政联盟"(New Deal Coalition)。白人工人阶级的支持使民主党获得了近 40 年的竞选优势。然而,自 20 世纪 60 年代以来,民主党逐渐疏离了一度为其社会根基的白人工人阶级。曾被喻为"工人阶级政党"的民主党,如今已演变成一个以受良好教育的人群和少数族裔为主要支持者的政党。正如法国经济学家托马斯·皮凯蒂(Thomas Piketty)所描述的,美国民主党已经成为"婆罗门左派"(Brahmin Left)的代表。②为什么民主党会疏离白人工人阶级?失去政治代言人的美国白人工人阶级的政治倾向和认同又会发生怎样的转变?"拜登经济新政"能否帮助民主党重新"赢回"白人工人阶级?本文尝试对上述问题进行分析。

一、美国民主党疏离白人工人阶级的动因

政党是特定阶级利益的集中代表,③政党性质的变化反映的是阶级结构的转变。也就是说,美国社会阶级结构变化促使民主党改变了工人阶级政党的性质,疏远了其最核心的社会基础。此外,在新社会运动中诞生的"身份政治"也推动了民主党的关注点从白人工人阶级转向少数族裔和边缘群体。

(一)美国社会阶级结构的转变与民主党的"中间道路"

二战以后,社会经济和科学技术技革的迅猛发展推动美国由工

---

① 本文所说"白人工人阶级"不是指传统意义上从事"工业"而非"农业"或其他行业的白人,而是泛指没有受过四年高等教育的白人,包括从事农业的工人。在本文中,白人蓝领、白人工人及未受过大学教育的白人可以相互替换。
② "婆罗门"是印度历史上的种姓制度中最高的等级,皮凯蒂用"婆罗门左派"来描述当前西方的教育和知识阶层。美国民主党成了教育程度高的选民的投票对象,即所谓"婆罗门左派"。参见 Thomas Piketty, *Capital and Ideology*, Cambridge: Belknap Press, 2020, p.869.
③ 李慎明:《中国共产党的百年奋斗与坚持党的领导》,《政治学评论》2022 年第 1 期,第 9 页。

业社会向后工业社会转变。在后工业社会,"科学的日益科层化和脑力劳动的分门别类日益专门化"[①]对从业者知识化程度提出了更高的要求,以个人知识、技能来生存和为别人服务的"中产阶级"(包括政府管理人员、大公司管理人员、专业技术人员、医生、律师、知识分子、市场销售人员、文秘人员等)无论在数量还是重要性都不断上升。与之形成鲜明对比,以体力劳动为主的蓝领工人的规模和影响力则不断下降。1960 年,美国中产阶级在全部从业者中所占的比例达到43.4%,超过工人阶级的 36.5%。[②]美国社会阶级结构由金字塔型转变为钻石型阶,形成一种以中产阶级为主体的社会。

随着美国社会阶级结构的变化,选民结构也随之发生相应的变化。中产阶级取代工人阶级,成为美国社会的选民主体和左右大选结局的决定性政治力量。诚如吉姆·凯斯勒(Jim Kessler)所说,"如果你赢得了中产阶级,你就赢得了竞选;如果你失去了中产阶级,你就与竞选无缘"[③]。选民结构的重大变化使得自"罗斯福新政"以来以工人阶级为选民基础的民主党丧失了选民优势,多数党地位受到了动摇,在大选中接连遭遇失利。在 1968 年到 1992 年间的六次美国大选中,民主党失败了五次。面对变化了的社会阶级结构,民主党逐渐认识到应更多地向正在成长的中产阶层而非所占人口比例在下降的产业工人寻求支持。[④]

由于受过良好教育的中产阶级在价值取向和利益诉求上与作为"新政联盟"核心的工人阶级不同。前者崇尚个人奋斗、自由竞争的个人主义而非团结互助的集体主义,反对大政府和福利国家。民主党必须调整竞选策略,改变"工人阶级政党的形象",才能吸引中产阶级选

① Daniel Bell, *The Coming of Post - Industrial Society: A Venture in Social Forecasting*, NewYork: Basic Books, 1999, p.13.
② 陈招顺:《美国就业结构的变化及其原因》,《外国经济参考资料》1983 年第 1 期,第 53~57 页。
③ Joshua Green, "The Angry Middle Class", https://www.the atlantic.com/politics/archive.accessed Septemper16, 2023.
④ [美]西莫·马丁·李普塞特:《欧洲左翼的美国化》,载于[美]拉里·戴蒙德、[美]理查德·冈瑟主编《政党与民主》,徐琳译,上海人民出版社,2017 年,第 57 页。

民的支持。1968 年大选失利后，民主党麦戈文委员会（McGovern Commission）实施了旨在削弱工会在民主党内影响力的选举程序改革，标志着民主党开启了告别工人阶级并转向中产阶级的进程。

20 世纪 80 年代，罗纳德·里根（Ronald Reagan）的"新自由主义"在争夺中产阶级选民中占据了优势。在此背景下，民主党加快了转型步伐。1985 年，比尔·克林顿（Bill Clinton）等民主党中间派成立了民主党领导委员会（Democratic Leadership Council），试图重新定位民主党的政策、理念和竞选战略。具体地说，该委员会旨在推动民主党摆脱传统自由派的激进形象和左倾的竞选纲领，把重点从关注劳工阶层转向保护中产阶级的利益。

克林顿在 1992 年赢得大选后，积极推行迎合中产阶级政策偏好的"中间道路"。所谓中间道路就是介于共和党保守主义的自由放任资本主义和民主党自由主义的福利国家之间的"第三条道路"。以中间道路思想为指导，克林顿政府摒弃了民主党自由派的"大政府""高税收""高开支"及"高福利"等政策主张，实施了消减赤字、减税以及工作福利取代救济福利等有利于中产阶级的社会经济政策。克林顿推动民主党的施政纲领转向中间立场，在获得中产阶级支持的同时疏离了工人阶级。巴拉克·奥巴马（Barack Obama）延续了克林顿的路线，最终完成了以工人阶级为选民基础的民主党向以中产阶级为选民基础的新民主党的转变。[①]

（二）新社会运动的兴起与民主党拥抱"身份政治"

伴随着美国二战后经济的繁荣和物质生活的丰裕，美国工人阶级弱化了对资本主义的批判和反抗，传统工人运动日渐式微。在此背景下，原先被阶级政治遮蔽的议题（如种族、性别、性偏好等）开始登上政治舞台。在 20 世纪 60 年代，美国爆发了黑人民权运动、女权主

---

① 孔元：《被遗忘的阶级议题与寡头政治的未来》，《文化纵横》2021 年第 2 期，第 34~44 页。

义运动、代表残疾人的运动等新社会运动。与以阶级为基础和再分配为核心的传统工人运动不同,新社会运动围绕着被主流社会和主流文化边缘化的群体展开。这类运动旨在赋予边缘群体在法律和制度与社会主流群体平等的地位,并寻求社会承认和尊重边缘群体区别于主流群体的那些内在差异和特殊性。[1]

新社会运动的发展使得"身份"作为一种新政治原则和政治动员力量,进入美国政治生活的中心。身份问题的政治化,演化出一种迥异于传统阶级政治的身份政治。"身份政治一开始就是由新社会运动所界定,其产生也是新社会运动的缘故。"[2]它代表了少数群体和边缘群体自我意识的觉醒,也是他们反抗主流社会群体和主流文化歧视和压迫的工具。借助个体即政治(The personal is political)的口号,身份政治整合美国20世纪60年代不同形式的新社会运动,重塑了美国政治论争的话语体系,并成为美国少数族裔、女性等群体抗争的新形式。[3]

作为左翼政党的民主党以追求平等为本质特征。然而,以身份政治为主题的新社会运动深化了民主党对剥削和压迫的认识,进而使其看待不平等的视角发生了转变。在新社会运动爆发之前,民主党是通过经济的视角来看待不平等问题的,即不平等主要是由经济领域的剥削和压迫引起的。在这一视角中,工人阶级由于受到资产阶级的盘剥,是民主党需要给予帮助的弱势群体。因此,民主党更关心工人阶级的物质利益等经济议题,其议程也更加侧重于旨在建立更广泛经济平等的社会福利和再分配政策。

但随着新社会运动的兴起,身份政治的凸显,民主党逐渐将不平等与基于社会身份的歧视和压迫联系在一起。也就是说,不平等理论

---

① 弗朗西斯·福山:《信念式国民身份:应对身份政治带来的民主危机》,《国外社会科学前沿》2019年第11期,第22~34页。

② J. Weeks, *The Value of Difference*, in Identity: Community, Culture, Different, edited by In Jonathan Rutherford, Lodon: Lawrence & Wishart press, 1990, p.88.

③ 孙元:《身份政治、文明冲突与美国的分裂》,《中国图书评论》,2017年第12期,第59~68页。

开始指向边缘化群体,如少数族裔、女性等群体。①随着思考不平等方式的转变,民主党的主要任务也从阶级关怀转向边缘群体关怀,从专注经济平等的"阶级政治"转变为重视边缘群体利益的"身份政治"。

20 世纪 60 年代中期,尽管遭到南方白人工人的激烈反对,民主党仍支持通过了两部里程碑性的法律,即 1964 年《民权法》和 1965 年《选举权法》。前者禁止任何形式的种族隔离和种族歧视,后者赋予美国黑人选举权。这标志着民主党开始成为少数族裔和边缘群体的代表,成为旗帜鲜明反对种族主义、推动种族平权的政党。80 年代以来,民主党进一步拥抱身份政治。其宣扬的多元文化主义和多样性成为美国社会的指引性原则。在民主党的推波助澜下,左翼身份政治在美国发展演变为一种极端的"政治正确"。曾经被视为"工人阶级政党"的民主党现如今"已变成一个玩弄身份政治的政党:一个由女性、非洲裔美国人、西裔美国人、环保主义者等群体组成的联盟,不再关注经济问题"②。

总而言之,在过去的半个多世纪里,随着民主党政治纲领和竞选路线的"中产阶级化"和"身份政治化",民主党的社会基础和意识形态经历了重大的重组。曾经严重依赖有组织的劳工并且倾向于通过社会阶级的视角看待问题的民主党,逐渐演变为一个代表受教育程度高的人群及少数族裔的党。在这一过程中白人工人阶级遭到了抛弃。

二、白人工人阶级的"反叛":右翼民粹主义的 异军突起

因民主党的疏离而失去政治庇护的美国白人工人阶级在新自由

---

① 弗朗西斯·福山:《新身份政治》,《国外理论动态》2019 年第 7 期,第 51~57 页。
② Francis Fukuyama, "US Against the World? Trumps America and the New Global Order", http://www.ft.com/content/6a43cf54 -a75d -11e6 -8b69 -02899e8bd9d1.accessedOctober2, 2023.

主义全球化的冲击下,陷入经济和文化上的危机。政治、经济和文化上的地位丧失是愤怒、怨恨和不满情绪的催化剂,最终孕育了一场激进的政治反叛。

(一)白人工人阶级遭受经济和文化上的双重打击

20 世纪 70 年代以来,新自由主义全球化推动美国制造业企业开始在全球范围内配置资源。制造业的外包和离岸经营,加之生产的自动化,导致美国产业空洞化以及制造业工作岗位的急剧减少。在 1979 年至 2016 年间,美国的制造业就业机会减少了近 800 万个,而劳动人口却增长了 16%。随着制造业衰退、蓝领岗位的萎缩,美国工人的就业形势更加困难,失业率迅速上升。美国工作年龄(25—54 岁)男性工人的失业率从 1968 年的 5%上升到 2013 年的 18%。①就业率下降的同时工资也在下降,白人工人收入的实际购买力在 1979 年至 2017 年间下降了 13%。

失业率上升与工资收入下降的双重压力致使白人工人阶级的经济状况每况愈下。随之,一系列社会衰退在白人工人阶级中蔓延。在 1999 年至 2013 年间,美国中年白人工人(45—54 岁)的死亡率持续增长,每年死亡率上升 0.5%。②白人工人阶级成为美国所有族裔中以及所有发达国家中,唯一一个死亡率不降反升的群体。这些白人工人主要死于自杀、阿片类药物滥用和酗酒,但根源是因黯淡的经济前景"死于绝望"。白人工人阶级的家庭生活也在不断恶化,他们的婚姻率从 1980 年的 82%下降到 2018 年的 62%,非婚生育率则由 1990 的 20%上升到 2017 年的 40%以上。③

---

① 弗雷德·马格多夫、约翰·贝拉米·福斯特:《美国工人阶级的困境》,《当代世界和社会主义》2015 年第 3 期,第 112~118 页。
② Anne Case and Angus Deaton,"Rising morbidity and mortality in midlife among white non Hispanic Americ-ans in the 21st century",*Proceedings of the Natioal Academy of Science*, Vol.112,No.49,2015,pp.78-83.
③ [美]安妮·凯斯、安格斯·迪顿:《美国怎么了:绝望的死亡与资本主义的未来》,杨静娴译,中信出版集团,2020 年,第 166 页。

　　此外，美国白人工人阶级在近几十年中经济上日益不安全的状况，决定了该群体的优先价值观。这是因为人们总会赋予相对匮乏的事物最高的价值优先级。①具体地说，虽然二战后美国社会的主流文化价值观开始由强调生存和秩序的物质主义价值观（传统主义或保守主义价值观）向强调个人自由和自我表达的后物质主义价值观（进步主义或自由主义价值观）演进。但囿于不安全的经济环境，美国白人工人阶级仍持保守主义值观。他们强调传统的家庭观念，反对堕胎和同性婚姻，主张移民应融入美国的主流文化，对文化多样性宽容性低等。

　　美国社会主流价值观的深刻变革（如种族与性别平权、支持多元文化等），使得白人工人阶级所熟悉的传统规范和生活方式被边缘化。他们的保守主义文化价值观被后物质主义的文化精英贬斥为"愚昧落后"和"政治不正确"。白人工人阶级感到他们在自己的国家已经沦为主流价值的陌生人，已经被他们无法共享的进步主义文化变迁的潮流抛在了后面。②

　　加之，伴随着新自由主义全球化的进程，来自不同文化和宗教背景的大规模新移民涌入引发美国人口结构的深刻变化。美国本土白人在人口中的占比大幅度下降。1980 年非西班牙裔白人占美国总人口的 79.6%，到 2016 年占比降至 60%。据预测到 21 世纪中叶，少数族裔将占美国人口的多数，非西班牙裔白人将成为美国的"少数族裔"。美国种族结构变迁的现实及走势，同样激起了白人工人阶级对美国文化和身份的焦虑。有 62% 的美国白人工人认为，来自其他国家的新移民数量的不断增长威胁着美国文化。③

---

① ［美］罗伯特·英格尔哈特：《发达工业社会的文化转型》，张秀琴译，社会科学文献出版社，2013 年，第 68 页。
② Ronald Inglehart and Pippa Norris, "Trump, Brexit and the Rise of Populism: Economic Have-nots and CulturalBacklash," https://papers.ssrn.com/sol3 /papers.cfm?　abstractid = 2818659.accessed October8, 2023.
③ Daniel Cox（eds）, "Beyond Economics: Fears of Cultural Displacement Pushed the White working Class to Trump,"https://www.prri.org/research/ white-working-class-attitudes-Economy trade-immigration-election-donald-trump/. accessed October 8, 2023.

（二）白人工人阶级转向右翼民粹主义

民主党在抛弃白人工人阶级并放弃经济议题和阶级话语的同时，专注于满足了中产阶级、少数族裔的需求。共和党虽然自尼克松的"南方战略"起，就不断试图通过文化和种族议题拉拢白人工人阶级选民。但作为大企业党和华尔街党，共和党始终代表财阀阶层的利益。白人工人阶级在美国政党体系中失去了真正的代言人，成为"被遗忘的美国人"和"沉默的多数"。白人工阶级代表性的缺失及其面临的经济和文化困境为"反体制"政治势力的兴起提供了空间。正如托马斯·皮凯蒂（Thomas Piketty）指出的那样，如果左翼政党与城市中产阶级和新自由主义精英联系在一起，不再关注工人阶级及其社区，其他形式的集体认同最终将填补这一空白。[1] 然而，历史的戏剧性在于，填补美国白人工人阶级代表性"真空"的恰恰是与该群体传统左翼意识形态相对立的极右翼意识形态，即右翼民粹主义。

为了寻求美国白人工人阶级选民的支持，右翼民粹主义者唐纳德·特朗普（Donald Trump）在 2016 年总统竞选中调整了竞选策略。他以"反建制"的局外人身份，打破了共和党建制派精英的传统理念（如有限政府、减税、自由贸易等）。特朗普将经济议题和文化议题糅合在一起，提出了反全球化、反自由贸易、"再工业化"以及反移民、蔑视"政治正确"、保护美国基督教传统等右翼民粹主张，迎合了身处经济、文化困境与绝望中的白人工人阶级选民的诉求。例如，其"让美国再次伟大"竞选口号代表了美国白人工人阶级对一个理想化的工业时代的怀旧心理。这个时代有大量的就业机会，经济安全且文化安全。通过为美国白人工人阶级选民提供一种"代表感"和"简单化"的解决方案，特朗普获得了该群体选民的青睐。

在 2016 年大选中，特朗普在白人工人阶级选民中获得的支持比

---

[1]　Paolo Gerbaudo, "Right-Wing Populism May Be Wounded, But It's Certainly Not Dead", https://www.jacobinmag.com/2020/12/right-wing-populism-may-be-wounded-but-its-certa-inly-not-dead. accessed October 10, 2023.

例高达 66%,而民主党总统候选人希拉里·克林顿(Hillary Clinton)在这一群体中的支持率仅为 28%。①尤其是被视为民主党传统票仓的"铁锈地带"②的白人工人阶级选民集体转向,为特朗普的胜选提供了至关重要的选票。正是那些认为自己被遗忘、被排斥的白人工人阶级选民在很大程度造就了右翼民粹主义的成功。③换言之,右翼民粹主义的崛起是由那些被民主党抛弃的前左翼选民推动的。这一方面意味着美国白人工人阶级在政治倾向上发生了"反叛",即从传统上在政治上忠诚于左翼民主党转向支持右翼民粹主义④;另一方面也意味着激进右翼取代传统左翼,成为倡导和保护美国白人工人阶级利益的最强劲的政治力量。

三、"拜登经济新政":民主党试图"赢回"
白人工人阶级

2016 年大选失败促使民主党进行了深刻反思,民主党人意识到要战胜特朗普就必须"与这个国家的(白人)工人阶级站在一起"⑤。此后,如何重新赢回白人工人阶级选民成为民主党所面对的重大议题。2020 年大选,因民主党总统候选人乔·拜登(Joe Biden)的"重建美好未来"(Build Back Better)的竞选理念、"铁锈地带"工人出身的家庭背景以及新冠肺炎疫情冲击等因素的叠加影响,支持民主党的白人工人阶级选民比例从 2016 年的 28%提升到 2020 年的 32%。正是依靠

---

① Exit Polls, "Election 2016:National President", http://edition.cnn.com/election/results/exit-polls/national/president.accessed October 11,2023.
② "铁锈地带"是指美国五大湖附近传统工业衰退的地区,包括纽约州西部、宾夕法尼亚州、西弗吉尼亚州、俄亥俄州、印第安纳州、密歇根州、伊利诺伊州北部、艾奥瓦州东部、威斯康星州东南部等地区。
③ 安东·佩林卡:《右翼民粹主义:概念与类型》,《国外理论动态》2016 年第 10 期,第 12~26 页。
④ 尼尔·戴维森、理查德·萨鲁:《新自由主义与极右翼联姻:一个充满矛盾的组合》,《国外理论动态》2018 年第 1 期,第 41~53 页。
⑤ Zack Beauchamp, "No easy answers:why left-wing economics is not the answer to right-wing Populism", https://www.vox.com/world/2017/3/13/14698812/bernie-trump-corbyn-left-win populism.accessed October 12,2023.

在白人工人阶级选民中取得的进步，拜登和民主党在三个关键性的"铁锈地带州"（密歇根、威斯康星和宾夕法尼亚）重新筑起"蓝墙"，进而为赢得 2020 年大选奠定了基础。

诚然，在 2020 年大选中拜登击败了特朗普，但后者的基本盘依然稳固。特朗普在白人工人阶级选民中的支持率仍是拜登的两倍（65%对 32%）。有鉴于此，对拜登和民主党而言，只有进一步巩固和扩大在白人工人阶级选民中的支持基础，重建与白人工人阶级的联盟，才能形成有利于自己的选民力量对比格局，进而阻止特朗普或像特朗普这样的右翼民粹主义者卷土重来。为此，拜登和民主党重新执政后以应对新冠肺炎疫情引发经济衰退为契机，制定了一项"罗斯福新政"式的经济议程。

（一）拜登的进步主义经济议程与传统民主党的现代回归

拜登政府的经济议程由三部分构成：其一是《美国救助计划》（*American Rescue Plan*）。1.9 万亿美元的"美国救助计划"旨在为受新冠肺炎疫情影响的美国家庭和企业提供财政支持。该计划的主要内容包括：为年收入 7.5 万美元以下的个人或者年收入 15 万美元以下的工薪家庭提供一笔一次性 1400 美元的支票；扩大失业救济范围并延长适用时间；向州政府、地方政府以及学校拨款等。

其二是《美国就业计划》（*American Jobs Plan*）。这项计划又被称为"基础设施建设计划"，主要涉及在未来 8 年内向基础设施、制造业、创新研发、清洁能源以及医疗卫生等领域投入 2.3 万亿美元，以恢复因疫情遭受重创的经济并推动经济的可持续发展。"就业计划"将为受教育程度低的美国蓝领工人创造新的岗位，是"重建美国的蓝领蓝图"。拜登宣称，"美国就业计划中 90%的基础设施工作岗位不需要大学学位，75%不需要专科文凭"[1]。

---

[1]　Melissa Macaya(eds)，"Biden delivers first joint address to Congress"，https://edition.cnn.com/politics/live-news/biden-address-fact-check-updates-04-28-21/h_b165d018bae29. accessed October 15, 2023.

其三是《美国家庭计划》(*American Family Plan*)。这项总额为 1.8 万亿美元的家庭计划被称为"对未来世代的投资"。其内容主要包括：带薪家庭假、育儿补贴；普及学前教育、提供两年免费社区大学教育以及加强师资队伍；通过税收抵免减轻美国工人家庭的负担。"家庭计划"所需资金主要来自对富人加税。拜登政府计划将收入超过 60 万的个人所得税税率，从 37% 提高至 39.6%；收入在 100 万美元及以上家庭的资本利得税率从 20% 提高到 39.6%。

从施政纲领看，拜登的经济计划是对"罗斯福新政"的核心救济（Relief）、复兴（Recovery）和改革（Reform）的直接效仿。它以恢复经济、保护工人利益和促进公平为中心，具有显著的进步主义色彩。拜登和民主党试图从就业、经济保障和再分配等方面帮助在新自由主义全球化和技术变革中被边缘化的美国工人阶级，使他们能够公平地分享经济发展的收益，并重新融入美国主流经济。在施政理念上，"拜登经济新政"体现了加强政府尤其是联邦政府对经济调控和监管的力度来推动经济复苏与充分就业，恢复生产力增长与工资增长之间的联系，并着力解决新自由主义经济政策造成的美国社会根深蒂固的结构性不平等。

由此可见，在政府与自由市场的关系上，拜登遵循的是"罗斯福新政"所建立的，并为林登·约翰逊（Lyndon Johnson）的"伟大社会"进一步强化的"大政府"传统。拜登回归"新政自由主义"路线，一方面打破了自 20 世纪 80 年代以来在美国意识形态中占主导地位的新自由主义共识：自由市场导向的政策、贸易去监管化和政府对经济的低参与度，终结了"小政府"时代。另一方面也标志着民主党在疏离白人工人阶级半个多世纪之后，为了重新赢得该选民群体的支持，启动了重新平衡：经济重回政治议题的核心，重视收入和财富不平等问题，纠正过度精英主义的政党路线，实现传统民主党人的现代回归。①

---

① Jake Sullivan,"The New Old Democrats",*Democracy*,June 20,2018.

（二）民主党"挽回"白人工人阶级面临的挑战

拜登和民主党的"经济议程"在没有受过大学教育的白人中获得了较好的民意反应。一项调查发现，在白人工人阶级选民中认同"美国就业计划"和"美国家庭计划"的比例分别达到57%和53%。[①]纵然如此，民主党要创造曾经维系了罗斯福新政联盟的那种持续的白人工人阶级支持仍面临诸多挑战。

第一，共和党的掣肘与竞争。在相互否决的极化党派环境下，两党相互攻讦、倾轧，很难就拜登的经济计划达成共识。此外，民主党在参众两院的微弱多数地位并不足以确保其议案在国会顺利通过，进一步增加了拜登推行新政面临的阻力。2021年3月，参议院对"美国救助计划"投票时，遭到全体共和党议员的一致反对。民主党通过启用"预算和解程序"[②]（reconciliation process）才使该法案最终得以落地。"美国就业计划"同样遭到共和党人的强烈抵制，民主党不得不将该计划缩减为1万亿美元的"基础设施投资和就业法案"才获得参众两院的批准。鉴于"美国家庭计划"与对高收入群体加税挂钩，而共和党人不支持任何形式的增税，这项计划未来也难以顺利落地。"拜登经济新政"的大幅度缩水或受挫，将削弱民主党试图通过提高美国白人工人阶级选民的经济地位以获取该群体支持的实际效果。

需要进一步指出的是，特朗普的右翼民粹主义运动不仅改变了共和党的社会基础，也改变了共和党本身。共和党被重塑为一个"工人阶级政党"。面对传统选民基础的萎缩以及美国种族结构朝向有利于民主党的变化，共和党建制派政治精英意识到只有继承特朗普的遗产，维系与白人工人阶级的联盟，才能保证共和党作为主要政党生

[①]　Susan Milligan, "Putting the 'Blue' Back in Blue Collar", https://www.usnews.com/news/There-port/articles/2021-05-07/joe-biden-is-bringing-white-working-class-americans-back-to-democrats. accessed October 18, 2023.

[②]　预算和解程序是美国国会为加速美国参议院通过某些预算立法而设立的一项特别议会程序。启用该程序后，相关议案在参议院只需获得简单多数（51票或50票加副总统的支持）即可通过。

存下去。印第安纳州众议员吉姆·班克斯(Jim Banks)在 2021 年保守党政治行动大会(CPAC)就指出,如果共和党想成为一个成功的政党,在 2022 年赢得多数席位,在 2024 年赢回白宫,就必须继承特朗普带给该党的东西,吸引工人阶级选民的支持。[1]共和党的"特朗普化",准确地说,共和党的"工人阶级化"表明,白人工人阶级选民将成为民主党和共和党争夺的主要对象。

第二,白人工人的种族主义。种族偏见和歧视主要源于占主导地位的群体成员保持这种相对于其他群体的地位优势的愿望。当占主导地位的群体成员感觉到他们群体的地位,以及他们对本应获得的物质或地位优势的要求受到威胁时,他们的种族偏见、怨恨就会增加。[2]2008 年以来,一系列标志性的历史性事件,如金融危机引发的经济大衰退、奥巴马成为美国历史上首位黑人总统,以及移民、难民危机,导致美国本土白人(尤其是未受过大学教育的白人工人)感到他们在美国政治和经济中凌驾于非洲裔、西班牙裔和各类移民之上的种族特权地位正在消失。这种受威胁感加剧了美国白人工人阶级对少数族裔、移民及难民的种族仇恨。

在美国,种族之间的敌意限制了白人工人阶级对那些旨在减小经济不平等、促进正义的公共政策的支持。这是因为少数族裔占美国贫困人口绝大多数,在美国白人工人阶级选民看来,任何基于收入的再分配政策最终主要惠及"非白人"。简言之,"拜登经济新政"虽然有利于提高白人工人的收入份额和经济权力,弱化收入和财富不平等,但其中相当一部分政策红利被大量外来移民和少数族裔获取,从而大幅度削弱了白人工人阶级对民主党政策的认同度。[3]

[1]　Susan Davis,"Top Republicans Work To Rebrand GOP As Party Of Working Class",https://www.npr.org/2021/04/13/986549868/top-republicans-work-to-rebrand-gop-as-party-of-working-cl ass. accessed October 11,2023.
[2]　Herbert Blumer,"Race Prejudice as a Sense of Group Position",*Pacific Sociology Review*,Vol.1,No.1,1958,pp.3~7.
[3]　王浩:《特朗普现象与美国政治变迁的逻辑与趋势》,《复旦学报(社会科学版)》2017 年第 6 期,第 135~142 页。

第三，民主党在文化议题上的困境。经济不安全感并非美国白人工人阶级支持右翼民粹主义的唯一因素。事实上，白人工人阶级选民对特朗普的支持也是出于对他们所珍视、所熟悉的文化传统和生活方式被侵蚀、被边缘化的强烈反抗。美国白人工人阶级将特朗普视为他们受到威胁的传统文化及价值观的捍卫者，他们支持特朗普是为了"回归美国特性"，并恢复盎格鲁-撒克逊白人和新教文化的主体性。①

这意味着要重新夺回白人工人阶级选民，民主党需要一个能够吸引他们的保守主义文化战略。然而，在民主党比以往任何时期都更加依赖有色人种和受过良好教育的白人自由主义者的时代，拜登和民主党在文化议题（如妇女问题、堕胎和移民等）上采取任何右倾政策、行动，即淡化或放弃在这些问题上的自由主义立场，不仅会招致民主党内进步派的抵制，还会疏远构成该党当前选举联盟关键组成部分的投票集团。文化议题上的困境迫使拜登和民主党采取了强调物质利益并搁置"文化战争"的策略。但是，为美国白人工人阶级提供更高水平的经济保障并不能消除他们的文化焦虑。也就是说，民主党在经济问题上左倾，通过满足白人工人阶级选民的经济利益可能不足以让民主党重新赢得白人工人阶级的支持。②

四、结语

在过去的半个多世纪里，美国阶级结构的深刻变化以及在新社会运动中诞生的身份政治推动了民主党的选民基础和意识形态的重组。曾被视为"工人党"的民主党不再关注白人工人阶级选民的需求，转而代表受过高等教育的中产阶级专业人士和少数族裔的利益。被

---

① 门小军：《从威权民粹主义的回潮看欧美自由左翼政党的挑战》，《深圳大学学报（人文社会科学版）》2017年第6期，第88~96页。

② Alan I. Abramowitz, "Can Democrats Win Back the White Working Class?", https://centerforpolitics.org/crystalball/articles/can-democrats-win-back-the-white-working-class/.accessed October 18, 2023.

民主党抛弃的美国白人工人阶级成为右翼民粹主义者的支持力量。拜登执政后推行以工人就业和降低经济不平等为目标的"经济新政",标志着民主党的重新平衡和回归。民主党试图夺回白人工人阶级选民,并建立一个涵盖白人工人阶级、受过大学教育的中产阶级和少数族裔的选民联盟。

但囿于两党的极化对立、白人工人对少数族裔的种族怨恨以及文化战争,拜登和民主党通过迎合白人工人阶级的经济利益来"赢回"该选民群体的策略将难以奏效。可以预见,未来美国民主党将不得不更为依赖有色人种、女性、受过大学教育的白人和移民。与此同时,共和党则愈加依靠白人工人以及少数族裔工人(如拉丁裔工人),成为一个多种族的"工人阶级政党"。

理性选择与缅甸军人干政：
基于预期效用理论的分析 *

崔　磊　卢凌宇 **

内容摘要　缅甸军人干政是军方的政治选择。不理解军方的多种政治备选方案，就很难了解其行为逻辑。理性选择的预期效用理论能够有效地对军方政治选择做出分析，前景理论与多元启发理论则弥补了单理论解释的局限性。同时运用三个理论对缅甸军人干政事件进行系统性解释可以实现理论间通约融合、互证互补并发现解释限度不足问题。此外，这些理论模型既可以对缅甸政治发展进行总结和预测，也能够为同样困扰于军人干政的其他国家或地区提供建设性的观点和建议。

关键词　缅甸;军人干预;预期效用理论;前景理论;多元启发理论

一、引言

自缅甸摆脱英国殖民统治以来，其国内政治很大程度上受到军

*　本文系云南省教育厅科学研究基金项目"北大西洋公约组织与西欧福利国家建构"（2023Y0270)的阶段性研究成果。感谢云南大学缅甸研究院孔鹏老师对文章的建议和指导。

**　崔磊,管理学学士,云南大学"一带一路"研究院、云南大学国际关系研究院博士生,主要研究方向为国际安全。卢凌宇,政治学博士,云南大学"一带一路"研究院、云南大学印度研究院教授、博士生导师,主要研究方向为国际问题研究方法论、印度外交与国际关系等。

人集团的影响。1962 年 3 月 2 日,军方在仰光发动政变,随后进入奈温(Ne Win)军人政权时期。1988 年学生运动引发了缅甸整个社会的示威与抗议,要求彻底改变现有的政治体制,成立过渡政府,举行多党制大选,缅甸政治危机达到顶点。迫于压力,军方决定解散纲领党政府并接管政权。1990 年举行了缅甸的多党选举,全国民主联盟(下文简称为"民盟")胜选,但因为在"先制宪还是先交权"问题上存在分歧,军方拒绝移交权力,民盟的努力付诸东流。2003 年新军政府制定了"七步民主路线图",主动将权力让渡,开启了缅甸的民主政治转型。按照这一路线图制定了 2008 年宪法,举行了 2010 年大选,由具有军人背景的吴登盛上台执政。之后的 2015 年和 2020 年大选均由民盟取得胜利,但在 2021 年 2 月 1 日由缅军接管政权。

　　回顾缅甸的政治发展脉络,军方多次干政来影响国家的政治发展方向。那么,是什么因素决定了其政治选择? 其背后的政治考量是什么? 本文将运用预期效用理论对于历次军方干政事件背后的政治选择进行分析。同时,辅之以前景理论与多元启发理论,形成三个理论的交叉论证和检验,实现优势互补。

二、关于缅甸军方干政行动的既有解释及其不足

　　学者们从不同的角度对于缅军干政原因进行了讨论,主要可以归纳为内源性因素和外源性因素这两个视角。①

(一)内源性因素

　　内源性因素是缅甸国内层面的相关因素,主要包括政治文化、军方核心利益受到威胁以及领导人的掌权愿望。

1.政治文化

芬纳(Samuel Finer)从政治文化的角度对军人干政进行了解释,

---

① 限于篇幅且结合本文研究,选取了最直接相关且关注度较高的因素。

他认为政治文化可以分为"成熟政治文化""发达政治文化""低等政治文化"和"最小政治文化"四级。[1]亨廷顿认为,在发展中国家往往存在着社会高度政治化的现象,这将引发社会动乱,最终导致政治危机。一旦发生动乱,任何社会力量都会进入政治领域,包括军队。[2]缅军掌握本国政治权力旷日持久,不断压制民主力量的出现,形成了较低的政治文化等级。李晨阳和孔鹏两位学者指出"军人长期统治导致缅甸国内民主政治文化缺失,除军队之外的政治参与者从数量到能力都极为匮乏"[3]。所以,在低政治文化下,军方可直接通过替换取代的方式实现介入政治的意愿。

2.军方核心利益受到威胁

诺德林格(Erik Nordlinger)认为,"文官政府因某些行为或政策侵犯到了军队的利益——或是干涉军队的内部事务,或是建立起一个令军方感受到威胁的竞争组织",都可能导致军人干政。[4]宋清润等学者表示,"缅甸政局突变的深层原因是军方和民盟关于执政地位和民主转型领导权的争夺再次激化"[5]。

此外,国家利益也属于军方利益的核心范畴。如果文官政府执政不力,就会造成军队有辱保卫国家的使命,促使其向文官政府发难。[6]缅军在国家独立中发挥了主导性作用,将自身视为维护国家主权、安全、核心利益的关键力量。孔鹏认为,在缅甸,"1988年以来,'国家''政府''军队'的概念被混为一谈,没有任何区别。军队建设目标与国

---

[1]　Samuel E. Finer, *The Man on Horseback : The Role of the Military in Politics*, Baltimore: Penguin Books, 1988, p.117.

[2]　[美]塞缪尔·亨廷顿:《变化社会中的政治秩序》,王冠华等译,上海世纪出版社,2008年,第162~219页。

[3]　李晨阳、孔鹏:《从军人政权走向混合政体:1988年以来的缅甸政治转型研究》,《云大地区研究》2020年第1期,第103页。

[4]　Erik A. Nordlinger, *Soilders in Politics: Military Coups and Governments*, New Jersey: Prentice-hall, 1990, p.38.

[5]　宋清润、郝雪妮:《当前缅甸政局发展及前景评估》,《和平与发展》2022年第2期,第97页。

[6]　Erik A. Nordlinger, *Soilders in Politics:Military Coups and Governments*, New Jersey: Prentice-hall, 1990, p.38.

家发展目标融为一体"①。所以,如果文官政府难以实现国家的有效发展,那么必然会引发军方的干政行动。

3.领导人的掌权愿望

保卫国家的责任使军队需要激发、增强并维持内部纪律性与凝聚性,但这会滋生军队高层的国家权力主导欲望。缅甸独立之父昂山将军在 1947 年被暗杀后,奈温接过军队领导权与政治愿望,在缅甸实行社会主义。类似地,敏昂莱(Min Aung Hlaing)的总统梦也是干政行动的重要影响因素。②2021 年军人干政"似乎源于大将敏昂莱与昂山素季对权力的个人诉求"。③

(二)外源性因素影响

外源性因素是国际层面的影响,毕竟国际社会中的任何国家都不是孤立存在的。该因素来源主要包括周边国家、东盟组织以及美欧国家的促进或抵制。

1.周边国家的邻居效应

邻居效应,也即周边国家的干政行为会提供"良好的示范效应"。④泰国作为缅甸邻国,在 2014 年发生了国内政变,或多或少地影响了缅甸的国内政局。有研究表明,缅军可能会效仿泰国的巴育将军由武官转入文职。通过修改选举制度将民盟影响力削弱,提高其他小党在议会中的重要性,之后伺机联合后者推动军方背景竞选人的合法上台。⑤相关消息也表示,"敏昂莱发动政变后不久,致信巴育寻求援

① 孔鹏、唐堂:《功能、角色与利益:缅军再度接管政权的行为逻辑》,《云大地区研究》2021 年第 2 期,第 72 页。
② Marjuka Binte Afzal,"Mapping the Actors of the Military Coup in Myanmar: An Analysis", https://www.cfissbd.com/Publications/Download/1,accessed January 8,2023.
③ 孔鹏、唐堂:《功能、角色与利益:缅军再度接管政权的行为逻辑》,《云大地区研究》2021 年第 2 期,第 76~78 页。
④ Michael K. Miller,Michael Joseph and Dorothy Ohl,"Are coups really contagious? An extreme bounds analysis of political diffusion",*Journal of Conflict Resolution*,2018(62),pp. 410-441.
⑤ International Crisis Group,"Responding to the Myanmar Coup",https://www.crisisgroup.org/asia/south-east-asia/myanmar/b166-responding-myanmar-coup,accessed October 8,2023.

助……并希望将其作为自己的榜样"①。

2.东盟的约束

东盟组织的约束对于缅军干政发挥着抵制作用。东盟在1997年接纳缅甸加入该组织，希望通过有效接触与合作来推进其国内政治的稳定与进步。在理念和宗旨上，东盟组织旨在促进经济、社会、文化、技术、教育等领域的合作，维护正义和法治，践行《联合国宪章》的理想，促进地区和平与稳定。

3.美欧国家的制裁

美欧国家对缅甸民主化转型表示欢迎。倘若缅军强行打断民主转型，那么会招致相应的制裁行动。如1988年缅军干政事件后，美国和大多数援助国暂停了援助项目。美国驻仰光大使与西欧国家、澳大利亚和印度大使一同谴责这次杀戮，并呼吁向民主过渡。②

内源性和外源性因素的研究均有一定的解释力，但也存在局限性。在内源性因素层面，低政治文化下军方不会在意合法性问题，但缅军不论是低政治文化时期(1962年干政)还是程度有所提升的政治文化时期(2021年干政)均提出了干政的合法性原因。所以，政治文化的解释很单薄。从军方核心利益威胁来看，可能会存在到底什么是军方的核心利益的疑问。因此，该视角需要讨论并完善。对于领导人的掌权愿望，奈温做出了截然相反的政治选择——1960年自愿政权移交但两年后却通过干政重获政治主导地位。因此，领导人意愿也存在浮动和差异。在外源性因素层面，邻居效应存在争议——政变国家的邻国和非邻国的影响差异并不明显。③东盟规范和体制设计无法对缅甸施加有效的影响，而缅甸的内向型经济也使美欧国家的制裁效果不尽人意。但不论怎样，内源性和外源性因素的讨论为本文的理论构

① Sukegawa Seiya, "ASEAN and Myanmar: Crisis and Opportunity", https://thediplomat.com/2022/01/asean-and-myanmar-crisis-and-opportunity/, accessed January 2, 2023.

② Burma Watcher, "Burma in 1988 there came a whirlwind", *Asian Survey*, 1989(29), p.179.

③ Egil Fossum, "Factors influencing the occurrence of military coups d'etat in Latin America", *Journal of Peace Research*, 1967(4), p.239.

建和经验解释提供了重要的基础。

三、缅甸军方决策的形成:基于预期效用理论的分析框架

(一)理论推介

预期效用理论指出,决策者通过比较预期效用值,即结果的效用值与各自的概率相乘得到的加权和，在风险或不确定性前景之间做出选择。其效用框架包含一个函数模型,计算公式可以总结如下:预期净收益=(成功概率)×(政策收益)+(失败概率)×(政策损失)+(第三方净边际预期影响)。[①]该理论的分析单元是个人或集体,多数情况下为决策者小群体。其适用范围较为广泛,学者们主要用来解释国际关系问题,当然该理论也可适用于比较政治议题。[②]

(二)研究假定

假定 1:当缅甸实现"军方控制型"模式时,军方收益水平为"高";实现"军政合作型"模式时,收益水平为"中";实现"文官控制型"模式时,收益水平为"低"。

假定 2:当军方存在政治主导意愿且文官政府力量薄弱时,军方所欲达到的收益成功概率为"高";当军方存在政治主导意愿且文官政府力量较弱时,成功概率为"中";当军方存在政治主导意愿且文官政府力量较强时,成功概率为"低"。当军方不存在政治主导意愿且文官政府力量薄弱时,军方所欲达到的收益成功概率为"低";当军方不

[①] Bruce Bueno De Mesquita, "Forecasting policy decisions:an expected utility approach to post-Khomeini Iran", *Political Science & Politics*, 1984(17), p.228.需要说明的是,预期净收益公式中的"政策损失"是负面收益(负数),因此在下文的公式应用中直接采用绝对值,并将公式简化为预期净收益=(成功概率)×(政策收益)-(失败概率)×(政策损失)。

[②] Bruce Bueno De Mesquita, "Forecasting policy decisions:an expected utility approach to post-Khomeini Iran", *Political Science & Politics*, 1984(17), pp.226-236.

存在政治主导意愿且文官政府力量较弱时,成功概率为"中";当军方不存在政治主导意愿且文官政府力量较强时,成功概率为"高"。

假定3:当缅甸军方的选择导致核心利益受到损失时,该成本情况为"高";当选择不会引起缅甸军方核心利益受到损失,但在次要利益层面造成了损失,该成本情况为"中";当选择可以有效保护军方核心利益与次要利益时,该成本情况为"低"。

(三)概念解释与赋级

1.预期收益与军政关系模式

本文将预期收益划分为"高""中""低"三个等级,而判断标准则参考威尔茨(Claude Welch)对于军方介入政治的程度划分,即军方控制型、军政合作型以及文官控制型三类军政关系模式。当军方越深入国家政治,就越能够获取利益。在军方控制型模式下,军方对国家有绝对控制权,能取得领导权并控制官僚系统。在这种模式下,军人直接或间接对国家政治发挥主导性作用,可将其收益确定为"高"。在军政合作型模式下,军方与文官政府通常共享权力,双方都有部分的决策权。在这种模式下,双方可能发生摩擦以削弱对方的权力,也可能合作达到权力平衡,可将其收益确定为"中"。在文官控制型模式下,军人难以在国家政治中发挥主导性作用,可将其收益确定为"低"。[①]与此同时,本文是从某一个关键节点或转折点进行的效用分析,穷尽所有的军政关系类型固然很好,但却会丧失理论的简约性。因此本文采用了学界较为常用的三分法,并对应军方控制型、军政合作型以及文官控制型的军政关系类型。

2.预期成功概率

关于预期效用理论的成功概率,本文亦划分为"高""中""低"三个等级,而判断标准将依据执政能力、(国际国内层面)政治合法性、军

① Claude Welch,ed.,*Civilian Control of the Military: Theory and Cases from Developing Countries*,New York: New York State University Press,1976,pp.2-3.

方意愿等因素。①

关于文官政府力量强弱的确定，本文将根据其执政能力以及政治合法性作为判断标准。"文官集团实际执政状况通过是否能推动经济发展、是否能促进民族和解两方面来体现。"②如果文官政府可以有效实现经济发展与促进民族和解，那么其力量确定为强；如果未能实现以上两方面的进步、未能成功接管政权或是在缅甸政治生活中并不存在一个文官集团，则其力量确定为弱。③同时，国内政治主体想要上台执政就要特别注重其所拥有的政治合法性。所以，当文官政府能够取得国际国内层面的支持时，其政治合法性程度为高；反之，其政治合法性程度为低。鉴于以上两个维度的考量，可以确定当文官政府具备执政能力和合法性时，其力量为较强；当文官政府具备执政能力和合法性其中之一时，其力量为较弱；当文官政府两个方面均不具备时，则其力量为薄弱。可如表1：

表 1 文官集团能力强弱的类型学模型

		合法性	
		高	低
执政能力	强	强－高	强－低
	弱	弱－高	弱－低

资料来源：笔者自制

当军方存在政治主导意愿时，文官政府力量与军方收益实现概率是负相关，其政治主导意愿受到来自文官政府的阻力。所以，按照文官政府力量的"薄弱""较弱"以及"较强"，分别对应收益实现概率

① 前两个因素进行类型学划分，而第三因素作为条件因素进行负相关关系和正相关关系的引导。
② 林奇富、赵德昊：《对关键节点下缅甸军方政治选择动因的分析》，《国际观察》2017年第6期，第94页。
③ 本部分借鉴林奇富、赵德昊两位学者对于缅甸文官政府的执政能力划分，参见林奇富、赵德昊：《对关键节点下缅甸军方政治选择动因的分析》，《国际观察》2017年第6期，第98页。

的"高""中"以及"低"。当军方不存在政治主导意愿(更偏向于配合文官政府或中立地位)的情况下,文官政府力量与军方收益实现概率是正相关,军方的配合与中立意愿成为助力,且文官政府力量越强,该合力越大,军方越能够帮助文官政府掌握政治权力。所以,按照文官政府力量的"薄弱""较弱"以及"较强",分别对应收益实现概率的"低""中"以及"高"。

3.预期成本与军方核心利益

关于预期成本,本文将划分为"高""中""低"三个等级,判断标准是以缅甸军方核心利益为基点进行的等级划分。任何政治主体在行动过程中都会将自己的利益层级进行划分,优先保护自己的核心利益。缅甸军方的核心利益则主要围绕两个方面,即对于军队内部需要实现经济利益和保障缅甸将领的生命安全,对于军队以外的缅甸联邦则要保证其统一与完整。对内而言,经济优越地位保障了军方内部凝聚力,而避免人权问题的审判则是各位缅甸将军的行动底线。[①]对外而言,缅甸军方将威胁到国家领土完整的民族叛乱和自治运动视为军方和国家面临的根本威胁。[②]所以,军方干政尽量不以内外部核心利益作为代价。只有在核心利益得到保护的前提下,军方才会关注次要利益。在此基础上,如果为了保护军方核心利益而损失了一些相对次要利益,如国内民众的信任或国际力量的支持等,那么可将成本情况确定为"中"。而如果军方将核心利益和次要利益均得以有效保护,那么可将成本情况确定为"低"。

4.预期失败概率

关于预期效用理论的失败概率部分,其判断标准是依据成功概率的分析。当成功概率为"高"时,对应的失败概率为"低";当成功概率为"中"时,对应的失败概率为"中";当成功概率为"低"时,对应的

---

① 林奇富、赵德昊:《对关键节点下缅甸军方政治选择动因的分析》,《国际观察》2017年第6期,第96~97页。
② Andrew Selth,"Burma in a changing world: through a glass darkly," *AQ: Journal of Contemporary Analysis*, 2003(75), pp.16–17.

失败概率为"高"。

四、案例分析

本文以缅甸军方为研究对象，通过对于历次军方干政事件背后的政治选择进行预期效用讨论。严格意义上来讲,缅甸独立以来爆发了三次军人干政事件，分别是 1962 年缅军政变、1988 年缅军政变以及 2021 年缅军接管政权,这些事件充分体现了军方的危机决策特点。

(一)1962 年缅军政变

1.背景介绍

1948 年 1 月 4 日，缅甸经过长期的斗争终于成为独立且拥有主权的国家,但国内仍然存在各种政治力量错综复杂的矛盾。执政的吴努(U Nu)政府不但难以解决反政府武装、军队管理等问题,反而在政策方面出现失误，导致其所坚持的西方民主议会制难以继续实行下去。文官政府的政治窘境勾起了缅军对于权力的渴望。所以,在 1962 年缅军发起政变行动。

2.决策者路径选择

1962 年缅甸军方决策者面对独立初期的国内政局时，有以下三种路径选择:

路径一:军方发动政变,主导国家政治。该选择路径基于以下论据:首先,1959 年 8 月,奈温将军在非正式交谈中表示,如果事态"走向毁灭和分裂",他将再次掌权。其次,军队中某些成员(如准将丁佩)敦促奈温将军夺取政权。[①]最后,有学者提出,"镇压少数民族动乱和防止国家解体的原因，会使以奈温为首的军方认为军事独裁是这个

---

① Robert H. Taylor, *General Ne Win: A Political Biography*, Singapore: Institute of Southeast Asian Studies, 2015, p.244、255.

动荡国家维持法律和秩序的最佳手段"①。

该路径的收益情况为"高"，缅军采用军方控制型模式；成功概率为"高"。吴努文官政府在国内政治(自由同盟内部的斗争与分裂、少数民族问题等)与经济层面(经济改革措施得当但农业改革引发农民不满)的举措展现了"弱"的执政能力。同时，管理低效与政策失误等因素使其无法获得民众支持，且随着美苏冷战的展开，宣扬民主的西方国家无暇顾及军人干政。因此，文官政府呈现出"弱"合法性。所以，文官集团能力可以判定为"薄弱"。而缅军在军事、政治以及经济层面控制缅甸且相关军方领导人表达出政治主导愿望，那么收益实现概率为"高"；成本情况为"低"。军方可以实现维持军队利益和保证缅甸联邦统一完整的目标。同时，国内国际层面也预示着会对缅军干政予以支持。所以，在该路径可以有效保护军方核心利益与次要利益时，成本情况为"低"。鉴于该路径的成功概率为"高"，那么失败概率则为"低"。

路径二：军方保持中立，配合文官政府的政策与行动。该选择路径基于以下论据：首先，军方多次宣布要保持中立地位以配合选举。如奈温将军在1960年的年度指挥官会议上重申，尽管军队及军官们有自身的偏好，但在选举中应保持中立，并对一些干预大选结果的军官进行了惩处。②其次，在1961年2月，奈温将军选择支持文官政府并将反对吴努政府的军官们派往国外或辞职处理。③最后，多次配合吴努政府的行动。在吴努选择分裂联盟时，奈温答应其请求——"不要缓和联盟内部争端，不要介入斗争"④。

该路径收益为"中"，缅军采用军政合作型模式；成功概率为

①　Nehginpao Kipgen, "Political Change in Burma: Transition from Democracy to Military Dictatorship (1948–62)", *Economic and Political Weekly*, 2011(46), p.54.
②　Robert H. Taylor, *General Ne Win: A Political Biography*, Singapore: Institute of Southeast Asian Studies, 2015, p.219、239.
③　Frank Trager, "The failure of U Nu and the return of the armed forces in Burma", *The Review of Politics*, 1963(25), p313.
④　Robert H. Taylor, *General Ne Win: A Political Biography*, Singapore: Institute of Southeast Asian Studies, 2015, p.208、244.

"低"。当军方不存在政治主导意愿且文官政府力量薄弱时,军方所欲达到的收益实现概率为"低";成本情况为"高"。由于吴努文官政府政策上的失误,导致一些少数民族有脱离缅甸联邦的威胁,所以如果军方配合文官政府的政策与行动,无法有效地促进民族和解,还可能会加剧缅甸的分裂。这无疑使缅军的核心利益受到极大损失。所以,该路径下的成本情况为"高"。鉴于该路径的实现概率为"低",那么失败概率则为"高"。

路径三:从逻辑上讲,军方也可以不采取行动。当行动所带来的成本少于收益的时候,不行动反而能够收到更好的效果。不行动是一种决定,也可能是一种积极的选择。[①]该路径存在逻辑上的可能性,但现实中缅军要保护国家统一与完整,所以该路径本部分不作专门讨论。

以上关于 1962 年缅甸军人的三种路径选择,可如表 2:

表 2　1962 年缅甸军人干政与否的预期效用

	收益	成功概率	成本	失败概率	净收益
军方发动政变,主导国家政治	高	高	低	低	高 * 高 – 低 * 低
军方保持中立,配合文官政府的政策与行动	中	低	高	高	中 * 低 – 高 * 高
不采取行动	不作专门讨论				

资料来源:笔者自制

---

① David Paxton, "Inaction is an Active Choice", https://quillette.com/2015/11/28/inaction-is-an-active-choice/, accessed October 10, 2022.

(二)1988 年缅军政变

1.背景介绍

自 1962 年军方接管政权后,便正式进入"缅甸式的社会主义道路"建设。随着军方在一些政策和措施方面的失误与僵化,以奈温为首的纲领党军人政权不但未能让缅甸走上发展的道路,反而导致民怨沸腾。至 1988 年,民众强烈的不满引发了针对政府的反抗运动。为了阻止矛盾的进一步扩大,缅军在同年的 9 月 18 日发动政变,推翻了纲领党政府,并建立了缅甸联邦恢复法律和秩序委员会。

2.决策者路径选择

1988 年缅甸军方决策者面对国内运动愈演愈烈的局面时,有以下的四种路径选择:

路径一:自我政变后继续维持军方的主导地位。该选择路径基于以下论据:在 1988 年军方政变之前,奈温将军曾提到"当前的政府已经失效,如果军队要统治,他们就应该统治整个国家",并推荐了一种在拉丁美洲被称为"autogolpe"的自我政变方式。[①]

该路径的收益情况为"高"。缅军通过自我政变,再次实现军方控制型模式。权力没有易手,只是把那个名誉扫地的执政党从权力结构中清除;[②]成功概率为"高"。当时缅甸国内并不具备现代意义上的文官政府,文官政府呈现出"弱"的执政能力。同时,缅甸武装部队在国内民众中仍保持着受欢迎的形象。而在国际层面,此阶段苏联尚未解体,美欧国家在世界范围内全面推行西方式民主、严厉打压威权国家尚在萌芽中。因此,缅军仍然保持着绝对优势且表露出了继续执政的愿望,所以文官政府力量薄弱时成功概率为"高";成本情况为"中"。该路径的实施可以保证缅军仍然掌控政治的主导权,进而实现核心

---

① Robert H. Taylor, *General Ne Win: A Political Biography*, Singapore: Institute of Southeast Asian Studies, 2015, p.531.

② Robert H. Taylor, "The Evolving Military Role in Burma", *Current History*, 1990(89), p. 105.

利益的保护,但是可预期的不再拥有国内民众的信任与国际支持。所以,该路径不会引起缅军核心利益受到损失,但在次要利益层面造成了损失,该成本情况为"中"。鉴于该路径的成功概率为"高",那么失败概率则为"低"。

路径二:政变后交权民选政府。该选择路径基于以下论据:在苏貌(Saw Maung)将军掌管政权期间,曾经有意做出将权力移交给民选政府的决定。"军队无意长期掌权,一旦时机成熟,将还政于民选政府。"①

该路径的收益情况为"低",会形成一种文官统治型模式;当军方不存在政治主导意愿且文官政府力量薄弱时,军方所欲达到的收益实现概率为"低";当缅甸军方所实施的路径会引起核心利益受到极大损失时,该成本情况为"高"。鉴于该路径的成功概率为"低",那么失败概率则为"高"。

路径三:继续维护纲领党政府并保持军方的主导地位。该选择路径基于以下论据:缅军将奈温辞去党主席职务的决定放到大会商议时,与会者一致支持奈温继续担任主席。《劳动人民日报》(*Working People's Daily*)也做出相应的报道:"如果具有这种伟大传统的领导人辞职,国家将陷入混乱",并表示"对于党主席和领导干部的类似退党,代表们是完全不同意的。……领导要有连续性,实现党的目标要有连续性"。②所以,奈温将军完全有能力在军方的支持下继续维持纲领党政府,并保持军方的主导地位。

该路径的收益情况为"高"。缅军可以继续保持军人统治型模式;当军方存在政治主导意愿且文官政府力量薄弱时,军方所欲达到的收益实现概率为"高";军方经济利益以及将军们的安全可以继续得到保障,而凭借军事力量的绝对优势也可以防止缅甸联邦的分裂。但是,执意维护纲领党政府,既没有合法性理由,也会使民怨蔓延到军

---

① 林锡星:《在苏貌将军治理下的缅甸》,《世界经济与政治论坛》1989 年第 12 期,第 31~35 页。
② Robert H. Taylor, *General Ne Win: A Political Biography*, Singapore: Institute of Southeast Asian Studies, 2015, p.524, 527, 503, 532.

队身上,引发新一轮的民众信任危机。所以,当所实施的路径不会引起缅军核心利益受到损失,但在次要利益层面造成了损失,该成本情况为"中"。鉴于该路径的成功概率为"高",那么失败概率则为"低"。

路径四:该路径存在逻辑上的可能性,但现实中缅军的不作为必然会引起核心利益受损,所以该路径本部分不作专门讨论。

以上关于1988年缅甸军人的四种路径选择,可如表3:

表3　1988年缅甸军人干政与否的预期效用

	收益	成功概率	成本	失败概率	净收益
自我政变后继续维持军方的主导地位	高	高	中	低	高 * 高 − 中 * 低
政变后交权民选政府	低	低	高	高	低 * 低 − 高 * 高
继续维护纲领党政府并保持军方的主导地位	高	高	中	低	高 * 高 − 中 * 低
不采取行动	不作专门讨论				

资料来源:笔者自制

(三)2021年军人接管政权

1.背景介绍

2003年新军政府制定了七步民主路线图,主动将权力让渡,并按照这一路线图制定了2008年宪法,举行了2010年大选,由具有军人背景的吴登盛上台执政。2015年大选由民盟取得胜利,在经历了几十年的军人直接或者间接统治后,迎来了第一个文官政府。但在2021年2月1日,缅军突然接管政权,称为"2·1事变"。

2.决策者路径选择

2021年缅甸军方决策者面对民盟再次胜选的局面,有以下四种路径选择:

路径一:接管政权后实行直接或间接军人统治。该选择路径基于以下论据:伊洛瓦底新闻网(The Irrawaddy)曾报道,敏昂莱于 2021 年 1 月 27 日明确表示如果不遵守宪法,就应该撤销宪法,这一声明引发了公众对军人干政的担忧。在该声明之前, 军方发言人佐敏吞(Zaw Min Tun)少将在 1 月 26 日的新闻发布会上拒绝排除干政的可能性。[1]

　　该路径的收益情况为"高"。缅军采取直接或间接的方式实行军人统治,就会形成军方控制型模式;成功概率为"中"。民盟在任期内并未能在一些核心问题(修改宪法或民族和解等)上有所突破,甚至引发了社会不满(如腐败问题严重),因此,文官政府展现了"弱"的执政能力。但是,国内国际层面的支持却赋予了文官政府"强"的合法性。尤其是国内层面上,2020 年大选中超预期的支持度帮助民盟再一次取得大胜。所以,在缅军仍然希望掌权前提下,文官政府能力的"较弱"现状使干政行动成功概率为"中";成本情况为"中"。尽管缅军能够继续保障军队的核心利益并依靠强大实力和怀柔手段保证国家免于分裂,但是干政行为会在道德上令人反感,且"将军们可能会形式上控制国家,但无法全面施加其意志,难以维持秩序、有效地治理和提供服务"[2]。因此,缅军会在争取核心利益的同时,失去国内国际支持、国内统治有效性等诸多方面的次要利益。所以,当所实施的路径不会引起缅甸军方核心利益受到损失, 但在次要利益层面造成了损失,该成本情况为"中"。鉴于该路径的成功概率为"中",那么失败概率则为"中"。

　　路径二:接管政权后实行军政合作。该选择路径基于以下论据:自开启政治转型以来, 缅甸逐渐形成了一种民盟与军方的双权力中心(Diarchy)的政治结构。[3]在政治惯性下,存在军政合作的可能。

---

[1] The Irrawaddy, "The Day Myanmar's Military Chief Hinted at the Coup to Come", January 27, 2022.
[2] "The Cost of the Coup: Myanmar Edges Toward State Collapse", https://www.crisisgroup.org/asia/south-east-asia/myanmar/b167-cost-coup-Myanmar-edges-toward-state-collapse, accessed August 16, 2022.
[3] 张添、宋清润:《民盟执政以来缅甸政治转型挑战及其应对》,《中国-东盟研究》2020 年 3 期,第 54 页。

该路径的收益情况为"中"，缅军在接管政权之后实行军政合作型模式；成功概率为"中"。关于文官政府的能力经过分析已经确定为"较弱"，而在军政合作意味着军方放弃主导地位并偏向于配合文官政府，收益实现概率应当确定为"中"；成本情况为"中"。军方如果实行军政合作型的关系模式，可能取得民盟在关键问题上的让步。正如张伟玉所言，"从追求对政权的完全控制到追求对政权的关键性控制的利益目标改变，使得军方不得不放弃对政权的完全控制"[①]。该路径将紧张局面缓解，但矛盾依旧存在。因此该路径保护了缅军的核心利益，但可能在次要利益层面（包括一些政治权力的让渡和未来仍然存在的核心利益威胁）造成了损失，所以该成本情况为"中"。鉴于该路径的成功概率为"中"，那么失败概率也为"中"。

路径三：接管政权后将权力迅速过渡到文官统治。该选择路径基于以下论据：在缅甸大选投票前，当时巩发党领导层要求与敏昂莱会面，抱怨民盟正在准备一场不公正的选举。会议上，巩发党盟友建议军方可以效仿 1958 年干预，"接管政权后举行可信的选举并迅速过渡到文官统治"[②]。

该路径的收益情况为"低"，缅军实行文官统治型模式；成功概率为"中"。同第二条路径，军方不存在政治主导意愿且文官政府力量较弱时，军方所欲达到的收益实现概率为"中"；成本情况为"高"。缅军需要让出主导权并在未来面临来自文官政府多方面的威胁。所以，当缅甸军方所实施的路径会引起核心利益受到极大损失时，该成本情况为"高"。鉴于该路径的成功概率为"中"，那么失败概率则为"中"。

路径四：不采取任何行动。缅军面对民盟政府的巨大政治压力以及竞选的失败，很难想象会不采取行动挽救。所以，尽管该路径存在逻辑上的可能，但本部分不作专门讨论。

以上关于 2021 年缅甸军人的四种路径选择，可如表 4：

---

① 张伟玉：《缅甸军人政权转型的原因分析》，《国际政治科学》2016 年第 2 期，第 74~113 页。
② Frontier，"Min Aung Hlaing's constitutional crisis"，February 16，2021.

表4 2021 年缅甸军人干政与否的预期效用

	收益	成功概率	成本	失败概率	净收益
接管政权后实行直接或间接军人统治	高	中	中	中	高 * 中–中 * 中
接管政权后实行军政合作	中	中	中	中	中 * 中–中 * 中
接管政权后将权力迅速过渡到文官统治	低	中	高	中	低 * 中–高 * 中
不采取行动	不作专门讨论				

资料来源:笔者自制

(四)理论总结

本文的假定提出了干政行为的收益水平及成功概率、成本情况及失败概率的赋级指标,在此基础上,运用预期效用理论进行解释和分析。具体而言,1962 年缅军选择路径一,该路径对应最高的净收益——"高 * 高–低 * 低",符合经验事实;1988 年缅军的路径一和路径三均对应最高的净收益。这就需要进行更为细致的同级别区分,也暴露出"高""中""低"三赋级分析的局限性。[1]倘若在赋级分析基础上进行细化处理,可以确定与经验事实相符合的路径。路径一并不需要维持引起民怨的纲领党政府,反而可以将其"推翻"并承诺大选,实现

---

[1] 可以通过引入赋值方法来解决该问题。本文在预期效用理论与多元启发理论部分采用了"高""中""低"的划分模式,而没有采用赋值的方式来用具体的数字进行细致明确的表述,考虑如下:首先,赋值的本质是通过一定的数值差别对可能的结果进行区别,而不是对绝对重要性数值进行测量。利用数值与采用"高""中""低"划分这两种方式的区别是划分层级不同,前者的划分层级可能为 n,而后者则为 3,但是目的是一样的——对于结果进行区分。所以如果能够达到研究的目的,采用"高""中""低"的三层划分或许是更合理的选择。其次,缅甸军方面临以上的危机决策时,更多地可能是对于成本与收益及相关概率的一个模糊的性质判断("高""中""低"),而不是具体的数值,所以采用此种方法也更贴近具体场景。最后,案例中虽然存在无法直接在"高""中""低"层级中进行区分的情况,但是我们可以继续深入案例进行讨论区分,可参见高尚涛:《外交决策分析的利益相关者理论》,《社会科学》2016 年第 1 期,第 28 页。

新的合法性支持，而路径三则需要继续与纲领党共进退。前者的灵活性高于后者，且成本更低，所以是军方最终的理性选择；而2021年缅军的行动确定为路径一，符合最高净收益的要求，但是需要后续事件发展来验证。当前缅甸国内的多数政党未能在选举登记截止日期之前完成选举，所以军政府解散了包括民盟在内的40个政党。[1]这些经验事实排除了军方选择其他路径的可能性。

五、前景理论和多元启发理论的对照分析

（一）前景理论

前景理论是针对预期效用理论的一些违反经验的案例而发展起来的。它作为一种危机条件下的选择理论，已成为预期效用理论的主要替代理论。前景理论认为，决策者进行选择时往往更加重视收益的变化量而不是最终量，[2]因此作出论断：在收益领域中规避风险，而在损失领域中则寻求风险。同时，风险判断是根据结果的差异程度来评估的，结果差异最大的选项被认为是风险最大的。[3]

前景理论的分析单位为个人（尤其是最高决策者），但可以扩展到集体。[4]该理论主要应用于国际关系事件，也可解释比较政治问题。[5]所以，本部分以备选路径为基础，从缅军视角确定领域（收益域或损失域）与参考点（Reference Point）。

① Manny Maung, "Myanmar Junta Dissolves Political Parties: Military Seeks to Legitimize Rule Through Sham Elections", https://www.hrw.org/news/2023/03/29/myanmar-junta-dis-solves-political-parties, accessed March 10, 2023.
② 林民旺：《国际关系的前景理论》，《国际政治科学》2007年第4期，第107页。
③ Rose McDermott, Risk-taking in international politics: Prospect theory in American foreign policy, Michigan: University of Michigan Press, 2001, p.18, 52.
④ Barbara Vis, "Prospect theory and political decision making", Political Studies Review, 2011(9), p.338.
⑤ 参见 Kurt Weyland, "Risk taking in Latin American economic restructuring: Lessons from prospect theory", International Studies Quarterly, 1996(40), pp.185-207.

1.1962 年缅甸军方政变

领域与参考点:吴努政府在少数民族问题处理上失当,激发了联邦的离心力量,一些未建立自治邦的少数民族希望建自治邦,而已经建立自治邦的则要求更大的自治权力。缅甸联邦的分裂是缅军无法接受的。正如林达丰和范宏伟所言,"军人在缅甸政治中的重要作用,来自尚未完成的民族国家建构困境"[①]。所以,这一阶段的缅军可被归入损失域,参考点为缅甸联邦统一与完整。

可选项及收益/风险:路径一结果值域很大,成功结果将是军方主导政治,而失败结果则可能进一步加深缅甸联邦的分裂;路径二结果值域不大,成功结果是权力共享,而失败结果则可能会引发更深层次的缅甸联邦和军队内部分裂;路径三的结果值域非常小,其结果指向缅甸联邦的分裂。根据前景理论,在损失领域中行为体相对寻求风险,所以缅军优先选择路径一 ——军方发动政变,主导国家政治。

2.1988 年缅甸军方政变

领域及参考点:1988 年抗议活动导致全国处于瘫痪状态,这无疑挑战了军方的主导地位,将其置于损失域之中,所依照的参考点是军方根深蒂固的权威。

可选项及收益/风险:路径一结果值域很大,成功结果是缅军延续政治主导,而失败结果则是丧失权威甚至引发国家分裂,可谓是两个极端值。路径三与路径一存在相同的值域范围,这就需要进一步的讨论。路径一推崇自我政变,而路径三则倾向于威权主义。学界对于这两条路径的效果给出了明确的判定和评价,即"悄然蔓延的威权主义是'温水煮青蛙',而自我政变则是'将青蛙炙烤'",自我政变比继续推行威权主义的风险程度要高得多。[②]路径二的结果值域非常小,不论是成功移交还是被阻断均指向了军方利益的受损。路径四的结果

---

① 林达丰、范宏伟:《修宪与缅甸政治演变:路径与方向》,《厦门大学学报(哲学社会科学版)》2020 年第 5 期,第 107 页。

② Dean Falvy, "The Selfie Coup: How to Tell If Your Government Is Plotting to Overthrow Itself", https://verdict.justia.com/2020/07/23/the-selfie-coup-how-to-tell-if-your-government-is-plotting-to-overthrow-itself, accessed October 10, 2023.

值域非常小,其结果指向纲领党政府的垮台。这个结果效用很差。根据前景理论,在损失领域中行为体相对寻求风险,所以缅军优先选择路径一 ——自我政变后继续维持军方的主导地位。

3.2021 年缅甸军方接管政权

领域及参考点:2021 年缅军是在损失域范围内的行动,其参考点是宪法所赋予的保护地位。范宏伟等学者强调"新宪法是缅甸当局为谋求新的政治合法性、继续保持军人干政的策略"[①],而民盟执政期间不仅违宪设立了国务资政职务,而且还屡屡表现出要修改宪法的意愿,此次大选结果的公布更是进一步加深了忧虑。

可选项及收益/风险:路径一结果值域最大,成功结果将是缅军重获政治主导权,更好地保护自身利益,而失败结果则极大概率将军方彻底逐出政治舞台。以上结果是两个极端值。这种选择风险最大,呈现了最极端的正负收益可能性。路径二的成功结果为缅军尽可能延续在国内政治中的重要地位(军方主导下的军政合作型),而失败结果则是与民盟政府达成妥协(民盟主导下的军政合作型)。该路径的结果值域相对路径一而言较小。路径三的结果值域非常小,成功结果为实行文官统治,失败结果则可能引发军队内部的分歧与矛盾。总之,该路径下的结果效用很差。路径四的结果值域也非常小,指向文官统治的结果。根据前景理论,在损失领域中行为体相对寻求风险,所以缅军优先选择路径一 ——接管政权后实行直接或间接军人统治。

前景理论下的缅甸军方行为逻辑可如表 5:

---

① 范宏伟、肖君拥:《缅甸新宪法(2008)与缅甸民主宪政前景》,《太平洋学报》2008 年第 8 期,第 22 页。

表 5　前景理论下的缅甸军方行为逻辑梳理

事件	领域	参考点	选择路径	前景理论解释
1962 年缅甸军方政变	损失	缅甸联邦的统一与完整	军方发动政变，主导国家政治	在损失领域中则寻求风险
1988 年缅甸军方政变	损失	军方根深蒂固的权威	自我政变后继续维持军方的主导地位	在损失领域中则寻求风险
2021 年缅甸军方干政	损失	2008 年宪法所确立起来的保护地位	接管政权后实行直接或间接军人统治	在损失领域中则寻求风险

资料来源:笔者自制

(二)多元启发理论

多元启发理论存在两个阶段决策过程。在第一个阶段,通过认知启发策略将外交政策中符合关键利益维度的预期选择路径得以保留,而将不符合的予以排除。这一维度包括:外交、经济、军事和政治,而国内政治是第一阶段的关键维度。这一阶段的特点是非补偿性,即其他维度的高收益无法弥补关键维度损失。在第二阶段,适用期望效用或字典式决策规则,在剩余备选方案中确定一种最大化收益和最小化风险的选择。[1]该理论侧重于国际危机中民主国家领导人的对外决策,也有学者将范围拓展至非民主国家(一党专政、军事独裁和个人主义独裁等),这为缅甸案例解释提供了帮助。[2]

多元启发理论的应用基于预期效用理论的备选路径进行讨论。在第一阶段,根据缅军干政历史等内容,可以将缅军核心利益、文官政府及少数民族武装等诉求[3]以及合法性支持作为第一阶段的讨论维度,其中缅军核心利益作为关键维度,也即对内实现政治生存利益

---

[1]　Alex Mintz, "How do leaders make decisions A poliheuristic perspective", *Journal of conflict resolution*, 2004(48), pp.3–13.

[2]　Brandon J. Kinne, "Decision making in autocratic regimes: A poliheuristic perspective", *International Studies Perspectives*, 2005(6), pp.114–128.

[3]　祝湘辉:《抗争与适应: 族际关系视阈中的缅甸大选》,《世界民族》2019 年第 4 期,第 14~26 页。

并对其利益群体负责,对外保证缅甸联邦的统一与完整。①在第二阶段,根据第一阶段的筛选结果选出净收益最大的路径。

对于1962年缅军政变而言,围绕缅军核心利益这一关键维度,就会留下路径一"军方发动政变,主导国家政治"选项。

对于1988年缅军政变而言,围绕"缅军核心利益"这一关键维度,就会留下路径一和路径三。这两种路径已在上文进行了讨论,不再赘述。总之,缅军优先选择带来收益最高的路径——自我政变后继续维持军方的主导地位。

对于2021年缅军接管政权而言,围绕"缅军核心利益"这一关键维度,留下路径一和路径二。而路径二只是将矛盾推后而不是彻底地消灭未来可能的修改宪法等威胁,因此,极大可能转化为关键维度所剔除的不合适路径,所以,路径一的"接管政权后实行直接或间接军人统治"为最优选项。

(三)理论总结

前景理论对于1962年缅军政变及相关发展进行了较为合理的分析——"军方发动政变,主导国家政治";对于1988年缅军政变,前景理论的分析路径为"自我政变后继续维持军方的主导地位",这与现实的路径选择相一致;对于2021年缅军干政,其分析路径为"接管政权后实行直接或间接军人统治"。

多元启发理论将缅军核心利益确立为关键维度。在此基础上,1962年缅军干政经过第一阶段的过滤,只留下了"军方发动政变,主导国家政治"选项,符合现实中的选择;1988年缅军政变则留下了包含关键维度的"自我政变后继续维持军方的主导地位"和"继续维护纲领党政府并保持军方的主导地位"两个选项,也需要进行更为细致

---

① 无论何种政权类型、何种政策目的,领导人都希望能够继续掌权。更进一步讲,非民主国家中(包括一党专制、个人专制与军事独裁)的决策者需要确保政治生存利益以及对其利益群体负责。这就对应了关键维度的要求。推及到缅甸军方,其"核心利益"符合关键维度要求,参见 Brandon J. Kinne, "Decision making in autocratic regimes: A poliheuristic perspective", *International Studies Perspectives*, 2005(6), pp.114–128.

的同级别区分;2021 年缅军接管政权经过分析可以留下"接管政权后实行直接或间接军人统治"选项。多元启发理论的选择结果与预期效用理论一致,但选择过程更为快捷。

六、结论

本文通过运用预期效用等理论分析和讨论了缅甸历次军人干政的经验事实,这些理论也帮助我们预测缅甸的政治发展,进而为相似国家或地区提供有意义的军政关系讨论。此外,我们也试图探讨不同理论的通约融合、互证互补与限度不足的情况。

(一)缅甸政局发展前景预测

理性选择视角为缅军干政提供了合乎逻辑的解释。鉴于此,缅甸政局未来发展前景可以从预期效用理论、前景理论和多元启发理论分析中获知结果,即"接管政权后实行直接或间接军人统治"。预期效用理论在军方控制型关系模式中获得了"高"收益、在缅军仍然希望掌握国家主导权且文官政府能力的"较弱"现状下获得了干政行动的"中"成功概率、在争取核心利益的同时失去了次要利益的"中"成本以及相对应的"中"失败概率。因此,该路径获得了可预期的最高收益——高 * 中–中 * 中;前景理论提出 2021 年的缅军是在损失领域中的行动,倾向于冒险,而该路径选择风险最大,呈现了最极端的正负收益可能性;多元启发理论在第一阶段"缅军核心利益"关键维度筛选以及第二阶段利益最大化的驱动下,确定此路径为最优选项。总之,三个理论贡献了同样的预测结果——"接管政权后实行直接或间接军人统治",在理论互证下增添了预测的可信度。

(二)理论模型启发下类似国家地区军政关系探讨

军事政变(或干政)行为由来已久且涉及范围广泛。事实上,自古罗马凯撒大帝以来,每个大陆都曾经历过军人干政。在近几十年,后殖民国家频繁遭受着此类事件。相关数据显示，二战后的四分之一个世纪里，全球范围内约一半以上的政府被政变推翻。①因此，军人干政不仅是困扰缅甸的重大挑战，也是诸多国家和地区所亟待解决的问题。由此，本文通过理论模型和缅甸案例提炼出类似国家和地区的政治发展路径，进而提出避免军政干预的建议。

　　预期效用理论和多元启发理论涉及收益成本方程——预期收益×成功概率−预期成本×失败概率。围绕该方程可以通过弱化预期收益愿望、降低成功概率、提升预期成本等措施来有效地抑制军人干政。如成功概率和预期成本均受到国内国际层面政治合法性的影响，因此民选领导人或公众人物应当继续努力推进国内民众对于军人掌权的反抗，树立军人"应当待在军营"的观念。与此同时，国际组织应当继续超越传统的不干涉政策，推进干预和实施变革。而主要大国应当积极斡旋调解，尽量减少"一刀切"式制裁行为。此外，应努力分化军队内部的掌权愿望。尽管军队是一个有纪律的综合性组织，但是其内部仍然存在着派系和冲突。这将作为破解军人干政的重要突破口。对于前景理论，需要在收益或损失领域中进行合适的引导，进而实现期望的结果。当然，此引导方式不仅限于军方集体，也可施加于个人，如1988年缅甸苏貌将军就表露出了将权力移交民选政府的愿望。

（三）理论的通约融合与限度不足

　　预期效用理论与多元启发理论是演绎方式提出的形式理论，建立在逻辑、概率和统计的基础上。前景理论则是经验性理论，特别有助于理解在高度不确定性、独特性和复杂性的情况下做出的政治决策。

　　1.理论通约融合与互证互补

　　预期效用理论通过对于预期收益及概率、预期成本及概率的"高""中""低"等级划分，来确定最终的净收益，进而选出合适的路径。而

---

① Marwan Bishara,"How to prevent a putsch",https://www.aljazeera.com/opinions/2023/8/31/how-to-prevent-a-putsch,accessed October 11,2023.

多元启发理论相较于预期效用理论而言，可以实现关键维度分析下的路径选择快捷化。两个理论虽然存在维度补偿性与不可补偿性的区别，但是最终的路径选择是按照净收益最大做出的。而在缅军接管政权的案例中，维护"缅军核心利益"对应军方收益最高的选项或最为关键的维度，这就实现了理论通约。与此同时，前景理论也构成了对于预期效用理论和多元启发理论的互证互补。首先，前景理论重视决策者的背景框架，以一种动态的视角进行观察，超越了其他两种理论的静态思维；其次，前景理论是在众多经验事实基础上产生的归纳性理论，而其他两种理论更多地倾向于演绎。通过归纳和演绎的双重验证可以提升理论的可信度。

2.理论解释的效力与限度

预期效用理论与多元启发理论可以有效地对于 1962 年政变和 2021 年军方接管政权后的行动进行分析解释，但是无法直接在"高""中""低"层级中实现对于 1988 年缅军的路径进行区分；对于前景理论应用，它是以军方整体作为研究对象来确定领域及参考点，这可能会忽略军方领导人的意愿，造成损失域与收益域的巨大反差，做出不符合前景理论分析的行为。例如，1988 年政变后，苏貌将军承诺在大选结束之后将权力移交给获胜的一方，而军队则返回军营。他认为"这是理所应当拥有的权力"[1]。但是军队强硬派及奈温的忠诚者反对这一决定。此外，路径值域接近的情况暴露了前景理论关注变化量的潜在隐患，即倘若存在变化量一致的路径应当如何抉择？这是值得进一步研究探讨的问题。对于多元启发理论而言，在"领导人偏好"的影响下可能会采取跳出关键维度的军方行为，[2]从而限制了多元启发理论的应用。

---

[1] The Irrawaddy, "A Poll, a Senior General and the Demise of His Promise of a New Democratic Era in Myanmar", September 17, 2020.

[2] 肖晞、王琳：《多元启发理论与对外政策决策研究》，《教学与研究》2017 年第 5 期，第 104–111 页。

传统组织的现代性：约旦部落与国家构建研究 *

沈　欣 ＊＊

内容摘要　作为中东地区传统社会的基本单元，部落在现代政治生活中依然具有重要影响，并在不同程度上持续塑造着国家构建的现实图景。本文以约旦为研究案例，基于"社会中的国家"分析路径，从部落主义和国家认同、庇护关系和议会选举、军队结构和国家安全，以及社会网络和公共服务等方面，对部落与国家关系及其对现代国家构建的影响进行分析。本文认为，约旦实施综合性定居规划以将部落纳入现代政治秩序，但也依赖其传统属性建构新的国家认同；选举政治是部落分配庇护资源的重要方式，部落相较政党具有竞争社会支持的明显优势；部落占主导的军队结构是国家安全的传统支柱，但因新自由主义经济安排削弱福利制度而与君主统治产生裂隙；"中间人关系网"作为部落获取公共服务的普遍机制，与官僚制和政策执行可能构成冲突，但也是该群体范围内的文化权利与道德义务。探讨部落嵌入国家正式结构的复杂机制直接回应了部落作为传统社会组织如何影响现代国家构建这一核心问题，也为理解发展中地区的国家与社会关系提供了经验知识积累和理论解释。

---

* 本文系国家社会科学基金重大委托项目"国家治理中的积极政策比较研究"（项目号 19@ZH046）的阶段性成果。
** 沈欣，北京大学区域与国别研究院博士研究生，研究方向为比较政治、区域国别研究。

关键词 约旦;部落;现代化;国家构建;国家与社会

国家是现代政治的基本行动单元，是公共生活组织与治理的核心主体。现代国家构建(state building)是国家生存和发展的基本命题，国家与社会关系则被作为理解国家的重要视角。其中,社会中的国家(state-in-society)分析路径因强调国家和社会可能共同对社会控制展开争夺而对于理解第三世界国家的政治现实尤为重要。①

部落(tribe)是中东地区传统社会的基本单位,作为一种传统社会组织至今仍普遍活跃于该地区的政治与社会生活中，并在很大程度上界定其成员在社会层级中的身份和位置。2011 年中东剧变改变了地区既有的政治运行规则和权力格局，长期遭到压制的文化和政治力量开始重新占据主导地位并挑战国家的合法性,部落文化身份的政治化成为重要的新现象。②因此,部落与国家的关系及其对国家构建的影响,是一个值得关注和研究的问题。

一、问题的提出

传统观点认为，在现代性、资本主义和民族国家的强大力量面前,部落必然会消失。③部落主义通常也被描述为一种与理性的现代性相对的、具有破坏性的原始力量,对于追求文明和进步的社会而言理应被摒弃。④然而事实上,部落是相当现代的。部落与部落主义不仅仍然存在,而且具有适应现代社会极强的韧性和能力,在现代国家建

---

① [美]乔尔·S. 米格代尔:《强社会与弱国家:第三世界的国家社会关系及国家能力》,张长东等译,江苏人民出版社,2009 年。

② Muhammad Suwaed, "Tribalism, Borders and States in the Middle East," *Geography Research Forum*, Vol. 42, No. 1, 2022, p. 25.

③ Yoav Alon, "Tribalism in the Middle East: A Useful Prism for Understanding the Region," *International Journal of Middle East Studies*, Vol. 53, No. 3, 2021, p. 479.

④ Richard Tapper, "Tribalism in Middle Eastern States: A Twenty-first Century Anachronism?" https://blogs.lse.ac.uk/mec/2018/07/11/tribalism-in-middle-eastern-states-a-twenty-first-century-anachronism/, accessed October 27, 2023.

立后逐渐发展出新的特征，并对现代国家构建具有重要甚至可能是积极的影响。部落也构成中东剧变中部分国家社会运动和政治转型期间不可忽视的政治力量，与现代国家的关系更趋矛盾和复杂。

人类学家理查德·塔珀（Richard Tapper）认为，部落在宽泛意义上是指以亲属关系（kinship）为主要组织方式的地方性团体，该群体成员认为自身在文化（习俗、方言或语言，以及起源等方面）上是独特的。[1]日常生活中，部落共同居住、迁移，相互保护和集体防卫，信奉相同的原则、精神和价值观，因此归属于某一部落并据此行事的意识也是部落的本质特征。[2]本研究中，中东地区的部落与部落主义既指基于亲缘、宗谱（genealogy）及其拓展范围的社会组织和政治单元，也包含其在现代社会延续并日常实践的价值规范、情感联结和文化观念。

约旦是中东地区部落特征最为显著的国家之一，[3]部落在约旦的国家机构和社会生活中具有重要地位。新构建的约旦民族主义作为一种重要且显见的文化现象，也与部落主义密切相关，二者共同创造出国家与社会成员间的亲密感，并达到其他中东和后殖民国家均罕见的程度。[4]

国家构建是中东国家现代化进程的重要组成部分。现有文献对中东地区部落的探讨主要基于人类学、历史学等学科研究范式和逻辑，内容以历史叙事和经验描述为主，目的是呈现部落自身的社会结构、演化脉络及其与国家互动的历史过程，对部落在国家构建中的位置、功能与影响的关注比较有限，基于政治学理论的延伸探讨与系统分析，特别是以国家与社会关系为分析视角、聚焦国家构建的研究则尤为不足。

---

[1] Richard Tapper, "Introduction," in Richard Tapper, ed., *The Conflict of Tribe and State in Iran and Afghanistan*, London: Croom Helm, 1983, p. 9.

[2] Ghazi bin Muhammad, *The Tribes of Jordan at the Beginning of the Twenty-first Century*, Amman: Jamʿīyat Turāth al-Urdun al-Bāqī, 1999, p. 13.

[3] 约旦的部落类型包括已定居的（Settled）城市居民和农民，在有限区域内迁徙的半游牧（Semi-Nomadic）群体，以及流动于内陆沙漠的贝都因人（Bedouin）。

[4] Yoav Alon, *The Making of Jordan: Tribes, Colonialism and the Modern State*, New York: I.B. Tauris, p. 158.

本研究对约旦部落与国家构建的分析，即部落如何影响现代国家生存和发展的若干重要条件，包括政治生活的组织与政治功能的执行，表现为以下四个维度。第一，国家统一与民族认同。建构具有自觉意识的情感共同体，协调地方性忠诚与公民精神。第二，选举制度与政治整合。政治现代化的重要特征是社会动员扩展和大众参政化，这要求提高政治制度化水平，使利益和要求在政治体系内部得以聚合。第三，军队结构与国家安全。现代国家的基本特征是对暴力的合法垄断，保卫国家主权、维护内部秩序是其基本任务。第四，官僚体制与政策执行，这主要是指国家实施官方目标的各种能力。

综上，本文借鉴政治现代化比较研究的思路构建分析框架，以约旦哈希姆王国为典型案例，[1]试图呈现部落嵌入国家正式制度的具体形态和运行机制，以回应"部落作为传统社会组织如何影响现代国家构建"这一核心问题。研究也注意祛除国家构建研究领域内仅关注制度及其功能的平庸的技术官僚主义倾向，而兼顾部落在社会团结和族群整合方面的意义。[2]

二、国族化与传统再造：部落主义和民族认同

国家是在固定疆域内肯定了自身对武力之正当使用的垄断权利的人类共同体，[3]其基本特征之一是确定清晰的领土边界并在该范围内具有绝对主权。约旦实施综合性定居规划，限定部落的活动空间与生产生活方式，试图将部落"国族化"（nationalize），使各个部落均成为国民共同体的组成部分，培育出国家意识。

20 世纪 20 年代至 30 年代，外约旦重组土地登记，调查和评估土

---

① 本文主要探讨约旦现代国家独立后的部落与国家关系，必要时提及委任统治时期的影响。
② 王丽萍：《寻找国家性：比较政治学中的国家研究》，《天津社会科学》2023 年第 2 期，第 204 页。
③ ［德］马克斯·韦伯：《学术与政治》，钱永祥等译，广西师范大学出版社，2004 年，第 197 页。

地所有权,确定新的税收体系。①根据 1929 年颁布的《贝都因人监管法》(Law of Supervising the Bedouins),国家采取明确定居点、强制定居和军队雇佣等措施,目的是使贝都因人遵守国家法律,将活动范围限定在军营等固定环境,并将忠诚由部落自身转向军队和军队效忠的国家。②政府也协助部落首领将土地划归个人耕种,部落聚集地附近开始出现村落。③1935 年,正式的农业发展计划出台,以小型水利兴建为主,辅有学校教育和医疗保健服务,鼓励农业发展和村庄建设。④

独立后,由于难民涌入和气候干旱,约旦寻求国际援助,在 20 世纪 60 年代至 80 年代建立起 11 个以草原地区灌溉农业为主的定居项目。⑤约旦的定居项目是涵盖资源开发、住房工程、农业贷款和社会服务等内容的综合性规划,已被纳入国家发展的总体政治框架。70 年代末,仅有约 3% 的贝都因人仍从事游牧生产活动,⑥以定居为主的部落"国族化"进程取得实际性成效,部落由传统领域进入以民族国家司法管辖为特征的现代领域。

伴随定居而来的读写能力提升和大众媒介参与是实现传统社会向现代转型的重要方式。传统社会是非参与性的,人们在彼此相隔且远离政治中心的社区生活,而现代社会是通过共识运行的,稳定的共同治理依赖一套基于共享符号体系并超越个体之上的共同原则,这要求可扩展的、适应性强的自我系统和心理流动性,即移情(empathy)

① Myriam Ababsa,ed.,*Atlas of Jordan:History,Territories and Society*,Beirut:Presses de l'Ifpo,2014,pp. 222–225.
② Joseph A. Massad,*Colonial Effects:The Making of National Identity in Jordan*,New York:Columbia University Press,2001,p. 59.
③ 韩志斌、薛亦凡:《约旦国家建构中的部落问题及其影响》,《西亚非洲》2020 年第 1 期,第 129 页。
④ Riccardo Bocco,"The Settlement of Pastoral Nomads in the Arab Middle East:International Organizations and Trends in Development Policies,1950–1990,"in Dawn Chatty,ed.,*Nomadic Societies in the Middle East and North Africa*,Leiden:Brill,2006,pp. 315–316.
⑤ Ibid.,pp. 318–319.
⑥ Dan Wilkofsky,"Tribal Justice Persists Alongside Jordan's Law Courts,"https://newlines-mag.com/reportage/tribal-justice-persists-alongside-jordans-law-courts/,accessed October 27,2023.

的能力。[1]

教育推动人们重新审视传统规范和社会结构。新的价值观的浸润和习得，可能不会迅速替代部落的道德原则和文化观念，但仍会补充甚至逐渐侵蚀后者。1952 年至 1976 年，贝都因人的文盲率从 70%下降至 29.3%。[2]扫盲教育的普及促进国家观念的出现，年轻的部落民众受益于公立学校和高等学府，能够以全新的、将自身与他人相关联的方式思考，这正是孕育"共时性"（simultaneity）和"想象的共同体"的关键。

通信网络的普及和交通设施的完善，使各阶层的社会联系日益紧密，也增强了中央政府对地区社会变革过程的控制和影响。以约旦南部卡拉克（Al-Karak）部落省为例，1968 年 8400 户家庭登记注册的收音机数量大幅度增长并超过 5000 台，可接收来自阿拉伯世界和英国、美国等地的电台节目。[3]1978 年，一项针对约旦贝都因人口的重要研究指出，即便是游牧民族，帐篷内也普遍配有电视天线、磁带播放机和晶体管收音机等现代媒介设备，[4]部落民众逐步趋近现代化的生活方式和心理人格。

国家在使部落"国族化"的同时，部落也在国家认同的塑造方面发挥核心作用。约旦重视部落的传统基因和道德形象，试图将其作为国家认同的符号化表达和社会凝聚力的内在基础，以服务于统治的合法性与政治体系的稳固。

部落在积极意义上可以理解为：一是贝都因人具备的优良品格和道德价值，这被认为是理想的规范准则，值得民众效仿和遵循；二是部落社会生活的历史遗产，其稳定悠久的传统习俗和生活方式在

[1] Daniel Lerner, *The Passing of Traditional Society: Modernizing the Middle East*, London: The Free Press, 1958, pp. 50-51.

[2] Gebhard Schweigler et al., *Jordan: The Impact of Social Change on the Role of the Tribes*, Westport: Praeger, 1984, pp. 32-34.

[3] Peter Gubser, *Politics and Change in Alkarak, Jordan: A Study of a Small Arab Town and Its District*, London: Oxford University Press, 1985, p. 253.

[4] Gebhard Schweigler et al., *Jordan: The Impact of Social Change on the Role of the Tribes*, pp. 34-35.

拥趸者眼中具备文化层面上的延续性和纯洁性。①同时,约旦未能成功整合东西两岸,巴勒斯坦的民族主义意识发展得更早,在第一次中东战争期间及其后不断增强,而约旦的民族认同此时较为脆弱,是作为对巴勒斯坦民族主义的回应,特别是对其归属感的恐惧而存在的,并非积极意义上身份认同的建立和声明。②因此,部落属性能够将约旦与重要的他者,即巴勒斯坦相区别,构成国家身份的独特性。基于部落主义在现代社会的积极价值,国王曾多次表达对保护约旦部落遗产的认同和承诺。③

历史实践中,贝都因人定居的过程是国家重新定义和配置其文化的过程。约旦强调部落的集体属性,将各个独立的部落身份整合为一个广泛的部落范畴,并将其继续识别为"贝都因人",确立重新定义后的部落文化为真正的约旦文化和社会规范,部落认同成为国家认同的组成部分,部落主义也作为共享的历史来源和国家的象征。④1976年,部落法院(tribal courts)废除,目的是消除被殖民地法律定义为"贝都因人"的部落与其他部落间的官方壁垒,创造统一的部落身份。⑤

现存的部落信仰还可以理解为一种建构的现实,它创造关于过去的理想化图景,以证明当前权力体系的合理性。⑥在约旦民族主义的官方话语中,哈希姆家族具有先知后裔和圣地守护者的传统地位,在阿拉伯起义(Great Arab Revolt)中担任领导者,这构成其合法性的重要来源。而部落在维系哈希姆家族统治方面具有关键作用,部落的

---

① Linda L. Layne, "The Dialogics of Tribal Self-Representation in Jordan,"*American Ethnologist*, Vol. 16, No. 1, 1989, pp. 104–105.
② Gebhard Schweigler *et al.*, *Jordan: The Impact of Social Change on the Role of the Tribes*, pp. 54–55.
③ Linda L. Layne, *Home and Homeland: The Dialogics of Tribal and National Identities in Jordan*, Princeton: Princeton University Press, 1994, pp. 104–105.
④ Schirin Fathi, *Jordan: An Invented Nation? Tribe-State Dynamics and the Formation of National Identity*, Hamburg: Deutsches Orient-Institut, 1994, p. 210; Joseph A. Massad, *Colonial Effects: The Making of National Identity in Jordan*, p. 71.
⑤ Yoav Alon, *The Making of Jordan: Tribes, Colonialism and the Modern State*, pp. 156–157.
⑥ Mohammed Ali Al Oudat and Ayman Alshboul, "Jordan First: Tribalism, Nationalism and Legitimacy of Power in Jordan,"*Intellectual Discourse*, Vol. 18, No. 1, 2010, p. 65.

忠诚建立在高度个人化的关系之上,源于捍卫家庭、部落和国王荣誉的责任意识,而非抽象的爱国主义情感。这意味着通过建构和阐释部落的正面形象与特殊价值,部落支持的国王统治也能增强和巩固文化传统和历史功绩上的合法性。

总体上,国家试图在基于家庭、社区和部落的原初联结,即格尔兹(Clifford Geertz)指出的"根基性情感"(primordial Sentiments)与民族国家稳步拓展的政治进程及其认同需求之间实现调和。[1]在约旦,既有的忠诚并未被摧毁,而是被纳入新的政治结构的价值体系中,部落主义与国家认同存在相融的可能性。

三、庇护资源分配:部落忠诚与选举政治

部落在现代国家构建中作为政治参与的组织和动员单位融入核心的正式制度,基于部落忠诚的庇护结构是约旦选举政治中部落候选人获取足够选票并在议会中占据主导地位的关键机制。

1993 年,约旦实施不可转移单票制(Single Non-Transferable Vote),该制度应用于多成员选区(Multi-Member District),选民掌握有限的一票,仅能支持单一候选人,在选区一级获取直接投票最多的候选人赢得议会席位。[2]部落选民通常投票给所属部落的候选人,而非依据政治纲领和意识形态选择。同时,重新划分选区,部落省份的议会席位较其人口比例偏多,代表性过高。总体上,选举制度主要向政权忠诚者倾斜,大部分反对派和巴勒斯坦裔被排除在选举进程外。[3]大多数情况下,部落的独立候选人均是主要赢家,这在多党竞争引入

① Clifford Geertz,"The Integrative Revolution:Primordial Sentiments and Civil Politics in the New States,"in Clifford Geertz,ed.,*Old Societies and New States:The Quest for Modernity in Asia and Africa*,New York:The Free Press of Glencoe,1963,p. 128.

② Arend Lijphart et al.,"The Limited Vote and the Single Nontransferable Vote:Lessons from the Japanese and Spanish Examples," in Bernard Grofman and Arend Lijphart,eds.,*Electoral Laws and Their Political Consequences*,New York:Agathon Press,2003,p. 154.

③ André Bank and Anna Sunik,"Parliamentary Elections in Jordan,January 2013,"*Electoral Studies*,Vol. 34,2014,pp. 376-379.

后也仅是略有改变。

　　部落采取现代政治策略,在形塑成员的投票行为上发挥关键作用。部落充当政党角色,提名候选人,提名权可下放至特定分支并进行轮换。候选人联系家庭成员,开启竞选活动,筹措竞选资金。较大型的部落通常举行组织良好的初选以决定支持对象,[1]部落各分支基于无记名投票等方式,由内部完成民主选举,再通过集会共同商定代表本部落的最合适的候选人。[2]候选人确定后,开展动员工作。部落身份及其归属认同是选举动员的核心要素,[3]部落成员受传统规范、伦理道义和人际网络的约束,自愿或迫于社会压力为部落候选人投票。获胜关键并非候选人的智识、能力和政治立场,而是其依靠的部落能否提供充分的选票。规模较大且具有凝聚力的部落能够为较弱势的候选人提供强大支持,小型的部落之间也可以通过组建联盟提升竞争力。[4]

　　约旦的选举政治是部落分配庇护资源的重要方式,而更少表现为不同政治立场和党派力量间的民主竞争。亲属关系和社交网络塑造公民对候选人的期望,大部分约旦人认为来自同一家庭、部落和社区的人们具有超越政治意识形态的共同利益,理应相互给予支持。因此,选举成为社会关系的竞争,是候选人在国家议会中代表所属部落的机会。[5]这进一步表现为"竞争性庇护主义"(competitive clientelism),选举竞争为政治精英提供争夺有限的国家资源的机会,使之

①　Sami Hourani,Mohammad El-Momani and Ellen Lust,"Jordan Votes:Election or Selection?" *Journal of Democracy*,Vol. 22,No. 2,2011,p. 121.

②　Jennifer Rowland,"Democracy and the Tribal System in Jordan:Tribalism as a Vehicle for Social Change,"*Independent Study Project(ISP)Collection*,2009,p. 32; Amin Alazzam,"Political Participation in Jordan:The Impact of Party and Tribal Loyalties Since 1989," Ph. D. diss.,Durham University,2008,p. 118.

③　Luis Melián Rodríguez,"Patronage and Clientelism in Jordan:The Monarchy and the Tribes in the Wake of the 'Arab Spring',"in Laura Ruiz de Elvira *et al.*,eds.,*Clientelism and Patronage in the Middle East and North Africa:Networks of Dependency*,Abingdon:Routledge,2019,pp. 217-218.

④　Eleanor Cao,"They're Here to Stay:Tribes and Power in Contemporary Jordan,"in Denis Sindic et al.,eds.,*Power and Identity*,New York:Psychology Press,2015,pp. 57-58.

⑤　Sami Hourani,Mohammad El-Momani and Ellen Lust,"Jordan Votes:Election or Selection?"p. 120.

能够将其分配给被庇护者(client)并层层传递,最终成为地方精英在其追随者中建立权威、信念和激励的可靠凭借。①

　　选民也将投票视作获取资源的重要途径,据此调整投票意愿和策略。当候选人能够与中央政府保持良好关系,具备提供服务的能力,同时自身与候选人维持可仰赖的个人关系时,选民才会为其出门投票。投票是礼物交换(gift exchange)的重要形式。②选票是部落民众可提供的具有价值的商品和服务,可以凭此要求掌握人脉、资源和影响力的个人帮助自身实现目标,这通常包括经济援助、就业支持、政府手续办理和基础设施建设等内容。1967 年议会选举前夕,卡拉克候选人拜访该省中低层领导,承诺修建学校和改善道路,给予军队或官僚机构职务,或直接支付现金,以换取选举获胜的必要支持。③

　　上述竞选机制导致城乡间的投票率差异较大。由于候选人和选民的社会联系较为疏离,城市地区的投票率较低。2010 年选举中,部落地区的平均投票率高达 80%,而首都安曼仅有 34%。④2013 年,农村地区投票率大大高于安曼、扎尔卡(Zarqa)和伊尔比德(Irbid)等城市,购买选票也主要出现于农村地区。⑤

　　约旦的选举制度强化了现有的社会结构和庇护网络,巩固了部落在约旦政治生活中的地位。在不可转移单票制下,选民只能投票给多席位选区中的一名候选人,在部落代表和拥有稳固政治纲领的候选人中通常选择前者,这使议会主要由亲政府的部落人物组成,在代表性上颇受争议。在制度设计上,不可转移单票制对政党策略要求其高,选票需在候选人之间有效地平均分配,以最大限度地提高政党的

①　Ellen Lust, "Competitive Clientelism in the Middle East," *Journal of Democracy*, Vol. 20, No. 3, 2009, p. 122.

②　Linda L. Layne, *Home and Homeland: The Dialogics of Tribal and National Identities in Jordan*, pp. 118–120.

③　Peter Gubser, *Politics and Change in Alkarak, Jordan: A Study of a Small Arab Town and Its District*, p. 373.

④　Curtis R. Ryan, "Deja Vu for Jordanian Election Reforms," https://www.washingtonpost. com/news/monkey-cage/wp/2015/09/02/deja-vu-for-jordanian-election-reforms/, accessed October 31, 2023.

⑤　André Bank and Anna Sunik, "Parliamentary Elections in Jordan, January 2013," p. 378.

整体表现，这内含一定的选举复杂性并要求大量的政党组织工作，①已超出约旦大多数新获得许可的政党的能力。对候选人在不同群体的相对受欢迎程度进行评估以做出最有效的投票选择，对选民而言也具有认知负担。②

部落相对政党在竞争社会支持方面具有明显优势，部落的组织动员和政治沟通属性使其发挥准政党功能，成为民众与政权之间的重要纽带，政党在约旦则显得较为弱势和边缘。选民倾向于为能够获得国家资源的亲政府候选人投票，反对派精英也意识到获胜可能性较低且拒绝通过选举使政权合法化，因此议会主要由支持政权的政治力量构成，总体倾向于巩固政权和维持现状。③然而，国会议员应履行的公共职务可能与为选民提供个人服务相冲突，通常情况下，他们会以对立法、预算和其他部委事务的批准换取私人利益，④而难以为国家问题承担责任。

为回应反对派在中东剧变后的政治诉求，约旦近年来多次调整选举制度。2012年，议会选举的法律框架引入国内公民和国际观察员团体等改进程序以确保投票的保密性和透明度，但实质上仍未能满足代表性要求。混合选举制度实施，议会总席位中的108名代表由多数决原则确定，其余27名即20%由封闭式名单比例代表制选出，但收效有限，仅略微缩小选票权重的差异。⑤反对派称2012年新选举法

① Malik Mufti,"Elite Bargains and the Onset of Political Liberalization in Jordan,"*Comparative Political Studies*,Vol. 32,No. 1,1999,p. 119; Arend Lijphart et al.,"The Limited Vote and the Single Nontransferable Vote:Lessons from the Japanese and Spanish Examples,"p. 159.

② Kristen Kao,"Electoral Institutions and Identity Based Clientelism in Jordan,"*Political Research Quarterly*,Vol. 76,No. 3,2023,p. 1238.

③ Ellen Lust-Okar,"Reinforcing Informal Institutions through Authoritarian Elections:Insights from Jordan,"*Middle East Law and Governance*,Vol. 1,No. 1,2009,pp. 35-36.

④ Kristen Kao,"Jordan's Ongoing Election Law Battle,"https://carnegieendowment.org/sada/48781,accessed October 27,2023.

⑤ The Carter Center,*The Carter Center Releases Study Mission Report on Jordan's* 2013, Parliamentary Elections,2013,pp. 12-13.

为"表面上的改变",因其仍有利于部落代表和亲政府候选人。[1]2013年选举中仍存在较多选区分配不均和选举权不平等现象。2015年选举法真正意义上取消不可转移单票制,实行公开名单比例代表制,增加大城市代表席位。但2020年选举中,企业高管和部落独立人士仍占主导地位,持改革立场的议会成员较少,基础广泛的联盟表现不佳,130名代表中不到10%来自政党。[2]综上,虽然约旦选举制度的代表性有所增强,但部落对选举的影响仍不足小觑,传统忠诚及其非正式网络在现代政治生活中仍发挥着不可忽视的作用。

四、稳定与裂隙:部落占主导的军队结构

约旦武装部队(Jordanian Armed Forces)以东约旦部落成员为核心结构,是约旦政治统治联盟的重要组成部分,但以2010年春天退伍军人起义为典型表征,似乎展现出忠诚面向外与政权间不同寻常的裂隙与不谐。

约旦的政体是二元制君主立宪制,国王与议会共享国家权力,哈希姆家族的历史贡献、与穆罕默德的宗谱联系以及圣地守护者的重要角色也使君主统治构成国家认同的核心内容。因此,除军队本身保障安全和秩序以维持国家运作的功能外,军队对君主的效忠与否一定程度上也可以理解为对国家的认同程度,或者作为衡量国家认同的指标,进而与国家构建密切相关。

传统上,以贝都因部队为核心的约旦军队履行着保卫国家免受外来攻击与保卫君主制免受内部挑战的重要职责。20世纪50年代,泛阿拉伯民族主义高涨且反君主制情绪强烈,侯赛因国王启动军队"阿拉伯化"(Arabization)计划,将军队名称由阿拉伯军团(Arab Le-

① Nur Köprülü,"Electoral Pluralism,Social Division and the 2016 Parliamentary Elections in Jordan,"*Digest of Middle East Studies*,Vol. 26,No. 2,2017,p. 287.
② Kristen Kao and E.J. Karmel,"The Pandemic Compromised Jordan's Parliamentary Elections,"https://www.washingtonpost.com/politics/2020/11/20/pandemic -compromised -jordans-parliamentary-elections/,accessed October 31,2023.

gion)改为约旦阿拉伯军队(Jordanian Arab Army),以约旦军官取代英国指挥官,[1]试图加强王室对军队的控制。1957 年,总参谋长阿里·阿布·努瓦(Ali Abu Nuwar)发起政变,贝都因部队和忠于国王的军官迅速将其镇压。[2]

1970 年 9 月,约旦和巴勒斯坦解放组织(Palestine Liberation Organization)发生大规模军事冲突。约旦军队对巴勒斯坦敢死队(Palestinian fedayeen)的主要基地发动袭击,将其驱逐出境,并使支援的叙利亚军队撤出伊尔比德。[3]该事件将部落团结在君主制周围,国王召开一系列与部落首领的会谈,招募外约旦人作为拥护者,以为可能出现的社会冲突和内部分裂做好准备。地区冲突中,部落占主导的军队也构成约旦主要的安全支柱,作为成熟的军事机构和职业精英部队,是第一次中东战争中唯一表现出色的阿拉伯军队。[4]

"黑九月事件"后,约旦发展出新的民族主义,其基础是东约旦部落主义和伊斯兰主义价值观,与对统治家族和军队的忠诚,更确切的是,清除巴勒斯坦人、泛阿拉伯和进步主义(progressive)意识形态。[5]行动上,约旦开启官僚机构和武装部队的"约旦化"(Jordanization)或"去巴勒斯坦化"(de-Palestinianization)进程,旨在清除公共部门的异见者,削弱巴勒斯坦裔在政治生活中的影响力,确保内部对君主制的高度忠诚。部落民众也认为国家是自身的而不属于巴勒斯坦人,对政权的忠诚理应为其获得政府恩惠等特殊待遇。[6]数百名公务员被解除职

---

[1] Curtis R. Ryan, "Jordan:The Military and Politics in the Hashemite Kingdom,"https://oxfordre.com/politics/display/10.1093/acrefore/9780190228637.001.0001/acrefore-9780190228637-e-1945,accessed December 5,2023.

[2] Mark Heller, "Politics and the Military in Iraq and Jordan,1920-1958:The British Influence,"*Armed Forces & Society*, Vol. 4,No. 1,2012,p. 92.

[3] Philip Robins,*A History of Jordan*,Cambridge:Cambridge University Press,2019,pp.138-139.

[4] P. J. Vatikiotis,*Politics and the Military in Jordan:A Study of the Arab Legion*,1921-1957,Abingdon:Routledge,2017,pp. 74,137.

[5] Michael C. Hudson,*Arab Politics:The Search for Legitimacy*,New Haven:Yale University Press,1977,p. 210.

[6] Michael Makara, "From Concessions to Repression:Explaining Regime Survival Strategies in Jordan during Black September,"*The Journal of the Middle East and Africa*,Vol. 7,No. 4,2016,p. 402.

务,取而代之的是任命以反巴勒斯坦观点闻名的公众人物,警察和军队构成也发生广泛变化,几百名安全人员遭到解雇,[1]部落成员则被赋予军事指挥中最敏感的职位。[2]从 1961 年到 1975 年,约旦军队几乎增至原先的三倍,到 1975 年已有 25%的劳动力在安全部门工作,[3]而巴勒斯坦裔在军队中的比例却由 1965 年的 40%下降至 70 年代的 15%。[4]

然而,以部落为核心的军队内部退伍军人的起义,及其所属部落团体表达出的怨愤,均表明这一传统政治基石与政权之间存在潜在的裂隙,约旦的政治图景逐渐发生转变。2010 年 5 月,约旦全国退役军人委员会(National Committee of Retired Servicemen)代表包括最高级别军官在内的约 14 万名退伍军人在相关问题上发布抗议宣言。内容以东约旦民族主义议程为主,对国王的新自由主义经济政策表示遗憾,直接批评任命巴勒斯坦人担任关键职位,要求将 1988 年 7 月与约旦河西岸法律和行政关系的解离(disengagement)宪法化,剥夺王国内所有巴勒斯坦裔的选举权,并进行政治改革以遏制腐败,这标志着近年来高级退伍军人干预政治事务的渐进过程达到顶峰,旧时代的权力基础开始跨越红线。[5]

退伍军官主要来自历史上忠诚的家族和部落,作为约旦政坛最具影响力的压力集团之一,其对政权的公开批评令人震惊,也开启了后续其他群体对政权的挑战。[6]其中,希拉克(Hirak)抗议运动规模最

[1] Iris Fruchter Ronen, "Black September:The 1970-71 Events and their Impact on the Formation of Jordanian National Identity,"*Civil Wars*,Vol. 10,No. 3,2008,pp. 254-255; Asher Susser,*On Both Banks of the Jordan:A Political Biography of Wasfi al-Tall*,Abingdon:Routledge,2018,pp. 156-160.

[2] Hussein Sirriyeh, "Jordan and the Legacies of the Civil War of 1970-71,"*Civil Wars*, Vol. 3,No. 3,2007,p. 79.

[3] Michael P. Mazur,*Economic Growth and Development in Jordan*,Beckenham:Croom Helm, 1979,p. 111.

[4] Helen Chapin Metz,ed.,*Jordan:A Country Study*,Washington,D.C.:Federal Research Division,Library of Congress,1991,pp. 252-253.

[5] Assaf David, "The Revolt of Jordan's Military Veterans,"https://foreignpolicy.com/2010/06/16/the-revolt-of-jordans-military-veterans/,accessed October 31,2023.

[6] Curtis R. Ryan,*Jordan and the Arab Uprisings:Regime Survival and Politics Beyond the State*,New York:Columbia University Press,2018,p. 30.

盛。约旦内部反对派话语、政治参与和跨团体合作的重要变化,[1]表明其政权面临重大挑战。

掀起约旦全国性政治和社会抗议运动的退伍军官宣言与部落异议蕴含两条线索,即反对阿卜杜拉二世国王统治下的新自由主义经济改革,批评政府处理巴勒斯坦问题的方式。[2]两者相互关联,本质上是新自由主义经济改革中,约旦既有的民族主义倾向的社会福利制度因财政缩减难以维系,再加上东西两岸民众在城乡分布和产业部门上的分化,以及伴随而来的阶层差异和权力失衡,传统的部落民众逐渐丧失特权地位,产生强烈的落差和怨愤。

20世纪80年代,中东地区油价下跌导致外国援助资金和海外劳工汇款大幅度减少,国家积累的外债规模巨大并不断增长。为获取国际货币基金组织的救助,约旦实施取消补贴、削减国家就业、公共部门投资私有化等结构调整计划。新的经济安排剥夺农村地区,主要是部落民众的福利与权益,由于长期依赖国家资源和就业安排,该群体受货币贬值和物价上涨的打击最为严重。[3]军事和安全部门是结构调整中唯一增长的部门,总体的社会福利拨款减少,但军队预算仍不断增加,这表明国家实施倾向军事的福利制度(militarized welfare regime),将对部落民众的普遍恩惠转向仅补贴部落主导的军队这一亚群体。

1997年,约旦仍背负4.5亿美元的年度国防预算和73亿美元的巨额外债,[4]国王阿卜杜拉二世开始实施军事领域的新自由主义(mil-

---

① Jacob Amis, "Hirak! Civil Resistance and the Jordan Spring," in Adam Roberts, ed., *Civil Resistance in the Arab Spring:Triumphs and Disasters*, Oxford:Oxford University Press, 2016, pp. 287-323.

② Tariq Tell, "Early Spring in Jordan:The Revolt of the Military Veterans," https://carnegie-mec.org/2015/11/04/early-spring-in-jordan-revolt-of-military-veterans-pub-61448, accessed October 30, 2023.

③ Anne Marie Baylouny, "Militarizing Welfare:Neo-Liberalism and Jordanian Policy," *Middle East Journal*, Vol. 62, No. 2, 2008, p. 303.

④ Roland Dallas, *King Hussein:A Life on the Edge*, New York:Fromm Intl, 1999, p. 260; World Bank, International Debt Statistics, "External Debt Stocks, Total(DOD, Current US$)-Jordan," https://data.worldbank.org/indicator/DT.DOD.DECT.CD? locations =JO, accessed October 30, 2023.

itarized neoliberalism），呼吁重组武装部队，减少对重型武器的依赖，削减军事人员的社会福利，这使维系君主制统治的社会契约进一步遭到侵蚀。而伴随新自由主义经济改革，国王的统治基础也逐渐发生根本改变，其依靠的精英联盟除传统上在官僚机构、安全部门和军队占主导的东约旦部落外，还纳入了受益于经济重组而新兴崛起的巴勒斯坦商业精英和技术官僚，后者在中部城市地区控制着私营部门并与海湾资本网络有所联系。王室中心与部落地区逐步疏远，阿卜杜拉国王访问部落的次数更少，大幅度减少市政管理职位的做法也削弱众多部落首领的传统权威。①

由于全国退役军人委员会中领导运动的高级军官和部落成员的内部分化与叛逃，以及依靠国际援助而大幅度增加退伍军官养老金等分配政策，此次事件在军队层面仅止步于政治改革诉求，而尚未发展为对统治现状全面系统的挑战。综上，部落占主导地位的约旦军队是政治稳定和社会秩序的守护者，然而新自由主义经济改革使传统上可供分配的庇护资源减少，财政失调也进一步侵蚀倾向军事的福利制度而动摇了作为传统支持基础的军队与其中部落成员的忠诚。

五、"中间人关系网"：部落文化与公共服务

官僚制是现代国家组织管理的核心结构，是从传统理性向价值理性和目标理性转变的重要表现。这种指向现代性的运动使运作效率的提高，裙带关系和机会主义的减少，与社会中新的职业阶层的出现成为可能。②

有效的官僚体制或国家执行政策的能力，尤其包括公共服务的供给，是国家构建的重要维度。本文重点探讨约旦部落文化与作为其

① Sean L. Yom, "Tribal Politics in Contemporary Jordan: The Case of the Hirak Movement," *Middle East Journal*, Vol. 68, No. 2, 2014, pp. 238–239.
② Alexander Styhre, "Management Control in Bureaucratic and Postbureaucratic Organizations: A Lacanian Perspective," *Group & Organization Management*, Vol. 33, No. 6, 2008, p. 637.

产物的"中间人关系网"(wasta)对官僚机构性质和功能的影响。其中，"wasta"源自部落调解争端的传统和习惯，意为"调解人"和"中介"，在现实语境中是指借以完成事情或获取服务的人际关系和社会网络。

　　部落是公共部门吸纳雇员的重要来源，[①]其中 3/4 均以某种身份为政府工作，[②]首都外的农村地区普遍达到更高比例。该群体以国家就业为身份特征，享有社会保障、紧急贷款和基本消费品补贴等公共福利。建国以来，约旦的政府规模不断扩张。20 世纪 70 年代公共部门雇员约占就业市场的 35%，[③]1982 年该比例在东岸达到 47.5%，在主要经济活动领域内最高。[④]90 年代初，政府或已成为商品和服务最大的单一购买者。[⑤]进入 21 世纪，政府支出占 GDP 的比例与政府雇员占劳动力总数的比例仍然较高，而经济负增长和失业率上升迫使政府雇用远超实际所需的人员。[⑥]结构臃肿和巨额工资造成支出负担沉重，2018 年政府雇员工资已占总支出的 67.4%。[⑦]长期以来，约旦政治结构中的官僚病态，如不公正的职位录用，漠视问责制和透明度，对职业道德的低承诺，饱受诟病。而约旦官僚制的运行特征，与该社会根深蒂固的部落文化密切相关。

　　在阿拉伯世界，利用"中间人关系网"获取公共服务是一种常见

① Curtis R. Ryan, "Identity Politics, Reform, and Protest in Jordan," *Studies in Ethnicity and Nationalism*, Vol. 11, No. 3, 2011, p. 567.

② Rex Brynen, "Economic Crisis and Post-Rentier Democratization in the Arab World: The Case of Jordan," *Canadian Journal of Political Science*, Vol. 25, No. 1, 1992, p. 82.

③ Ali Kassay, "Administration and Efficiency — Bureaucratic Reform: The Case of Jordan," *Mediterranean Politics*, Vol. 3, No. 3, 1998, p. 53.

④ Mahmoud Salman Al-Faleh, "Career Development in the Bureaucracy of Jordan," Ph. D. diss., University of Glasgow, 1983, p. 56.

⑤ Taher H. Kanaan, "The State and the Private Sector in Jordan," in Nemat Shafik, ed., *Economic Challenges Facing Middle Eastern and North African Countries*, London: Palgrave Macmillan, 1998, p. 79.

⑥ Rami Mohd Tbaishat, "Administrative Reform in Jordan: Urgency for Reforming the Bureaucracy Structure," *International Review of Management and Marketing*, Vol. 5, No. 2, 2015, pp. 45-51.

⑦ Laith Al Ajlouni, "The Recent Protests in Jordan and the Way Forward: Renegotiating the Social Contract," https://blogs.lse.ac.uk/mec/2018/07/16/the-recent-protests-in-jordan-and-the-way-forward-renegotiating-the-social-contract/, accessed October 30, 2023.

做法和社会规范。2019 年发布的《全球腐败晴雨表》(*Global Corrup-tion Barometer*)显示,约旦全国总体贿赂率仅为 4%,但"中间人关系网"的使用率达到 25%。①虽然现代教育、城市化和社会流动开始改变个人从属家庭和宗族(clan)的观念和习惯,但该变化尚未达到功绩(merit)和正当程序的原则在政府活动中取代个人关系的程度。②而"中间人关系网"的使用既包含基于文化期望的道德义务,也蕴含明确的互惠共识,即被庇护者的经济福祉取决于对政治职位上部落成员的支持。③

　　"中间人关系网"是公认通行的文化习俗和解决问题的良好机制,还是阻碍民主和善政的腐败行为? 这是一个颇具争议的问题。一方面,"中间人关系网"总体上对约旦人如何看待自身作为政治参与者、机构的有效性以及政府改革的意愿和能力产生负面影响,进而削弱民众对政治体系的信心。④基于官僚机构的核心特征和组织程序,首先在公务员录用层面,亲属关系经常置于组织目标之上。总理、内阁成员、议会议员和高级行政官员均试图雇用家庭、宗族、朋友和支持者担任公职,公共就业中旨在维持现状的庇护关系构成行政效率和专业精神的限制因素。⑤2016 年,下议院任命的 109 名工作人员中,14%是议员的儿子,其他大多也是立法者的亲属,这使本已庞大的行政结构更显臃肿,事实上过去几年间众议院已聘用近 800 名员工,任命也并非基于实际需求或品德能力。⑥

① Roberto Martinez B. Kukutschka, Jon Vrushi and Caryn Pfeiffer, *Global Corruption Barom-eter Middle East & North Africa 2019: Citizens' Views and Experiences of Corruption*, Berlin: Transparency International, 2019, p. 11.
② Jamil E. Jreisat, "Bureaucracy and Development in Jordan," *Journal of Asian and African Studies*, Vol. 35, No. 4, 2000, p. 99.
③ Douglas Andrew Jones, "Vitamin or Poison: Wasta and Politics in Jordan," Ph. D. diss., The State University of New Jersey, 2016, p. 25.
④ Ibid., pp. 8–175.
⑤ Jamil E. Jreisat, "Public Administration Reform in Jordan: Concepts and Practices," *Inter-national Journal of Public Administration*, Vol. 41, No. 10, 2018, p. 788.
⑥ Omar Obeidat and Raed Omari, "Hundreds of MPs' Relatives Appointed as Administrators at Chamber," https://jordantimes.com/news/local/hundreds-mps%E2%80%99-relatives-ap-pointed-administrators-chamber, accessed October 31, 2023.

　　其次,在官僚制提供公共产品的职能方面,"中间人关系网"允许基于个人关系优先获取公共服务、工作岗位和其他经济机会,这可能会破坏公平和机会均等,侵蚀行政系统和政府绩效。公共资源的分配不均也会使公民的健康水平或经济安全面临风险,损害其对政府能力的信任。2009年盖洛普(Gallup)世界民意调查显示,58%的约旦青年受访者认为政府腐败现象普遍存在;22%表示工作只会提供给有关系的人;85%的年轻人同意结识身居高位的人对就业至关重要,[1]而基于不平等和失业的怨愤可能成为社会稳定的隐患。

　　另一方面,西方学界对行政腐败的传统理解可能对于处理"中间人关系网"这一中东地区根深蒂固的通行做法并不具有现实意义,约旦需要结合其社会语境来界定公共行政中社会资本的不道德使用,以提高应对其负面影响的能力。[2]实际上,并非任一"中间人关系网"的使用均构成违法行为。2006年约旦反腐败委员会法(Anti-Corruption Commission Act)及其修正案规定,当废止一项权利或者使无效权利生效时,该行为才会被定罪。除非牵涉其他类型的腐败,"中间人关系网"大部分发生在正式的法律和程序范围内,以法治和透明度为核心的传统反腐败方式普遍对其无效。[3]

　　"中间人关系网"也是一种社会资本,相较帕特南(Robert Putnam)提出的导向负面绩效的垂直等级结构,部落比通常理解得更加平等和灵活,其性质很大程度上取决于使用者的意图,不一定会造成消极影响。[4]在传统意义上,"中间人关系网"被视为一种重视人际关系的

①　Silatech and Gallup, *The Silatech Index: Voices of Young Arabs*, 2009, pp. 66—67.
②　Ahmad Asem Al-Hiari, "Corruption or Culture? Evaluating Elite Definitions of 'Wasta' in Jordan," *Public Integrity*, 2022, pp. 1—12.
③　Yazan Doughan. "Corruption in the Middle East and the Limits of Conventional Approaches," https://www.giga-hamburg.de/en/publications/giga-focus/corruption-in-the-middle-east-and-the-limits-of-conventional-approaches, accessed October 31, 2023.
④　M-Said Oukil, "Wasta and Development in Arab and Muslim Countries," in Mohamed A. Ramady, ed., *The Political Economy of Wasta: Use and Abuse of Social Capital Networking*, Cham: Springer Cham, 2016, pp. 135—136.

文化权利与合法实践。2023 年约旦战略研究中心（CSS）调查显示,除家庭、朋友和邻居外,公众最信任的是部落,该比例达到 65%。[1]在部落的边界内,人们对关系网的期待是压倒性的,拥有权力和地位的个人应当为群体内的成员服务,否则将被认为是不道德的,这构成较大的社会压力。[2]"中间人关系网"也与价值观相关,人们借此履行对家庭和部落的义务,践行团结、忠诚与合作的部落精神。[3]它构成个人威望、自豪感和影响力的象征,是隐含的社会契约和部落文化的组成部分。

部落传统也是符合社会规范的行为框架与基于集体责任的争议解决程序。约旦部落法虽然于 1976 年被正式废除,但仍能与官方司法同时援引,[4]在解决暴力犯罪、名誉犯罪、土地索赔以及其他部落分歧中得到实际应用。在官方叙述中,部落习俗是对民事法律制度（civil legal system）的补充,具有修复式正义（restorative justice）和社区治安服务的功能,能够在犯罪行为发生后促进社会平衡的恢复,[5]提供社会秩序这一项核心的公共价值。部落联结也是社会团结和凝聚力的源泉,作为非正式安全网承担一定的公共救济和社会保障功能。[6]

[1] Rana Husseini, "60 per cent of Jordanians 'not optimistic' about economy — CSS poll," https://www.jordantimes.com/news/local/60-cent-jordanians-%E2%80%98not-optimistic%E2%80%99-about-economy-%E2%80%94-css-poll, accessed November 3, 2023.

[2] Yusuf M. Sidani and Jon Thornberry, "Nepotism in the Arab World: An Institutional Theory Perspective," *Business Ethics Quarterly*, 2013, Vol. 23, No. 1, 2013, p. 76.

[3] Mohammad Ta'Amnha, Susan Sayce and Olga Tregaskis, "Wasta in the Jordanian Context," in Pawan S. Budhwar and Kamel Mellahi, eds., *Handbook of Human Resource Management in the Middle East*, Cheltenham: Edward Elgar Publishing Limited, 2006, p. 400.

[4] Aseel Al-Ramahi, "Wasta in Jordan: A Distinct Feature of (and Benefit for) Middle Eastern Society," *Arab Law Quarterly*, Vol. 22, No. 1, 2008, p. 61.

[5] Jessica Watkins, "Seeking Justice: Tribal Dispute Resolution and Societal Transformation in Jordan," *International Journal of Middle East Studies*, Vol. 46, No. 1, 2014, pp. 39–41.

[6] Robert B. Cunningham and Yasin Sarayrah, *Wasta: The Hidden Force in Middle Eastern Society*, Westport: Praeger, 1993, p. 2.

六、结语

一般观点认为,传统性与现代性是互为消长的关系,现代性的增强往往伴随传统性的削弱或以此为前提。约旦部落与国家的互动表明,部落作为传统社会组织不仅没有在现代社会中消失,反而在现代国家构建过程中获得了新的功能。现代社会并不完全是现代的,现代性在许多方面补充而非替代传统性,二者可能并存和融合,甚至在一些情况下现代性本身可以强化传统性,使既已存在甚至衰退的文化重获新生。[①]约旦部落在现代生活中发展出新的特征、价值和政治角色,早已不能以前现代国家遗留的落后结构对其进行概括。

部落和国家的互动,尤其是部落是否与国家构成争夺社会控制权的竞争关系,在经验与理论层面受到关注。约旦部落在现代国家构建中总体上能够成为合法性的支柱和政治稳定的保障,但在整个中东地区,部落与国家关系呈现更丰富的图景和可能性。在中东剧变中,部分国家的政治领域内,传统亲属关系的地位日益突出,部落作为社会政治组织的替代形式,构成对国家的潜在威胁。[②]有研究指出,当中央政权衰弱时,部落则会增强,部落的力量很大程度上取决于国家的权力变化与治理状况。[③]国家的完整、稳定和合法性,可能并非部落与国家争夺权力的直接结果,实际的情形是,部落力量的增强可能是国家力量衰弱的副产品,部落因出现权力真空或缺乏来自中央集权的限制而获得活动的空间。综上,该议题包含丰富的经验现象与理论内涵,值得进一步探索。

---

① Samuel P. Huntington,"The Change to Change:Modernization,Development,and Politics," *Comparative Politics*,Vol. 3,No. 3,1971,pp. 295–296.

② Andreas Krieg,*Divided Gulf:The Anatomy of a Crisis*,London:Palgrave Macmillan,2019, p. 51.

③ Muhammad Suwaed,"Tribalism,Borders and States in the Middle East,"p. 17.

政治社会剧视角下选举仪式的聚合逻辑

——以 2022 年美国中期选举为例 *

杨　蓉　杨绘荣 **

内容摘要　政治仪式是一种特别的政治社会剧，而选举作为政治仪式谱系中的重要维度，亦具有显著的社会戏剧性。在政治社会剧视角下，选举仪式由表演仪式和投票仪式构成，兼具象征与意识形态建构、赋权与重塑民主权威以及身份转换与认同塑造功能。在 2022 年美国中期选举中，选举的仪式性功能在两党的缠斗中不断弱化，各表演要素的分解之势不减，选举仪式和投票仪式的融合受阻，社会剧表演也因此缺乏本真性和真实性，导致民意聚合失灵。"自由选举"的制度美德，在无休止的党争中逐渐演变成"遏制民意"的制度缺陷，集体意见的"聚合"沦为了一场"貌合神离"的政治闹剧。

关键词　政治仪式；政治社会剧；美国中期选举

作为一种处理权力关系的象征系统①，政治仪式因其具有象征性

---

* 本文系 2022 年度教育部人文社会科学研究青年基金项目 "政治仪式中集体记忆的建构与国家认同的强化研究"（22YJC710082）、2023 年度山西省教育厅研究生精品课程项目（研究生优质课程）"政治文化专题研究"（2023YZ02）的阶段性成果。

** 杨蓉，山西大学政治与公共管理学院博士研究生，主要研究方向为政治学理论。杨绘荣，法学博士，山西大学政治与公共管理学院副教授，主要研究方向为政治文化。

① 王海洲：《政治仪式的权力策略——基于象征理论与实践的政治学分析》，《浙江社会科学》2009 年第 7 期。

资源①的存放权和生产权,成为各种政治力量争权夺利的利器。随着世界范围内民主化进程的推进,民众逐渐由被动参与政治生活的公民转向富有理解力和认知力的观众,各政治力量不得不将利益冲突转换为具有广泛适用性的表演,以便创造出更多令人信服的符号,在权力斗争和象征性资源的争夺中占据主动。在此背景下,政治仪式以政治社会剧的形式遍布于现代政治生活之中,并通过规范化和可重复化的方式为政治运作提供象征性支撑。选举作为民主政治的主要实现方式,背后蕴含着丰富的戏剧化元素,具有显著的社会戏剧性,可以聚合集体意见、构建政治认同。鉴于此,以选举仪式为研究对象,从政治社会剧视角探究 2022 年美国中期选举的聚合逻辑,并从仪式互动、心理机制、民主政制等多维度审视现今美国政体所面临的困境,既能拓展政治仪式研究的理论边界,还可以从现实层面廓清美国中期选举的仪式性功能及戏剧性呈现概貌。

一、理论回溯:政治仪式研究述评

仪式在人类社会中有着悠久的历史。早在传统农业社会,仪式便普遍存在。人类学家首先关注到仪式和仪式行为,随着研究的不断深入,逐步形成了神话、结构–功能以及象征三大理论流派。② 20 世纪 20 年代,政治人类学的兴起促使人类学家将研究边界扩展至政治领域,政治仪式开始成为一个独立的研究议题。此后,学界对政治仪式的研究日益呈学科泛化趋向,历史学家、社会学家、心理学家立足本学科特点对该议题进行了较为深入的研究。20 世纪 60 年代,在后现代主义思潮的驱动下,西方学界兴起了对文本、意义、表征和符号的解构研究,政治仪式逐渐发展成为一种系统性理论。

综观国内外研究成果,既有政治仪式研究主要囊括了以下四类

---

① 象征性资源与物质性资源相对,是"权力文化网络"中的重要组成部分。
② 彭文斌、郭建勋:《人类学仪式研究的理论学派述论》,《民族学刊》2010 年第 2 期。

代表性的议题：一是政治仪式与权力关系的互动研究。仪式遍布于现代政治生活之中，因为任何地方政治权力关系的呈现和变更，都需要借助象征性的表达方式。①因此，可以将政治仪式视为构建权力关系的重要媒介。②我国学者立足中国语境，从媒介权力③和权力生产④等视角对该议题进行深入剖析。二是政治仪式的功能及作用机制研究。西方学者主要阐释了政治仪式在动员偏见⑤、强化记忆⑥和塑造政治话语⑦中的作用机理，我国学者则深耕本土政治仪式研究，着重分析其在加强思想政治教育⑧以及塑造国家认同⑨等方面的作用。三是从社会剧视角审视政治仪式。杰弗里·亚历山大（Jeffrey Alexander）明确指出，政治仪式是一种特别的社会剧，试图用社会剧理论解释当前政治生活中大规模变化的动态戏剧性场景。⑩四是政治仪式的类型学研究。庆典仪式和纪念仪式是当前研究关注的主要类别，学界着重探讨它们建构国家认同的机理，而选举作为一种重要的政治仪式类型，仅个别学者泛泛描述了其仪式化功能⑪，但未展开系统阐释，使之成为政治仪式研究中的一颗"遗珠"。

　　显然，政治仪式作为政治文化的具体表现形式，受到了学界广泛关注，他们以人类学的仪式理论为基础，从理论与实践、传统与现代

① ［美］大卫·科泽：《仪式、政治与权力》，王海洲译，江苏人民出版社，2015 年。
② Catherine Bell, *Ritual: Perspectives and Dimensions*, New York: Oxford University Press, 1997.
③ 叶琦：《政治仪式中的媒介权力——大众传媒对美国总统竞选的影响》，《现代传播-北京广播学院学报》2001 年第 1 期。
④ 王海洲：《政治仪式：权力生产与再生产的政治文化分析》，江苏人民出版社，2016 年。
⑤ Steven Lukes, "Political Ritual and Social Integration", *Sociology*, 1975, 9(2).
⑥ Radstone, Susannah, and Bill Schwarz, *Ritual and Memory in Memory: Histories, Theories, Debates*, New York: Fordham University Press, 2010.
⑦ Fikfak Jurij, "Political Rituals and Discourses: The Case of Carinthia", *Electronic Journal of Folklore*, 2015(60).
⑧ 高梦潇、刘志山：《政治仪式的思想政治教育功能研究》，《思想政治教育研究》2020 年第 2 期。
⑨ 杨惠、戴海波：《政治仪式推进政治认同的逻辑与路径——基于建国以来阅兵仪式的考察》，《现代传播（中国传媒大学学报）》2019 年第 10 期。
⑩ ［美］杰弗里·亚历山大：《社会生活的戏剧》，李瑾译，江苏人民出版社，2022 年。
⑪ 白杨：《选举的仪式化功能——从业委会选举来看城市基层民主实践中的博弈》，《社会科学》2003 年第 5 期。

等维度展开了较为详尽的探讨。既有研究不乏真知灼见,但多是"化零为整"的系统介绍,缺乏微观层次尤其是对选举仪式的剖析。虽有学者关切到了选举的仪式化功能,但未明确划分出一个专属于选举的政治仪式类型,更遑论从政治社会剧视角对其加以考察。因此,有必要将选举纳入政治仪式谱系之中, 并基于政治社会剧视角分析各表演要素(如选民-观众或主角,政治候选人-导演或演员,政治议题-剧本,大众传媒-表演增效器等)间的融合情况。需要强调的是,从政治社会剧视角审视选举仪式,强调其仪式性功用,并不意味着选举政治功能的弱化。相反,选举仪式不仅能通过戏剧化的表演将选民的共同情感聚合成一种集体意识, 强化民众对诸如 "一人一票""自由平等"等选举理念的信念,还能推动民主权威的重塑以及集体意见的聚合,进而增强选举促进民意表达、影响公共政策的政治功能。

二、功能剖析:社会剧表演视角下选举之仪式性功能的呈现

仪式功能的实现以社会剧表演的成功为前提, 其成功有赖于说服观众相信表演的真实性, 而这种真实性则取决于表演各要素间的融合程度。[①]当表演要素相互融合时,表演本身被严密且紧凑的要素联接所掩盖,演员通过富有技巧的表演与观众建立起情感联系,强化观众对于表演中所投射的符号及符号行动的认同。这时附魅于表演之上的政治权力和意识形态不再是一种刻意存在的支配性力量,而只是符号的承载者和意义的传达者, 社会剧表演在这种情况下显得真实有效。当表演要素趋于分离时,政治社会剧不仅因政治权力的拉扯和意识形态的驱动而丧失本真性, 亦会因要素间的生硬联接而显得造作且缺乏真实性。此时,政治社会剧在贬损的意义上更像是一场

---

① Jeffrey C. Alexander, "Cultural Pragmatic: Social Performance Between Ritual and Strategy", *Sociological Theory*, 2004, 22(4).

"政治秀"而非"政治仪式"。在当代文化碎片化的多元社会中,基于政治社会剧视角审视选举活动及其成功之钥,剖析选举的仪式性功能,对于厘清选举制度之作用具有重要意义。

(一)集体表象:象征与意识形态建构

选举以选民参与民主选举的方式为一国政治运作提供坚实的合法性基础。在竞选中,政治候选人把自己塑造成与政治社会剧中角色相应的各类"人物形象",意在通过政治表演提升自身的感染力,以获得"选民–观众"[①]的支持。因为在民主国家,权力与合法性作为一种公共产品主要由"选民–观众"供给。选举仪式还是政治生活中一种重要的集体表象,涂尔干(Durkheim)在解释符号创造实在的功能时引入了"集体表象"这一概念,意指"社会成员平均具有的信仰和感情的总和,构成了他们自身明确的生活体系"[②],它是集体观念或者物质性的符号,亦是对社会情感的反映,这种共同意识甚至决定了制度和统治方式的存在。在选举活动中,选民的共同信仰和情感聚合成一种集体意识,政治候选人则借由一场社会剧表演将这种意识转化为权力,并以此为基础创设出一套政治体系。因此,选举以集体表象为表征,既是权力关系象征性的表达方式,又因其是集体观念和意识的集合而呈现出较强的意识形态倾向,从而使之兼具象征和意识形态建构功能。

就象征功能而言,在仪式语境下,象征是权力之形貌的载体,也是一种权威性资源[③],选举仪式就是围绕象征这种权威性资源而展开的竞争。政治候选人通过象征性表演向"选民–观众"投射自己的意图,以期创造出一种与之"想象力"相契合的象征,抑或将自身与流行的象征符号挂钩,以吸引"选民–观众"的眼球。此外,选民本身就是民

---

① 杰弗里·亚历山大曾在《政治表现:奥巴马的胜利与民主权力斗争》一书中,采用"公民–观众"来指代参与 2008 年美国总统大选的美国公民,并将其视为重要的表演要素,本文借鉴了这一用法,并将这一概念的外延由公民缩小为选举仪式的主体——选民。
② [法]爱弥儿·涂尔干:《社会分工论》,渠东译,生活·读书·新知三联书店,2000 年,第 42 页。
③ [美]杜赞奇:《文化、权力与国家:1900—1942 年的华北农村》,王福明译,江苏人民出版社,1996 年。

众的象征，参与选举则是他们对于政治制度以及自身作用的象征性肯定。正是这种象征性，使民众摆脱了作为原子化个人的无力感，他们"声音"的集合也得以成为一种象征性力量而被合法化。就意识形态建构而言，选举在官方意识形态中占据中心地位[1]，在选举活动中，选民所选择的并非某一种意识形态，而是持有这一意识形态的政党或政治候选人。这里的意识形态其实是一种权力策略，政治候选人可以利用它争取选民的支持和认同，也能通过意识形态的连续性维持选民对该政党的兴趣。[2]然而，选举技术的蓬勃发展，演化出一种新的"意识形态"。选举活动的日益职业化，使一些西方政党不再固守单一的意识形态模式，政党活动的动力来源由传统的意识形态转向一系列诸如民意调查、新闻传播和电影制作等专业技能，因为在技术上处于有利地位的政党可以控制和歪曲公民的政治意志。[3]上述两种功能的实现有赖于政治候选人表演的真实性，因为当该过程呈现出过度且夸张的戏剧性时，表演会显得虚假而不真诚，选举活动就会背离作为集体表象聚合集体意识的基本原则，自然也会削弱选举仪式在象征和意识形态建构中的作用。

(二)投票生威:赋权与重塑民主权威

从结构要素上来讲，选举仪式是表演仪式和投票仪式合力作用的结果，其成功离不开二者的交织与融合，即"通过技巧性的、令人感动的表演，创造观众与演员之间的情感联接，并借此创造从表演中向观众阐述文化意义的条件"[4]。在表演仪式中，政治候选人通过自导自演的方式将自身塑造成耀眼的仪式明星，竭力与选民建立情感联接。他们是戏剧中的导演，希望以创作者的身份创造出更多的"象征性作

[1] Steven Lukes, "Political Ritual and Social Integration", *Sociology*, 1975, 9(2).
[2] 高奇琦:《选举技术作为西方政党意识形态的兴起及其评析》,《社会主义研究》2009 年第 3 期。
[3] [美]戴维·赫尔德:《民主的模式》,燕继荣等译,中央编译出版社,1998 年。
[4] Jeffrey C. Alexander, "Cultural Pragmatic:Social Performance Between Ritual and Strategy", *Sociological Theory*, 2004, 22(4), p.547.

品",获得"选民–观众"的青睐;他们亦是演技卓越的演员,一方面通过倾情投入剧本表演的方式激发选民的情感共鸣,另一方面试图塑造出一种公共形象,即道德的标杆和公共利益的忠仆,以期成为令人信服的集体代表。选民则是候选人所需要的观众,他们通过大众传媒获取竞选信息,政治精英们自导自演的各种戏剧所呈现的效果,最终在媒体的运作中显现在观众眼前。在投票仪式中,选民实现了由观众到主角的身份转换,他们掌握着公共权力(投票权),决定着赋权的对象,用眼光参选,用言行投票,"他们支持的是那些似乎对生活给予肯定态度和给人以希望的角色,反对那些看起来邪恶和危险的角色"①。此刻他们不是"一人一票"的投票机器,而是"有血有肉、有情感有道德"的政治社会剧主角,其演绎决定着剧情走向。然而,选民的投票行为有时并不基于理性判断,因为真相会被候选人过度夸张化的戏剧性表演所蒙蔽,这时表演的真实性和承诺的有效性,并不能左右选民的决定。

　　作为一种政治社会剧,选举仪式展现了强有力的叙事手法。选民为赋权而生,把共同的信仰和情感融入仪式之中,诠释着观众和主角双重角色,他们既需要对政治候选人在表演仪式中所呈现的戏剧性作品及表演效果进行评价,还要在投票仪式中行使作为主角的赋权之责。政治候选人则试图在戏剧中争得选民支持,他们一边是这场戏剧的导演,渴望选民为其作品添上合法性光环;一边又是演技超群的演员,竭力将自身塑造成一个完美的榜样和标杆,以期成为选民坚定的赋权对象。因此,选举其实也是一种重要的政治斗争工具,而现代民主国家政治机器的结构及其运行所能体现的就是一种竞争性选举的民主制度。②政治候选人为了争夺权威的归属,通过自导自演的方式塑造良好形象,竭力唤起选民广泛的情感共鸣,以推动政治体系内权力关系的变更,重塑民主权威。对于选民而言,通过投票仪式,他们

---

① ［美］杰弗里·亚历山大:《社会生活的戏剧》,李瑾译,江苏人民出版社,2022 年,第 180 页。
② 陈炳辉:《竞争性选举与民主——熊彼特的民主理论新析》,《江淮论坛》2013 年第 5 期。

从投票前原子化的政治主体蜕变为象征选民的集体代表，并将所代表的象征性权力赋予政治候选人。需要注意的是，选民通过投票行为赋权和重塑民主权威的前提在于表演仪式和投票仪式的相互融合，这不仅要求政治候选人在表演过程中激发出选民的情感共鸣，还需要选民在投票仪式中广泛行使赋权之责，如若赋权途径受阻，投票陷入失语状态，表演也就丧失了意义。

(三)民意聚合：身份转换与认同塑造

民意聚合是决定选举这一政治社会剧成败的关键环节，该环节绝不是借助投票行为对选民偏好进行简单汇总，作为一种公共利益的表达方式，它是布迪厄(Bourdieu)所说的"集体意见"，即通过计算选票，将群体分解成"一组并列的、累积的、凝聚的要素"①。经由这一仪式，选民摆脱了作为原子化个体的无力感，而被授权为能够调动所有象征性力量的集体代表。在这里，个人意志被聚合成集体意志，个体的投票选择被聚合成集体的声音，选民通过投票这一不可见且无法验证(投票采取无记名形式，结果无从查验)的意见表达完成了赋权使命。因此，选举仪式也是一种"通过仪式"。"通过仪式"由根纳普(Gennep)提出，他认为人在社会生活中的每个阶段就要举行相应的"通过仪式"，而任何"通过仪式"都可以用"分离—过渡—聚合"这一普适性的仪式分析模式加以解释。"分离"是指从过去的状态中脱离出来；"过渡"则处于过去状态到新状态的转换阶段；"聚合"意指"通过者"经由前两个阶段进入新的状态并实现角色的转换过程。②就选举仪式而言，选民在表演仪式阶段受政治候选人戏剧化表演的影响，进入分离阶段，他们摆脱了"原子化个人"的状态，以"选民-观众"的独立身份参与到这场政治社会剧中。随着投票仪式的进行，选民处于过渡期，他们逐渐从原子化状态中脱离出来，但尚未进入到聚合状

---

① Pierre Bourdieu, *The Mystery of Ministry: From Particular Wills to the General Will. In Pierre Bourdieu and Democratic Politics*, Cambridge: Polity Press, 2005, p.58.

② Arnold van Gennep, *The Rites of Passage*, New York: Routledge Press, 2013.

态。选票汇总之后,个人意志才汇聚成集体意志,选民聚合成了集体代表,完整经历了作为"通过者"的全部阶段。

集体意见的聚合过程亦伴随着政治认同的塑造。在现代社会中,价值的多元化催生了原子化的个人,共同价值和信仰的缺失加深了人与共同体之间的隔阂,这些原子化个人必须依靠某种方式表达和他人的一致性,释放由价值差异带来的紧张感,以创造出集体认同感。此时,政治仪式便是一种行之有效的塑造认同的策略,而选举作为政治仪式的一种重要类型,除了赋予政治候选人权力,还能向民众提供一种社会支持感,因为参与选举使他们意识到自身的重要性。在选举仪式中,民众不仅在认知层面意识到自身对于政治现实所产生的影响,还在情感层面获得作为"主人翁"的满足感。在认知和情感的叠加效应下,他们一方面按照制度行事,另一方面受强烈情感的引导,投出神圣的一票,最终实现了集体意见的聚合,达成了认知、情感和行为倾向的交融,政治认同得以产生。从社会剧表演中各要素融合的视角观之,选民经由民意聚合完成了身份转换及政治认同的塑造,而聚合的实现有赖于选民、大众传媒等表演要素的融合,当表演的痕迹被各要素间的融合所掩盖时,选民会对表演中所投射的符号及符号行动表示认同,聚合便随之产生,身份转换和认同塑造过程自然就畅通无阻。当各表演要素"貌合神离"时,任何一个要素的分解和分离都会阻碍选民聚合成集体代表,撕裂选民的政治认同,民意聚合进而宣告失败。

三、案例分析:美国中期选举中的聚合逻辑

如果说"在美国的政治生活中,四年一度的总统竞选是最大的政治社会剧和最为精心安排的仪式之争"①,那么两年一度的中期选举则拉开了这场政治社会剧的帷幕。2022 年的美国中期选举,表现出越

---

① [美]大卫·科泽:《仪式、政治与权力》,王海洲译,江苏人民出版社,2015 年,第 151 页。

来越戏剧化的叙事手法。为了获得国会控制权,政治精英们不遗余力地投身于争夺合法性的仪式之争中,以戏剧的方式呈现此次选举的全貌,探析在仪式启幕、展演和落幕阶段各种戏剧性元素的交织和融合过程,便于厘清这一场政治社会剧的始末。

(一)仪式启幕:民主党和共和党的博弈与布局

2022 年美国中期选举对拜登而言是一次至关重要的"期中考"。若拜登所在的民主党能够在选举后继续在国会中保持席位优势,那么白宫便能更加方便地实施各项政策;但倘若是共和党占据优势,拜登将在未来两年任期内受其牵制,沦为"跛脚鸭"①。作为美国政治的一次大洗牌,此次选举结果被认为将塑造拜登政府未来两年的内政外交,因而备受瞩目。按照规定,本次中期选举于 11 月 8 日举行,而在此前,民主党和共和党早已"摩拳擦掌",一场旨在争夺国会控制权的政治社会剧在撕裂和混乱中拉开了帷幕。

美国讽刺漫画之父托马斯·纳斯特(Thomas Nast)曾在漫画中用"驴"和"象"的跷跷板游戏形容美国的党派之争,美国的选举制度其实就是围绕"驴象之争"展开。民主党和共和党长期的相互缠斗,使两党的党派性日益增强,二者在意识形态和政策立场上也愈发对立。两党内部的同质化程度趋于强化,他们通过精心设计的议题组合,奉行"选票至上"理念,不断塑造选民意见,将竞选过程高度仪式化,以获得更多的象征性资源。同时,选举作为一场争夺合法性的政治仪式,两党都竭力抵消对方仪式的冲击力,弱化对方的有利形象,甚至是破坏对方传递给民众的象征性讯息,而将自身塑造成拯救国家的英雄。在选举程序上,中期选举包括初选和终选两个阶段。两党的候选人首先要在初选中经过政党提名和正式选举选出代表本党派参加终选的候选人,投票时间由各州自行决定。终选日期一般在当年 11 月的第一个星期二,各州举行全民投票,在两党候选人中决出最终获胜者,

---

① 指因任期将满而失势的公职人员。

但由于各州投票方式和计票规则存在差异，故选举结果并非同一时间揭晓。执政党失去一定的国会席位几乎是中期选举的一个惯例①，因此在本次选举中，民主党极力维持对两院的控制权，共和党则希望将权力渗透进国会中，而决定二者成败的关键在于他们能否激发群体性的情感反应。

在正式演出前，围绕"驴象之争"的象征性预演早已开始，民主党和共和党各自主导着一场争夺公众支持的政治社会剧。民主党代表拜登迫切希望得到"选民–观众"的支持，因为稍有不慎，他便会丧失对这场戏剧的控制权，甚至丢掉演出资格。因此，他精心挑选剧本，选择了可以大做文章、攻击对手的有力"卖点"——堕胎权。共和党则牢牢抓住民众对拜登未能有效提振美国经济的失望情绪，将通胀问题作为核心议题。此外，充当表演增效器的大众传媒也在剧中发挥举足轻重的作用，它可以使政治表演越过直接的舞台表演展现在观众面前，以获得外部潜在观众的同情。②为了最大化表演效果，他们不仅广借大众传媒之力为选举造势，引导观众对剧本的偏好，还趁机将对方的弱点公之于众，放大自身优势。在选举前，拜登一边宣传"政绩"和"堕胎"主题，一边警告美国选民，若共和党在中期选举中赢得国会控制权，"将给美国经济带来混乱"。共和党也不甘示弱，他们在媒体上大肆渲染诸如从阿富汗撤军导致"战略灾难"、拜登之子亨特的"海外利益"丑闻等攻击点。为了增加表演的感染力，两支表演队更是豪掷千金。据美国"公开的秘密"网站统计，在本次中期选举中，联邦以及州一级选举累计花费超过167亿美元，成为美国史上"最贵"的中期选举。一场"烧钱戏剧"在混乱中拉开帷幕，双方斗争随选举之期的临近日趋白热化。

---

① 周琪、王欢：《2010年中期选举及其对美国内外政策的影响》，《美国研究》2010年第4期。
② ［美］杰弗里·亚历山大：《社会生活的戏剧》，李瑾译，江苏人民出版社，2022年。

（二）仪式展演：美国中期选举的社会剧呈现

2022 年 11 月 8 日，美国中期选举在乱象和撕裂中按期举行，这场政治社会剧通过展演迎来了高潮。在各地正式启动现场投票前，大约 4100 多万人提前完成了投票，这意味着仪式展演早在 11 月 8 日前就已开始。与启幕阶段不同，展演过程交织着表演仪式和投票仪式，因而戏剧的结构也随之发生变化。选民完成了由观众到主角的蜕变，两个党派的代表则自导自演了一出竞选大戏，试图在投票环节得到选民的青睐。平时看起来微不足道的民众，到投票之时却成了炙手可热的当红明星，相比之下，政党代表则以谦卑姿态四处奔走拉票、卖力表演。

中期选举前夕，民主党和共和党为了笼络人心，双方表演团队展开了一场"精彩绝伦"的闹剧。两个党派的关键人物"粉墨登场"，现任总统拜登以及前总统特朗普无疑是剧中的重要角色，二者的对决将剧情推向了高潮。在整场表演中，最引人注目的当属竞选集会中的演讲环节。在正式选举之前，两位候选人走上拉票前线，上演多番"隔空叫阵"。拜登"苦心告白"美国民众，呼吁他们出来投票，同时大肆渲染共和党控制国会后的"严峻局面"，把特朗普塑造成"威胁美国根基"的极端分子；而被支持者簇拥、头戴标志性红帽的特朗普则高呼"我们将让美国再次伟大"，他猛烈抨击现任总统拜登，强调在其领导下，美国沦为一个"正在衰落的国家"。在竞选中，两个党派的代表人物都倾向于回避实质性问题，因为一旦将剧本聚焦于一些争议性话题，表演要素间的融合难度将会加大，他们与选民之间的情感联结也会极其不稳定。因此，他们更倾向于采取"否定竞选法"，即"把重点放在让你的对手感到头疼的话题或个人事务上，通过这种办法来控制议程"①。当然，一场完整的戏剧离不开助演的倾情表演，他们大多扮演心慈面善的老好人角色。在拜登糟糕的支持率拖累民主党之时，他"搬来"两

---

① ［美］L.桑迪·梅塞尔：《美国政党与选举》，陆赟译，译林出版社，2017 年，第 131 页。

位前总统当"助演"。在各地启动现场投票之前,奥巴马和克林顿奔赴各州发表助选演讲,极力将拜登描绘得出类拔萃,企图在最后冲刺阶段扭转颓势。

"虽然竞选以争论和冲突作为仪式的显性内容,但竞选运动的冗长过程最终会使种种问题变得模糊不清"[①],且绝大多数选民所接触的政治候选人,也只是各个党派的象征性代表。这些充满情感和道德意识的选民对政党的立场都不甚了了, 他们的选择被两个因素所左右,即候选人的个人魅力和大众传媒,投票成为他们宣泄情绪、表达愤怒的一种极为重要的政治行为。因此,美国人民倾向于在中期选举中投出一个分裂政府,以示对现任总统的不满。选举前的民调显示,近 70% 的选民对国家前进的方向表示"不满",75% 的选民认为美国经济极为糟糕,通货膨胀使得他们的生活难以为继。[②]竞选形势总体上对民主党不利,但在这一场围绕拜登和特朗普总统之争的"重演"中,特朗普再次显示了作为"票房毒药"的影响力。作为赢得党内初选的决定性人物,他在两党对决中却成为影响"候选人质量"的负面因素,而大众传媒早前对其影响力的过度宣传,更使其陷入尴尬境地。虽然大多数选民对两党及其领导人都持负面态度, 但他们在投票时会选择品德相对较好的一方。两个党派的竭力表演,不断刺激着选民对政党代表加以识别辨认,伴随着全民投票的正式开始,选民们以主角姿态践行赋权使命,影响着民意聚合的成败,决定着戏剧的最终结局。

(三)仪式落幕:聚合失灵与民主假面

2022 年 12 月 6 日, 民主党籍参议员拉斐尔・沃诺克(Raphael Warnock)击败前总统特朗普支持的共和党籍挑战者赫歇尔・沃克(Herschel Walker),赢下参议院最后一席,为民主党在参议院拿下 51 比 49 的多数席位,这也宣告了 2022 年美国中期选举落下帷幕。在此

---

① 马敏:《政治象征》,中央编译出版社,2012 年,第 203 页。
② 张业亮:《美国 2022 年中期选举:"红潮"未能出现》,《世界知识》2022 年第 23 期。

前,共和党率先获得众议院多数席位,锁定了众议院的控制权,此次美国中期选举便以民主党和共和党分别控制参议院、众议院告终。只是选举前普遍预期的"红潮"(red wave)①并未出现,共和党仅制造了"红色涟漪",这意味着民主党抵挡住了高通胀和经济低迷等负面影响,取得了"小输即胜"的战绩。从历时态视角看,政党在推动美国政治走向民主化的道路上扮演着重要角色,其初衷在于凝聚政治共识,增进选民的政治认同,而赢得选举则是践行这一初衷的必由之路。因此,美国政党政治中蕴藏着浓厚的党争基因,从而使两党在意识形态上呈现出一种断裂性,政治极化又不断刺激着党派斗争,这场旷日持久的选举仪式在"混乱"中启幕,最终又在"分裂"中落幕。

本次中期选举的仪式性功能在两党的缠斗中不断弱化,导致民意聚合的失灵。首先,表演的过度戏剧化削弱了选举仪式在象征和意识形态建构中的作用。政党代表在仪式之争中表现出了越来越戏剧化的自我意识,为了占有更多的象征性资源,两党都倾向于采取最为激进的方式动员选民,核心议题的对立性、竞选过程的攻击性、表演费用的挥霍性,使得中期选举背离了选举仪式作为集体表象的基本原则。选民的"声音"被戏剧化的表演所遮蔽,弱化了他们所聚合的象征性力量,而两党在意识形态上的断裂性又磨灭了选民对于权力的普遍信仰。其次,民主投票的失语限制了选民的赋权路径。在近年来的美国选举中,只有约33%的选民参加中期选举。②大部分人对政治问题不予关注,他们对那些并未直接影响其生活的问题缺乏持久的兴趣,也很少主动获取相关信息。党派间的明争暗斗、大众传媒的虚假宣传、社会分歧的筛选包装以及选举过程中的"暗箱操作",进一步阻塞了普通选民获取真实信息、表达民意和赋予权力的自由通道。看似轰轰烈烈的选举,俨然成了一种门面装潢。最后,政治分歧的扩大撕裂着美国民众的政治认同。伴随着选举的推进,出于政治动机的暴

---

① 指的是共和党的全面胜利。
② [美]L.桑迪·梅塞尔:《美国政党与选举》,陆赟译,译林出版社,2017年。

力事件更是此起彼伏,伤害了美国民众对于民主政制的感情,而两党在移民、堕胎、控枪以及大麻合法化等问题上的分歧,更使美国的社会裂痕难弥。选举仪式性功能的弱化以及民意聚合的失灵,实际上也是美国中期选举这一社会剧走向失败的表现。早在仪式启幕阶段,各表演要素就已经随美国政局的动荡变得愈发分离,虽然两个党派的政治候选人试图"力挽狂澜",但政治力量的持续拉扯以及政治议题和意识形态的迥异化反而加速了表演要素的分离,导致了表演仪式的失真、民主投票的失语以及政治认同的弱化,使这场"政坛盛事"最终以分裂国会告终。

四、反思镜鉴:"聚合"还是"貌合神离"

2022 年美国中期选举,堪称美国历史上最动荡的权力过渡期,两党之间呈现出旗鼓相当的激烈对冲格局,政治极化有增无已。在选举仪式的脆弱性、选民情感表达的抗争性以及美国政制的弱质性交织影响下,各表演要素间的分离状态非但没有得到缓解,反而愈加凸显,美式民主的弊病随着剧情的推进逐渐显现。

(一)韧性与脆弱:仪式互动过程中的合力

选举仪式是表演仪式和投票仪式合力作用的结果,二者不可分离的组合构成了选举这一政治社会剧的主要内容,并通过特定的互动关系形塑着社会剧的可能走向。当该互动呈良性时,表明上述两种仪式实现了有效融合,政治候选人在选举中成功向选民传达了其行动意义,选民则根据表演的本真性和真实性选择赋权对象,由此强化自身作为公民的身份认同,二者在此时完成了情感联结,选举仪式的韧性得到强化。具体来说,政治候选人借由融合化的表演成为集体代表,象征着国家的共同意愿,选民则通过投票仪式践行理性,此时选举成为联结个体和共同体之间的媒介仪式①,并通过合法化权力关系提高政治稳定性。

当该互动呈恶性时,表演仪式和投票仪式间的融合会受到虚假表演和感性投票的阻碍,选举仪式也会随之变得脆弱不堪,沦为撩起希望和虚张声势之事。②政治候选人竭力将自身塑造成充满救赎希望的英雄,甚至不惜"夸下海口",以唤起选民情感共鸣的方式获取即时性赋权和政治认同,选民则根据政治候选人的表演效果和人格魅力投出感性一票。在这种情况下,选举造就了一种"一人一票"的幻觉,表演的戏剧性以及赋权的短暂性,使这一仪式变得尤为脆弱。

此次美国中期选举中表演仪式和投票仪式的恶性互动,使这场仪式在混乱和分裂中脆弱尽显。两个党派精心安排的政治社会剧,不过是一场营造民主氛围假象的"象征性演习"。民主党在自身执政成绩不佳、大概率会失去国会主导地位的背景下,希望借此次选举转移主要矛盾,进行政治自救;共和党则试图控制国会、牵制白宫,并伺机为两年后的总统大选造势。因此,两个党派呈现出越来越戏剧化的表演,相互掣肘的"否决政治"以及此起彼伏的"报复政治",使美国陷入政治极化的泥潭之中,政治民主的异化和政治生态的每况愈下导致两党的政治精英纷纷陷入一种"比烂"的循环③。在此过程中,选民理性选择的成分被政治候选人的人格魅力和大众传媒所消解,他们为候选人的权力表演和实际承诺赋予模糊的象征性意义。选民的选择被候选人的人格魅力及其背后的叙事模式所左右,这种选择因理性评价的匮乏而具有即时性和不稳定性;而大众传媒在为表演增效的同时,在资本的裹挟下沦为竞选的政治武器,一场民主的竞争演变为金钱的较量,进一步加剧了两种仪式间的恶性互动,导致此次选举仪式变得一触即溃。

---

① Charles Rearick, "Festivals in Modern France:The Experience of the Third Republic", *Journal of Contemporary History*,1977,12(3).
② [美]杰弗里·亚历山大:《社会生活的戏剧》,李瑾译,江苏人民出版社,2022年。
③ 王浩:《美国政治生态新变化》,《现代国际关系》2022年第10期。

（二）认同与抗争：仪式心理机制的效力

在一场成功的政治仪式中，民众的政治心理会经历"认知—情感—动机倾向"这一演进过程，而该过程往往伴随着各表演要素的融合。因此，成功的选举仪式要求政治候选人找准选民愿意全情参与的方式，选举活动的定期举行不仅使民众有了选择的余地，而且也成为他们表达支持的重要手段。在理想状态下，选举仪式会通过融合化的表演聚合日渐离析的表演要素，传递出一种关乎权力结构和利益格局的认知讯息，通过和恰的仪式展演，选民既能宣泄郁结已久的政治情绪，也能将情感融入对候选人的评价中，并借由投票活动产生心理认同。然而，选举仪式中的情感表达常常因表演要素的分解而伴有抗议和斗争，因为表演要素的分解会加剧各政治力量间的利益冲突。仪式情境中的某些群体将这种情感表达视为与反对势力作斗争的有力武器，以此操纵"我们"的情感体验，以及对于"他者"的敌对意识。此外，选举虽然给民众提供了表达不满和热情的机会，但有时并不能让公共政策发生戏剧性变化[1]，只是作为一种仪式性行为而存在，选举遂即背离了民主理念，愤怒、敌视等反抗情绪也会随之滋生。

伴随着仪式启幕，美国政治生态中的抗争性情感表达愈发凸显。首先，"否决政治"和"身份政治"撕裂着美国政治社会。政治极化的加剧终结了国内的中间主义，民主党和共和党更倾向于采取"否定竞选法"控制议程，"否决政治"使美国处于一种"新内战"中，由此导致了红蓝"两个美国"的深度撕裂。身份政治危机又使美国的阶级认同逐渐淡化，民主党正成为代表少数群体的政党，共和党则成为白人政党，美国的社会共识不断弱化。其次，"文化战争"激化了美国社会的文化认同冲突。在此次选举中，民主党在"文化战争"议题上的政治动员提升了女性选民的投票热情，对堕胎权的大肆渲染成为其抵御经济问题等不利影响的有力武器，而共和党在该问题上的极端立场则

---

① ［美］迈克尔·G.罗斯金等：《政治科学》，林震等译，华夏出版社，2001 年。

疏远了中产阶级和中间选民。从长期来看,这项议程在激发女性群体认同的同时,不可避免地加剧了美国的社会分裂和文化认同冲突,甚至会带来"政治反噬"的风险。①最后,仪式之争助推了美国民粹主义的泛起。经历了数十年根深蒂固的党派斗争,美国的民主原则早已深受侵蚀,民众对于民主体制以及周旋于党争之中的政治精英更是深恶痛绝,民粹主义的泛滥使得和平移交权力成为一种奢望。在上述背景下,选举仪式中各表演要素的融合难度持续加大,使得美国社会的撕裂与混乱局面愈发严峻。

(三)秩序与混乱:仪式和政制间的张力

选举仪式具有向心力,虽然在公共政策形成中,选民的参与程度较低,但参加选举活动可以强化他们自身能够对公共政策产生影响的普遍信念(即政治效能感),同时也使其生成一种积极投票有助于践行理性和民主的普遍印象。选举作为权力秩序的象征,在权力关系的宣展和权力秩序的维护中发挥着重要作用。然而在具体的政治实践中,选举仪式需依托特定的政制而展开,政制的基本理念及内在逻辑决定着仪式的成功与否。在现代民主国家,如若选举与政制的基本理念相契合,即当选举制度适应民主与平等的价值理念时,选民更容易相信表演的真实性,选举仪式就可以通过集体意见的聚合成为维护权力秩序的重要方式。简言之,选举在涵盖某些象征性意义的同时,具有维护政治秩序的实质性功能,而当选举与政制之间表现出较强的离心力,即选举仪式与政制设计的内在逻辑不匹配时,二者之间的张力则会导致政治社会乱象丛生,表演的真实性也会减弱。

在 2022 年美国中期选举中,选举仪式与美国政制间的张力,使美国政治社会处于失序状态。其一,美国政党政治的两极分化,导致选举陷入恶性竞争的泥潭。民主党和共和党内部具有显著的同质化

① 王浩:《结构、议程与整合困境:2022 年中期选举后美国的政党政治走向》,《统一战线学研究》2023 年第 1 期。

倾向,而两党间的异质化特征更为明显,二者的观念认知渐趋分裂,出于政治竞赛的需要,他们之间的价值立场和议程分歧被无限放大,双方为争夺选民支持"大打出手",政党的极化使得选举变得尤为激烈,而选举中阵营化的权力争夺又进一步加剧了极化现象。其二,美国选举制度的金钱化,致使选举沦为资本家角逐权力的"烧钱戏剧"。此次中期选举所耗经费开创了美国史上"最贵"中期选举。为了控制国会两院,民主党和共和党的支持者"烧钱"助选,双方均投入巨大赌注。自由竞选早已背离了"一人一票"的选举逻辑,竞选的成败更有赖于资本的运作,选票政治逐渐异化为金钱政治。其三,美国民主政制的形式化,使选举成为背弃民众利益的"象征性演习"。政治候选人大多是受到财团支持的政治精英,普通民众除了参与象征性选举,很难深度介入美国民主过程。选民投票的效力与"一人一票"的民主原则也不相符,除了依据选区划分方式操纵选举,本次中期选举还通过制造投票障碍的方式挑选选民, 如颁布限制投票的法律,增加选民申请、接收或投出选票的难度等。①长期以来,美国总是自诩为"民主灯塔",而在此次选举中,各种政治力量的社会剧表演尤显虚假,选举仪式和政制之间的显著张力暴露了美式民主的诸多弊病。

　　总之,选举构成政治仪式谱系中的重要维度,是政治生活中最为精心设计的政治社会剧,具有作为集体表象的象征与意识形态建构、赋权与重塑民主权威以及身份转换与认同塑造之功能。不过,选举仪式并非铁板一块,它是表演仪式和投票仪式的统一体,政治候选人通过戏剧化的表演仪式吸引选民,而选民则借由投票仪式赋予政治候选人权力。需要注意的是,只有在成功的政治社会剧中,选举的仪式性功能才能有效发挥,而其成功有赖于各表演要素的有机融合。在2022 年美国中期选举中, 民主党和共和党自导自演着一场争夺选民支持的政治社会剧,他们采取否定竞选法,试图削弱对方表演的凝聚力和感染力,同时视自身为挽救美国民主的英雄,将对方塑造成威胁

① 　孙丁、柳丝:《"1%有、1%治、1%享"》,《新华每日电讯》2022 年 11 月 2 日。

美国民主政体的极端分子。无尽的党争消解着聚合的效力,选举仪式中各表演要素的分解之势有增无已,社会剧表演也由此缺乏本真性和真实性。具体而言,表演仪式和投票仪式间的恶性互动,使中期选举在混乱和分裂中脆弱不堪,仪式中情感表达的抗争性,使美国的两党之争和社会撕裂进一步加剧,而选举仪式与政制间的张力,则直接导致美国政治社会处于失序状态,民意的"聚合"最终演变成一场"貌合神离"的政治闹剧。

权威类型、政体选择与"国王困境"

——以泰国为个案的研究 *

马天宇 **

内容摘要　在政治现代化中,国王普遍面临着"成功对生存"的困境。这种困境在泰国表现为国王法定角色与现实角色之间的张力。角色张力在1973年便已形成,但在2020年的青年示威中才充分显现。困境形成与显现的时间差,根植于泰国政治现代化启动阶段制度性权威与主体性权威并存,直接原因是主体性权威之个人形式与重叠结构下国王角色张力的差异。泰国的案例表明,"国王困境"实则权威类型组合与政体模式选择的问题;若权威呈现重叠结构,君主政体将陷入与其产生理念相背离的不确定状态,处于重叠中心的国王会成为追求确定性的人们的攻击对象,"国王困境"因之显现。

关键词　"国王困境";制度性权威;主体性权威;君主政体;政治现代化

一、问题的提出

2020年2月,泰国宪法法院判决新未来党(Future Forward Party)

---

*　本文系国家社科基金重点项目"比较视野下中国国家仪式的政治效能提升研究"(19A ZZ001)的阶段性成果。

**　马天宇,南京大学政府管理学院博士研究生,研究方向为政治学理论、比较政治。感谢王海洲、王耀辉、熊宇等师友及匿名审稿专家在文章修改过程中的建设性意见,文责由笔者自负。

解散。随后,该党的支持者由校园涌向街头,要求军政府总理辞职、修改宪法,并高呼"限制国王的权力"。[1]这是该国自 1932 年确立立宪君主政体以来,首次公开讨论国王权力,也是 1959 年"冒犯君主罪"被列入刑法以来,首次出现大规模冒犯国王的现象。2023 年 5 月,新未来党的继承者——远进党(Move Forward Party)成为下院第一大党;而在竞选时,该党曾允诺"修改泰国严格的冒犯君主法"。[2]7 月,由于保皇派参议员的抵制,远进党党魁皮塔·林乍伦拉(Pita Limjaroenrat)两次在总理选举中铩羽而归,泰国政治一度陷入僵局。[3]

　　王权的增减,是政治现代化的君主国普遍面临的抉择。塞缪尔·亨廷顿(Samuel Huntington)将其总结为"国王困境"(King's Dilemma):"一方面,它们必须集权于君主以图推开社会与经济改革;另一方面,集权却又使扩大传统政体的权力和吸收现代化所产生的新集团变得更加困难,甚至不可能。要使这些集团参与政治似乎只能以牺牲君主制为代价。"[4]不过,"国王困境"在泰国并未演化为君主制的存亡问题。2020 年的街头示威中,学生们明确表示:"我们不想推翻君主制,只是希望拥有讨论君主制所存在问题的自由。"[5]这种问题即国王法定角色与现实角色之间的张力。1932 年永久宪法规定:"国王作为国家元首,按宪法规定行使权力",即通过议会、内阁和法院行使立

---

① Panu Wongcha-um and Kay Johnson, "The last taboo:A new generation of Thais is defying the monarchy", https://www.reuters.com/ investigates/special -report/thailand -protests - youth/, accessed May 4, 2023.

② Zaheena Rasheed and Sawitree Wongketjai, "Move Forward galvanizes Thai voters with vows of royal reforms", https://www.aljazeera.com/news/2023/5/13/move -forward-galvanises-thai - voters-with-vows-of-royal-reforms, accessed May 14, 2023.

③ Patpicha Tanakasempipat, "Thailand faces upheaval and uncertainty after popular prime minister nominee is blocked", https://time.com/6296182/thai -prime-minister-vote -pita - suspended-protests/, accessed August 3, 2023.

④ [美]塞缪尔·亨廷顿:《变化社会中的政治秩序》,王冠华、刘为等译,三联书店,1989 年,第 161 页。

⑤ Panu Wongcha-um and Kay Johnson, "The last taboo:A new generation of Thais is defying the monarchy", https://www.reuters.com/investigates/special-report/thailand-protests-youth/, accessed May 4, 2023.

法、行政和司法权。①该条文基本为随后的宪法保留,从而使"宪政客体"和"政治超脱者"成为国王的法定角色。"1973—2001 年,泰国首要的政治网络一直是在位君主普密蓬国王的网络。"②国王参与立法和行政事务,甚至主导宪法的制定。

角色张力在 1973 年已经形成,为何当时无人呼吁限制国王的权力? 既有研究多将泰国国王视作政治主体,把"国王困境"形成与显现的时间差,归结为四种解释:第一种关注国王素质,认为王位由拉玛九世(1946—2016)普密蓬·阿杜德(Bhumibol Adulyadej)传至十世(2016—)玛哈·哇集拉隆功(Maha Vajiralongkorn)导致的国王素质下降,是困境显现的关键因素。③第二种关注文化观念,认为他信式传统左翼与 2019 年以来作为抵制保守阵营先锋的新生代青年关于权威观念的代际分化,是困境显现的核心变量。④第三种强调经济绩效的决定作用,认为贫富差距过大和经济持续低迷,是"旧左"和"新左"产生的共同基础,也是"新左"将斗争的矛头直指国王的根本原因。⑤第四种强调境外势力的影响,认为西方国家由冷战思维向文明冲突思维的转变,使其借泰国"亲西方民主派",反对作为"王室民主"之委婉称呼、又属"东亚模式"的"泰式民主"体制。⑥

---

① Paul M. Handley,*The King Never Smiles*,New Heaven and London:Yale University Press,2006,pp.49–50.

② Duncan McCargo,"Network Monarchy and Legitimacy Crises in Thailand",*The Pacific Review*,2005(18).

③ See Thongchai Winichakul,*Thailand's Hyper-royalismt*,Singapore:ISEAS–Yusof Ishak Institute,2016,pp.26–27; Pavin Chachavalpongpun,"Neo-royalism and the Future of the Thai Monarchy:From Bhumibol to Vajiralongkorn",*Asian Survey*,2009 (55),pp.1193-1216; Kevin Hewison,"The monarchy and democratization",in *Political Change in Thailand*,edited by Kevin Hewison,Routledge,2002,p.74.

④ 周方冶:《泰国政治分歧对中泰关系的影响》,《当代世界》2020 年第 7 期;杨帆、程晓勇:《"普密蓬胶着"的形成与崩解——泰国近代政治乱局及未来走向剖析》,《南洋问题研究》2021 年第 4 期。

⑤ 杨帆、程晓勇:《"普密蓬胶着"的形成与崩解——泰国近代政治乱局及未来走向剖析》,《南洋问题研究》2021 年第 4 期;宋清润:《泰国这波示威闹得有点大》,《世界知识》2020 年第 18 期。

⑥ 周方冶:《"泰式民主"的转型困境》,《文化纵横》2021 年第 4 期;常翔:《2020—2021 年泰国"颜色革命"的动因及特征》,《东南亚纵横》2021 年第 4 期。

这些解释的效力并不理想:首先,普密蓬通常被认为是"真正的伟人",但他涉足新世纪政变,也"在民众中间激起了反君主制的情绪"①。其次,权威观念的变化在新未来党成立前便已出现,但限制王权的呼声在该党解散后才被提出。最后,泰国经济问题和西方思维转型在 20 世纪 90 年代已经出现,可 1997 年亚洲金融危机中国王没有成为民众讨伐的对象。上述解释的综合效力同样不济,如 2019 年,在权威观念代际分化、国家经济增长缓慢和西方不满"泰式民主"的情况下,"弱国王"哇集拉隆功正式加冕,并未引发大规模抵制。

更重要的是,他们忽视了作为制度的国王。1991 年,泰国历史学家尼提·尤西翁(Nidhi Eoseewong)提出了"文化宪法"的概念:"泰国除了成文、正式和制度化的宪法外,还同时存在着不成文、非正式和文化性的宪法。前者来自外来的西方民主思想和实践,会被轻易地修改和废除;后者则根植于泰国社会的价值观、生活与思考方式,无法被撕毁丢弃。"②该概念被保皇派精英引申后,同前现代文化体系中代表国家的神圣力量,即国王联系起来。普密蓬的外交事务秘书通诺·通艾(Tongnoi Tongyai)曾表示:"对他来说,'泰国国王就等同于美国的宪法'。"③可见,在保皇派的心中,国王即人格化的法。忽视了这一点,将无法理解泰国立宪君主摆脱法定角色的第一步,也无法理解"国王困境"的本质。

作为一种理念,"君主制则迎合了人类心理中最深层次的某种东西:渴求得到权威的庇护"④。就此而言,王权增减的抉择实则国王与其他类型的权威的较量,较量的结果将影响国家的政权组织形式。1932 年以来,泰国经历了多轮以国王为中心的权威较量,故探讨时间

---

① Pavin Chachavalpongpun, "Neo-royalism and the Future of the Thai Monarchy", *Asian Survey*, 2015(55), pp.1204–1205.

② 金勇:《以国王为元首的民主制:当代"泰式民主"的文化建构》,《东南亚研究》2018 年第 2 期,第 100 页。

③ Kevin Hewison, "The monarchy and democratization", in *Political Change in Thailand*, edited by Kevin Hewison, Routledge, 2002, pp.69–70.

④ [英]布伦达·拉尔夫·刘易斯:《君主制的历史》,荣予、方力军译,生活·读书·新知三联书店,2016 年,"序"第 1 页。

差的成因,不仅有利于弥补泰国政治研究的不足,还有助于通过案例内比较揭示权威类型与政体选择之间的关系。为此,本文提出了一套兼顾制度和主体维度的权威类型模型,以窥探泰国"国王困境"的结构性成因。

二、重叠的权威:泰国"国王困境"的结构性成因

权威(authority)一词,最早可以追溯到古罗马时期的拉丁文 auctor(创始者)和 auctoritas(威信),二者分别演化为当代政治学关于权威概念的实体和关系解释。本文主要关注权威的实体概念,即"权力结构中至高的存在",并将其分为制度性权威和主体性权威。

(一)权威的基本类型

"制度性权威"即人类行为的终极规范,具有非人格化和人格化两种形态(见图 1)。前者主要指自然法,"即正确的理性:它与自然或本性相符合,适用于所有的人,而且是永恒不变的"①。后者主要指"神"。古代的哲学家"普遍将宇宙的本质界说为一种具有齐一性、单纯性、恒常性的理念形式,这一理念的终极意象就是'神'。于是当他们从本体论出发求证社会正义理想的时候,将'神'所具有的崇高而永恒的道德品质和不朽本性作为各种形式的实在法和政治制度的评判标尺就顺理成章"②。所以,中世纪的西方将"自然本体论"转化为"神学本体论"的过程,即人格化制度性权威取代非人格化制度性权威的过程。基督教精神统治在欧洲的确立,使王们得以通过加冕、涂油乃至治病等仪式展示自身的神圣性,但"'国王神迹'所表现的是

---

① [美]乔治·萨拜因、托马斯·索尔森:《政治学说史:城邦与世界社会》,邓正来译,上海人民出版社,2015 年,第 271 页。
② 王海洲:《合法性的争夺——政治记忆的多重刻写》,江苏人民出版社,2008 年,第 2 页。

国王的'教士特性'"①,"强调君主是上帝的仆人"②。在东方,君主往往
被视为各自社会中神的唯一血缘派生物或具象化呈现,故亦成为人
格化制度性权威。

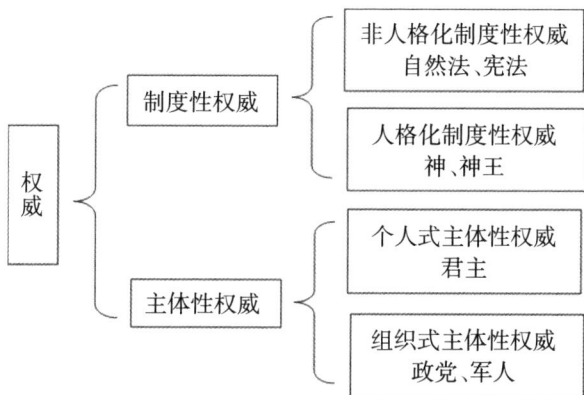

图 1　权威的基本类型

图表来源:笔者自制

　　"主体性权威"即主权的实际承担者,具有个人和组织两种形态
(见图 1)。东方的"神王"们在传统时代便掌握了对内最高支配权,但
除了在中国等少数国家,君主未能集中国内权力。为了集权以推动社
会变革,发源于欧洲的现代化运动引入了"主权"概念,即"不受法律
约束的、对公民和臣民进行统治的最高权力"③,并首先将其赋予了世
俗等级最高的君主。"主权在君"堵塞了既有利益集团世袭的参政渠
道,又无法为新生团体提供充足的参政途径,双方便主张以自己所属
的"人民"承接主权。可除了选举或公投,人民无法行使主权;每一国
家机构皆可标榜代表人民,又无法说服对方自身更具代表性,所以主
体性权威指向组织国家机构的个人或团体。其中,君主不可避免地拥

①　[法]马克·布洛赫:《国王神迹——英法王权所谓的超自然研究》,张绪山译,商务印书
　　馆,2018 年,第 535 页。
②　[英]布伦达·拉尔夫·刘易斯:《君主制的历史》,荣予、方力维译,生活·读书·新知三联
　　书店,2016 年,第 47 页。
③　[美]乔治·萨拜因、托马斯·索尔森:《政治学说史:民族国家(上)》,邓正来译,上海人民
　　出版社,2015 年,第 105 页。

有与"主权在民"相悖的私人利益,故政党这一利益整合组织应运而生。若君主未能集权,政党首先需要整合的"是国家或民族的利益而不是民众或社会团体的利益"[1]。若政党缺席或软弱,"一个政权的军事组织对强制性资源的实际垄断,赋予军队作为政治竞争者以潜在的巨大权力"[2],使其能够强行突破变迁社会内部传统与现代结构整合发生的梗阻、弥合分裂,并在危机过后继续垄断主权使用权。

当主体性权威在欧洲崛起时,"美国却仍然把基本法奉为规范人类行为的终极权威"[3],将宪法视为习俗与理性的法典化,形成了成文的制度性权威。可见,无论制度性还是主体性权威,均产生于人们对确定性(certainty)的追求:人们依据或托付这个确定的至高存在,处理彼此间的关系,从而保证集体行动有序开展。因此,为了实现传统政体向现代政体的有序过渡,任何国家都必须在政治现代化的启动阶段确定本国的权威类型。可泰国的1932年革命使宪法和政党共享权威角色,这种重叠结构为立宪君主获得权威地位留下了空间。

(二)泰国"国王困境"的结构性成因

泰国历史上第一个政党——民党(People's Party)由比里·帕侬荣(Pridi Bhanomyong)和波·奇达讪卡(后改名为披汶·颂堪,Phibun Songkhram)为首的留法学生成立,包括文官和军官两派。前者认为"政权形式应该是民主共和国",后者"想同君主政体进行妥协"[4]。1932年"6·24政变"后,曼谷以外仍处于国王的控制之下,故两派决定保留君主,但以宪法取代其制度性权威地位。同月,比里起草的宪法规定:国家最高权力属于人民,代表人民行使权力的包括国王、国民议会、国

① 李路曲:《当代东亚政党政治的发展》,学林出版社,2005年,第362页。
② [美]阿尔蒙德、鲍威尔:《比较政治学——体系、过程和政策》,曹沛林译,东方出版社,2007年,第238页。
③ [美]塞缪尔·亨廷顿:《变化社会中的政治秩序》,王冠华、刘为等译,生活·读书·新知三联书店,1989年,第92页。
④ [苏]尼·瓦·烈勃里科娃:《泰国现代史纲》,中国科学院世界历史研究所翻译小组译,商务印书馆,1973年,第58~59页。

民委员会和法院。"国王关于国务之措施,须经国民议会委员之同意,并经其中之一人签字方可生效;国民议会有权创制一切法律,如国王不同意时,经议会审议后仍有权坚持该法律之效力。"①议会先由民党指定的70名临时议员组成,这些议员再选出15名国民委员。

"民党执行委员会就是凌驾于立法权和国王之上的一个独特的监督机构。不经执行委员会批准,无论是国王或者是国民议会都不能通过任何一项法律。"②民党对立法规定的偏离,也是对自己设计的宪法至上的政权组织形式的偏离,不仅含混了权威的基本类型,还冲击了制度性权威的非人格化形态。6月26日,民党请拉玛七世签署宪法草案,直到次日,他们为政变致歉,国王才予以签署,并添加了"临时的"(chua khraw)的字样。民党向国王致歉,颠倒了1932年革命传达的二者在价值层面的高下关系;宪法因王命由"正式的"变为"临时的",则使曾作为革命对象的国王再次成为人们行为的终极依据。12月颁布的永久宪法宣称国王"神圣不可侵犯",并在序言中指出宪法是"文武官员和人民请求他授予"③。

国王与宪法共享的制度性权威角色,同宪法规定的"宪政客体"角色存在张力:因宪法是制度性权威,故国王必须按宪法规定行事;同时,国王也是制度性权威,即宪法作为人们行为依据的终极依据,故不必按宪法规定行事。制度性权威的重叠结构保留了国王的政权合法化功能,使其得以借此功能,在后续政治现代化中获得主体性权威角色,并与法定的"政治超脱者"角色形成了持久的张力(见图2)。不过,由于权威角色并不总是集于国王一身,不同的权威类型组合下,角色张力亦有不同,于是造成了困境形成与显现的时间差。

① [英]戴维·K.怀亚特:《泰国史》,郭继光译,东方出版中心,2009年,第224页。
② [苏]尼·瓦·烈勃里科娃:《泰国现代史纲》,中国科学院世界历史研究所翻译小组译,商务印书馆,1973年,第62页。
③ Paul M. Handley, *The King Never Smiles*, New Heaven and London:Yale University Press, 2006,p.51.

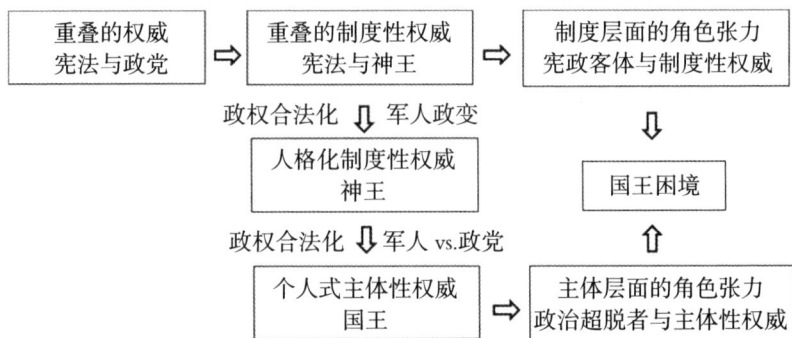

图 2 泰国"国王困境"的结构性成因

图表来源：笔者自制

三、单一制度性权威与"国王困境"的消解

1933—1946 年,泰国政权基本掌握在民党两派手中。军官派和文官派都按宪法规定争夺并行使议行权力, 从而确立了宪法的至高地位。国王因长期不在国内及两派对君主制辅助机构和等级观念的削弱,只能充当"宪政客体"和"政治超脱者",角色困境暂时消解。

(一)宪政与人格化制度性权威的边缘化

1932 年永久宪法规定:"在十年之内, 当国内成年人还有一半没有成为有文化的人时,议会的半数议员,即七十名代表由国民选举, 而其余的半数议员则由政府任命和国王批准。"①民选议员因利益各异往往关系松散,任命制议员则因拥有共同阵营而具凝聚力,加之二者数量相等,故控制了任命制议员,就控制了议会及其任命的内阁。1932—1946 年,"经由总理任命产生的第二类议员共计 139 名, 其中93.9%属于军政官员。"②日本在东亚的扩张,一度使掌握强制资源的

---

① ［苏］尼·瓦·烈勃里科娃:《泰国现代史纲》,中国科学院世界历史研究所翻译小组译,商务印书馆,1973 年,第 62 页。

② 周方冶:《王权·威权·金权:泰国政治现代化进程》,社会科学文献出版社,2011 年,第 65 页。

军官派获得广泛民意支持,二战后期,军官派领袖披汶在国会选举失利后亦未诉诸政变。1946 年,文官派领袖比里领导起草的宪法,将议会改为两院制,规定众议员由国民直接选举,参议员由众议员选举,禁止现役军官从政,并首次承认了政党的合法地位。于是,泰国政坛出现了更多政党,如保皇派组成的民主党(Democrat Party)、革新派组成的联合党(Unionist Party)和民主阵线党(Democratic Front Party),革新两党将共同支持的比里推上了总理之位。

自 1934 年初,七世赴英治疗眼疾,泰国国内长达 11 年没有国王。"当巴查提宝(Prajadhipok)国王于 1935 年退位、九岁的阿南达·玛希顿(Ananda Mahidol)在流亡中登上王位时,反王室政府组织了一个摄政委员会 (Regent Council)","处理宪法规定的君主制持续所需的必要事务和通信"。①首届委员会被阿迪亚亲王(Prince Aditya)和昭披耶·永玛拉潘素坤(Pan Sukhum)掌控,两人分别是披汶的追随者和比里的姻亲;随后,阿迪亚和比里先后继任主席。1935 年,内库(Privy Purse)改由总理直辖,限制了王室用以提升民众忠诚的布施活动。1938—1944 年,披汶政府"废除了体现国王宗教权威的传统祭祀仪式,废止了体现等级差异的爵位体系,倡导以体现平等的现代礼貌用语取代具有等级特征的传统用语"②。这些措施削弱了民众的等级观念,"人们在剧院奏王室颂歌时不再起立,小偷大胆偷走王宫财产,甚至车辆和宗教圣像。曼谷受教育者和精英对王室事务的尊重程度很低"③。

不过,国王的制度性权威角色并未消失。1945 年,阿南达在回王宫的路上,"许多人举着佛像和其他圣像来见证和吸收国王的神性"④。

---

① Paul M. Handley, "Princes, Politics, Bureaucrats, Generals: The Evolution of the Privy Council under the Constitutional Monarchy", *Paper presented at the 10th International Conference on Thai Studies*, Bangkok, January 9–11, 2008, pp.3–4.
② 周方冶:《泰国立宪君主政治权威兴衰的过程、原因与趋势》,《南洋问题研究》2012 年第 2 期,第 32 页。
③ Paul M. Handley, *The King Never Smiles*, New Heaven and London: Yale University Press, 2006, p.66.
④ Paul M. Handley, *The King Never Smiles*, New Heaven and London: Yale University Press, 2006, p.66.

所以,八世去世后,军方能够借助九世的命令合法化其政变,国王的制度性权威地位也在多次政变对宪政框架的冲击下逐渐确立。

(二)宪政框架的崩溃与人格化制度性权威的确立

1947 年,以披汶为旗帜的军方发动政变,宣称:"政府的腐败已经贬低了阿南达国王签署的宪法的神圣性","政变主要是为了捍卫王室的声誉"。[1]通过将政府腐败塑造成对御赐宪法规定的偏离,推翻腐败政府的政变成了符合"神王"指示的正义行为。政变发生不足 24 小时,摄政王兰实亲王(Prince Rangsit)以国王的名义给予了支持,并颁布了政变团起草的临时宪法。这场政变大戏清晰地展示了"神王"是宪法颁布和政府产生的终极依据。国王的政权合法化功能又为 1951 和 1957 年政变的成功反复验证,与之对应的是宪法地位的持续衰落。有学者指出:"1947 年政变的发生,事实上已经磨灭了泰国各派政治力量,特别是军人集团原本就相当薄弱的宪政观念。这不仅使得军事政变彻底突破了宪政主义的观念约束,开始成为常规化的'低风险、高收益'政治斗争手段,而且使得宪法失去了曾经的权威光环,逐渐沦为政治斗争的文书工具。"[2]1958 年政变后,以沙立·他那叻(Sarit Thanarat)为首的军人仅颁布了临时宪法;1968 年宪法运行了 3 年,便再次毁于政变。

披汶在政变后恢复了选举程序,但由于获得政权的初始方式由国王合法化,故默许了君主制辅助机构重塑"神王"信仰的活动。1947年,政变团成立了最高国家委员会(Supreme Council),两年后改名为枢密院(Privy Council),由国王任命成员。该机构以国王的名义举行了系列宗教仪式,并通过频繁报道在瑞士求学的九世的日常活动,增强人们对国王之在场及其神性的感知。次年颁布的《王室财产法》规定:

---

[1] Paul M. Handley, *The King Never Smiles*, New Heaven and London: Yale University Press, 2006, p.88.
[2] 周方冶:《王权·威权·金权:泰国政治现代化进程》,社会科学文献出版社,2011 年,第103~104 页。

"财政部长继续充当王室资产管理局(Crown Property Bureau,CPB)的董事会主席,但其他董事会成员,包括主管,由国王任命。"①"CPB为国王生产的收益大多用于皇家项目,以帮助人民,提高君主制的声誉和影响。"②沙立抛弃了选举民主,使国王垄断了常态政治中的政权合法化功能,所以他明确"将国王置于自己之上,在推行传统等级制度的同时,将自己同王室的威望联系起来"③。随后,复古军人恢复、创建了更多凸显国王神性的仪式,积极配合各项皇家工程和惠民计划。

"神王"信仰在1973年的"10·14事件"中表现得尤为明显:当法政大学学生反对军政府的示威遭到镇压时,九世撤销支持,任命枢密院大臣讪耶·探玛塞(Sanya Dharmasakti)为临时总理。17日,一位学生表示:"他对我们来说,就像宪法对美国人一样。"④充当制度性权威的国王不必受宪法规定的约束,角色张力得到消解(见表1)。3年后,军人通过两次政变回归,其颁布的1978年宪法使国王成为了主体性权威。

表1　泰国"国王困境"形成与显现之时间差的成因

时间	权威类型组合		政体模式	国王困境
	制度性权威	主体性权威		
1933—1946	宪法	政党	单一制度性权威	消解
1947—1973	神王	军人		
1974—1991	宪法	国王	个人式主体性权威	隐藏
1992—2000	神王	国王		

① Porphant Ouyyanont,*Crown Property Bureau in Thailand and Its Role in Political Economy*,Singapore:ISEAS Publishing,2015,p.18.
② James Ockey, "Monarch,Monarchy Succession and Stability in Thailand",*Asia Pacific Viewpoint*,2005(46),p.119.
③ Paul M. Handley,*The King Never Smiles*,New Heaven and London:Yale University Press,2006,p.140.
④ Paul M. Handley,*The King Never Smiles*,New Heaven and London:Yale University Press,2006,p.215.

续表

时间	权威类型组合		政体模式	国王困境
	制度性权威	主体性权威		
2001—2006	宪法	政党、国王	重叠主体性权威	初步显现
2007—2013	神王	政党、国王		
2014—2020	神王	军人、国王		完全显现

图表来源:笔者自制

注:限于篇幅,本文将 1974—1977 和 1989—1991 年作为准备和延续阶段归入"宪法 – 国王"组合。

四、个人式主体性权威与"国王困境"的隐藏

1978—1988 年,掌握行政权力的军人和执掌立法权力的政党均按宪法规定行事,故宪法充当着制度性权威;同时,议会与内阁的权力分立,使国王填充了主体性权威真空。后者通过对军人的领导,拓展了"政治超脱者"的法定内涵,从而隐藏了主体层面的角色张力。

(一)个人式主体性权威与"超脱"的领导化

1978 年宪法规定:参议员 225 名,"由即将卸任的总理提名";众议员 301 名,由民众选举,"候选人须隶属主要政党";议会主席由参议院主席兼任,负责提名新总理;四年过渡期内,现役军官和公职人员皆可担任议行职务。[1]参议员的任命制和政治职务的职业放宽,为军方控制行政机构提供了方便。1979 和 1980 年,政变领袖江萨·差玛南 (Kriangsak Chomanan) 和陆军司令炳·廷素拉暖 (Prem Tinsulanonda)先后出任总理。二人没有自己的政党,加之下院的数量优势,议会由政党掌控。政党通过提交不信任案和审议内阁提案,争夺政治

---

[1] See Kramol Tongdhamachart, "Thailand's 1978 Constitution and Its Implications", *Contemporary Southeast Asia*, 1979(1), pp.134–138.

主导权。如 1980 年,江萨辞职,直接源于社会行动党(Social Action Party)关于内阁未能解决通胀的不信任案;1983 年,该党动员反对党否决了延续宪法临时条款的内阁提案。面对政党进攻,军方依法解散议会或寻求上院支持。如上述提案被否决后,炳随即解散议会;1985 年,众议院规定该院处理重要议案的特别委员会的组成,"由国务院提名的有关官员不超过委员总数的四分之一",参议院的议事规程仍规定"不超过一半"①。

军方为获得国王的支持,在 1978 年宪法中将议会推翻国王否决的门槛由以往的简单多数提升至 2/3。枢密院则为国王行使立法否决权,提供了智力支持。1975 年,曾任最高法院院长的讪耶成为枢密院主席,随后五年加入的成员皆有法学背景。他们"审查所有法律草案,并向国王提出相关建议","有了他们提供的建议,国王就不会只是负责签名或盖章了"②。同时,国王通过支持执政军方,预闻内阁决议。1981 年,当"少壮派"(Young Turks)军人发动旨在推翻炳内阁的政变时,炳声称,"王室与他站在一起,政变团'将危害国家和国王'";"少壮派"则控诉炳"绑架了王室成员",表示自己会向国王解释真相。③直到土后公开指责政变团试图推翻陛下的政府,多数军区司令才倒向炳。该结果使执政军方意识到,在来自宪法和人民的政权合法性被政变行为悬隔时,国王的支持对政变双方的实质影响。于是,"至少在炳任总理期间,部长们都花了大量时间去觐见国王"④。

"与英语中的'above'一样,泰语中的超脱(nua)表示无涉(be-

① 任一雄:《东亚模式中的威权政治:泰国个案研究》,北京大学出版社,2002 年,第 99~100 页。
② Kevin Hewison, "The monarchy and democratization", in *Political Change in Thailand*, edited by Kevin Hewison, Routledge, 2002, p.72.
③ Paul M. Handley, *The King Never Smiles*, New Heaven and London: Yale University Press, 2006, p.282.
④ Kevin Hewison, "The monarchy and democratization", in *Political Change in Thailand*, edited by Kevin Hewison, Routledge, 2002, p.72.

yond)和处于更高位置(at/in higher place)。"①军方利用后一种含义,把
"泰国实行以国王为元首的民主制"纳入了宪法。于是,国王凌驾于议
会和内阁之上的领导者角色,与法定的"政治超脱者"达成了和解。
1992 年 5 月,示威民众要求军人总理下台并修订延续议行分立的
1991 年宪法;按照国王的建议,总理辞职,民众停止抗议。"五月事件"
使泰国民众对"神王"的信仰达至顶峰,国王又从无法有效行使主权
的政党手中接收了主体性权威角色。

(二)个人式主体性权威与国家庇护者

1991 年宪法修正案规定"总理必须来自民选议员",但当宪法规
定与国王命令发生冲突时,后者往往占据上风。1992 年 6 月,拥有议
会多数席位的五党联盟提名泰国党(Chartthai Party)党魁颂汶·拉洪
(Somboon Rahong)空军元帅为总理。为了防止民众不满军人执政而再
次示威,国王秘密要求众议院主席以阿南·班雅拉春 (Anand Pan-
yarachun)取代颂汶。"对国王拒绝接受议会指定候选人并任命一名外
部人士担任总理的决定,没有人提出异议","从公众的反应来看,国
王的举动显然受到了热烈欢迎"②。随后四届总理皆由下院议员出任,
但政府更迭的依据仍是王命。如新希望党(New Aspiration Party)党魁
差瓦立·永猜裕(Chavalit Yongchaiyudh)任总理期间(1996—1997),"该
国的经济状况恶化,最终导致 1997 年 7 月泰铢贬值"③。在国王的支
持下,民主党议员川·立派(Chuan Leekphai)未经国会选举便入主内
阁,后执政三年,超过了 20 世纪 90 年代所有民选总理的任期。

这些总理的选票,皆依赖地方豪强。1932 年以来,泰国政府长期

① Tongchai Winichakul,"Monarchy and Anti-Monarchy:Two Elephants in the Room and the
State of Denial in Thailand",in *Good Coup Gone Bad*,edited by Pavin Chachavalpongpun,
ISEAS Publishing,2014,p.88.
② Kobkua Suwannathat-Pian,*King,Country and Constitutions*,London and New York:Rout-
ledge Curzon,2003,p.64 and p.178.
③ Duncan McCargo,"Network Monarchy and Legitimacy Crises in Thailand",*The Pacific Re-
view*,2005(18),p.510.

重城市、轻农村,农村公共产品多由地方豪强供给,从而使占泰国总人口七成的农民深陷庇护网络,成为其组建或支持的政党的选票基础。由于庇护网存在地域限制,豪强政党难以在国会选举中获得压倒性优势,只能联合组阁。多党内阁建基于第一大党的庇护利益,容易随党魁失势而迅速解体,因此难以有效行使议行权力。而20世纪60年代以来,国王通过每年为期半年的边远地区视察及其伴随的皇家项目,同各地民众建立了直接联系;随着枢密院成员向平民精英转型,又与政、法、军、商、学等重要领域的精英联系起来,从而形成了远超豪强政党庇护范围的王权庇护网。最重要的成员当属1988年加入枢密院的炳,20世纪90年代,"几乎每一个武装部队总司令和陆军司令都担任过炳的助手"①。所以,1997年,差瓦立总理"召集军事指挥官们商量发动一场自我政变时","军方拒绝了这一提议"。②

　　"神王合一"意味着个人式主体性权威受其人格化制度性权威角色之内涵的约束。1973年以来,泰国官方宣传的国王形象是"神圣的、正义的和仁爱的":"神圣的"(sacred)来自古印度教的神王身份;"正义的"(righteous)对应佛教的大选君,经民众同意掌权,必须遵守"十王道"以获取更高的德行;"仁爱的"(benevolent)指国王像父亲关爱孩子一样,关爱人民。③大选君是未来的佛陀,属于广义的"神王"角色,故其朴素的民主成分要求国王的仁爱统治必须为了公共利益。由于国王存在小至普密蓬本人、大到王权庇护网的私人利益,两种权威角色存在张力。如国王严厉批评班汉政府(1995—1996),同"他的健康问题、母亲去世及每天去大皇宫照料她的遗体带来的压力"④有关;驱

① James Ockey,"Monarch,Monarchy Succession and Stability in Thailand",*Asia Pacific Viewpoint*,2005(46),p.123.
② Duncan McCargo,"Network Monarchy and Legitimacy Crises in Thailand",*The Pacific Review*,2005(18),p.510.
③ Thongchai Winichakul,*Thailand's Hyper-royalism*,Singapore:ISEAS-Yusof Ishak Institute,2016,pp.12-13.
④ Paul M. Handley,*The King Never Smiles*,New Heaven and London:Yale University Press,2006,p.370.

逐差瓦立,则因后者"经常被传言对君主制缺乏同情"①。不过,王权庇护网的范围,使国王较之豪强政党更像国家庇护者,并为干预披上了公共外衣。21 世纪后,国王越来越难以维持公共立场,角色困境逐渐显现。

五、重叠的主体性权威与"国王困境"的显现

2001—2013 年,宪法和"神王"先后充当制度性权威,他信系政党和国王对主体性权威角色展开了持久的争夺。这种争夺不仅加大了国王与"政治超脱者"角色之间的张力,还更为明显地偏离了公共利益,"国王困境"由此显现。

(一)政党、国王与反他信的王权庇护网

1997 年宪法在下院选举中引入了政党名单制,试图通过一选区一议员的小选区制和 5% 的名单制议席分配门槛,增强大党优势,进而提高政府的稳定性和效率。公共利益导向的条文设计,使该法获得了各方认可。如 2006 年 1 月,泰爱泰党(Thai Rak Thai Party)总理他信·西那瓦(Thaksin Shinawatra)被爆出"售股丑闻"时,军方选择由反对党提交不信任案。中产阶级为主的"黄衫军"要求他信辞职,作为日后"红衫军"主力的农民声援他信,双方和平对峙。"9·19"政变后,军方主导起草的 2007 年宪法恢复了大选区制,取消了名单制议席的分配门槛;泰爱泰党后继者——人民力量党(People's Power Party)和为泰党(Pheu Thai Party)赢得大选后试图通过修宪,迎回流亡的他信。这些行为破坏了民众对宪法至上的信仰,街头暴动由此产生。不过,双方保留了对国王的尊重。如"黄衫军之所以身着黄衫,是因为黄色

---

① Duncan McCargo,"Network Monarchy and Legitimacy Crises in Thailand",*The Pacific Review*,2005(18),p.510.

是王室的象征色,而红衫军则于 2009 年向泰王请愿特赦他信"①。

　　政党名单制要求选民将选票投给政党,小选区制避免了同党候选人竞选,政党与个人的依赖关系开始扭转,这"体现于泰爱泰党的名称和标志在候选人海报上所处的显著位置"②。名单制"议席根据各党在全国的表现分配,因此选民开始关注政党如何解决国家问题"③。全国性福利政策的竞选策略不限于泰爱泰党,但该党制定了更详细的政策,建立了以往仅民主党拥有的全国支部,并定期开展民意调查和政策宣传,故 2001 年首次参选便成为下院第一大党。21 世纪初,"传统上处于等级社会最底层的农村村民,已经城市化,受过更好的教育,在政治上更加精明"④,可拉玛九世仍在坚持农业自力更生和对佛教信仰的精神追求。出身新资本集团的他信意识到了农民的物质需求,主张"启动农村市场,将外府农民融入城市化的发展进程"⑤,从而促成了资本-选票联盟,并借资本优势攻略了上院。

　　1997 年宪法还设立了监督议行机构的宪法法院,最高法院和最高行政法院各推选 5 人和 2 人,选举委员会选举 5 名法学家和 3 名政治学家,所有法官须经参议院批准和国王任命。⑥他信曾试图借助上院把控宪法法院,但枢密院的成员纽带使其处于王权庇护网之中。1963 年,最高法院院长讪耶提出:"司法机构以君主的名义行事",联系双方的传统是"每位法官在职业生涯开始时都会觐见国王"⑦。所

①　钟冬生、张恂:《泰国宪政特殊性:泰王的巨大影响力——基于传统政治文化视角》,《学术探索》2016 年第 11 期,第 46 页。
②　Allen Hicken, "Party Fabrication:Constitutional Reform and the Rise of Thai Rak Thai", *Journal of East Asian Studies*,2006(6),p.406.
③　Joel Sawat Selway, "Electoral Reform and Public Policy Outcomes in Thailand:The Politics of the 30-Baht Health Scheme",*World Politics*,2011(63),p.174.
④　Thongchai Winichakul,*Thailand's Hyper-royalism*,Singapore:ISEAS-Yusof Ishak Institute,2016,p.25.
⑤　周方冶:《王权·威权·金权——泰国政治现代化进程》,社会科学文献出版社,2011 年,第 247 页。
⑥　参见朱学磊:《从政治竞争看宪法法院在亚洲的不同命运——对韩国、印尼和泰国的比较分析》,《东南亚研究》2020 年第 1 期,第 94~95 页。
⑦　Thongchai Winichakul,*Thailand's Hyper-royalism*,Singapore:ISEAS-Yusof Ishak Institute,2016,p.18.

以,2006 年 4 月,当国王因议席空缺而拒绝他信的组阁请求时,宪法法院判定选举结果无效。由此导致的议行权力真空,为政变铺平了道路。6 月,枢密院主席炳提出:"军队属于国王,而非政府"[1];7 月,陆军司令颂提·汶雅叻格林(Sonthi Boonyaratklin)将支持他信的中高层陆军军官调离曼谷。2007 年,宪法法院以选举舞弊为由,判定泰爱泰党解散;而在判决前一周,国王曾演讲道:"若宪法法院判决失误,无论政党存续与否,国家都会陷入困境。"[2]2008 年,该院解散了人民力量党,民主党得以暂时接管政权。

执掌议行权力的他信系政党与掌握司法和军队序列的国王使主体性权威呈现重叠结构。在此结构下,国王在农村发展道路等具体议题上同政党针锋相对,还做出了与新资本集团和农民利益相左的政治干预。因此,2006 年政变后,部分"红衫军"对九世表示了不满。由于竞技和干预更多由军方和法院做出,不满尚未集中于国王。2014 年政变后,十世在王权庇护网内部竞争,角色张力更加明显。

(二)军人、国王与王权庇护网的内部竞争

2017 年,政变军方颁布正式宪法,规定众议员 500 名,任期 4 年,只举行选区制选举;政党名单制议席等于某党的理论议席总数减去所获的选区制议席数,若选区制议席更多,则无权参与名单制议席分配;参议员 250 名,任期 5 年,首届由国王在军方建议下任命,之后降至 200 名,由选举委员会选拔。5 年过渡期内,两院选举总理,之后出下院选举。[3]单轨投票制使为泰党在 2019 年大选中未分得名单制议席,任命制议员与军方支持的国家人民力量党(Palang Pracharath Party)助政变领袖巴育·占奥差(Prayuth Chan-ocha)当选总理。宪法的工具

① Bangkok Post,"Troops 'belong to King'",July 15,2006,p.1.
② Chairat Charoensin-o-larn,"Military coup and democracy in Thailand",in *Divided over Thaksin*,edited by John Funston,ISEAS Publishing,2009,p.59.
③ Office of the Council of State,"Constitution of the Kingdom of Thailand(B.E. 2560)",https://www.krisdika.go.th/web/office-of-the-council-of-state/constitution,accessed June 10,2023.

性使其未获得普遍认可：民主党等保守政党以修宪为条件加入执政联盟，为泰党、新未来党等反对党亦致力于修宪。较之青年群体对宪法和国王的双重冒犯，"大多数年长的泰国人仍热情地相信忠于国王是泰国文化和身份的核心"①。

巴育领导的军方属于泰国陆军的"东方虎"（Buraphapayak）支系，该系大多数人都在泰国东部的第二步兵师开启军事生涯。得益于他信支系和炳支系的鹬蚌之争，2004年，"东方虎"首次接管陆军司令职位，2007—2016年长期执掌，成为陆军及其支配的泰国军队的主导力量。所以，2014年，临时总理由政变领袖而非如2006年由枢密院大臣出任。2019年，军方政党的组建及其大选获胜，使"东方虎"拥有了独立于国王的执政合法性，故其开始借助参议员涉足宪法法院，并利用司法判决压制议会反对派。新未来党党魁塔纳通·宗龙伦吉（Thanathorn Juangroongruangkit）曾透露，2019年大选后，"一位政府党领导人联系了他母亲，称若新未来党将20名成员转移至国家人民力量党，关于他的所有指控都会消失"②。塔纳通拒绝了对方。11月，宪法法院以竞选期间持有媒体公司股份违反选举法为由，剥夺了他的议员身份；次年2月，解散了新未来党。

2020年5月，枢密院引入了第一个曾在宪法法院任职的成员——努拉·马拉尼（Nurak Mapraneet）。努拉是泰国历史上任职时间最长的宪法法院法官（2006—2020），2014年起一直担任该院院长。"（他）解散了许多政党，唯独放过了一个——民主党。"③同时，十世新任命的13名成员中，7名来自军方，5名陆军军官皆出身不同时期的

① Panu Wongcha-um and Kay Johnson, "The last taboo: A new generation of Thais is defying the monarchy", https://www.reuters.com/investigates/special-report/thailand-protests-youth/, accessed May 4, 2023.
② James Ockey, "Future-Forward? The Past and Future of the Future Forward Party", in *Southeast Asian Affairs*, edited by Malcolm Cook and Daljit Singh, ISEAS Publishing, 2020, p.373.
③ Thai PBS World, "New Privy councilor in spotlight over past role in disbanding political parties", https://www.thaipbsworld.com/new-privy-councillor-in-spotlight-over-past-role-in-disbanding-political-parties/, accessed June 29, 2023.

主导支系。如达蓬·拉纳素万（Dapong Ratanasuwan）、派汶·昆察亚（Paiboon Koomchaya）和甘巴纳·路迪（Kampanat Ruddit）属于 2001 年前主导陆军的"神圣后裔"（Wongthewan），提拉猜·纳瓦尼奇（Teerachai Nakwanich）来自"东方虎"，查勒姆猜·西萨提（Chalermchai Sitthisart）同现任主席素拉育·朱拉暖（Surayud Chulanont）皆是炳的亲信。炳在人生最后几年中"不再是以往的核心人物"[①]，其亲信的军事话语权更加有限。所以，2019 年炳去世后，十世要求巴育政府将"驻扎曼谷的第一和第十一步兵团的指挥权从军队序列移交皇家安保部"[②]。他还组织了国王的精英卫队训练项目，表示"任何单位或派别的军官都可参加"[③]。2020 年上任的陆军司令和以曼谷为基地的第一军区司令分别来自"神圣后裔"和"东方虎"，但均参加过上述训练。

　　执政军方和国王就影响议行机构重组的司法和军事主导权展开争夺，使国王代表的利益范围缩小至王室乃至国王个人，人格化制度性权威与个人式主体性权威之间的角色张力持续增加。而宪法法院同国王在名义与实质上的关联，特别是努拉加入枢密院，将解散新未来党的判决同十世继位以来系列政治参与所凸显的国王本人的利益联系起来。于是，学生们把代表关系被迫中断引发的不满由军政府蔓延至国王，"国王困境"充分显现。

六、结论

　　在泰国，"国王困境"根植于政治现代化启动阶段权威基本类型的重叠：宪法和政党共享权威地位，使后者敢于迎回"神王"；而国王

[①]　Paul Chambers and Napisa Waitoolkiat,"The resilience of monarchised military in Thailand", *Journal of Contemporary Asia*,2016(46),p.12.

[②]　Reuters Staff,"Thailand's king takes personal control of two key army units",https://www.reuters.com/article/ us-thailand-king/thailands-king-takes-personal-control-of-two-key-army-units-idUSKBN1W G4ED,accessed June 29,2023.

[③]　Paul Chambers,"'Red rim soldiers':the changing leadership of Thailand's military in 2020",https://www. newmandala.org/the-changing-leadership-of-thailands-military-in-2020/,accessed June 29,2023.

和宪法共享的制度性权威角色,与宪法规定的"宪政客体"角色存在张力;同时,制度性权威的重叠结构,使国王得以凭借政权合法化功能,获得主体性权威角色,并与法定的"政治超脱者"形成了持久的张力。由于两种权威角色并不总是集于国王一身,不同权威类型组合特别是主体性权威之个人形式与重叠结构下角色张力的差异,造成了困境形成与显现的时间差。

泰国的案例表明,政治现代化中王权增减的抉择,实则不同形态的政治主体对主权之使用权的争夺。无论哪一方获胜,为了降低使用成本,都需要借助共同体的终极行为依据为自己的使用行为提供正当性,所以,争夺的结果必然伴随权威类型的重新组合。若政党获胜,会确立宪法的至高地位,以从法定的选举程序中获得来自民意的执政合法性,政体呈现非人格化制度性权威模式。若军人获胜,会恢复"神王"信仰,以获得来自神意的执政合法性,政体呈现人格化制度性权威模式。若国王获胜,该政治主体兼具的制度属性使其拥有独立的合法性来源,故选择何种形态的行为依据不再重要,政体呈现个人式主体性权威模式。若没有哪一方取得胜利,国家就会陷入权威的重叠结构,无法确定本国的政体模式,关于王权增减的难题充分暴露,处于难题中心的国王成为寻求确定性的民众的攻击对象,就如2020年的泰国所发生的那样。

由于各国皆有独特的历史和文化,当国内外环境催生的现代化运动来临时,未必拥有与泰国相同的权威候选类型。但只要该国在启动阶段拥有国王,又未能通过政治主体的较量确定权威类型,关于制度与主体何者更高及更高者的承载者的问题就会演化为"国王困境"。如1640—1688年,斯图亚特王朝的国王们与议会的雏形政党难分高下,英国便在"王权至上"与"王在法下"之间徘徊了四十多年;19世纪,德国和日本都曾试图组合集权君主与政党议会,两国政府分别陷入了"一仆二主"和"二仆二主"的尴尬境地;20世纪独立初期,柬埔寨的国王与政党分享主权使用权,并在后者取得优势前一直在积极作为与统而不治间左右为难;直至今日,摩洛哥的政党依然没有取胜,该国将继续面临王权增减的抉择。

此外,泰国的"军人–'神王'"组合值得注意。由于政变后存在宪法和人民等合法性来源,该组合不具备必然性。如在 17 世纪的英国,奥利弗·克伦威尔(Oliver Cromwell)领导的新模范军一度废除君主制,实施了 8 年宪法装饰的军事统治;18 世纪末的法国,拿破仑·波拿巴(Napoleon Bonaparte)发动"雾月政变"后不久,便在"人民支持"下成为皇帝;19 世纪巴西和 20 世纪埃塞俄比亚的政变军人都彻底抛弃了君主制,分别成立了宪法至上和基于民意的共和国。因此,人格化制度性权威模式当属泰国军人面对王权增减的独特选择。该选择曾造成主权使用权争夺战中长期的"二对一"格局,为立宪君主赢得了主体性权威角色,也使其逐渐陷入了双重权威角色张力的罗网。2014 年以来,军方与国王的竞争,使"二对一"格局出现新的组合可能。但只要能够凭借强力结束重叠结构的军人不放弃同"神王"的组合,国王的制度性权威角色就不会消失。兼具制度与主体属性的国王使泰国的权威类型与政体选择更加复杂,"国王困境"亦更加棘手。

精英互动、文武关系与军人政权民主化

——基于印度尼西亚的案例研究

程同顺　肖伟林　许文英 *

内容摘要　军人政权何以实现民主化"软着陆"？本文试图构建一个"精英互动—文武关系—民主化"的分析框架，通过考察文武关系及其背后的精英互动模式来理解军队的中立迷思和军人政权民主化的机制。印尼的个案表明，权力结构制约精英互动，精英互动塑造文武关系。行政分散水平和军队分裂程度通过影响精英互动模式进而影响文武关系及民主化。行政主体分散、军队高层分裂使文官决策权扩大、军队内聚力降低，权力结构趋于碎片化。文官进入核心决策层与军队改革派占据优势为精英妥协以及主观文官控制开辟了道路，从而有利于实现民主转型。渐进式改革作为精英妥协的必然结果是建立客观文官控制的途径，它既增强了军队的专业性，又推动了民主政体的巩固。在文官控制和军队政治中立的基础上，军人政权的和平民主化成为可能。精英主导的民主化使统治联盟经过调适重组形塑了更加稳定的权力结构，代表传统社会的旧势力与代表现代世界的新制度纠缠在一起，成为充满矛盾的复合体。寡头庇护网络带来了

---

*　程同顺，南开大学周恩来政府管理学院教授、博士生导师、副院长，研究方向为当代西方政治理论和中国农村政治。肖伟林，复旦大学国际关系与公共事务学院硕士研究生，研究方向为比较政治。许文英，中山大学政治与公共事务管理学院硕士研究生，研究方向为比较政治。

民主质量的隐忧。军人政权民主化的道路并非一帆风顺,印尼真正实现文官至上依然任重道远。

关键词 军人政权;民主化;精英互动;文武关系

一、引言:军人政权何以实现民主化"软着陆"?

作为军队干预政治的最高表现形式,军人政权是军队发动军事政变取代文官履行统治职能的结果。军人政权的统治形式既包括直接统治也包括间接统治,既包括个人式统治也包括集团式统治。其共同特征是统治者都来自军人集团,且军人集团能够通过非正式规则操控政局。① 20 世纪六七十年代被称为军人政权的黄金岁月。据统计,二战后的 20 年间有 17 个拉美国家、9 个非洲国家、7 个亚洲国家曾发生军事政变②,1962 至 1980 年发展中国家共计发生了 152 次军事政变③,2000 至 2014 年见证了 21 个军人政权的建立④。

在第三波民主化浪潮的冲击下,大量拉丁美洲和中美洲的军人政权过渡为民主政体。然而在东南亚,军人政权民主化的道路却异常艰辛,军队干预政治是该地区政治发展的毒瘤。军方一旦涉足政治便具有难以遏制的惯性,表现出强大的路径依赖。泰国自 1932 年以来发生了近 20 次军事政变,菲律宾上演过多次未遂的军事政变,缅甸的民主也曾被军事政变所终结。相比之下,印尼则被视为东南亚民主化最成功的案例之一。自 1998 年军队让权于文官至今,印尼再未发生过一场军事政变。根据"政体四"(Polity IV)数据库,印尼的民主指数从 2000 年开始超过 6 分这一门槛。"自由之家"(Freedom House)的最新数

---

① Barbara Geddes,Joseph Wright,Erica Frantz,"Autocratic breakdown and regime transitions: A new data set",*Perspectives on politics*,2014(12),p.313-331.
② [美]塞缪尔·亨廷顿:《变化社会中的政治秩序》,王冠华、刘为等译,上海人民出版社,2008 年,第 3 页。
③ Samuel E. Finer,*The man on horseback:The role of the military in politics*,Liverpool:Pall Mall Press,1976,p.223.
④ Barbara Geddes,Erica Frantz,Joseph G.Wright,"Military rule",*Annual review of political science*,2014(17),p.147-162.

据表明,印尼的自由指数以 58 分在东南亚所有国家中位列第一。

　　既有研究主要从经济发展水平①、社会结构②和政治文化③三个方面解释民主化。若以此为参照系,印尼面临着种种不利于实现文官至上的结构性条件。第一,印尼的人均 GDP 长期处于东南亚中游,收入分配差距持续拉大成为社会痼疾。在 20 世纪 90 年代,印尼的公民社会还不发达,中产阶级占总人口的比例不到 10%。可见,经济发展水平尚不足以产生民主化的内生动力。第二,印尼是世界上穆斯林最多的国家,族群宗教矛盾由来已久。爪哇岛与外岛、基督教与伊斯兰教、达雅族与马都拉族的斗争此起彼伏。与民主化相伴而生的政治动员倾向于激活多元社会中的分裂因子,从而加剧暴力冲突。第三,印尼的公民文化薄弱,后物质主义价值观尚未成型,建国五原则"潘查希拉"(Pancasila)更是带有浓厚的民族主义色彩。印尼军队将自身视为国家利益的守护者、社会秩序的维持者和公民自由的捍卫者,传统价值观深刻影响着军队的行为模式。此外,根据德什(Michael C. Desch)的理论,弱外部威胁和强内部威胁相结合最不利于实现文官至上。④不幸的是,在大部分时间里,印尼面临的外部威胁很弱,来自内部的威胁却很强。从东帝汶独立到"自由巴布亚运动"和"自由亚齐运动",分离主义运动风起云涌使文官高度依赖军队,这为军事政变制造了温床。由此观之,单一的结构主义进路缺乏解释力。

　　对于一个拥有漫长殖民历史且经济不平等拉大、社会严重分裂、政治文化落后的军人政权,民主化的"软着陆"多少有些出人意料。本文选取印尼这一案例,所要回答的问题是:为什么缺乏必要结构性条件的军人政权能够实现和平民主化? 确切地说,为什么印尼能够实现

---

① [美]西摩·马丁·李普塞特:《政治人:政治的社会基础》,张绍宗译,上海人民出版社,1997 年。
② [美]罗伯特·达尔:《多头政体——参与和反对》,谭君久、刘惠荣译,商务印书馆,2003 年。
③ [美]加布里埃尔·A.阿尔蒙德、西德尼·维巴:《公民文化——五个国家的政治态度和民主制》,徐湘林等译,东方出版社,2008 年。
④ Michael C. Desch, "Soldiers, states, and structures: The end of cold war and weakening USC civilian control", *Armed force & Society*, 1998(24), p.394.

文官控制和军队政治中立,最终建立并维持民主制度? 毋庸置疑,人是创造政治过程的主体。只有依靠人的行动作为中介来链接背景与结果,结构才能转化为政治过程。故此,本文试图构建一个"精英互动—文武关系—民主化"的分析框架,通过考察文武关系及其背后的精英互动模式来理解军队的中立迷思和军人政权民主化的机制。

二、理论基础:精英互动—文武关系—民主化

(一)军人政权及其民主化

一般来说,民主化是指从威权政体向民主政体过渡的政治过程,主要包括威权崩溃和民主转型两个阶段。[1]然而,威权崩溃并不意味着民主转型,民主转型也未必总是带来稳定的民主政体。考察军人政权的民主化还应关注民主质量的深化,如此才能捕捉到军事威权遗产对民主发展的长远影响。鉴于此,本文将政体转型之后的民主巩固视为民主化的重要组成部分。

军人政权具有脆弱性。相关资料显示,军人政权的持续时间明显短于君主政体和一党制政体[2],相比其他威权政体更容易崩溃也更具民主化的潜力[3]。陈明明认为,关于军人政权起源的解释可以概括为组织特征决定论、军事援助促成论和政治体制软弱论。[4]类似地,军人政权的民主化同样受到国内外因素影响。就国际因素而言,冷战结束后,以美国为首的西方国家致力于推行民主外交并传播民主制度,对

① ［美］胡安·J.林茨、［美］阿尔弗莱德·斯泰潘:《民主转型与巩固的问题:南欧、南美和后共产主义的欧洲》,孙龙等译,浙江人民出版社,2008 年,第3~7 页。
② Barbara Geddes,"What do we know about democratization after twenty years?",*Annual review of political science*,1999(2),pp.115–144.
③ Magaloni Beatriz,Ruth Kricheli,"Political order and one–party rule",*Annual review of political science*,2010(13),pp.123–143.
④ 参见陈明明:《所有的子弹都有归宿:发展中国家军人政治研究》,天津人民出版社,2003 年。

军人政权施加政治压力、经济制裁和军事破坏。①大量研究表明,民主霸权②及其带来的冲击③加速了军人政权的崩溃。一个威权政体的崩溃会对其他军人政权产生示范效应,从而引发滚雪球现象。

但事实是,民主国家主导的世界秩序不乏威权主义回潮。国际环境有助于把握军人政权民主化的普遍趋势,却无法解释处于同一背景下的国家间差异。相比之下,国内因素通常更加重要。经典文献指出,随着公民社会的壮大特别是中产阶级的崛起,来自底层民众的压力最终会促使上层精英推动民主化。④这种自下而上的民主化模式经常伴有抗议运动,民主似乎成为代表多数人意愿的道德产物。不过,该观点已然遭到诸多批判。越来越多的研究发现,民主化的决定性因素是交易和让步,民主发生与否取决于精英在关键节点上作何选择。⑤正如林茨(Juan J. Linz)所言,民主化具有不确定性。⑥相较于大众,精英拥有突破结构约束的能动性,其行为选择以及由此形塑的博弈模式可能改变一国民主化的走向。菲弗(Peter D. Feaver)进一步指出,激烈的社会冲突会催化军队干预政治的倾向,而精英在关键问题上达成共识则能避免这一结果。⑦

对于军人政权的民主化而言,结构性因素颇具迷惑性,政治行为者视角则更具解释力。一方面,军队借恢复秩序、保护民主之名发动军事政变、接管国家政权,军人政权是一种非正常的统治模式。正因

---

①　Carles Boix, "Democracy, development, and the international system", *American political science review*, 2011(105), pp.809–828.

②　Kevin Narizny, "Anglo-American Primacy and the Global Spread of Democracy: An International Geneology", *World politics*, 2012(64), pp.341–373.

③　Seva Gunitsky, "From Shocks to Waves: Hegemonic Transitions and Democratization in the Twentieth Century", *International organization*, 2014(68), pp.561–597.

④　Seymour M. Lipset, "Some social requisites of democracy: Economic development and political legitimacy", *American political science review*, 1959(53), pp.69–105.

⑤　Dankwart A. Rustow, "Transitions to democracy: Toward a dynamic model", in *Transitions to democracy*, New York: Columbia University Press, 1999, pp.14–41.

⑥　Juan J. Linz, *The breakdown of democratic regimes*, Baltimore: Johns Hopkins University Press, 1978, p.4.

⑦　Peter D. Feaver, "The civil-military problematique: Huntington, Janowitz, and the question of civilian control", *Armed forces & Society*, 1996(23), pp.149–178.

如此,军队从未把自己视为国家的永久统治者,威权领导人更容易在内外交困中让渡权力;另一方面,有学者发现,1974 年至 1990 年间的 15 个军人政权中有 14 个通过主动或被动妥协实现民主化。[1]这些历史经验表明,民主化往往是自上而下的政治过程,民主更多反映了"前独裁政权的精英为保障自身利益而推行的制度设计"[2]。需要说明的是,强调精英的能动性并非意在贬低大众的作用;而是通过纳入政治行为者视角,有利于研究者展示从威权过渡到民主的动态过程以及回答为何威权崩溃之后没有出现民主逆转的问题——这是单一的结构主义进路所不能实现的。

(二)精英互动与文武关系

沿循政治行为者视角,精英互动与文武关系构成了军人政权民主化的基本解释路径。在一个典型的军人政权中,统治联盟包括威权领导人、文官和军队三大主体,军人政权的民主化同国家权力结构中文武精英的互动关系密切相关。文官权力与军队权力的差异化组合导向了不同的文武关系(或称"军政关系",civil-military relations),文官控制和军队政治中立直接关乎民主政体的存续。

1. 精英互动

不同的精英互动模式在相当程度上造就了军人政权迥异的民主化命运。在民主转型阶段,如果文职精英与军事精英倾向于妥协,那么民主制度更有可能建立;相反,如果军队采取政变或镇压等策略,民主的平稳落地将变得渺茫。在民主巩固阶段,如果文职精英和军事精英倾向于采用渐进式改革,那么民主制度更有可能保持稳定;相反,过于激进的变革将造成军队反抗、威胁民主生存。以上两个阶段相互影响——政体转型时刻的精英妥协有利于在转型之后实施渐进

---

① [美]塞缪尔·亨廷顿:《第三波:20 世纪后期的民主化浪潮》,欧阳景根译,中国人民大学出版社,2013 年,第 103 页。

② Michael Albertus,*Authoritarianism and the Elite Origins of Democracy*,Cambridge University Press,2018,p.8.

式改革,渐进式改革的预期又反过来降低了精英妥协的成本,进而推动军人政权的和平民主化,规避威权维系、威权替代和无政府状态等意外结果。

对于民主转型,精英选择妥协还是斗争取决于统治联盟内各主体的相对权力,即文官决策权和军队内聚力。具体来说,一方面,军人政权若要维系统治,离不开绩效合法性的支撑。然而,军队的组织特征限制了其操纵行政机器、管理公共事务的能力。因此,对于一个发展型军人政权而言,军队必须同文官特别是技术官僚通力合作。奥唐奈尔(Guillermo O'Donnell)将军人与官僚、政治压制与经济发展相结合的体制称为"官僚威权主义"①。尽管"官僚威权主义"被视为20世纪六七十年代拉美国家的政治发展模式,但它的确揭示出一个客观事实——军队不可能完全将文官排除在行政系统之外,文官通过服从军队分享统治权力,军人政权的稳定性受到军队同文官结盟的能力的影响。可见,文官决策权存在波动区间而非一成不变,这为精英互动留下了空间。拥有权威的文官机构是一个强有力的政治体制的必要组成部分,过于虚弱的文人集团缺乏与军队讨价还价的筹码。只有当行政主体分散、文官决策权扩大时,精英妥协才会具备现实基础。

另一方面,军队内聚力对于军人政权的民主化至关重要。文官掌握核心决策权降低了军队干预政治的意愿,但如果军方团结一致,仍无法避免转型期间的大规模震荡。因此,除了行政分散水平,精英如何互动还取决于军队的分裂程度。军方出身的威权领导人拥有镇压叛乱的强制能力,然而其对强制性资源的支配受到军队制约。尽管在军人政权中,军队被视为威权领导人的忠心拥趸,但威权领导人并不总是与军队利益一致,军队内部也并非铁板一块。威权领导人出于维护个人独裁统治的需要,必须尽可能吸纳、平衡各方势力,同时排除军队的潜在威胁,他既仰赖军队又不得不予以提防。随着时间的推移

① Guillermo O'Donnell,*Modernization and Bureaucratic-Authoritarianism*,Berkeley:Institute of International Studies,1973.

和威权领导人的个人独裁化,军队内部在利益分配问题上的分歧愈发难以弥合,导致出现不同的派系。尤其是在民间社会和国际社会的双重压力下,军队与威权领导人之间以及军队内部更容易发生分裂。军队分裂程度越高,其内聚力就越低;威权领导人维系军人政权的强制能力越弱,精英妥协的动力也就越强。只有当军队高层分裂、军队内聚力降低时,民主反对派才有胜利的可能,民主化也才有开启的希望。

最后,渐进式改革是文武精英相互妥协的必然结果,军队改革的成败关乎民主化的前景。民主转型后的下一步任务是清除威权残余,此时民主巩固的关键在于军队改革的质量以及改革策略的选择。如果文官在自身权力尚未巩固的情况下意图在短时间内实施迅速而彻底的变革,很可能会刺激军队铤而走险,使其孤注一掷地将矛头对准新生的民主。对民主巩固而言,渐进式改革是一种更加稳妥的替代方案。它通过职业化手段增强军队的专业性,不仅降低了军队发动军事政变的意愿,而且削弱了军队干预政治的能力。随着军队专业性的增强和内部分工趋于复杂化,军队协调统一行动的成本也会提高,军事政变的概率由此降低。

2. 文武关系

文官决策权、军队内聚力和军队专业性共同指向文武关系。解释军人政权的民主化,关键在于解释文武关系。从广义上看,文武关系是指武装力量与其他非武装组织的关系[1];从狭义上看,文武关系的内核是军队与文官的关系——"武装力量与合法建立的国家公共权威机构之间所存在的主从关系或上下级关系"[2]。本文主要采用后一种定义。

亨廷顿(Samuel P. Huntington)区分了政治化的军队和职业主义

---

[1] 郝诗楠:《比较政治学研究中的军政关系:趋势、议题与未来议程》,《比较政治学研究》2019 年第 1 辑,第 74~96 页。

[2] [英]戴维·米勒、韦农·波格丹诺:《布莱克维尔政治学百科全书》,中国政法大学出版社,2002 年,第 128 页。

的军队,前者卷入政治,后者保持中立。在此基础上,他提出军队政治中立需要两种文官控制——主观文官控制强调最大化文官权力,限制军队的自主性;客观文官控制强调最大化军队职业主义,即文官与军队相互分离,文官不干涉军事业务,军队也不干涉政治决策。①总而言之,亨廷顿认为解决"军政难题"的办法是通过军人干政最小化和文人干军最小化实现文官控制与军事效能的平衡。《军人与国家》一书奠定了比较政治学领域文武关系研究的基石。此后,芬纳(Samuel E. Finer)指出,良性的文武关系要求文官至上原则被普遍接受。②科蒂(Andrew Cottey)等人则将文武关系纳入民主化的场域,强调实现对国防和安全部门的民主治理是实现文官控制的关键——这被称为"第二代文武关系理论"。③

文官控制意味着文职精英在人事任命和政策制定方面享有无可争辩的领导权。④民主化的前景与文官控制相辅相成,实现文官控制和军队政治中立是建立并维持民主制度的轴心任务。在一个军人政权中,提高文官决策权、降低军队内聚力是建立主观文官控制的必要条件,而强化军队专业性则是建立客观文官控制的充分条件。综上所述,军队内聚力越低、专业性越强,集体行动越困难,军队越不容易介入政治;文官决策权越大,文官机构越有效,军人政权越可能实现民主化。军人政权民主化的影响因素如图1所示。

① [美]塞缪尔·亨廷顿:《军人与国家:军政关系的理论与政治》,李晟译,中国政法大学出版社,2017年,第71-75页。
② Samuel E. Finer, *The man on horseback:The role of the military in politics*, Liverpool:Pall Mall Press,1976,pp.28-30.
③ Andrew Cottey, Timothy Edmunds, Anthony Forster, "The second-generation problematic: Rethinking democracy and civil-military relations", *Armed forces & Society*,2002(29),pp.31-56.
④ Aurel Croissant, David Kuehn, "Patterns of civilian control of the military in East Asia's new democracies", *Journal of East Asian studies*,2009(9),pp.187-217.

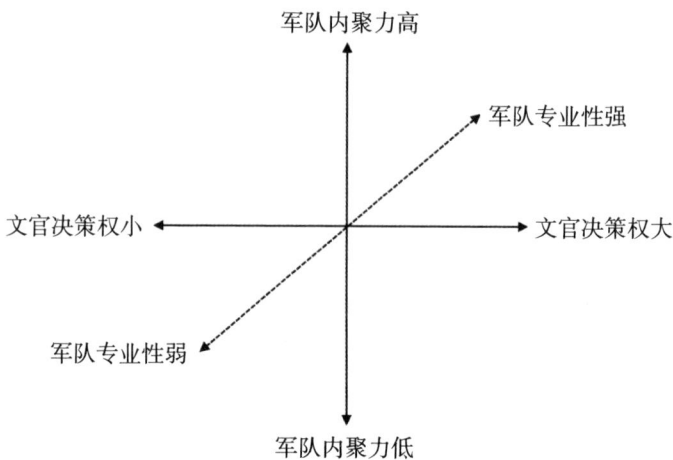

图 1 军人政权民主化的影响因素
资料来源:作者自制。

(三)一个分析框架

在实施直接的个人式统治的军人政权中,一个理性的威权领导人具有难以克制的独裁化冲动。本文认为,威权领导人的个人独裁化间接作用于行政主体分散和军队高层分裂,进而带来文官决策权的扩大和军队内聚力的降低——发展经济、维护统治的愿望迫使其拉拢技术官僚,而个人独裁的日益强化将引起军队的不满——它们都是权力结构碎片化的表现。在结构性因素相对不确定的阶段,精英的重要性开始凸显。面对内外部压力,文武精英的相互妥协以及渐进式改革一方面促成了文官控制的建立,使新生民主免于被军事政变颠覆的命运;另一方面也通过调适和重组推动了统治联盟的更新,促进了精英合作与再生产。精英主导的民主化在强化军队政治中立倾向的同时,相伴而生的寡头庇护网络导致新制度与旧势力相嫁接。对于旧势力根深蒂固的传统社会,"新封建主义"①通过赋予其现代世界独

---

① 释启鹏:《新世界中的旧秩序:东南亚四国发展的比较历史分析》,中国社会科学出版社,2023 年。

有的合法性为发展中国家的政治发展带来了机遇和挑战。军人政权
民主化的机制如图 2 所示。

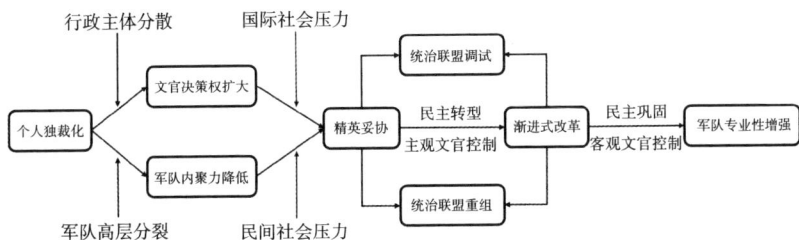

图 2　军人政权民主化的机制
资料来源:作者自制。

三、研究设计:来自印尼的个案

(一)案例选择

在比较历史分析颇为流行的当下,单案例研究在因果推论方面
仍然具有无可替代的重要作用。但并非所有的正负面案例都拥有同
样的理论贡献力,一些关键案例对于检验和建构理论更具实质重要
性。根据吉尔林(John Gerring)的说法,关键案例主要包括两类:一类
是"最大可能案例",另一类是"最小可能案例"①。前者通过分析理论
上最可能发生却没有发生的现象证伪理论,后者通过分析理论上最
不可能发生却发生了的现象证实理论。本文认为,相对于东南亚其他
国家,印尼在实现和平民主化方面可以被认为是一个 "最小可能案
例"。如前文所言,这是因为它偏离了现代化理论、社会学理论和文化
主义理论的预期,从而能够为研究者修正甚至提出新的假设创造契
机。尽管很难说印尼的个案具有广泛借鉴意义,但这并不妨碍其在社

① John Gerring, *Case Study Research:Principles and Practice*,Cambridge University Press,
2006,pp.89-90.

会科学研究中的重要价值。

(二)案例背景

1965 年,陆军上将苏哈托(Haji Mohammad Suharto)通过"九三〇"事件掌握了最高统治权,印尼进入"新秩序"时期。依托于专业集团党(Partai Golongan Karya),印尼军队被赋予"双重职能"——在维护国家安全的同时广泛参与经济、政治和社会事务。苏哈托以军队为强力后盾,以专业集团党为执政工具,独揽党政军大权,建立起威权统治。1997 年亚洲金融危机使印尼经济濒临崩溃,一系列深层次、结构性矛盾被引爆,游行示威层出不穷。威权政体的脆弱性随着绩效滑坡而日益彰显,经济危机逐渐演变为政治危机,最终导致印尼军人政权垮台。众叛亲离的苏哈托于次年 5 月 21 日宣布辞职,结束了长达32 年的威权统治。印尼的民主化是二战后发展中国家政治发展的一个缩影,也是第三波民主化浪潮的一个注脚。该进程可以分为三个阶段,根据亨廷顿的"两轮选举测试"①,阶段一为民主转型时期,阶段二和阶段三为(后)民主巩固时期②。

1. 民主转型:哈比比—瓦希德—梅加瓦蒂时期(1998—2004)

苏哈托倒台后,按照印尼宪法规定,由副总统哈比比(Bacharud-din Jusuf Habibe)接任总统职务。哈比比开启了印尼的民主化进程,他解除党禁,释放政治犯,保障言论、集会、结社、新闻自由等公民权利,完成了从威权到民主的过渡。瓦希德(Abdurrahman Wahid)和梅加瓦蒂(Megawati Sukarnoputri)继任总统后继续推动宪政改革,印尼初步建立起民主制度的框架。通过改革,印尼的政治参与程度大幅度提升,基本人权状况显著改善,社会氛围愈加宽松。

---

① [美]塞缪尔·亨廷顿:《第三波:20 世纪后期的民主化浪潮》,欧阳景根译,中国人民大学出版社,2013 年,第 251 页。

② 也有观点认为,2004 年印尼实现了民主化以来第一次严格意义上的和平选举更替,2014 年后印尼进入民主巩固时期。参见黄敬芝:《印尼民主巩固的发展与挑战——从2014 及 2019 年总统大选的观察》,《台湾国际研究季刊》2020 年第 3 期。本文将 2004 年作为分界点,采取的是较为宽泛的选举轮替标准。

2. 民主巩固：苏西洛时期（2004—2014）

2004年印尼成功举行了国会选举和第一次总统直选。尽管苏西洛（Susilo Bambang Yudhoyono）领导的民主党（Partai Demokrat）并未取得国会多数席位，但他本人在第二轮投票中赢得了高达60%的选票，顺利当选总统。在2009年的选举中，民主党成为国会第一大党，苏西洛再次以高票击败梅加瓦蒂获得连任。苏西洛是印尼民主化以来第一位连任两届的民选总统，也是印尼历史上第一个实现权力正常交接的总统。2014年大选标志着印尼的民主逐渐走向程序化，通过自由而公正的选举实现政权更替、在民主和法治的轨道上解决分歧成为共识。

3. 后民主巩固：佐科时期（2014年至今）

2014年印尼举行了第三次总统直选，出生于中产阶级家庭的佐科（Joko Widodo）以53.15%的得票率击败拥有军方背景普拉博沃（Prabowo Subianto）当选总统。佐科所属的民主斗争党（Partai Demokrasi Indonesia Perjuangan）成为国会第一大党。普拉博沃所属的大印尼运动党（Partai Gerakan Indonesia Raya）则与专业集团党、民主党等结成多数联盟。2019年印尼首次同时举行总统选举和国会选举，佐科以55.4%的得票率再度击败普拉博沃成功连任，其所属的政党联盟也获得国会超过半数的席位。佐科成为印尼第八届总统终结了苏哈托时代的威权阴影，印尼民主的代表性和多元主义得到新发展。

四、案例分析：从精英妥协到统治联盟

（一）主观文官控制：权力结构碎片化下的精英妥协

苏哈托政府的新自由主义政策带来了经济高速增长，为印尼的威权统治披上了合法外衣。在此期间，印尼的中产阶级缓慢成长，腐败和贫富悬殊也愈演愈烈。亚洲金融危机叠加政治上的僵化集权使印尼军人政权彻底丧失了合法性，学生和非政府组织纷纷走上街头。

合法性的衰落成为威权崩溃的导火索。印尼向民主政体的过渡则具有偶然性,它是权力结构碎片化下精英妥协的结果。

1. 威权领导人的个人独裁化

苏哈托的个人独裁化是印尼军人政权崩溃的第一个关键节点。自 20 世纪 60 年代末以来,印尼军人政权经历了从军事寡头到个人独裁的变迁,日益呈现出"苏丹化"的特点。在"新秩序"后期,苏哈托与军方的裂痕显现,统治联盟的矛盾公开化。年迈的苏哈托一方面加紧控制军队,另一方面又不断打压军队的影响力。为了进一步巩固家族统治,同时也为了摆脱对军队的过分依赖,苏哈托开始将文官纳入内阁,并于 1993 年首次指定文官担任专业集团党总主席,这是军队被边缘化的标志性事件。"军队—官僚机构—专业集团党"三位一体的威权政治体系原本旨在巩固苏哈托的个人独裁,却间接加剧了行政主体分散和军队高层分裂。作为一个理性人,苏哈托的个人独裁化具有必然性,它反过来侵蚀了威权统治的社会基础——这构成了一个宿命般的悖论——其结果是文官决策权相对扩大、军队内聚力显著降低。

2. 行政主体分散与文官决策权扩大

在印尼军人政权崩溃前,文官就已经掌握了部分实质性权力。为了贯彻新自由主义的既定方针,苏哈托不得不倚重技术官僚。他所组建的"发展内阁"招揽了一批欧美留学归来的经济学者(史称"伯克利帮"),这些技术官僚长期担任财政部长、商务部长、银行行长等要职。苏哈托的养子,同时也是苏哈托政府中任职最久的阁员、曾任科技与研发国务部长的哈比比亦属技术官僚出身。在民主化浪潮席卷全球的背景下,印尼军队由于血腥镇压学生运动,其介入政治的正当性饱受质疑。国内外环境的变化使文官在政府和政党中的决策权有所扩大,文官机构的有效性正在提高。进入核心决策层的文官对苏哈托倒台发挥了关键作用。苏哈托政府的中坚力量——国会和人民协商会议主席哈尔莫科(Harmoko)一度公开要求苏哈托下台,包括经济、财政和工业统筹部长在内的众多内阁部长集体请辞……这些加速了军人政权的土崩瓦解。文官决策权扩大增加了维持印尼军人政权所需的成本,抑制了军队干预政治的意愿。

3. 军队高层分裂与军队内聚力降低

印尼军队的离心倾向由来已久。20世纪80年代,"绿派"(伊斯兰)和"红白派"(民族主义)便围绕军队职能展开激烈争论,前武装部队总司令纳苏蒂安(Abdul Haris Nasution)以及多位海陆军将领还曾签署请愿书控诉苏哈托滥用职权。随着参加过独立战争的高级将领于80年代中后期先后退役,从军事学院成长起来的"马吉冷"(Magelan)一代逐渐壮大。他们希望回归军营,对军队的政治角色缺乏兴趣。进入90年代后,国内民意的汹涌沸腾和来自国际社会的强烈谴责使印尼军队高层出现了重大分裂。以苏哈托的前女婿兼特种部队司令普拉博沃为代表的一派坚定拥护苏哈托并镇压学生运动,以国防部长兼军队总司令维兰托(General Wiranto)为代表的另一派则在表面上效忠苏哈托实则不满苏哈托独裁。双方的斗争趋于白热化,军队内聚力显著降低。随着局势恶化,印尼军队中的开明人士意识到武力镇压可能带来的严重后果。为了塑造自身的改革派形象,维兰托发表声明拒绝对民众使用武力并呼吁政治改革,国会中的军队派系领导人也给予声援,另有14名高级军官敦促苏哈托践行辞职声明。军队高层的斗争最终以维兰托的胜利告终,他决定将普拉博沃从武装部队中革职,并撤回对苏哈托的支持。遭受重创的苏哈托完全陷入四面楚歌、孤立无援的境地,无力再继续维持威权统治,除了辞职别无选择。军队内聚力降低削弱了其发动军事政变的能力,提高了通过妥协实现印尼民主化的概率。

4. 精英妥协与军人政权民主化

由于行政主体分散和军队高层分裂,印尼军人政权中没有一个集团强大到足以完全凌驾于另一个集团之上,文官和军队都不具有推翻对方的绝对优势。苏哈托既失去了文官支持,又与军队离心离德,军人政权的崩溃已成既定事实。文官决策权扩大和军队内聚力降低使印尼的文武精英被迫放弃政变、镇压等替代方案,以避免两败俱伤。追求民主的进步势力突破了边缘化地位,顽固的保守势力则被排挤出中心地带。印尼略显仓促的民主化是政权外部的民主反对派与政权内部的温和派文官和改革派军队合谋的结果，精英妥协贯穿了整个过程。①可以想象,没有精英妥协就没有印尼的民主化。在抗议声浪席卷全国之际,如果文官没有进入核心决策层,那么军队就不必受到官僚机构的掣肘,民主化缺乏来自体制内的动力;如果军队保守派占据优势，那么它大可以采取铁腕措施平息动荡并推出新的军事领导把持政权,民主化或许根本不会得到启动的机会。

(二)客观文官控制:渐进式改革与军队专业性增强

通过文武精英的历史性妥协,军队主导的一元化格局被打破,文官开始履行统治职能,印尼成功建立起民主制度。从结果来看,军队失去了对国家政权的垄断,却摆脱了负面形象、获得了战略弹性,相较于被彻底逐出权力中心无疑是一种次优解。文官虽然步入政治舞台的中央,但军事威权遗产也意味着此时的文官控制还相对软弱。渐进式改革作为精英妥协的必然结果,不仅保障了军队在后转型时代的核心利益,更重要的是,它奠定了军队职业化的基调,为印尼建立客观文官控制争取了时间。

1. 军队主动改革与合法性重塑

声名狼藉的印尼军队致力于通过主动改革走上职业化道路,重塑其在民主框架下的合法性。1998 年 9 月发布的纲领性文件《武装部队在 21 世纪的作用:重新定义、定位和执行武装部队在国家中的作用》呼吁:军队退出政治社会事务;干预方式从占领向影响转变;影响方式由直接向间接转变;军队与文官共同分享权力。值得注意的是,这份文件虽然主张军队服从民选政府，却并未正式承认文官至上原则,而是勾勒出军队的新角色,即在拥有间接政治影响力的同时保持

---

① 杨晓强:《后苏哈托时期印尼民主化改革研究》,厦门大学出版社,2015 年,第 229~230 页。

政治中立。通过做出必要的让步和牺牲，印尼军队在从政治生活中抽离出来的同时避免了更大规模的改革，其少数特权也得到了保留。例如，军队能够频繁涉足民事领域，还被允许保留对领土指挥系统和军事司法系统的控制。

2. 文官渐进策略与波浪式特点

文官缺乏推行激进改革的意愿和能力，代之以迂回策略。哈比比任命维兰托全权负责军队改革，维兰托则在留任国防部长和军队总司令的同时放弃代表专业集团党竞选总统。二人均非激进主义者。瓦希德上台后剥夺了维兰托的实权，任命海军将领为军队总司令，打破了陆军将领担任军队总司令的传统。此后他又任命大学教授为国防部长，打破了军人集团自 1965 年以来对这一职位的长期垄断。一系列激进变革招致保守派的猛烈反扑。在瓦希德被迫下台后，梅加瓦蒂、苏西洛和佐科回归渐进式改革。文官一方面默许军队有限参与政治，给予军队一定的自主权；另一方面又完善了军队装备，增加了军费预算，切断了军人与专业集团党的联系。文官的渐进策略最大限度消弭了军队反抗，保证了改革的可持续性。印尼的军队改革由此呈现出波浪式前进特点，尽量它在某些阶段存在反复甚至倒退。

3. 从政治的军队到制度的军队

无论如何，印尼的军队改革基本上实现了职业化目标，促进了客观文官控制的建立：军队的名称由印尼武装部队改为印尼国民军，国防部长文职化成为常态，军警正式分离。军队总司令以及陆海空三军司令被置于国防部长领导之下，警察由总统直接管辖。如表 1 所示，从哈比比时期到苏西洛时期，退役军官在内阁任职的比例从 31.3% 降至 9.4%，在国会任职的比例从 17.3% 降至 2.1%，1999 年后不再由现役军官担任省长。渐进式改革增强了军队的专业性，弱化了军队的"双重职能"。通过改革，军队逐步退出行政和立法机构，放弃从事商业经营活动。军队从高度卷入国家政权、直接行使国家权力转变为对政治生活实施间接影响，从政治的军队转变为制度的军队，印尼本身也成为东南亚最民主的国家之一。在 2015 年的一项民意调查中，90%

的民众认为军队为印尼民主的发展做出了积极贡献,60%的受访者对军队改革表示满意。[1]

表 1 不同时期退役或现役军官在行政和立法机构中的占比(%)

时期	内阁中的退役军官	国会中的退役军官	现役军官担任省长
苏哈托和哈比比(1967—1999)	31.3	17.3	43.8
瓦希德(1999—2001)	14.8	8.5	0
梅加瓦蒂(2001—2004)	9.8	8.5	0
苏西洛(2004—2009)	9.2	3.1	0
苏西洛(2009—2014)	9.4	2.1	0

资料来源:Aurel Croissant,*David Kuehn*,*Philip Lorenz*,*Breaking with the past*?:*Civil-military relations in the emerging democracies of East Asia*,DC:East West Center,2012,p.26.

(三)精英合作、再生产和统治联盟

渐进式改革为印尼民主的巩固创造了有利条件。在民主制下,相对温和的文官与倾向改革的军队彼此之间的利益交汇点不断扩大,双方在反对恐怖主义、开展人道救援行动等多个方面建立起紧密的合作关系。此外,虽然比例在降低,但仍有源源不断的退役军官选择加入政党、进入政界,竞争性选举通过实现政治军事精英的横向置换影响着印尼军队的民主态度。维兰托在 2004 年、2009 年和 2014 年三度参加总统选举,普拉博沃亦是 2014 年、2019 年和 2024 年的总统候选人。值得一提的是,军方背景为候选人在争夺公职方面提供了社会资本,军人出身迎合了印尼大众的威权怀旧情绪。印尼的独立研究机构"洞察"(Insight)于 2003 年发布的调查报告显示,有一半的受访者认为现在的生活不如苏哈托时代,67.97%的受访者渴望强力领导人。

---

[1] Evan Laksmana, "Unpacking Indonesia's civil-military relations under Jokowi",https://www.aspistrategist.org.au/unpacking-indonesias-civil-military-relations-under-jokowi/,accessed October 31,2017;Ayu Siantoro, "Puncak Apresiasi Publik kepada TNI",https://nasional.kompas.com/read/2015/10/05/15000061/Puncak.Apresiasi.Publik.kepada.TNI?page=all,accessed October 5,2015.

2004年苏西洛的压倒性优势以及专业集团党的胜利从侧面映证了这一点。13年后,苏西洛的长子阿古斯(Agus Harimurti)从军队辞职参加雅加达省长选举——这一职位被视为总统跳板。印尼《罗盘报》(Kompas)的调查结果显示,在所有支持者中,看中阿古斯军人背景的选民占比最高(13.4%)。苏西洛家族满足了民众对于不独裁的领导的想象。

印尼的民主化以一种混合方式调解了文武精英在民主政体中扮演的角色,精英合作与再生产使文武关系朝着制度化方向发展。依靠印尼制度设计中的"旋转门"机制,军事精英不必再冒险诉诸武力即可凭借自身优势实现身份转化,进而分享政治权力。如果相较于发动军事政变,通过竞争性选举来谋取利益更具吸引力,那么印尼的民主更有可能生存下来。军事精英和政治精英的根本利益趋于合流,构成了后转型时代统治联盟的基础。

五、进一步讨论:文官至上还是"新瓶装旧酒"

(一)新制度与旧势力

印尼的民主化兼具进步性与保守性——它未能对权力结构进行根本改造,脱胎于封建–殖民时代的精英得以延续。新制度在表面上同军人政权决裂,实际上与旧势力存在千丝万缕的联系。尽管印尼的政治运行出现了一些肉眼可见的变化,其权力结构却没有发生实质性变革。这表现为苏哈托时代的精英拥有强大的生命力,继续主导印尼的政治发展——正所谓"流水的历史,铁打的精英"[1]。其结果是,印尼的文官至上在相当程度上依赖于军队的自愿服从。一旦有人威胁到盘根错节的精英网络,便可能遭受统治联盟的反噬。

---

[1] 释启鹏:《新世界中的旧秩序:东南亚四国发展的比较历史分析》,中国社会科学出版社,2023年,第24~25页。

　　为了换取军队的支持，哈比比和瓦希德都曾承诺由军队主导自身的改革议程并许诺给维兰托以政府官职，二者的上台本身就是文官与军队妥协的产物。但瓦希德不满足于此，他频繁改组内阁培植亲信，越过军队任命高级官员。瓦希德的反复无常加剧了军方对他的敌视，最终引发了 2001 年的宪政危机。总统与国会对峙的局面为军队重返政治舞台创造了契机。尽管军队以忠于宪法为由拒绝执行瓦希德的紧急状态令，并表示拥护新总统梅加瓦蒂；但此次危机不仅导致公众对文职领导层的信心受损，而且推动了军队支持率的飙升。作为统治联盟的牺牲品，瓦希德的黯然下台再次表明了新制度下旧势力的强大。

　　印尼的政治民主化与军队职业化并不完全同步，旧势力始终不容小觑。"弱势总统"哈比比、瓦希德和梅加瓦蒂完成了军队职业化的主要议程，但在第一位直选总统苏西洛和第一位平民总统佐科当政期间，印尼军队改革的步伐却有所放缓乃至趋于停滞。总部位于雅加达的冲突政策分析研究所（Institute for Policy Analysis of Conflict）报告称：面对一位在安全事务方面经验不足的"草根总统"（此处指佐科），军队正在积极扩大其权力基础。政治改革与军队改革错位的吊诡现象固然与印尼国内的恐怖主义、种族主义和宗教极端主义猖獗等安全问题有关，但它更反映出威权主义的结构性遗产。归根结底，出现这一现象的根本原因在于旧势力与新制度相嫁接，阻碍了印尼民主质量的进一步深化。

（二）寡头民主的忧思

　　不难发现，印尼的民主化实际上是统治联盟在破裂后调适重组的结果，苏哈托时代被疏远的精英能够趁机调整分配规则。竞争性选举未能缔造一个新的统治阶层，民主政治为寡头攫取利益提供了特定场域，公民的权利和自由没有如预期那般发展。相反，在政治开放的背景下，政党体制的软弱使得旧势力有机可乘，他们重新渗入民主政治体系，摇身一变成为新的人民代表。在某种意义上，苏哈托家族的门生故旧恰好填补了公民社会缺位带来的权力真空。旧势力嵌入统治联盟并形成以寡头为中心的庇护网络，成为印尼实现民主巩固的最大障碍。

印尼国内政党数量虽然多如牛毛，制度化能力却格外匮乏。由于派系林立，政党间的分化组合成为常态，组建政党联盟是解决政治僵局的惯用方式。但所谓的"团结内阁"只是囊括了众多政党的"照顾内阁"，难免沦为寡头实现个人利益的工具。寡头庇护网络使政党政治蜕变为金钱政治，民主政府被这一新型腐败模式所俘获。候选人需要向政党支付大笔款项以确保提名，政治家收买选票的现象屡见不鲜。昂贵的选举加剧了权力和财富向寡头的单向度集中，亦滋生了大量腐败现象——哈比比、瓦希德、梅加瓦蒂以及前国会议长、最高法院院长、总检察长都曾身陷贪污丑闻。在印尼民主政治的喧嚣下，权力依旧是少数人的专利。

印尼的政治稳定在很大程度上取决于寡头庇护网络的韧性。政府、军队和企业相互勾结，下层阶级没有足够的力量打破寡头民主。寡头政治的深层弊病在于精英缺乏建立更加自由民主的政治秩序的动力。瓦希德因触动既得利益集团而被迫下台，苏西洛和佐科的当选虽然在一定程度上反映出印尼民主的进步，但他们从未推行破坏寡头利益积累的政策。种种迹象都表明，苏哈托时代的世袭制、裙带关系和庇护主义使印尼的政治发展陷入了掠夺性资本主义的泥沼，传统势力在现代制度中的变相延续为其民主巩固蒙上了一层阴影。

六、结语：在干预与中立之间

不同时期印尼的权力结构、精英互动和文武关系呈现出不同特点，其变迁如表2所示。基于印尼的个案，军人政权民主化的机制可以被归结为权力结构制约精英互动，精英互动塑造文武关系。行政分散水平和军队分裂程度通过影响精英互动模式进而影响文武关系及民主化。行政主体分散、军队高层分裂使文官决策权扩大、军队内聚力降低,权力结构趋于碎片化。文官进入核心决策层与军队改革派占据优势为精英妥协以及主观文官控制开辟了道路,从而有利于实现民主转型。渐进式改革作为精英妥协的必然结果是建立客观文官控制的途径,它既增强了军队的专业性,又推动了民主政体的巩固。在文官控制和军队政治中立的基础上,军人政权的和平民主化成为可能。精英主导的民主化使统治联盟经过调适重组形塑了更加稳定的权力结构,代表传统社会的旧势力与代表现代世界的新制度纠缠在一起成为充满矛盾的复合体。寡头庇护网络带来了民主质量的隐忧。

表 2 不同时期权力结构 – 精英互动 – 文武关系变迁

	军人政权时期	民主转型前后	民主巩固以来
权力结构	从军事寡头到个人独裁	碎片化	稳定化
精英互动	压制–服从与派系斗争	精英妥协	渐进改革
文武关系	军队控制型	军政合作型	文官控制型

资料来源:作者自制。

本文的边际贡献在于提供了一个理解军人政权民主化的整体性、连贯性框架。在这一框架中,政治行为者受到重点关注,但结构性条件并未被忽视。事实上,难以构建一般化理论是能动性解释的天然缺陷,也是其招致批评的重要原因。本文通过综合结构和能动两种视角,不仅展示了政治军事精英在关键节点上的行为选择,更聚焦权力结构分析其作出如此选择的原因;不仅澄清了文武关系变迁对军人政权民主化的影响,更从精英互动模式切入挖掘文武关系变迁的驱动力。总的来说,本文有利于理解发展中国家的政治发展,对于进一步打开军人政权民主化的"黑箱"有所裨益。值得注意的是,任何理论都有其"范围条件"[①]。在理论建构的过程中,充分考虑因果效应的异质性,清晰而明确地界定"范围条件"是化解针对单案例研究外部效

---

① 陈超、游宇:《案例导向研究中的"范围条件"与理论建构》,《经济社会体制比较》2023 年第 6 期,第 150~158 页。

度挑战的有效方式。本文提出的分析框架主要适用于实施直接的个人式统治的军人政权,但不包括通过反叛运动夺权或通过合法选举上台等特殊情况,这类军人政权可能面临更为复杂的结构与能动因素。

公允地说,印尼的民主化是成功的。然而,民主化打开了"潘多拉的魔盒",族群宗教矛盾、国际恐怖主义和地区分离主义在经历威权统治的长期压抑后相互交织、彼此缠绕,突然一拥而至。对于处在历史与未来交汇点的印尼而言,转型的阵痛不可避免,民主巩固道阻且长。民主化毕竟是一场艰苦卓绝的斗争,印尼仍然面临诸多挑战。民主的存续取决于观念、行动、制度多方作用。就目前来看,依旧不能彻底排除民主解固甚至民主崩溃在印尼重新上演的可能。

军队干预政治的基础是政治体系的结构功能分化,在这个意义上,它带有现代性色彩。军队在现代化的早期阶段的确发挥过积极作用,但军人政权的宿命从其诞生之初就已经注定。合法性是军人政权面临的最大困境。军人上台往往依赖于特定情境——国家遭遇重大危机而文人政府无力解决危机——这对军人的治理能力提出了更高要求。然而,军人统治国家的首要障碍便是不具有行使政府职能的能力。更重要的是,由于缺乏至少形式上的正当授权,军人没有进行统治的道德权利。军人政权不仅无法从历史传统中汲取合法性资源,也没有基于正式规则的法理依据,唯一可能的结果便是依靠个人魅力或经济绩效维系统治。也正因如此,多数军人政权不得不宣称统治的暂时性,在完成自身使命后将权力交还于民众。然而,这种上台之初秉持的某种使命感或特殊意识形态,也终将成为其自身的掘墓人——一旦诸如安全、秩序和经济发展等目标实现或遭遇系统性失败,军人政权的合法性将丧失殆尽,最终成为民主化历史的一道回响。

"政治事件"：当代俄罗斯比较政治学研究的前沿理论与方法研究 *

那传林 **

内容摘要 针对欧美比较政治学存在的理论与政治现实的分离，俄罗斯学者提供了解决这一问题的"政治事件"的理论和方法。虽然在任何情况下都无法预见"政治事件"的发生，但以斯莫尔古诺夫教授为代表的俄罗斯比较政治学学者超越政治学学界已有的事实性知识和解释性知识，提出了"政治事件"的理论和方法。"政治事件"不是对因果、手段和目的之间关系的机制（过程）的研究，而是对作为整体的事件、人们如何行动的研究。需要理解政治事实如何转化为政治知识。在此过程中，现代政治认知中实证与解释的对立，可以通过将事实与价值结合在"政治事件"中来消解，改变对政治实体的非共时性研究。与"政治事件"概念相伴的政治空间和政治时间的出现也极大地拓展了比较政治学研究的视野。

关键词 当代俄罗斯；比较政治学；"政治事件"

---

* 本文系复旦大学陈树渠比较政治学研究中心 2021—2022 年度项目"当代俄罗斯比较政治学的前沿理论和方法研究"和 2023 年国家社科基金后期资助项目"'统一俄罗斯'党研究"（2023FGJB007）的阶段性研究成果。
** 那传林，江苏师范大学历史文化与旅游学院教授、江苏师范大学巴基斯坦研究中心研究员，俄罗斯布里亚特大学政治学博士，莫斯科大学政治科学系访问学者，中国中俄关系史学会常务理事，主要研究方向为比较政治学、欧亚问题、南亚问题。

一、欧美比较政治学理论方法和现实的危机

（一）行为主义方法的危机

20 世纪五六十年代欧美比较政治学得到积极发展。但 20 世纪 70 年代末在欧美比较政治学中出现了从行为主义、结构功能主义的理论和方法到多元主义的理论和方法的转向，这与欧美比较政治学学界在解决理论、方法和实践脱离的问题中出现政治哲学的复兴以及对科学理性的批评有关，涉及对科学本质的认识。科学可以用数学和自然科学语言来表示和描绘，科学必然是无关价值的。科学与作为对客观知识系统的态度、作为对客观知识的评价方法无关，否认科学的道德和伦理方面。同时欧美政治学届在这个时候也开始了对行为主义的批判。这种情况的出现有以下几个原因：

第一，欧美政治学，也包括比较政治学，在 20 世纪 60 年代末和 70 年代初受到了当时的反文化运动、后工业革命和政治传播方式变革的影响。

第二，西方学者试图在没有价值观的行为主义和结构功能主义的基础上创建新的比较政治学，但实际上导致了与"资产阶级自由主义"意识形态相关的理论范式占主导地位。

第三，这些旨在寻找规律的比较分析的方法事实上导致了政治世界的普遍图景的产生，但同时这种图景缺乏独特性和多样性。

第四，定量分析方法在欧美比较政治学研究中开始占主导地位，虽然它为检验假设创造了机会，但同时也导致了它们自身方法的贫乏，因为通过统计验证，通常只会断言相当平庸的事实或已知的变量之间的依赖关系。

第五，虽然比较政治学将亚洲、非洲和拉丁美洲国家纳入其视野，但依附性理论却受到了许多比较政治学学者的反对。

对行为主义进行的批判在欧美比较政治研究中出现了三个新方

向:制度主义、发展主义(政治和经济)和新制度主义。欧美比较政治学对现代化理论和依附理论的批评归结为这样一个事实:两种理论中的政治都被解释为经济或社会进程的反映。新制度主义将以前的制度主义与发展理论相结合。新制度主义分析政治行为,包括选举、政党成败的动态及对国家的意义,精英问题和民主化。

对宏观比较研究的批判揭示了解决比较政治学理论和方法问题的两个主要趋势。一方面,有人认为宏观理论可能基于错误的前提过度简化了社会现实。这意味着理论研究没有能够充分认识现实。对这一问题的解决体现在处理数据的质量、面对复杂政治事件的独特性回归(即"真实"时间、地方和人)。另一方面,对比较政治学的批判趋势导致人们尝试创建新的理论模型,试图将经验(包括定量)分析与定性分析相结合。同时借用理性选择模型、博弈论的经济和社会学理论以及新制度主义的概念进行因果关系概括。

尽管阿尔蒙德说比较政治学的危机的原因更多的是政治而非知识[1],但欧美比较政治学的确在方法和内容上也都发生了变化。特别是比较研究的问题从对政治制度的研究转变为对政治活动(国家、政党、选举、大众媒体的政治活动)的研究,探析新变量(政治环境、群体利益和新社团主义、新的群众运动、物质价值观、种族、语言、年龄和性别因素)在政治活动中的作用,尤其重视研究政治进程的形成,特别是新旧制度的变化和相关因素如何影响政治进程。

从 20 世纪 70 年代到 90 年代的这二十多年里,欧美比较政治学无论在研究对象还是研究方法上都依然保持着作为高度分化的政治学的分支学科地位。广泛运用的新制度主义方法也仍然没有改变当时比较政治学作为政治学分支的地位。同时,当时的第三次民主化浪潮使在不彻底改变比较政治学研究对象的情况下推进一些理论建构成为可能。

---

[1]　Almond G.,*A Discipline divided:Schools and sects in political science.* –Newbury Park etc.,Sage,Cop,1990,p.252.

在这一时期的欧美比较政治学研究中，认为方法应该服从于研究内容的观点开始在学界占主导地位；学者们努力寻找基于政治现实的特殊性的研究方法。在这种走向综合的比较政治学研究过程中，政治认知即指导人们参与政治的观念，开始发挥特殊作用。在这种情况下，以往有影响的政治思想命题反而成为相当平庸的断言。新的观点是将思想视为政治进程的重要变量和解释原因，在这个时期出现了以温特为代表的建构主义思潮，并影响了包括比较政治学、国际关系在内的政治学学科的发展。建构主义在比较政治学和其他政治学分支（主要是国际关系）中的运用既是对新制度主义"失败"的回应，也是对政治传播学挑战的回应。

（二）解释学方法的出现

欧美比较政治学从 20 世纪末到 21 世纪初开始出现新的复兴，出现了试图总结后危机时期比较政治学发展的某些成果的概括性著作。[1]也有学者重新讨论了定量和定性比较研究方法之间的关系。[2]还有一些比较研究学者提出了对政治行动的解释学阐释以及对政治和治理的解释学方法。[3]

作为学术潮流引导者的政治学，特别是比较政治学作为一个"子学科"在欧美处于学科的"十字路口"，关于它的本体论和认识论的未

---

[1]　Munck G.，The Past and Present of Comparative Politics，Munck G.，Snyder R.（eds.），*Passion，Craft，and Method in Comparative Politics*，Baltimore，MD：The Johns Hopkins University Press，2007. pp.32–62.

[2]　*Rethinking Social Inquiry：Diverse Tools，Shared Standards*，Edited by Henry E. Brady and David Collier.，Lanham，MD：Rowman & Littlefield，2004，p.362；Bennett A.，Colin E.，Qualitative Research：Recent Development in Case–Study Methods，*Annual Review of Political Science*，Vol.9，No1.2006，pp.455 –476；Levy J.，Qualitative Methods and Cross – Method Dialogue in Political Science，*Comparative Political Studies*，Vol.40，No.2.2007，pp. 196–214；Mahoney J. 2007，Qualitative Methodology and Comparative Politics，*Comparative Political Studies*，Vol.40，No.2. 2007，pp.122–144.

[3]　Interpreting British governance / Mark Bevir a. R. A. W. Rhodes. –London；New York：Routledge，2003；Bevir M.，Kedar A.，Concept Formation in Political Science：An Anti–Naturalist Critique of Qualitative Methodology，*Perspectives on Politics*，Vol.6，No.3.2008，pp. 503–517.

来趋势，始终取决于它自己是否会像以前那样保持作为整个政治学科的批判创新的源泉，还是将自己溶解在墨守成规的主流认知中。如何克服这些危机处于综合传统理论和方法的道路上。并且，欧美学界在关于比较政治学的定性和定量、解释和实证、制度和认知、统计和案例导向等研究方法上也存在一系列问题和争议。

面对这些问题和争议，欧美比较政治学研究在解决理论和方法、现实和价值分离的过程中出现了两个要求：首先，在进行政治概念化时，兼顾政治哲学；其次，在形成比较研究的对象和方法时，要回到现实政治。学者们在研究中试图摆脱比较政治学的方法论危机，对实证主义政治学的批判导致比较政治学的解释学方法的诞生。

20 世纪 70 年代，比较政治学研究的对象从对传统的政治制度和政治活动（国家、政党、选举、大众媒体）研究转为解释新现象（政治环境、群体利益和新社团主义、新的群众运动、后物质价值观、种族、语言、年龄和性别因素）；尤其重视研究政治进程是如何形成的，新旧制度和因素如何影响它，并且出现了一个完整的独立分支——比较公共政策。

在这个过程中，欧美比较政治学学界重新评估了行为主义和结构功能主义，并且欧美比较政治学在研究转向过程中出现了几个明显特征。

第一个特征是激进的特征。这在后现代主义和女权主义政治理论取向中表现得最为明显。虽然后现代主义和女权主义对现代科学知识和理解有不同的方法，但批判的本质是一样的：彻底打破"理性-科学"或"男性化"的主导地位。虽然这些激进的方向主要反映在政治理论和哲学中，但它们对政治学研究的方法论的影响变得越来越明显；后现代主义和女权主义将比较政治学的理论和方法论问题明晰化。当代政治学将比较政治学本身问题化了，因为它质疑了基于获得知识的真正结果的可能性和关于现实政治世界的结构和功能相似性的共识。"德里达、福柯和利奥塔提出的方法论（分别是解构学、谱系学和类比学），总体上是为了使语言和真理的生产去中心化，以便更准确地反映偶然性和相对性、知识的本质。谱系分析表明,历史是这些语言之间的斗争。"①与此同时,比较政治学研究也从"传统"比较研究向"新"比较研究过渡。在比较政治学研究中,女权主义浪潮反映在对北欧国家妇女地位、公民身份和政治参与问题、公共政治和福利国家的研究中。②女权主义比较政治研究凭借其女性中心脱颖而出,开始成为一个独立的研究方向。

第二个特征与历史比较方法论的兴起有关,最明显地体现在对马克思和韦伯的现代解读中。尽管马克思和韦伯在社会规律问题上的观点是对立的,但是这一时期对两种传统方法论的应用,一方面允许抵制经验–定量比较方法的狭隘性,另一方面增加了社会文化因素(经济和社会结构中)宗教、种族、文化的解释作用。早在 20 世纪 60 年代,许多比较政治学学者开始在研究中积极使用韦伯和马克思的方法。韦伯方法的追随者中有艾森斯塔德、本尼迪克特、罗斯等学者。他们使用韦伯的"统治"和官僚主义概念,对 60 年代的统治形式以及政治中的依附关系进行了比较分析。本尼迪克特探索西方民族国家的发展和对欧洲、俄罗斯、日本、印度的研究依赖韦伯的理性以及传统主义、世袭制、官僚化、选举民主等问题。也有学者在对第三世界政治发展的比较分析过程中特别重视世袭制的概念。③

从 20 世纪 60 年代到 80 年代,西方比较政治学学者对马克思主义的关于阶级、阶级斗争、财产和生产类型的概念作为政治发展、革命和国家形成的解释性因素,重新引发了对解释学方法的兴趣。巴林顿·摩尔是最早使用资产阶级和农业社会结构的概念来解释西方的

①　Roch A.M.,Poststructuralism and the epistemological basis of anarchism,*Philosophy of the social sciences*,1993,Vol.23,No.3,p.340.

②　Haavio-Mannila E. et al.,*Unfinished democracy,women in nordic politics*,Oxford:Pergamon press,1985,p.206;Ruggie M.,The state and working women:A comparative study of Britain and Sweden.- Princeton,N.J.,1984,p.361;Hernes H.M.,The Welfare state citizenship of scandinavian women // The political interests of gender / Jones K.,Jonasdottir A. (eds.). L.;Newbury Park,New Delhi:Sage,1988. p.87-213.

③　Roth G.,Personal ruleship,patrimonialism,and empire building in the new states,*World politics*,1968,No.1,pp.64-85.

议会民主、法西斯主义和共产主义的出现的欧美学者之一。斯考切波则应用社会结构和冲突的概念来解释法国、俄罗斯和中国的革命。卡尔文特和奇尔文特分别运用马克思主义进行了比较政治研究。①

虽然欧美学界在比较政治学方法论上的差异很明显，但这些差异对于解决比较政治学的发展前景却并不明显。这是因为以科学为导向的比较政治研究的英美传统与欧洲大陆的解释学传统不同，在英美的比较政治学研究中，方法论并非明确地指向解释学。最重要的是，所有学人都不反对使用不同的研究方法，并试图为不同方法之间的互动和相互丰富找到一些综合基础。

（三）欧美比较政治学理论和方法走向多元主义

一般来说，在作为学科的比较政治学发展越来越倾向于研究方向细化，细化的各领域彼此很少有交集，这是专业化程度不断提高的结果。欧美比较政治学的发展不仅导致了不同领域内研究学者的分离，而且理论方法和实践相脱节也有增加的趋势。由于比较政治学研究领域的自给自足，每个研究领域都有自己狭窄的范围和自己的学刊，所有这些都表明碎片化知识的增加。此外，比较政治学的方法论讨论围绕着少数案例展开，许多学者强调对少数国家进行详细、深入的分析。

首要的问题在于，国家是否仍然是一个重要的研究单位。即使在国际背景下，国家作为一个分析单位的绝对意义也受到质疑。国家在时代中不断变化。那么如何比较这些正在发生变化的具有相同政治制度的国家呢？越来越多的学者被迫放弃作为分析单位的一个国家，并挑选出特定的变量。例如李普哈特研究的是选举制度及其在27个国家运作的政治后果，而不是国家本身。这种研究对象变化获得接

---

① Calvert P., *Politics, power and revolution: An introduction to comparative politics*, Brighton: Wheatsleaf books LTD, 1983, p.199; Chilcote R.H., *Theories of comparative politics: The search for a paradigm reconsidered-1st ed.*, Boulder (Col.): Westview press, 1981, p.480.

受，因为它提供了替代分析单位的可能性，并为解释时间差异创造了条件。

　　其次的问题是，比较政治学的测量指标是否可靠。例如，李普哈特最初提出的指标是将民主国家定义为多数（多数统治）和共识（普遍同意），随后被运用到许多不同的研究中。其实民主的定义不是唯一的，而且任何人都必须记住应用它们的特定时间。由于比较政治学缺少对变量自身的分析，所以这些变量自身应该受到更多关注。

　　20世纪70年代之后，比较方法在一定程度上失去了作为比较政治学方法论的意义。为了解决理论和现实的脱节问题，这一阶段欧美比较政治学的发展要么在寻找新的范式，要么在研究对象、研究客体变化的影响下寻求发展。

　　在比较政治学的研究中，欧美学者渴望能够找到综合政治学研究的已有多种方法的范式。但这在多大程度上能够得以实现成功实现，仍是时间和有效性的问题。最终欧美比较政治学在解决其理论、方法和实践脱节的问题中出现了多元主义的趋势。

　　而当代俄罗斯比较政治学学者在解决欧美比较政治学理论与政治现实分离的问题时没有走向多元主义，并提出了自己新的方法和理论。

二、当代俄罗斯比较政治学的"政治事件"理论和方法

　　针对欧美比较政治学的研究困境，俄学者提出了"政治事件"理论和方法。当代俄罗斯比较政治学的新方法在实证主义框架内出现，现象学方法的意义被揭示、政治现象学本身的方法被"政治事件"超越。虽然政治事实的发生如阿伦特所说，在任何情况下都无法预见。[1]

---

① Арендт Х., Vita Activa или о деятельной жизни / пер. с нем. и англ. В. В. Бибихина, СПб.: Алетейя, 2000, C.392–393.

但比较政治学可以解释政治事实。通过解释和应用"政治事件"来认知作为整体的政治事件和现象,在此过程中,欧美比较政治学政治认知中实证与解释的对立,可以通过将事实与价值结合在"政治事件"中来消解。"政治事件"的理论和方法是俄罗斯学者对欧美比较政治学理论与政治现实分离问题的回答。

"现实是一种实践这一事实意味着在这个层面上,现在被理解为通过人们的行动实现的东西……现实就是政治。"①在政治哲学中,对于作为个体的人的有限性的提问, 人类的存在以及与之相关的问题概括起来主要表现在三个方面:人的存在的绝对有限性;人作为主体的能动性及其作为实践理性主体的有限性的对立统一; 通过神学或者哲学建立或恢复作为人的存在的规范。

在俄罗斯比较政治学学界看来,比较政治学理论、方法和现实的脱离的争论不限于两种已有的传统:杜尔凯姆和韦伯的方法论。政治科学发展中的行为和结构功能阶段的科学主义可以被一种更易理解、更易解释的方法所取代。然而,这并不意味着从一种方法论到另一种方法论的根本变化。人们越来越渴望在交相竞长的各种方法之间找到共同点。无论是社会科学中与科学方法相关的杜尔凯姆传统的更新,还是韦伯理解方法的复兴,都不能解决比较政治学理论和现实的分离问题。而且比较方法的多样性和不同方法的对立降低了比较政治学的科学有效性。

比较政治学研究是为了充分理解政治的各个方面, 也包括充分理解作为整体的政治现象。如果说 20 世纪初的比较主义者使用杜尔凯姆和韦伯创建的"社会类型"或"理想"型概念进行比较实证研究获得了有价值的结果。但时至今日事实上,实证主义方法论的主导地位既导致了比较政治学自身对方法论问题的忽视, 也导致了方法论问题的内部矛盾的加剧,即其方法过于简化。这种方法过度运用比较于政治制度和法律领域虽然获得了规范性"经验",但造成以欧洲中心

---

① Лефорт К., Формы истории, СПб.: Наука, 2007, C.177.

的单线发展为主导的研究结论。

政治行为主义方法论(不是心理学的行为主义)的运用则是基于对人们政治行为本质的无条件首要地位的认识。著名政治学学者伊斯顿认为行为主义方法论的运用在以下几个方面改变了政治学学者的思维方式：a.由于相信政治行为存在相似性，结果的可比性增加；b.分析的各因素的相互关系得到了实证的验证；c.提高了数据收集和分析方法的准确性，进行了数据量化；d.在不同的分析水平上，从规范导向转到经验导向；e.实证主义进入科学，即价值中立和价值中立的知识是可能的；f.对创建纯粹的政治理论而不是应用研究兴趣的增加。[①]

虽然以上这两种不同的方法论都运用了不同类型的公理，在此基础上建立政治学的理论和方法论基础将系统方法与建构(演绎)传统联系起来，将行为主义方法与分类、归纳等传统联系起来。然而，在实际研究中，这两种方法——也许实证主义更多一些，行为主义更少一些——刺激了比较政治学的方法论更新。此外，许多政治学家，特别是比较政治学学者试图在这两种方法论之间找到某种联系，这就促成了进行广泛的政治认知和获得政治进程的客观知识的可能性：一方面基于任何国家政治体系的结构和功能的可比性，另一方面基于通过对公开提出的所有假设的实证来观察政治行为的变化。虽然行为主义与结构功能主义紧密交织在一起，这导致了对政治学基础理论的关注以及对比较政治学研究成果进行高度概括的可能，但是欧美比较政治学研究中实证与解释不同路径的对立却始终无法消解。

(一)"政治事件"的定义

在已经全部掌握了欧美比较政治学的理论成果的事实基础上，

---

① Easton D., Political science in the United States: Past and present // Discipline and history: Political science in the United States/ Finifter A.(ed.), Wash.: Amer. association of political science, 1983. pp.294-296.

当代俄罗斯比较政治学学者提出了"政治事件"理论,并使用"政治事件"概念整体把握比较政治学研究的相关问题。

在各种涉及政治的关系也包括政治关系中,作为个体的人之间永远无法取得真正的认识和理解,而作为个体的人又希望认识自我和认识同样作为他者的个体的人。更准确地说,作为个体的人希望能够通过作为他者的个体的人获得自我肯定的想法根植于彼此共在于社会,而这种想法在社会现实的展开就是事件。而事件如果涉及利益表达和分配,就成为"政治事件"。"政治事件"非常广泛,小到穿衣、表情、沉默,大到革命和战争,都可以是政治性的。当然,典型的政治事件包括行动、运动和革命。运动和革命是行动的突出表现形式。"政治事件"的另外一个显著特征是,人在"政治事件"中,从对象化的行为中,获得自我肯定。这种肯定是双重性的,首先是个体自我的肯定,还有是作为集体的我们的自我的肯定。"政治事件"中人与人的关系既表现为我与他人的关系,也同时表现为我们与他们的关系。任何个体行为在一定程度上都具有集体性的特征,因为人在本质上是具有社会性的动物。

在这方面,"政治事件"本身的多相性是其区别于社会生活其他领域正在发生的其他事情的特征。因此,政治研究的方法和策略必须考虑到"政治事件"的这种多相性。在这方面,"政治事件"本身就是政治领域正在发生的事情的显著特征。因此,政治学研究的方法和策略应该考虑到"政治事件"的环境。"政治事件"不研究因果关系的机制(过程)、手段和目的,因为这是事实知识的特征。"政治事件"研究人们如何在确定情况下采取政治行动,在人的思想和政治行动的互动时,多个政治行动产生"政治事件"。与此同时,在现实性、开放性、不确定性、随机性、正式性等方面的独特性、时间性、程序性的展开和寻找表达事件认知特征的那些研究方法也是"政治事件"的特征。

以政治为导向,需要关注政治权力变化和历史上作为政治过程的事件。这些变化的主要原因是从政治事实到最终的政治知识的转变。由此"政治事件"也获得了本体论和认识论的地位。允许运用解决综合方法、改变对象的对比研究（全球主义背景下的政治，传播方式的革命和知识社会）增强了这种方法论和方法的作用和重要性。社会现实中的转变、断裂、紧张被认为是政治事件发生的先决条件，并且其构成为政治现实的完整性。

　　研究政治学范畴"事件"和"政治事件"的理论具有重要意义。"事件"是政治学和哲学使用的基本概念之一。在后柏格森主义、现象学和后结构主义的现代哲学本体论中，"事件"概念与存在概念相对立。当一个事件发生时，即以其独特的本质个性化。从解释"政治事件"的角度来看，可以对正在发生的事情进行现代社会的政治生活解释。新的限定政治事件的分析依据形成了更深入理解现有和未来的事件的先决条件。

　　圣彼得堡大学政治学系斯莫尔古诺夫教授认为，对"政治事件"的认知遵循以下基本原则：政治事件的结构因素和代理因素的不可分割性；政治事件过程中结构和代理因素的转变；政治事件的时间－情境复杂性，其确定性取决于政治行动的条件；政治事件的非线性发展；一个政治事件在其过程中意义的形成。[①]

　　此外还要注意事实和解释性知识之间的差异。基于事件的研究方法意味着作为研究对象的动态过程不被视为与主体相对的事物，也不被视为可能解释的主体，而是被视为某种现象，受制于我们的有意体验并展现在我们面前。尽管在事件的认知中可以采用确定性方法，旨在寻找过程和机制，或者可以用各种价值判断的立场，然而事件知识的本质是发现一个事件，反思正在发生的事情的本质。

　　"政治事件"概念被俄罗斯学者扎格达金定义为"在社会的任何领域、国际舞台上发生并对政治进程产生影响，并以一种或多种方式影响了政治主体的活动的事实"[②]。"政治事件"理论属于政治科学基

[①]　Сморгунов Л. В., Событийное политическое знание и его значение для современной сравнительной политологии., Полис. Политические исследования. 2011, No.1, C.125

[②]　Загладин Н. В., Событие политическое // Политическая энциклопедия: в 2-х томах, М.: Мысль, 2000, Том 2. C.419-420.

本理论,这一理论被广泛用于政治过程的分析,不仅被理解为各种政治主体的一系列旨在在社会中获得、保持、加强和使用权力的政治行动,而且还被理解为具有内在联系的一系列政治事件和现象。

俄罗斯学者杰米多夫认为,政治主体参与"政治事件"是必要的。人与政治之间的联系,即政治主体的活动范围,可以缩小和扩大解决"政治事件"的范围。[①]在极权主义国家,为了控制整个社会生活,经济、文化、个人生活中的任何事件都被视为"政治事件"。在这种情况下,政治空间无限扩张的原则就起作用了。在民主国家中,当局对特定社会领域的干预是有限的,在理想情况下,只有在违反法律规则、对社会稳定发展造成威胁,即有意缩小政治空间的情况下才可能进行干预到一个有限的圈子。与此同时,政治现实并不总是适合这些僵化的框架。例如,即使在民主国家,不同的政治力量也会利用私人的、不重要的事件来诋毁对手,从而赋予这个"政治事件"政治的地位。

(二)"政治事件"的空间和时间和"政治事件"的产生

"政治事件"包含了时间和空间两个要素,这不是被揭示的对象性时间(客观时间)和空间(我们普通所理解的空间),而是后者显现的前提。根据俄罗斯学者安东诺夫的说法,大多数公共政治事件最初都是媒体事件,因为它们的"创造者"将媒体视为实现结果的一种手段。考虑到他们的细节,所以政治事件具有时空特征。"政治事件"的政治空间维度由不同的参数设置:a.地埋(国家、地区、"地点"[②],这不仅仅是"政治事件"的地点);b.经济的(社会的经济体系与政治结合起来考虑);c.政治(政治制度决定"政治事件");d.文化[③]。"政治事件"的时间维度不仅包括物理时间,还包括政治时间。后者被定义为衡量一

---

① Демидов А.,Федосеев А. Основы политологии:Учеб. пособие. –М.:Высшая школа, 1995,C.106.

② Филиппов А. Ф.,Пространство политических событий // Полис,2005,No.2. C.6–25.

③ Мадатов А. С.,Роль политических событий в смене режима // Вестник Российского государственного гуманитарного университета,2008,No.1. C.161–179.

个政治主体活动的强度。它通过"每单位物理时间的事件频率来衡量,它可以根据其事件饱和度加速或减速"①。

政治事件的展开具有非共时性。在政治事件中,事件的发生是一种涌现,是时间的空间化(场所)和空间的时间化(空间因时间而获得具体的意义)。政治事件与自然事态、政治行动(运动)与物理运动的一个重要区分就是,自然事态和物理运动属于自然显现的结果。政治事件的展开是政治事件以其包含的时间性空间和空间性时间为前提而发生的。准确地讲,"政治事件"是人的政治行动显现的先在条件,比如,战争与和平、边界划分,等等,都是"政治事件"的结果。无论是领导人的秘密决定,还是重大和持续的政治运动,特别是革命和战争,都是"政治事件"时间和空间的展开。过去、现在和将来是时间的展开,也是事件发生的过程。

但根据一些学者的说法,现代世界的全球化进程也导致了这样一个事实,即在世界任何一点发生的大多数"政治事件"其实与政治无关,但却被视为政治性的。例如,法国学者鲍德里亚(Jean Bau-drillard)注意到这种事件"泄漏"到政治领域:"巴基斯坦的海啸,美国黑人之间的拳击比赛……所有此类事件,曾经看起来微不足道和无关政治,但由于传播手段的力量,获得了社会和'历史'范围。"②换言之,"政治事件"与在主体(包括集体)看来与政治领域相联系的真实事件并不一致。只有将这样的"政治事件"引入交流,并由专家、政治家、普通公民和媒体对其进行表示和解释,才能使其成为"政治事件",并将其纳入政治的语义领域。③

斯莫尔古诺夫教授认为,媒体在"政治事件"的生产中发挥着重

---

① Демидов А.,Федосеев А. Основы политологии：Учеб. пособие. М.：Высшая школа,1995,C. 107.

② Бодрийяр Ж.,Реквием по масс－медиа // Поэтика и политика. М.：Институт экспериментальной социологии；СПб.：Изд.《Алетейя》,1999,C. 208.

③ Шатина Н. В.,《Политическое событие》как область интерпретации российского экспертного сообщества // Вестник Российского государственного гуманитарного университета,2008,No.1. C.217–226.

要作用。发生的行为只有在宣传、公开、嵌入政治传播"框架"后,才成为事件。直到这一刻,发生的事情还不是政治上的"政治事件",这也将其与历史事件区分开来。根据政治传播"框架"的性质,发生了什么以及政治中正在发生的事情的形象也会发生变化。

首先,对事件的日常需求意味着个人感到渴望与远或近的其他人在一起。近几十年来,由于传统(家庭、国家、文化社区)遭到破坏,这种沟通交流方式出现了。因此,事件的消费是现代世界中一种现代的政治–社会交流形式。

其次,消费"政治事件"的欲望促使媒体以工业规模供给它们。值得注意的是,事件世界的构建与它们是否发生无关。"政治事件"可以变成任何东西:"正在发生的事情是事件'生产者'的原材料。事件'生产者'必须从事件的流动性中获得正在发生的事情,并赋予它多事的品质。"[①]这些情况推动政客们将"事件资源"用于他们自己的目的。现代政治过程实际上是"政治事件"(例如"选举""示威""集会")的生产和消费—— 一种旨在满足沟通的需要。在"政治事件"的建构中,强调的不是主体而是问题。此外,对于这样的事件,重要的不是发生了什么,而是表达者为自己设定的目标是什么。

俄罗斯学者沙提娜也有类似的观点,认为"政治事件"的世界并不总是具有"自发"的特征,这样的事件可以被故意制造。[②]而另一位俄罗斯学者伊列里茨卡雅对过去事件的分析的反思也证明了构建政治体系的基本可能性。在她看来,研究者并没有描述过去的"政治事件",而是"建构"它,创造它的知识模型。因此,这样一个系统的规模取决于科

---

① Шатина Н. В., 《Политическое событие》как область интерпретации российского экспертного сообщества // Вестник Российского государственного гуманитарного университета, 2008, No.1. C.74.

② Шатина Н. В., 《Политическое событие》как область интерпретации российского экспертного сообщества // Вестник Российского государственного гуманитарного университета, 2008, No.1. C. 217–226.

学家的观点,对过去的新解释成为其构建的决定性论据。[1]它的更新方式决定了现在的意义,其中发生的事件形成了社会政治现实的节点。

在社会政治建构的过程中,媒体创造了某种类型的现实。"政治事件"的构成是媒体事件。[2]由此,"政治事件"产生了:建立一个逻辑序列并建立因果关系,以促进信息发布者的"理解"。总的来说,"政治事件"的产生是一个复杂的技术过程,它受到社会政治关系性质、社会文化条件的影响。除了大众媒体、专业传统的特殊性,"政治事件"的"创造"还受到多种因素的影响,如经济、政治等。[3]"政治过程从公民的直接参与转变为一套间接行动和在媒体空间中以象征形式展开的行动。"[4]由此,现代政治家准备人为地创造信息场合,让信息接收者进入给定的虚拟空间。

(三)"政治事件"的理论功能

"政治事件"理论作为比较政治学对国家与社会之间交流过程的理解,执行以下功能:

第一,结构形成功能。在"政治事件"的帮助下,国家与社会之间的交流被结构化为政治进程、政治生活、政治组织的建设化、运动和整个政治体系。

第二,实现国家权力和其他一切政治利益的功能。"政治事件"是一种特定的工具或媒介,当局通过它来执行公共政策,所有其他政治主体以此解决他们的计划和法定任务。

---

[1]　Иллерицкая Н. В.,Прошлое в современности:к вопросу о технологии конструирования политического события // Вестник Российского государственного гуманитарного университета. 2008,No.1,C. 150.

[2]　Антонов К. А.,Телевизионные новости:конструирование политических событий:Автореф. Дис. к. соц. наук. Кемерово,2004. 22 с.

[3]　Антонов К. А.,Телевизионные новости в массово-коммуникационном процессе:социологический анализ механизмов социально-политического конструирования:Автореф. дис… д. соц. наук.. Кемерово,2009,32 с.

[4]　Антонов К. А.,Телевизионные новости в массово-коммуникационном процессе:социологический анализ механизмов социально-политического конструирования:Автореф. дис… д. соц. наук.. Кемерово,2009,32 с.

第三,综合功能。政治和交际关系充当作为一个连接因素,确保所有层面的互动和整合解决各种政治上的重大问题,包括整个政治体系的适应、保存和发展问题。政治合作从本质上讲,能够确保政治信息的传播和传递,有助于政治体系的适应、维护和发展及其相互作用与环境。

第四,调节功能。在实施"政治事件"的过程中,传播者的活动相互调节—— 一方面是政治权力,另一方面是社会。人们认为,一旦政府以社会无法接受的目标开始使用各种政治沟通方式,而政治领导人的承诺没有兑现,就会出现政治沟通问题,导致对权力失去信任。

表 1　已有的知识范式

认知特征	事实知识 (杜尔凯姆)	解释性知识 (韦伯)	事件知识 (超越政治现象学)
客体	事实	价值	事件
目的	解释原因	确定意义	描述事件
方法	独白	话语	叙事
形式	概念	判断	解释
策略	公开	阐释	探索
意义	多方面	唯一	全面
作用	工具	合法性	导向
知识类型	科学	伦理	实践
研究的对象	评估者	参与者	政治家

通过将"政治事件"与表 1 中的三种知识范式进行比较,可以认识"政治事件"知识的特征。认知范式应包括事实性和解释性的政治知识。事实性和解释性的政治知识之间的主要差异已经体现在上表中。"政治事件"研究,描述"政治事件"的特征主要基于政治现象学的事件知识。

（四）"政治事件"理论和方法的运用

运用"政治事件"理论和方法进行比较政治学研究要遵循以下三个基本原则："政治事件"和过程的不可分割性；"政治事件"的非线性发展；"政治事件"意义的形成。

"政治事件"概念的使用可以解决比较政治学中的方法论综合问题，从而改变了政治哲学的本体论和方法论问题。

在本体论上，"政治事件"本身的多相性质是其区别于社会其他领域正在发生的其他事情的特征。对"政治事件"的理解主要将其与活动联系起来。当然，这些活动和行为是在物质和文化条件下进行的，但并非由它们明确决定。人类活动给人类政治进程带来了许多不确定性。意志和意图在这里发挥至关重要的作用，而且它们常常以随机的方式改变现实。

在方法论上，比较政治学研究者也必须考虑到"政治事件"的这种（一物）多相性。不探究因果关系、手段和目标关系的机制（过程），这是事件知识的特征。研究人们的行为方式，被行动改变并且发生了没有预示的"政治事件"涉及认识论，涉及基于概念思维与想象思维关系分析的"政治事件"的内容；事件方法的一般原则；它与事实和解释性知识的区别；建构主义和事件方法的相关性；对相关"研究"方法的修改个案和配置方法。

也可以通过"政治事件"的多相性来确定政治认识范式。考虑到现代政治哲学对康德先验认识的批判，"政治事件"和事件驱动的政治知识的核心是将政治知识作为"政治事件"的表征和通过政治实践加以证实。事实证明，在这方面，如果"政治事件"是多相的，即与偶然性和特殊性相关联，则"政治事件"以其复杂性、不确定性和持续性展现在我们面前，那么政治知识可以是反思的。

再说"政治事件"的方法论功能。现代政治认知中实证科学与解释学的对立，也包括政治现象学存在的理论问题，可以通过将事实与价值结合在"政治事件"中来消除。"政治事实"这一概念固定了经验知识,基于"政治事件"的政治知识是明确的,"政治事件"构成了政治的本质。

(五)在政治传播中"政治事件"形成的案例

这里以普京 2012 年总统竞选为例(见表 2),反思事件管理的技术、工具、方法和技巧,展示当代俄罗斯通过媒体在政治传播中如何形成政治事件。政治生活中发生的事件也可能是自发的,因此是无法控制的。但此类事件并不是政治技术的工具,所以这里不举这种例子。

表 2 对普京团队 2012 年总统竞选前的部分政治事件的案例分析

时间	政治事件	政治事实及政治传播的技术、工具、方法
2011 年 11 月 27 日	统一俄罗斯党举行代表大会,批准推荐普京作为该党的 2012 年国家总统选举候选人	会议和竞选广告工具的组合(掌声,欢呼声,支持的声音和"详细化"的工具)。 使用"解释"工具阐明代表们支持普京第三个任期的决定"正确的时刻"是一致的,普京竞选总统是人民的意愿,因为它得到了大多数人的认可。 落实以上需要事件管理:强烈印象,新闻剪裁一致性,媒介性,耸人听闻。 管理目标:实现第三届任期的政治合法性。
2011 年 12 月 15 日	普京的谈话	进行政治事实的加工处理。 使用工具:"竞选广告展示",政治反对派"制造噪音"。对于反对派在 2011 年议会选举期间指责权力造假的问题,普京回答:这是反对派的抗议。反对派以这种方式试图"接近"权力,"这是一个很自然的过程"。"骂集会参与者为匪徒。" 实施原则:媒体导向,宣传,质量,时间限制。
2011 年 12 月 16 日		来自全俄舆论研究中心的数据:普京声望为 42%
2011 年 12 月 20 日		普京登记为 2012 年俄罗斯国家总统选举候选人
2011 年 12 月 21 日	对车臣的工作访问。举行北高加索联邦区发展会议。	将"竞选重点转移",从竞选活动宣传转移到解决政府日常工作问题。 管理目标:支持普京与北高加索(共和国、地区和地区领导人)保持密切联系和选民团结。

续表

时间	政治事件	政治事实及政治传播的技术、工具、方法
2011 年 12 月 22 日	亲普京的博客因评级上升而被互联网攻击	以影响公众舆论为目的信息战的应用："事实解释"。A.普京竞选总部说,攻击他们的互联网资源出自反对派之手,攻击博客是反对派 "在我们面前" 恐惧的表现。 B. 根据特定情况调整和转移事件:反对派试图在 12 月 24 日集会前清理空地。
2011 年 12 月 29 日		来自全俄舆论研究中心的数据:普京声望为 45%

　　我们在媒体上看到的每一个政治事件构建的政治过程，都是由政治原因、事件、图像等构建的。在呈现这样一个政治事件时,主要的不是它的意义,而是对它的解释。为了让新闻给人留下最深刻的印象,它需要成为一个"事件"。政治传播中政治事件的建构就是舆论的生产。如果政治是对一个人有针对性的影响,那么政治事件就是这种影响在系统中的工具政治技术。现代政治进程主要是在"信息时代"到来的背景下进行评估的。传媒作为政治的一种权力组织方式,其中信息关系成为格式化政治空间、保证政府与社会互动的关键机制,正逐渐成为不言而喻的现实。

　　政治事件是政治事实的集中。政治事件的形成视为一种政治技术,如今越来越多地被政治人士使用以便更有效地管理社会。政治事件被视为满足现代人政治沟通需求的产物（使他感觉自己参与了政治过程）。政治事件通过媒体影响一个人的意识,鼓励他朝着正确的方向行事,向他强加"正确"的刻板印象、价值观和形象;形成舆论并对其进行管理。相关事件是公开的,因为它是受媒体讲述的故事影响的人们的共同存在、赋予其公共意义,进入到公众视野中,并使其可供其他人了解。媒体在塑造政治事件时，重点不仅要关注谁是参与者,更重要的一定要表述政治问题。

　　正是政治事件使政治思考成为可能,而对于比较政治学学者来说,应将"政治事件"与政治事实区分开,两者不是一回事。因为,"现代将政治反思简化为肤浅。新闻业首先来自于将事件与事实混为一谈"①。

(六)"政治事件"理论和方法的意义

"政治事件"理论意义重大。一方面,它取决于"政治事件"在多大程度上反映了社会或国家价值观,引起了其他成员的"同频"和共鸣,赋予"政治事件"能量并确定其潜力,进入公共信息空间 ②。另一方面,正是引起"政治事件"的共鸣,或者更确切地说,它的解释决定了后者的意义,并可能带来某些后果③。"政治事件"的这种自相矛盾的性质是由于在现代信息社会中, 政治现实在很大程度上被转移到大众媒体的空间中,可以被认为是有目的建构的结果。因此,"政治事件"在社会生活中占有重要地位,是政治学、社会学关注的焦点,所以它被定义为发生在一个国家或国际社会的社会领域并对政治进程产生影响的事情。在现代社会条件下,"政治事件"在信息空间中的表现和解释尤为重要。无论是在社会学的相关范式还是政治学的相关范式中,都表达了这样一种观点,即不仅"政治事件"的世界是在媒体中构建的,无论它们是否发生过,而且事件本身也是媒体有目的地"构建"的结果。

对于"政治事件",没有一劳永逸的固定认识。认识是可变化的,"政治事件"根据嵌入的新闻"框架"的性质而变化;它是一种情境政治形象;理解"政治事件"的"框架",正如美国学者塔其曼所强调的,"将未承认的事件或无定形的对话变成引人注目的事件。没有框架,它们虽然会发生,但只是会话和难以理解的声音"④。电视或网络政治

---

① Бадью А.,Можно ли мыслить политику? Краткий курс по метаполитике. М.: Логос, 2005, C.53.

② Гордеева М. А.,Лапицкая Я. В. Интерпретация политических событий в процессе европейской интеграции:между словом и делом//Вестник Российского государственного гуманитарного университета. 2008,No.1,С. 66–75.

③ Шатина Н. В.,《Политическое событие》как область интерпретации российского экспертного сообщества // Вестник Российского государственного гуманитарного университета., 2008,No.1,С. 217–226.

④ Tuchman G.,Making News. A Study in the Construction of Reality,New York,London:The Free Press,1978,P. 192.

形象的塑造，一方面是媒体强加的，它是一种操纵公众意识的手段；另一方面，操纵范围不严格，存在解释图像的空间。政治中正在发生的事情的形象是节目新闻结构的中心象征性人物，它的作用与其说是象征国家、政府、政治、政党，不如说是象征媒体与公众的关系。

　　无论我们谈论"政治事件"的形成还是"发现其意义"，基于"政治事件"的研究方法意味着，作为研究对象正在发生的事情不被视为与主体相对的事物，也不被视为可能解释的主体，而是被视为某种现象，受制于我们的有意经验并在其实施中展现在我们面前。虽然在"政治事件"的认知中可以采用确定性的方法寻找过程和机制，或者可以从各种价值判断的角度来解释事件，但"政治事件"这一理论和方法的本质是从整体来把握事件的意义。同时，"政治事件"的主要内容不是常识，也不是康德所写的先验，而是"生活世界"本身，并通过它成为"先验主体"。在思想中出现作为对存在的把握的观念不是在概念或判断中，而是通过对"政治事件"的全面解释来充分理解。与此同时，这些方法论和途径与从事实到最终的政治知识之间的关系问题，很大程度上取决于对政治本质的理解。在对比较政治学在其理论和方法论的反思中，当代俄罗斯政治学学者利用"政治事件"这一思考和路径、理论和方法，解决了欧美比较政治学存在的理论和方法相脱离的问题。

　　当代政治学研究过程中的方法论从古典研究方法向后古典研究方法的转变必然会影响比较政治学的发展。在现有的当代俄罗斯比较政治学教科书中，特别关注作为比较政治学研究中最有前途的"政治事件"理论和方法。同时与"政治事件"理论和方法相伴的政治空间和政治时间的出现对比较政治学的发展也意义重大，极大地拓展了比较政治学研究的视野。作为一种行动的"政治事件"公开的空间让我们可以理解，政治的本质不是煽动或强加的权力斗争的争论，而是更好地创造社会和国家的共同生活。

三、结语：当代俄罗斯比较政治学研究的前景

当代欧美比较政治学面临的问题是克服理论、方法与现实政治的脱节，这通常受制于研究方法。人们较少关注这样一个事实：政治现实本身应该以不同于实证主义科学范式所规定的方式来看待。俄罗斯政治学学者认为，有必要从"政治事件"概念的角度重新思考政治。这种对重大事件的诉求以政治学的哲学转向为先决条件，政治哲学在 20 个世纪曾经被政治科学的政治知识所取代，但当政治科学面临着用政治语言谈论政治现实问题时，政治哲学又重新获得了自己的权利。

俄罗斯学者基于事件的政治理解首先将政治与活动和行动联系起来。活动和行动当然是在物质和文化条件下进行的，但并不是由它们唯一决定的。政治的可能性的合理性与实践哲学之间有着密切的联系，实践哲学是由欧陆左翼激进哲学家（主要是法国的后马克思主义者）发展起来的。虽然俄罗斯学者的"政治事件"理论和方法建立在政治现象学基础上，但最终超越了作为解释功能的政治现象学，俄罗斯学者注意吸收政治哲学的最新认识；经历了从现象学到后现代主义再到现代批判政治哲学的思想过程。

对于俄罗斯学者带来的比较政治学这种理论和方法的转变，比较政治学学界还需要进一步思考。事实上，在许多比较研究中已经有了使用这种方法的一些经验（具有不同程度的清晰度和完整性）。例如在研究抗议行为时，当孤立的冲突行为作为因变量时，实际上常常无法回答这一事件。在研究"颜色革命"现象时，只能看出作为事实的过程和结果，而无法回答事件本身和社会断裂。当不可能建立政治现象的解释模型时，基于政治事件的研究方法的优势就变得显而易见，尽管政治现象是"连续的"，但每种现象都以自己的方式，在条件和行动的意外组合中出现。例如，社会转型和民主巩固这样的研究越来越多地应用基于政治事件的方法。在研究不同国家民主转型和巩固的

国家经验时，发现结构性（背景）和能动性（例如制度设计的选择）因素的特殊组合使研究者将每个国家的这种事件视为一种特殊的政治事件。在传统上，这种研究是从"因果复杂性"的角度来进行的，并且显示了定量方法在这种情况下的弱有效性。从这个意义上说，定性方法的策略更适合研究政治的复杂性。但在政治事件分析中，显然社会变迁问题不应该涉及因果关系，而应该谈论"时势复杂性"，这改变了通常的"因果""目标-结果"的逻辑。需要理解政治事实如何转变为政治知识，从而在政治行动中改变了对政治现实的思考，并且没有任何变量算法可以应用于比较政治学研究并赋予其普遍规则。

　　"政治事件"理论和方法的使用可以解决比较政治学中的对多元方法论的综合问题，从而改变对政治哲学本体论、认识论问题的解决方式。"政治事件"不是对因果、手段和目的之间关系的机制（过程）的研究，这是事实（新制度主义指的是它）的特征，而是对作为整体的事件、人们如何行动的研究。因此需要理解政治事实如何转化为政治知识。

　　除了运用"政治事件"的理论和方法，俄罗斯比较政治学学者还侧重于用政治文化来解释不同国家的政治制度和政治发展。俄罗斯学者还将比较方法进行理论化研究，涉及从柏拉图到托克维尔，从制度到道德。也涉及从韦伯到进化论和路径依赖的范式，俄罗斯学者谈到了文化变量中的宗教和非宗教的文化变，也涉及社会资本问题，对于经济变量涉及的上千年的政治经济以及农业和工业革命的影响。关于政治家的政治变量，包括和平年代、基本的制度和政治行为。

　　当代俄罗斯学者也注重对世界文明的政治文化视野的比较分析：俄罗斯（东正教-斯拉夫）、儒-佛、印-佛、伊斯兰教和西方。对现代政治生活的精神、价值和文化因素进行比较分析的方法论，这些因素在信息革命的影响下正在迅速变化。

　　今天，不能再仅仅以实证主义和定量方法比较不同国家的政治进程，也不可能不考虑政治空间和政治时间问题。当代俄罗斯政治学学者的这些思考和探索极大地拓展了比较政治学的研究视野。当代俄罗斯学者的比较政治学研究在政治文化的比较分析领域中取得了新的发现。这种比较政治学的研究对于俄罗斯作为一个位于欧亚结合部的多民族国家来说尤其重要。

目前俄罗斯比较政治学学者已经初步形成了以"政治事件"的理论、方法和以政治制度和政治文化为框架和解释分析方法为基础的当代比较政治学的俄罗斯流派。

当然对于认识的无限性来说,关于"政治事件"概念的理论和方法应该不是解决比较政治学方法多元论带来的问题的唯一解法。对于比较政治学研究,关键是已经有在研究政治世界中的许多现象时使用"政治事件"概念(具有不同程度的清晰度和完整性)并且已经积累的一定经验。例如在以下研究领域:研究政治中的——革命、起义、抗议(有争议的政治);将个别国家作为第三次民主化浪潮的事件进行研究;对极权主义政权作为 20 世纪的政治事件的比较政治学研究。在这方面,在俄罗斯学者看来,对"政治事件"概念的总体性把握可以接近解决比较政治学研究中的主要问题——改变对政治实体的非共时性研究。

如果从政治学大学科的背景下进行思考,比较政治学研究方法论转向的根源是政治学学者对政治本体论和认识论认识的发展,他们在各自时代文化背景的影响下反思,并受到意识形态的影响。这些意识形态,可以归纳为三种哲学传统——人类中心主义、自然中心主义和社会中心主义。在不涉及哲学起源的情况下,这三种传统的发展是平行的,但却是不平衡(波浪形)和不同步的。西方(17 至 18 世纪)哲学的发展在当时深深依赖于当时的科学发展。人类中心主义、自然中心主义和社会中心主义通过对"空间"类别的不同定义形成了自己的、不同于其他的研究方法。以各种一元论(笛卡尔、牛顿、康德)为本体论基础,以这样或那样的方式区分三种不同的中心主义来认识客体,成为比较政治学在认识论上对世界认识的分歧的根本所在。未来俄罗斯比较政治学的学科发展,应该继续立足融会贯通和掌握各家之长,掌握当代世界各国比较政治学的全部研究成果,这当然不能脱离政治哲学,不能脱离政治学基本理论,也不能脱离与政治学相关的其他学科。这同样也给其他国家的比较政治学发展和构建比较政治学学科自主知识体系以启示。

行政再政治化：美国城市经理制的
专业主义及历史变奏 *

刘博然 **

内容摘要　19世纪末20世纪初，借鉴商业化模式的有益经验，美国公共行政领域以专业主义为基点，创立政治–行政二分法。基于该理论，进步主义者们发起市政改革运动，城市经理制应运而生。与传统市长制不同，城市经理制在市议会的政治控制下具有科层管理、行政至上、专业本位等商业特征，将城市公司化，以"去政治化"达到提升治理效率的目的。伴随美国城市现代化的历史进程，城市经理制有"再政治化"的发展趋向，行政与政治之间再度"融合"，尤其在民意代表性问题上，城市经理与社区之间开始建立紧密联系，对政治–行政二分法构成了挑战。有必要指出的是，行政再政治化并非复古的历史循环，其所显化出有别于传统二分法的新特性，需从专业主义视角重新审视，以更新二分法的内涵与解释向度。通过省思行政与政治关系的变与常，能够为当下公共行政看待政社关系提供理论突破。美国城市经理制的历史经验，亦能为中国城市治理提供域外镜鉴。

---

* 本文系国家社科基金一般项目"20世纪美国地方政府公务员专业化的历史进路研究"（21BSS003）、广西高校中青年教师科研基础能力提升项目"专业主义视阈下的美国城市经理制研究"（2024KY0060）阶段性成果。
** 刘博然，历史学博士，广西师范大学政治与公共管理学院讲师，研究方向为美国史、美国政治。

关键词　美国城市经理制；政治—行政二分法；专业主义；城市治理

一、问题的提出

科学革命范式在商业领域的蔓延衍生出功利性的工具理性。理性往往要求人们按照有效的步骤达成目的，工具则限定理性为一种切实可行的手段。自资本主义勃兴以来，现代社会具有强烈的目的导向性，工具理性甚至成为一种自发的理性，控制着人的行为逻辑。[①]以这一技术性观念为起点的专业分工奉行效率至上，旨在通过模式化的操作手段，满足资本主义社会的创收需求。而专业主义在政治领域的延伸，致使行政成为一种独立的执行性权力，具体在美国，是政治—行政二分法的确立。美国市政改革中的城市经理制，可看作是该理论的实际应用。

美国城市经理制基于政治中立的原则，将行政一职仅作为工具意义的执行官员。在经济增长为城市共识，革除政治腐败为市民希冀的历史情景下，城市经理制获得了美国学界的高度评价。[②]但自二战后，城市社会利益的多元化与复杂化提高了城市治理的难度，学者们发现原初隔绝政治的城市经理开始与市议会、城市社区有了频繁的政治互动。在探讨城市经理制具体运作中时，城市经理已然成为实际

[①]　Troy Jollimore,"Why Is Instrumental Rationality Rational？",*Canadian Journal of Philosophy*,Jun.,2005,Vol.35,No.2,p.290.

[②]　Charles A.Beard,*The American city gvernment：A Survey of Newer Tendencies*,New York：The Century CO.1912；Richard S. Chids...,"Professional Standards and Professional Ethics in the New Profession of City Manager",*National Municipal Review*,Vol.5,No.2,1916；Leonard D.White,*The City Manager*,Chicago：The University of Chicago Press,1927；Clinton Rogers Woodruff,"The City-Manager Plan",*American Journal of Sociology*,Vol.33,No.4,Jan.,1928,pp.599–613；Thomas H. Reed,"City Manager Plan",*The American Political Science Review*,Vol.17,No.3,Aug.,1923,pp.419–421.

上的城市领导人。①正因如此,政治-行政二分法的合理性遭受质疑。尽管有学者仍然从社会基础与制衡角度为原初政治-行政二分法辩护,②但此种规范主义的解释路径过于苍白。更多的学者试图重新深描行政-政治的关系,美国学者斯瓦拉(James H. Svara)甚至以"互补性"对其重新诠释。③

　　值得注意的是,斯瓦拉所提的互补性前提,是在政治-行政二分法的理论框架内,所以讨论的一个基础共识在于,政治-行政二分法仍然奏效。不过关键在于,互补性并不能回答行政与政治之间何以发生变化,行政与政治之间关系变化的特性是什么,政治-行政二分法如何重新诠释以与城市治理现实匹配。凡此种种,要回到行政得以独立的专业主义中寻求答案。为了回答上述问题,本文并不着意于重复讨论城市经理制在具体运作层面的技术性变化,而是通过观察专业主义治理逻辑的流嬗,讨论美国城市经理制演进的历史变量,并以行政主位的视角重构行政与政治的关系,揭示二者在实际运作中的新特性,由此思考城市治理中技术性与公共性的平衡,进而探索城市治理中专业主义的规范性作用。

① Stanley T.Gabis, "Leadership in a Large Manager City: The Case of Kansas City", *The Annals of the American Academy of Political and Social Science*, Vol.353, City Bosses and Political Machines, May, 1964, pp.52–63; David R.Morgan, Sheilah S.Watson, "Policy Leadership in Council-Manager Cities: Comparing Mayor and Manager", *Public Administration Review*, Vol.52, No.5, Sep.-Oct., 1992, pp.438–446; Gordon P.Whitaker, Kurt Jenne, "Improving City Managers'Leadership", *State & Local Government Review*, Vol.27, No.1; A Symposium: Should Chief Executives Be Strengthened? *Themes from the Winter Commission Report*, Winter, 1995, pp.84–94; Kurt A.Steward II, *The Career Paths Of City Managers: A Quantitative Approach For Determining The Impact Of City Population On City Managers' Career Paths*, Dallas: The University Of Texas, 2009.
② Patrick Overeem, "The Value of the Dichotomy: Politics, Administration, and the Political Neutrality of Administrators", *Administrative Theory & Praxis*, Vol.27, No.2, Jun. 2005, pp.311–329.
③ James H. Svara, "The Politics-Administration Dichotomy Model as Aberration", *Public Administration Review*, Vol.58, No.1, Jan. – Feb., 1998, pp.51–58.

二、专业主义的应用起点:政治-行政二分法

专业主义源于 19 世纪末科学革命的知识体系在工业资本主义社会的应用,其效率至上的核心原则渐被生产与商业领域奉为圭臬。专业主义一方面通过科学管理的制度设计,保证企业有效有序地运转;另一方面构建经验性与理论性的专业知识体系,助益技术层面的优化,以"提高每一个单位劳动力的生产潜力"①。专业主义应用于美国城市治理的理论起点是政治与行政二分法的创立,也是公共行政区别于政治的核心特征。

在美国政治史中,有限政府是构建美国政治制度的理论底色。自《五月花号公约》始,自治理念便成为北美地区的社会共识。在推崇自治的社会情境下,具体的治理问题交由社区自行处理。1787 年,美国制宪者们不仅考虑到这一传统,而且深化了以洛克为首的古典自由主义政治哲学,尤其是洛克对于君主独裁的惧惮,②在美国宪法中引入了"以野心对抗野心"的制衡机制。该提法最早见于制宪会议的弗吉尼亚方案。③不同于欧洲政治传统,制宪者认为,"立法权力过大相比立法权无为有更大的危险,所以立法权的分立是可取的,因为这将推进有限(联邦)政府的发展"④。因此,应将执行权分立出来,首席行政官同样经由民选,以获取挟制国会的合法性。同时,在央地关系上,宪法采用纵向分权节制中央权力,各级政府的制度设计也因循分权制衡的原则。在此制度安排下,政府干预较少,社会层面呈现出高度政治化的特征。

---

① Frederick Winslow Taylor, *The Principle of Scientific Management and Shop Management*, London: Routledge Thoemmes Press, 1993, p.43.
② [英]洛克:《政府论》(下篇),瞿菊农等译,商务印书馆,2017 年,第 55 页。
③ Convention U S C, Farrand M, Matteson D M, *The Records of the Federal Convention of 1787*, New Haven: Yale University Press, 1937, Vol.1, p.33.
④ Matthew C, Stephenson, "Does Separation of Powers Promote Stability and Moderation?", *The Journal of Legal Studies*, Vol.42. No.2, June 2013, p.333.

受益于资本主义革命,美国在 19 世纪末发展迅猛,到了 1913 年,其工业生产已经占据了全球三分之一以上的份额,①城市人口与数量陡增,②"从而引发了社会、经济资源在城市的高度集聚,使得更高效率的生产力成为可能,现代体制变得更为有效"③。在城市现代化进程中,美国人实用主义精神与资本逐利性的结合,催生出社会普遍重视利益最大化的行为逻辑。在 19 世纪 80 年代,尼采便曾生动地描述了当时欧美社会的变化:"人们已经对什么都不做感到羞耻;长时间的深思几乎让人心生愧疚。一个人拿着手表思考,就像吃午餐时眼睛要盯着财经新闻一样——他们生活得像那些可能一直在'错失某些东西'的人一样。宁愿做任何事情也不愿意无所作为——甚至这一原则本身也是扼杀一切文化和更高审美的绞索。正如所有形式都明显受到工作者匆忙地破坏一样,对形式本身的感觉也是如此,对动作旋律的视觉和听觉也是如此。"④尼采的洞见清晰表明,资本主义带来的经济增长显化了人们逐利的自然本性,商业秩序的社会化致使以"手段的适当性与有效性"⑤为核心的工具理性大行其道,对行为效益的强调决定了"现代资产阶级社会生活理想的一个重要部分"。⑥

重利的社会风气在城市政治中尤为显现。镀金时代的美国,城市权力掌握在以"城市老板"为首的城市政治机器手中。所谓的"城市老板",是指控制地方政党的首要人物,他们并不参加城市选举,而是通

---

① Gary M.Walton&Hugh Rockoff,*History of the American Economy*(11 edition),Mason,OH:South-Western,Cengage Learning,2010,p.299.
② Harold G. Vatter,*The Drive to Industrial Maturity:The U. S. Economy,1860-1914*,Westport,Conn:Greenwood Press,p.223.
③ [美]布赖恩·贝利:《比较城市化》,顾朝林等译,商务印书馆,2016 年,第 3~5 页。
④ Friedrich Wilhelm Nietzsche,*The Gay Science:With a Prelude in German Rhymes and an Appendix of Songs*,Translated by Josefine Nauckhoff,Cambridge:Cambridge University Press,2001,p.183.
⑤ 高承恕:《理性化与资本主义——韦伯与韦伯之外》,联经出版事业公司,1988 年,第 110~111 页。
⑥ [德]马克斯·韦伯:《新教伦理与资本主义精神》,阎克文译,上海人民出版社,2010 年,第 200 页。

过私相授受的手段影响选区内市政服务的分配和选举的结果，①进而控制城市官员，以达成自身及其所代表社群的利益。尽管城市老板在解决城市治理问题上起到过一定的积极作用，②这种"通过城市选举控制公权力，将利益私有化"③的行为在过渡时期有其合理性，不过其利益代表性有限，且垄断市政的政治分赃恶化了本就"瘫痪"的市政府。辛辛那提的城市老板考克斯（George B. Cox）在把控市政期间，城市卫生部门连天花、感冒之类的流行病都难以应付。④不仅如此，传统的议会-市长分权体系在市政问题上互相推诿，权力斗争成为常态。即便是未有城市老板的城市，私人公司也把控着公共事务。而同样逐利的本质往往会损失更多的城市利益，例如1889年西雅图大火就是私人供水系统出现问题所致。⑤

政党机器控制城市的政治乱象，在资本主义的垄断阶段导致社会利益分配的严重失衡，从而加大了阶级间的贫富差距，而困于现状的市政府却束手无策，甚至与政党机器共谋，其时有学者评价："城市政府是美国一个明显的失败。"⑥为祛除城市政治腐败，持有进步主义观念的市民发起市政改革运动，呼唤市政府介入来维护城市社会的公平。19世纪末20世纪初，美国新闻界发起揭发黑幕运动，其中，纽约市政改革派人物林肯·斯特芬斯（Lincoln Steffen）以"城市之耻"为

① Kenneth Fox, *Better City Government：Innovation in American Urban Politics*, *1850–1937*, Philadelphia：Temple University Press, 1977, p.6.
② Jr. Alexander B. Callow, *The City boss in America：An interpretive reader*（*First Edition*）, New York：Oxford University Press, 1976；Lyle W. Dorsett, "The City Boss and the Reformer：A Reappraisal", *The Pacific Northwest Quarterly*, Vol.63, No.4, Oct., 1972, pp.150–154.
③ 石庆环、刘博然：《"进步主义"背后的另一个面相：美国纽约市政改革中的坦慕尼协会》，《史学集刊》2021年第3期，第113页。
④ Zane L. Miller, *Boss Cox's Cincinnati：Urban Politics in the Progressive Era*, New York：Oxford University Press, 1968, p.66.
⑤ Mary McWilliams, *Seattle Water Department History 1854–1954*, Seattle：Dogwood Press, 1955, pp.4–6.
⑥ James Bryce, *The American Commonwealth*, Philadelphia：J. D. Morris and Company, 1906, p.241.

主题,撰写文章痛斥美国城市的黑暗,呼吁政治改革,[①]旋即市政改革的风潮从部分地区蔓延至全国。[②]1900 年,全国市政联盟颁布的《市政方案》(*A Municipal Program*)与《示范城市宪章》(*Model City Charter*)将强市长制作为市政改革的突破,试图缩减市议会权力,提高行政权重。[③]但因其忽略民主性,且过往亦不乏政治强人担任市长,却仍受政党控制,同时与进步时代对效率与专业化的追求不符,故未产生广泛影响。

　　高度政治化的政府体制无法应对资本主义所带来的新变化。因此,市政改革呼唤政府一改过去的羸弱角色,在交换与分配上担任积极的仲裁者,以维护社会正义。[④]至于政府如何有为,市政体制的改革则受到了当时公共行政学的影响。被称为现代行政学之父的伍德罗·威尔逊最先提出行政独立的概念,他认为,在政府角色愈发重要的当下,行政“要有一个科学的管理方式,来减少政府的不作为,加强和净化组织内部,并要求其尽职尽责”[⑤],也就是说,行政领域是业务领域,政治与行政应该被区分开来。行政学家古德诺在呼吁市政自治的基础上,[⑥]强调“政治与行政分开的必要性在城市政府问题上表现得十分明显。因为就行政这个词的狭义来说,城市政府所管的更是一种行政事务”[⑦]。不难看出,行政之所以独立于政治,其基点在于专业主义理念。二分法 “将工程思维和概念应用到对工作和管理者角色的理解和设

① 　Lincoln Steffens, *The Shame of the Cities*, New York: Sagamore Press, 1957.
② 　早在 19 世纪 80 年代,便出现了市政改革的社会组织,其中较有代表性的是 1882 年成立的纽约 “城市改革俱乐部”(City Reform Club),1885 年马里兰州巴尔的摩市成立的 “改革联盟”(Reform League)与 1887 年成立的 “马萨诸塞州促进良好公民协会”(The Massachusetts Society for Promoting Good Citizenship)。
③ 　National Municipal League, *A Municipal Program*, New York: the Macmillan Company, 1900, p.159.
④ 　参见 Steven Kelman, Limited Government: An Incoherent Concept, *Journal of Policy Analysis and Management*, Vol.3, No.1, Autumn, 1983, pp.31–44.
⑤ 　Woodrow Wilson, “The Study of Administration”, *Political Science Quarterly*, Vol.2, No.2, Jun., 1887, p.201.
⑥ 　Frank Goodnow, *Municipal Home Rule: A Study in Administration*, New York: Macmillan and Co., 1895, pp.18–20.
⑦ 　[美]弗兰克·J.古德诺:《政治与行政:一个对政府的研究》,王元译,复旦大学出版社,2011 年,第 48 页。

计上"①,在功能上将行政作为一种专业分工,以至于"无论是私人企业部门还是公共政府机构,在科学管理上都使用着许多相似的办法和手段"②。

可以说,政治-行政二分法早已成为进步主义时代美国各级政府职能转型的指导性原则。在之后的市政改革中,如何提高政府效率的同时,维持行政的可控,从而保育民主性,达到"去政治化"的实际效果,是市政制度设计的首要考虑。显然,在多种市政策略中,城市经理制更为契合这一目标。

三、专业主义实践:美国城市经理制及其特征

秉持专业主义价值观、重视行政独立的市政改革理念催生出新的市政体制。1908 年艾奥瓦州的得梅因市(Des Moines)最先放弃市长职位,创立了委员会政府,由小规模的市议会全权统一市政。但因权力分配上的平均化,且议员专业知识匮乏,存有与强市长制相同的缺陷。而以委员会制为基础上建立的城市经理制,在平衡效率与民主上有着更好的表现。

1905 年,美国学者查尔斯·梅里亚姆(Charles Merriam)推荐芝加哥市议会选举专业的行政人员,③设立行政经理的设想逐渐发酵。1908 年,弗吉尼亚州斯汤顿市(Staunton)设立"全权负责和控制市政府各部门的所有行政工作"的"总经理"(General Manager)一职,④工程师查尔斯·阿什博纳(Charles Ashburner)被任命为该市首任经理,斯

---

① 　John.Nalbandian,*Professionalism in Local Government:Transformations in the Roles,Responsibilities,and Values of City Managers*,San Francisco:Jossey-Bass Publishers,1991,p. 13.

② 　石庆环:《20 世纪初工商企业的科学化管理与美国政府的行政改革》,《东北师大学报(哲学社会科学版)》2004 年第 1 期,第 42 页。

③ 　Ernest S. Griffith,*A History of American City Government:The Progressive Years and Their Aftermath,1900-1920*,Washington,D.C.:University Press of America,1983,p.164.

④ 　Tso-Shuen Chang,*History and Analysis of The Commission and City Manager Plans of Municipal Government in the United States*,Iowa City:The University,1918,pp.163-164.

汤顿由此成为第一个正式雇用经理处理市政事务的城市,[①]"斯汤顿试验"(The Staunton Experience)遂获得了广泛关注。1909 年,美国学者查尔斯·柴尔兹(Richard S. Childs)将委员会与斯汤顿市政改革经验结合,创立了美国城市经理制,其核心逻辑是将城市事务寄望于专业的行政强人以解决传统市长-议会制的羸弱与低效,摒除政治因素对城市发展的负性影响,保证事实民主。[②]具体而言,美国城市经理制将行政与立法的决策权统一在规模相对较小的市议会手中,原有的市长职位则为一种代表性的虚职,一般由市议员充任;至于具体城市政策的执行,则全权交由一名被称为城市经理的高级公务员,该职由市议会聘用,对市议会负责。

20 世纪 20 年代是城市经理制被广泛采用的第一次高潮,经理制城市在数量上达到了 400 个之多。随着城市郊区化与联邦政府对城市治理的介入,二战后十年可看作是第二次高潮,经理制城市增至 2200 个。[③]直至现在,美国采用经理制的城市与市长制大体相当。相较于市长制,美国城市经理制有如下特征。

(一)商业化模式的制度底色

与城市经理的命名一样,其设计灵感来源于商业公司的管理模式,这恰恰迎合了当时多数市民对于城市政府的转型需求。在当时美国人民的心目中,商业公司几乎是效率的代名词,以同样出色的方式作出管理城市的设计自然令人满意。[④]因此,美国市政管理普遍带有

---

① John Porter East,*Council-Manager Government:The Political Thought of Its Founder, Richard S. Childs*,Chapel Hill:University of North Carolina Press,1965,p.76.

② Richard S.Chids...,"Professional Standards and Professional Ethics in the New Profession of City Manager",*National Municipal Review*,Vol.5,No.2,1916.

③ Richard J. Stillman II,*The Rise of the City Manager*,Albuquerque:University of New Mexico Press,1971,p.20.

④ Harry Aubrey Toulmin.Jr,*The City Manager:A New Profession*,New York and London:D. Appleton and Company,1915,p.51.

明显的"企业化"倾向,①科学预算、人事管理、分类系统和效率评级技术被广泛引入到地方政府的日常运作之中。②

(二)专业本位

专业主义是城市经理职业价值排序的首位,专业性是第一道德,也就是说,专业知识与专业能力是城市经理掌握行政权的资格准入条件。因此在市议会聘用城市经理时,会着重考察他们的专业背景,以及是否有行政管理的任职经历。③配合科层制的组织架构,采用城市经理制的政府便如同精妙的工具,"最好的机械师不能用有缺陷的工具做好工作,而一个平庸的工人用好的工具也可以事半功倍"④。

(三)行政至上

作为城市治理的首席执行官与市政技术专家,城市经理坚守行政至上。对于这一原则,应有两层理解。首先,城市经理应在政治上中立。美国城市经理制的制度理念基于一个前提,即"管理是政府进程中的一个中立部分,亦是政府成功与否的一个关键因素"⑤。一方面,城市经理的工作要与政党政治、社区政治和政策制定相分离,另一方面,城市经理对于一个代表性政府主体而言,仅仅是一个政治中立的行政专家。⑥其次,城市经理在行政权上具有独立性,甚至是垄断。城市经理的宪章一般规定在决策的执行上市议会不得插手,公务员的

---

① 参见张卫国:《进步主义时期美国市政管理的企业化改革》,《四川师范大学学报(社会科学版)》2013年第6期。
② Frisby Michele,Separating the powers,American City&County,1999,https://www.ameri-cancityandcounty.com/1999/11/01/separating-the-powers/,accessed July 14,2023.
③ Clarence Ridley and Orin Nolting,*The City Manager Profession*,Chicago:University of Chicago Press,1934,p.40.
④ National Municipal League,*The story of the council-manager plan most democratic and ef-ficient form of municipal government*(The Fifth Edition),New York:University of Michigan Library,1954,p.3.
⑤ James M.Banoevtz (ed),*Managing the Modern City*,Washington,D.C:International City Management Association,1971,Forward.
⑥ John Nalbandian,*Professionalism in Local Government:Transformations in the Roles,Re-sponsibilities,and Values of City Manager*,San Francisco :Jossey-Bass Inc,1994,p.6,19.

任免权也同时交给城市经理,政治对行政的干预极尽克制。更为重要的是,城市经理在治理上拥有自由裁量权。民选官员在专业问题上是模糊的,而城市经理在专业知识上占据高位,是否可行、如何可行、可操作性皆取决于城市经理的判断。换言之,城市经理在专业主义层面的垄断,保证了其行政地位的独立,政治在执行阶段难以对其造成有效的牵制。

(四)权力整合体系代替制衡体系

就权力架构与治理逻辑而言,城市经理制颠覆了过往的权力制衡体系。权力制衡体系的目的在于限制政府权力破坏社区自治,侵犯公民权利。为达到此目的,行政与政治两权在民意代表性以及职能分工上存有一种现实张力,权力施与上呈对冲性,这似乎是一种刻意为之的制度安排:权力流动往往是一种向内的彼此钳制,在政治妥协与达成共识中,彼此的政治意志遭到不同程度的削弱,权力也因之消耗。市政府的行政权与立法权在决策层面上的事务共享与博弈,稀释了政府的社会参与,造成了社区与政府共享,甚至是主导治理权的结果(如图 1)。在社会问题尚未复杂化,治理性事务较为单一时,制衡的分权化处理有其合理性,政府无为是当时广泛民众对于好政府的理

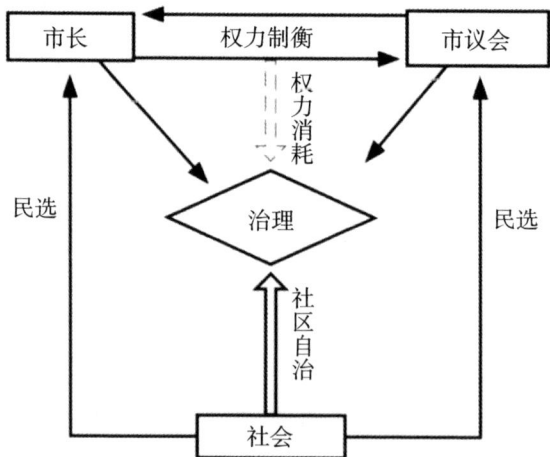

图 1 传统市政府权力制衡体系运作结构

解。但随着现代化进程的加快,社会的分配与再分配已然超出社区的能力范围,民众需要政府承担更多的公共责任,内部的权力制衡反而成为一种窒碍,政府无法适应社会转型下新的公共需求。那么,城市经理制的推而广之则提供了一种新的政府运作理路。

为改善市政权力内部的过度消耗,城市经理制的组织结构倾向于一种整合性的权力体系。不过,对于这一权力体系的理解,应注意到其有分亦有合。所谓的分,不同于互相制衡的分享权力,而是功能上的区分,立法与行政因此更为具象,即特指治理过程中的决策阶段与执行阶段。而至于合,则是一种集权的结构路径。市议会与城市经理的关系,已变为隶属性的等级关系:城市治理与发展的目标由市议会决定,城市经理执行市议会意志,对具体政策不作置喙。市政部门则由城市经理统筹,辅助城市经理完成市政规划与建设。行政权整合于城市经理一人手中,而城市经理由市议会通过功绩制进行控制,薪酬、考评、晋升或解聘由市议会决定。①如此,以立法为主体统辖的整合性权力体系得以构建。那么问题是,城市经理制的民主性又何以体现?一般来说,采取美国城市经理制的城市往往废除分区选举,并以短期投票的形式维持市议会的代表性,但同时又精简议员规模,以保证市议会在决策层面上的效率。市议会代表民意,城市经理执行市议会意志,也就是间接执行市民意志,市政府以此在民意与治理效率之间达到了平衡,且提升市政效率解决公共事务问题,也保证了事实民主。(如图 2)

---

① Craig M. Wheeland,"Evaluating City Manager Performance:Pennsylvania Managers Report on Methods Their Councils Use",*State & Local Government Review*,Vol.26,No.3,Autumn,1994,p.155.

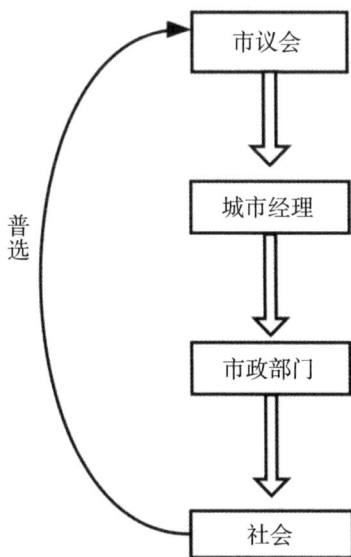

图2 城市经理制整合性权力体系运作结构

总体而言,原有的权力制衡体系被瓦解,政策制定与执行被隔离开来,市政效率得以提高。整合性的权力体系是一种向外的权力施与,在效率与专业上达成统一,以解决公共事务。二战前,市民对于城市经济增长这一问题有着普遍共识,城市利益集中,美国城市经理制发挥了重要作用,即便是大萧条期间,城市经理制也在缓解经济危机上做出了应有的贡献。①

四、专业主义内涵的更新:美国城市经理制的社会性转向

基于理想态的专业主义愿景,辅以城市经理制的权力整合体系,在市政专才的统筹下,城市将成为正向的经济有机体,劳动力的社会

① National Municipal League, *Council-Manager Cities During The Depression*, New York: The Press of GEORGE Bosch & COMPANYBROOKLYN, 1934.

再生产将保证城市资本的正向循环，普遍性的城市利益也一定程度上消解掉了尖锐的城市阶级矛盾。但显然，制度并非运行在预设的真空，城市经理所面对的，是美国城市现代化进程加快导致的复数社会问题，这直接造成了理想与现实的对勘。质言之，严肃的历史现场要求城市经理超越行政技术与执行，对实在的城市社会进行考量，并适应性地调整自身策略。

（一）美国城市经理制所面临的现实考验

城市经理制在美国城市的普遍应用证明了其制度的有效性，但制度并非静态的机器，"制度的形成及运行本身是一动态的历史过程"①。美国城市现代化的发展，为城市经理制的专业治理带来挑战。

1.政治代表性的制度争议

尽管美国城市经理制甫一出现便广受欢迎，但仍有一些或曾锐意改革却最终放弃，或施行一段时间后重回传统市政体制的城市。之所以会对该制存疑，归纳起来，有如下考虑。首先，以往行政–立法制衡体系的解构造成了民众对市议会专权的担忧。权力制衡是自殖民地时期便已存有的政治意志，政府失位所造成的治理僵化固然造成了普遍性的恐惧，但以市议会体现民众利益，以城市经济作为效率代表，似乎并不能完全适配所有城市的情况，以至于难以缓解，甚至会激化这样的恐惧。以美国西雅图在 1924—1926 年的城市经理运动为例，其时西雅图对现行市政体制的效率问题已有共识，但城市经理制同样遭到指责，认为这将"导致政府疏远人民，并在市议会营造'沙皇主义'"②。反对城市经理制的西雅图市议员罗伯特·B.赫斯基（Robert B.Hesketh）认为城市经理制是"建立大型政治机器的好机会"，"它创建了一个拥有绝对权力的城市经理，他可以随意任命和罢免城市雇员

---

① 邓小南：《走向"活"的制度史——以宋代官僚政治制度史研究为例的点滴思考》，《浙江学刊》2003 年第 3 期，第 100 页。
② "City Manager Plan Debated before Demos", *Seattle Post-Intelligencer*, December 21 1924,p.70.

以满足自己的愿望",无疑,"这个计划是向沙皇和专制更近了一步"。①

其次,城市经理与市长的职能存在一定混淆,民众认识滞后。一个关键的厘清点是,城市经理对于市议员负责,代表市民利益的民选机构是市议会。然而,最早接受城市经理制的代顿市于 1919 年修订城市宪章,将城市经理改为民选。原因正如一位代顿市的著名商人所说:"大多数人希望在选择首席执行官时有发言权。"②从中不难看到,民众存有一种滞后的理解,即城市经理无非是专业化的市长,也应是民选官员,这直接构成了城市经理的合法性危机。如果城市经理是民选的,那么经理还能被视为经理吗? 纵然代顿市之后将城市经理任命的权力归还给市议会,但至今一些城市仍然对市长与城市经理的关系存有疑惑。

最后,城市经理制缺乏公众代表性。按照制度设计的专业主义理念,市政效率提高以达到城市增长的结果是城市经理的职责所在,民选代表性则交由市议会。但悖论是,为防政治腐败,采用城市经理制的城市一般精简市政机关,市议会规模也随之缩小,并辅之以普选,重视短期选票,一定程度上忽略了整体性利益与民众感受。坦帕市一位公共官员曾评论该市的城市经理制:"城市的债务大幅增加,而且可以肯定的是,城市的大部分地区和相当一部分人口都没有得到足够的考虑。"③甚至是当下,缺乏代表性仍然是地方政府改变体制的关键因素。例如,2003 年里士满放弃了城市经理制,其市政改革发起人,亦是城市经理制废除后的第一任市长怀尔德(L. Douglas Wilder)在呼吁改革时,强调里士满的城市经理制将"公众被排除在城市愿景和战略规划的讨论之外",因此,市长–议会制更能代表公共利益,所以"政府的议会经理制形式应当改变"④。

---

① "Debate City Manager", *The Seattle Daily Times*, December 21,1924, p.3.
② Arthur W.Bromage, *Manager Plan Abandonments:Why 51 Communities Shelved Council–Manager Government*, New York:National Municipal League,1954, p.15.
③ Arthur W.Bromage, *Manager Plan Abandonments:Why 51 Communities Shelved Council–Manager Government*, New York:National Municipal League,1954, p.18.
④ "Richmonders have tolerated mediocrity long enough"[N/OL]. *Richmond Times–Dispatch*. June 2,2002. https:// infoweb–newsbank–com.mcpl.idm.oclc.org/, accessed November 29,2023.

2.国家与城市治理的互动

同样不能忽略的一个关键历史转折是新政之后国家的登场。1954年,联邦推动城市更新(Urban Renewal)政策,[①]对城市直接拨款,二者互动更为密切的同时, [②]联邦的行政控制因而加强。[③]在这一阶段,城市经理制因行政效率获得了更多的关注,不少城市选择这样的市政体制助力城市更新。但同样, 城市经理所扮演的角色也愈发复杂。为了促成城市更新项目,城市经理不得不建立更多的社交网络。联邦资助的地方更新,需要联邦政府、建筑企业、公民协会、邻里团体以及与相关机构的密切参与, 城市利益的公共性决定了所有牵涉的因素要尽可能地协调一致。[④]作为城市的首席行政官,城市经理需要更多地去理解城市需求以及社区利益的差异性来达成广泛共识。显然, 城市治理内容的变化改变了城市经理过往仅负责执行政策的被动与中立状态。而联邦拨款机制的引入,尤其是城市联邦联络办公室(Federal Liaison Offices in the Cities)的设立,[⑤]亦令城市政府在执行规划政策时受到束缚。对此,当时塔夫脱(Taft)的城市经理颇为悲观:

---

① 城市更新是二战后美国联邦政府为了改善城市破旧面貌,维护城市经济稳定以及社区发展, 从而推进现代化进程所制定的城市规划发展项目。E. Bruce Wedge,"The Concept "Urban Renewal", *The Phylon Quarterly*, 1st Qtr., 1958, Vol.19, No.1, 1st Qtr., 1958, pp.55–56.对于该项目,已有不少学者讨论:Richard M. Kovak, "Urban Renewal Controversies", *Public Administration Review*, Vol.32, No.4, Jul. –Aug., 1972, pp.359 –372;Kevin Fox Gotham, "A City without Slums:Urban Renewal, Public Housing, and Downtown Revitalization in Kansas City, Missouri", *The American Journal of Economics and Sociology*, Vol.60, No.1, Special Issue:City and Country:An Interdisciplinary Collection, Jan., 2001, pp.285–316;李文硕:《寻找"合适的衰败区":联邦与城市关系视角下的美国城市更新》,《社会科学战线》2021年第7期。

② 从城市更新项目预付联邦资金的最初申请来看,当拟议项目将涉及由提交申请的地方公共机构(例如市政府)以外的其他实体开展活动时,申请必须附有令人满意的证据,证明该其他实体将实际开展此类活动并有能力这样做。 此类证据可能包括该实体首席执行官的适当声明。Urban Renewal Administration, Local Public Agency Letter, No. 45, 1954, pp.1–14.

③ James L Sundquist&David W. Davis, *Making federalism work:A study of program coordination at the community level*, Washington, D.C:Brookings Institution, 1969.

④ George S. Duggar, "The Relation of Local Government Structure to Urban Renewal", *Law and Contemporary Problems*, Winter, 1961, Vol.26, No.1, Urban Renewal:Part 2, Winter, 1961, pp.49–69.

⑤ 该城市组织的核心作用是发起和协调联邦拨款。

"该市实施的大部分政策并非源自本地……该市 95% 的收入（包括从何处获得以及如何使用）由州和联邦政府控制。地方政府是一个正在衰落的实体……正变得越来越复杂和多样化。"①联邦分类拨款对地方决策的影响普遍且持久，城市不再能单独解决问题，他们必须依赖国家和州的资金，制定更为广泛的应对措施。②联邦行政的复杂性直接导致了效率折损，以及在具体分配政策上的不满。③对于采取经理制的城市来说，城市经理责任加重，所考量因素增多，尤其是在财务与联邦政府打交道上，这也意味着，要获取决策与执行上的主动，城市经理应更懂得变通。

对城市经理更为深层的挑战，还在于联邦政府与城市政府之间在城市更新理念上的差异。前者更倾向于社会公平的实现，即贫民区的清理与住房问题的解决；后者则更重视城市经济的恢复与增长，即商业开发。④为了获得联邦资助，城市经理在平衡公众需求与经济增长上存在行政困境。尼克松政府后，新自由主义政策的推进致使国家开始克制地介入城市，但各级政府间的权力互动却保留了下来。

3.城市现代化与社会转型

受城市虹吸效应影响，越来越多的人口聚集于城市，至 1950 年，美国 57% 的人口以及 70% 的就业机会集中在中心城市。⑤伴随城市经济的持续增长，美国社会产生了更多的中间阶层，他们拥有较高的收入水平，低廉的交通成本令他们涌入郊区，美国的城市现代化随之进

---

① Sali and Walt Damon-Ruty,"Former Taft City Manager Tells Viewpoints",*The Bakersfield Cali- fornian*,March 10,1977,p.33.

② Morley Segal&A.Lee Fritschler,*Emerging Patterns of Intergovernmental Relations*,*The Municipal Year Book 1970*,Washington,D.C:The International City Manager Association,1970,p.13.

③ The Intergovernmental Grant System as Seen by Local State,and Federal Officials,Washington,D.C：Advisory Commission on Intergovernmental Relations,A-54.1977.

④ 参见李文硕：《寻找"合适的衰败区"：联邦与城市关系视角下的美国城市更新》，《社会科学战线》2021 年第 7 期。

⑤ Robert W. Wassmer,Urban Sprawl in a U.S. Metropolitan Area：Ways to Measure and a Comparison of the Sacramento Area to Similar Metropolitan Areas in California and the U.S.Report,Lincoln Institute of Land Policy,2000,p.2.

入了郊区化的阶段，"在郊区化的带动下，美国城市发展突破传统模式，由单核中心型向多中心型过渡、由局限于城市地区到向外围地区周而复始地扩展，进而形成以大都市区发展为主的局面"①。郊区化形成了一些诸如特区、市镇等微型政府，或与中心城市共存，或被其兼并，产生了多中心的"巴尔干化"布局。②城市治理难度的提高致使城市经理制备受追捧，③但也正因如此，经理往往需要在多政府重叠管辖的大都市区寻求政策执行上的共识，这无疑增加了城市经理的政治沟通成本。20世纪70年代后，美国本土制造业与工业向全球转移，服务业成为中心城市缓解经济衰退的新兴产业，拥有高学历的中产阶级与文艺工作者发起了"返回城市"（Return to the City）运动，形塑了城市空间的新趋向，即绅士化（Gentrification）。④他们成为城市更新计划中的消费主力，逼退老旧城区的人离群索居，"隔都"（Ghetto）现象因之较之以往更为明显，并呈现"从民族文化向种族和阶级文化的转变"。⑤

美国学者路易斯（Louis Wirth）在最开始研究犹太人隔都现象时，称其为一种容忍的形式：通过社区隔离，在基本问题上存有矛盾冲突的群体间可以建立各自的生活方式。⑥但现实表明，当下城市社区的隔绝更为复杂，拥有经济能力的群体以阶级、族裔等因素划分你我，工人与更为贫苦的人流离失所，成为城市中的"异乡人"。更为糟糕的是，故有社区的内部凝聚力被打散，有学者因此指出，这是"经济和政治边缘化的一种有力形式"⑦。城市社区的重组叠加了包括分配正义

① 王旭、罗旭东：《美国新城市化时期的地方政府：区域统筹与地方自治的博弈》，厦门大学出版社，2010年，第29页。
② 具体体现为地方政府的原子化，但却在功能与辖区上具有重叠。Harrigan and Vogel, *Political Change in the Metropolis*, New York：Pearson, Longman, 2007, p.11.
③ Richard J. Stillman II, *The Rise of the City Manager：A Public Professional in Local Government*, pp.23-24.
④ 绅士化是指富裕居民以及企业的涌入改变了过往城市社区的面貌，与老旧城区一同被清理的，还有贫穷的原住民。
⑤ 梁茂信：《战后美国城市隔都的质变》，《世界近现代史研究》（第十五辑）2018年，第3页。
⑥ Louis Wirth, "The Ghetto", *American Journal of Sociology*, Jul., 1927, Vol.33, No.1, p.58.
⑦ Shatema Threadcraft, "Intimate Injustice, Political Obligation, and the Dark Ghetto", *Signs*, Vol.39, No.3, Spring 2014, p.739.

上的政治矛盾,"社会不平等和社会形象被不停地生产和再生产出来"①,以至于城市骚乱、暴力频发。与此同时,民权运动所形成的多元文化主义政治思潮放大了个体的差异性,基于种族、宗教、文化、性别的群体利益代替了社区性的群体利益,强调群体性立场与感受的身份政治成为新的对抗性民主范式。社会矛盾尖锐使得城市治理更为困难,经济增长与城市发展的绑定随之松弛,城市不能再被看作是简单的经济综合体。

(二)引入社会性:美国城市经理制的适应性变化

城市经理已然认识到,城市治理不能停留在专业知识的扩展与应用上。作为应对新问题的第一人,他们所要关注的问题更为复杂,尤其是联邦、州政府的介入,导致城市经理的中立地位难以自持,过往集中的行政事务也已被分散。②面对此种情况,经理或必须参与政治游戏,摒弃对技术的执拗;或利用自己的技术影响城市政治,后者要求更高,但却是"城市经理作为一种职业存在的唯一理由"③。很明显,政治社会是他们的新职场。根据城市经理制具体运作的动态调整,有如下特征。

1.城市经理与市议会互补性共享伙伴关系的建立

城市经理所承担的实际责任必然牵涉政策制定,城市利益与治理的复杂性决定了城市经理的复合专业领导者角色。④行政管理学的

---

① [英]约翰·伦尼·肖特:《城市秩序:城市、文化与权力导论》,郑娟等译,上海人民出版社,2015 年,第 116 页。
② Richard J. Stillman, II, "The City Manager:Professional Helping Hand,or Political Hired Hand?", *Public Administration Review*, Vol.37, No.6, Nov. – Dec., 1977, p.662.
③ Bollens, J. C., and Ries, J.C., *The City Manager Profession:Myths and Realities*, Chicago: Public Administration Service, 1969, p.48.
④ Fremont J. Lyden & Ernest G. Miller, "Policy Perspectives of The Northwest City Manager", 1966–1974 Continuity or Change? *Administration & Society*, Vol.8, Issue 4, 1977, pp.469–480.

量化研究已表明城市经理在政策制定与决策中的重要作用。①而市议会在让渡决策权时，也随着自身专业水平的提升开始染指于具体执行层面的程序。②一定程度上说，城市经理是以行政权力为筹码来赢得决策上的领导权，因此城市经理"必须协调责任与可塑性之间固有的紧张关系"③。但不可否认的是，城市经理的决策权重已占据主导性地位。

2.社区代表性

为平衡城市内部利益差异，城市经理与公众的联系加强。经理们过去与社区的关系，集中于提供市政信息的解释，并为市议会的决定进行游说和演说。但当社区空间解构，整体性共识原子化后，市民被纳入若干以个体性需求所集结的利益集团之中，城市经理不得不在政治制定与执行过程中活跃于公众当中，④以最大限度促成利益分配上的全面与公平。与社区互动的加强改善了以往诟病经理缺乏民主代表性的争论，而城市经理的专业业务水平也较市长更容易获得市民的信任。也就是说，"在尊重代表性、个人权利和社会公平价值观的同时集中性的解决问题，可以建立一种对集体利益的义务感，也是对待社区建设的一种方式"⑤。

---

① Charldean Newell,&David N. Ammons,"Role Emphases of City Managers and Other Municipal Executives",*Public Administration Review*,Vol.47,No.3,May–Jun.,1987,pp.246–253;David R. Morgan,&Sheilah S. Watson,"Policy Leadership in Council–Manager Cities:Comparing Mayor and Manager",*Public Administration Review*,Vol.2,No.5,Sep. –Oct.,1992,pp.438–446;Barbara Coyle...,"Turnover among City Managers:The Role of Political and Economic Change",*Public Administration Review*,Vol.68,No.2,Mar. – Apr.,2008,pp.380–386.

② Tansu Demir......,"Understanding Shared Roles in Policy and Administration:An Empirical Study of Council–Manager Relations[with commentary]",*Public Administration Review*,July/August 2012,Vol.72,No.4,pp.528–529.

③ Yahong Zhang and Richard C. Feiock,"City Managers´ Policy Leadership in Council–Manager Cities",*Journal of Public Administration Research and Theory*:J–PART ,April 2010,Vol.20,No.2,pp.461–476.

④ Kimberly L. Nelson &James H. Svara,"The Roles of Local Government Managers in Theory and Practice:A Centennial Perspective",*Public Administration Review*,Vol.75,No.1,January/February 2015,p.57.

⑤ John Nalbandian,"Facilitating Community,Enabling Democracy:New Roles for Local Government Managers",*Public Administration Review*,May – Jun.,1999,Vol.59,No.3,May – Jun.,1999,p.189.

3.专业道德价值观的更新

作为全美支持城市经理制的核心组织，国际市/县管理协会（IC-MA）最初于 1924 年颁布的道德准则将经理的专业性视为第一道德，有学者阐释该准则"要求成员承诺为所有公民提供优质的公共服务，并支持代表性民主制度,按照社区选举官员的指示行事"[1]。该准则几经修订,如今仍然强调经理们的中立特征,但同时规定"成员们应向民选官员提出政策建议,向他们提供相关事实,并且在政策选择上给予专业和技术性上的支持。在政策实践上,与其合作,共同为社区和组织设定目标"[2],并"鼓励和促进社区成员与所有地方政府官员之间构建更为积极的互动与沟通",ICMA 的成员们应确保社区人民能够积极地与当地政府接触,消除技术性壁垒,支持社区参与到城市的治理进程中。[3]从中不难窥见,城市经理的职位被重新定位,他们不再被视为中立的专家,而是被要求在决策上做积极主动的参与者,[4]这无疑扩容了城市经理的专业价值观。虽然效率与专业能力仍是城市经理的道德基础,但市政服务的目的已不仅仅是经济增长,还要兼顾分配正义与社区公平,[5]就这一意义而言,城市经理是兼具效率与代表性的领导型市政专家。

---

[1] Frisby Michele,Separating the powers,American City&County,1999,https://www.ameri-cancityandcounty.com/1999/11/01/separating-the-powers/,accessed July 14,2023.

[2] Tenet 5,ICMA Code of Ethics with Guidelines,2023 by the International City/County Management Association,p.3,file:///C:/Users/lau19/Downloads/ICMA% 20Code% 20of% 20Ethics%20(June%202023).pdf,accessed July 28,2023.

[3] Tenet 9,Guidelines,ICMA Code of Ethics with Guidelines,2023 by the International City/County Management Association,p.4.file:///C:/Users/lau19/Downloads/ICMA% 20Code% 20of%20Ethics%20(June%202023).pdf,accessed July 28,2023.

[4] Richard J. Stillman,II,"The City Manager:Professional Helping Hand,or Political Hired Hand?",p.665.

[5] Edward G. Schilling,Stone&Youngberg,*The Values of City Management*,in H. George Frederickson (ed),Ideal &Practice in Council-Manager Government,Washington D.C.:IC-MA,1995,p.118;John Nalbandian,*Professionalism in Local Government:Transformations in the Roles,Responsibilities,and Value of City Managers*,San Francisco:Jossey-Bass Publishers,1991,p.103.

五、再政治化:专业主义的治理逻辑演进特性分析

观察美国城市经理的治理机制变化,不难发现,在社会性进入专业主义的治理视域中时,专业主义的内涵与治理逻辑随之更新,致使行政再政治化。所谓再政治化,与原初"去政治化"理念不同,在具体实践中,政治因素被纳入考量,行政人员参与到政治决策的过程,甚至染指城市选举,因而产生了有别于原初政治-行政二分法所显化的特性。

威尔逊在阐释公务员改革时指出:"通过建立公共服务在公众信任中的神圣性,以及非党派化的服务来净化公共生活的道德氛围,这为行政的实务化开辟了道路。目的性增强也能够改善工作方法。"[1]基于此,进步时代对于政治-行政二分法的普遍共识在于政治中立,行政独立的意义是为隔绝政治渗入对公共事务造成负性影响。不过即便行政与政治隔绝成为美国城市政府应秉持的公共道德, 但行政本就脱胎于政治,以中立来剪断两者的"脐带"也仅能停留在观念上。有学者研究发现,最早在 1927 至 1936 年间,二分法已经扩展至超越公共政策之上的政治。[2]同样,二分法实际上也在实证研究中难以成立。[3]即便对于贯彻政治-行政二分法最为彻底的城市经理制政府来说,人们也普遍认为成功的城市管理者实际上是更为熟练的政治家。[4]所以,从政治中立的角度解释政治-行政二分法难以奏效。但有必要指出的是,这并不意味着政治-行政二分法的"失效",而是过于强调政治中

---

[1]　Woodrow Wilson, The Study of Administration, p.210.

[2]　Alasdair Roberts, "Demonstrating Neutrality: The Rockefeller Philanthropies and the Evolution of Public Administration", 1927 –1936, *Public Administration Review*, May –Jun., 1994, Vol.54, No.3, pp.221–228; David Rosenbloom, "The Politics–Administration Dichotomy in U.S. Historical Context", *Public Administration Review*, Jan. – Feb., 2008, Vol.68, No.1, p.60.

[3]　Tansu Demir&Ronald C. Nyhan, "The Politics –Administration Dichotomy: An Empirical Search for Correspondence between Theory and Practice", *Public Administration Review*, Jan.–Feb., 2008, Vol.68, No.1, pp.81–96.

[4]　B.Douglas Skelley, "The Persistence of the Politics –Administration Dichotomy: An Addtional Explanation", *Public Administration Quarterly*, WINTER 2008, Vol.32, No.4, p.566.

立造成了对该理论的误判,以至于陷入了一种循环的理论困境。

相较于政治中立,当下的行政与政治在处理彼此关系时更为重视政治理性。所谓的政治理性,即治理效率与政治原则的有机融合。当下的城市治理,完成的要素不再仅仅是技术优化与分工细化,而是要考虑更多的政治变量,确保决策与执行在政治价值观上的一致,以最大程度地符合公共利益。为此,行政与政治的互动应被承认。政治理性调整了两者合作上的行为逻辑,同时基础的权能关系未发生改变。其一,行政是受政治控制的。尽管美国行政学者奥弗里姆(Patrick Overeem)坚守原初规范性的政治-行政二分法,[①]并提出了制衡概念,"与三权分立原则非常相似,二分法主要是为了检查政治家和行政人员的权力,从而保护自由"[②]。但很明显,奥弗里姆又将行政治-行政二分拉回到了进步时代之前的政府权力体系中去。历史已表明,行政的功能性独立恰恰是通过权力整合提升治理效率,维护公众信任;且就二分法实践的主舞台而言,施行城市经理制的政府,宪章上规定市议会与城市经理的权利义务关系是一种雇佣关系,即便城市经理在逐渐成为政策领导人的当下,两者也倾向于一种不对等的控制关系。其二,政治中立是官僚共享的价值观。斯瓦拉指出,政治中立指的是适用于任何政治上级的公正服务理念,[③]也就是说,政治中立是一种政治价值观,它旨在抛却党派偏见与利益冲突,着眼于民主治理,以实现普遍性价值,无论是技术官僚还是民选官员都应秉持中立的价值观。其三,行政与政治的互补。城市经理已在很大程度上介入政策制定以及民选官员的政治生涯,市议会的民选官员亦会听取城市经理

---

① Patrick Overeem, "The Value of the Dichotomy: Politics, Administration, and the Political Neutrality of Administrators", *Administrative Theory & Praxis*, Vol.27, No.2, 2005, pp.311–329.

② Patrick Overeem, "In Defense of the Dichotomy: A Response to James H. Svara", *Administrative Theory & Praxis*, Vol.28, No.1, Mar., 2006, p.144.

③ James H. Svara, "Complexity in Political–Administrative Relations and the Limits of the Dichotomy Concept", *Administrative Theory & Praxis*, Vol.28, No.1, Mar., 2006, p.122.

等行政专员的建议。①对此,斯瓦拉将其概括为一种互补性(comple-
mentarity)关系。②不过,我们仍然不能将互补作为二分的替代性理论。

互补性关系尽管具有角色重叠以及相互影响的特性,但依旧是一
种类二分法关系。③应该说,互补性是基于二分法的一种理性进化,是
在分的前提下讨论合的关系。对于城市治理,行政与政治的视角并不一
样。行政的目的在于达成,是确定性的;而政治在于合乎市民的利益,但
这往往是不确定性的。一旦缺乏对城市社区与市民利益的准确判断,行
政可能会变得不确定。政治缺少技术性的反馈,亦会引发民众对政府信
任的危机。进而言之,治理的无能会直接构成城市政府运转的失灵与
公众信任的瓦解,这最终推动了两者在治理目的与结果上的一致。那么,
为了提升城市治理的效能,城市经理便不能仅仅停留在技术层面,民选
官员也应充分理解通过专业化路径如何促成民意的达成,即两者在专
业与民主上的信息互通与市政效度上的"共谋"。因此,两者基于自身不
同的功能面向,在城市治理中互为观照,构成了合作性的等级关系。

以专业主义视角阐释行政如何看待政治可以发现,美国城市经
理介入政治的原因并不在于权力争夺或博弈,而是将政治看作为一
种完成城市治理的工具。在这里,我们可以引入布迪厄社会理论中对
资本的诠释。布迪厄对资本的诠释超越了经济的范畴,涉及符号资
本、文化资本、人力资本等诸多方面。其中,作为关系的社会资本,是
在特定社会场域中占据高位的关键。④一般来说,社会资本"需要靠关

①　Poul Erik Mouritzen& James H. Svara,*Politicians and Administrators in Western Local Governments*,Pittsburgh:University of Pittsburgh Press,2002,p.170;James H. Svara, "Beyond Dichotomy: Dwight Waldo and the Interwined Politics-Administration Relationship", *Public Administration Review*,Jan.-Feb.,2008,Vol.68,No.1,p.49.

②　James H. Svara, "The Myth of the Dichotomy: Complementarity of Politics and Administration in the Past and Future of Public Administration",*Public Administration Review*,Mar.-Apr.,2001,Vol.61,No.2,pp.176-183;James H. Svara, "Politicians and Administrators in the Political Process—A Review of Themes and Issues in the Literature",*International Journal of Public Administration*,Vol.29,No.12,Nov.,2006,pp.953-976.

③　Tansu Demir, "The Complementarity View:Exploring a Continuum in Political-Administrative Relations",*Public Administration Review*,Sep.-Oct.,2009,Vol.69,No.5,p.885.

④　Pierre Bourdieu, "The Forms of Capital",in John Richardson ed.,*Handbook of Theory and Research for the Sociology of Education*,New York:Greenwood Press,1986,pp.241-258.

系的建立和维持"而获得。①那么,在城市治理中,社会资本的场域即社区,参与治理的主体为市民与城市行政人员。因此,在治理实践中,政治被视为社会资本,一是完成的资本,二是说服的资本。所谓完成的资本,即城市行政人员介入社区政治是为了完成治理目标。当城市利益复杂提高治理难度时,行政人员必须获取足够多的信息资源提供参考。为获取社区信息,与市民建立互动关系便十分必要。而说服的资本,则是为了保证政策执行的顺畅与市民建立起来的沟通信任。尽管在结果上,行政与政治皆旨在实现普遍性的城市利益,不过单就行政而言,专业主义的视角往往与社区的理解有出入。未免遭致反对,熟悉便是一个关键的变量。也就是说,社区足够了解,并逐渐信任城市经理等行政人员时,往往会默认城市政策,让渡同意的权利,以保证治理的效率。同样,城市经理在执行层面与市议会的政策理解有出入,因此也需要沟通协商。

正如 ICMA《道德准则》中对于技术性道德的强调,②我们可以将城市经理介入政治进程的行为看作是专业主义层面上对社会资本的获取,它往往是技术性扩张的需求,这恰恰强化了专业主义,以至于丰富了行政的公共性。

六、结论与讨论

在原初专业主义的工具理性规训下,权力结合与职能分工的统一是城市经理制的主要原则。③基于此,行政有强烈的"去道德化"的倾向,理性化的管理目标与手段是公共行政的唯一侧重。也就是说,

---

① [法]朋尼维兹:《布赫迪厄社会学的第一课》,孙智绮译,城邦文化事业股份有限公司,2005 年,第 73 页。
② Tenet 8, Guidelines, ICMA Code of Ethics with Guidelines, 2023 by the International City/County Management Association, p.4., file:///C:/Users/lau19/Downloads/ICMA% 20Code% 20of%20Ethics%20(June%202023).pdf, accessed July 28, 2023.
③ Ernst B.Schulz, *American City Government : Its Machinery and Processes* , New York : STACKPOLE & HECK, INC, 1949, p.389.

一切所谓社会性的、人格化的感性要素,或尚未被理性处理的,皆应是保持行政独立所要警惕的对象。而当理想态的行政独立与实然的治理实践不相匹配时,尽管一些学者试图从政治中立的角度为其背书,但也都无法阻止行政的再政治化。这一过程中专业主义治理逻辑的演进,可以较为清晰地看到社会性因素的引入。

也应看到,美国城市仍被掌握城市建设主动权的资本家和商人看作是经济增长的容器,而城市治理与规划或主动或被动地服膺于此,甚至对社区隔离与分配不均的城市现实保持冷漠,"城市成为一部成长机器,经济成长是首要目标,在追求土地增值的欲望下,穷人和中产阶级的需求被漠视"①。就目前的情况来看,美国城市政治有着更为复杂、矛盾的社会性因素,单讨论行政一极恐怕难以破局。相比之下,当下中国城市现代化势头正盛,行政结构完整,通过协商民主建立了地方治理的互动机制,但就城市社会而言,事实上已呈现出后现代的复杂图景。为加速经济增长,在治理与规划逻辑上我们更倾向于秉持效率至上的专业主义,城市市场化现象较为突出。虽然短时间内能够看到市场化给城市带来的实际效益,但同样也产生了诸如城市空间的同质化、社区阶级化以及基层治理冲突化等问题。

对城市的非人化体验,汤因比指出,当下的城市是一种机械化城市。这里"充斥着恼人的喧闹、肮脏以及一切最糟糕的事情;机械化城市是无心灵的,因为没有心灵,所以是无爱的。加工制造过程中的机械化程度越高,它所给予人们的满足感就会越空洞"②。对此,中国政治学界已有自觉,吴晓林等指出,中国在城市政治学研究中要更多考量"公民"因素,"不要过度、过早地引入'效率至上',要比以往更加关注发展与公平的平衡,构建公民主体性的城市治理理论"③。在城市空

---

①　[美]彼得·莫斯科维茨:《杀死一座城市:缙绅化、不平等与街区中的战斗》,吴比娜等译,山西教育出版社,2022 年,第 161 页。

②　[英]阿诺德·汤因比:《变动中的城市》,倪凯译,上海人民出版社,2021 年,第 146 页。

③　吴晓林、侯雨佳:《新自由主义城市治理理论的批判性反思》,《中国行政管理》2017 年第 2 期,第 143 页。

间生产规划中,苏曦凌强调应"实现精英规划与公众参与、统一整合与多元包容、整体变革与渐进更新有机互动、平衡与衔接"①。具体在治理层面,亦有学者提到"人感城市"②、"人民城市"③等概念。也就是说,当下城市治理应强调公共性与人本主义是中国学界的共识,这也是"柔性治理""情感治理"④等城市政治热词出现的原因。正因如此,行政人员应超越专业执行的范畴,将技术性与公共性有机融合,着重伦理义务与社群关系。⑤进而言之,行政应注重结果达成后的社会反应。

　　正如有学者所言,现代化"是一场斗争",且"无休止地重新开始"。⑥现代化仍然是一种进行时,围绕城市治理的专业主义理念同样也是动态的。按此推演,随着专业技术的迭代,行政经历再政治化之后,也可能会再专业化,尤其是推广智慧城市建设的当下。

---

① 苏曦凌:《建构与进化的有机融合:空间生产行动的理性逻辑》,《学海》2023 年第 4 期,第 27 页。

② 孟天广、严宇:《人感城市:智慧城市治理的中国模式》,《江苏社会科学》2023 年第 3 期,第 104~112 页。

③ 宋道雷等:《政党、城市与国家——政党驱动的城市与国家治理现代化路径》,天津人民出版社,2022 年。

④ 何斌等:《城市情感治理的内在逻辑及其过程机制——以"淄博烧烤"为例》,《北京交通大学学报(社会科学版)》2023 年第 3 期。

⑤ Bellah, R. N..., *Habits of the Heart: Individualism and Commitment in American Life*, Berkeley: University of California Press, 1985, p.211.

⑥ Henri Meschonnic..., "Modernity Modernity", *New Literary History*, Spring, 1992, Vol.23, No.2, Revising Historical Understanding.

中国比较政治学研究的
新进展（2023）*

周幼平　李　辛　吕同舟 **

内容摘要　2023 年中国比较政治学研究进一步巩固了本土化的趋势，在各个方面都取得了进一步发展。在比较政治学理论研究方面，对东西方实践的反思激发了对中国政治的重新发现；在比较政治学方法论方面，走出窠臼、加入方法论前沿探索的势头初见端倪；在比较政治学议题领域，学者们对现实问题的学术关怀呈现出一定的稳定性，但依旧存在学术交锋较少的情况。

关键词　2023 年；中国；比较政治学；研究进展

一、比较政治学理论研究

2023 年，中国比较政治学学者在比较政治学理论方面的研究在延续中发展，呈现出非常明显的三大特点：一是对西方中心主义的反思和对中国政治的重新发现；二是紧跟时代发展，从各个角度对数字

---

*　考虑到出版时尽可能全面地体现年度内比较政治研究的总体趋势，本文所选论文的出版时间为 2022 年 9 月至 2023 年 8 月。随着中国比较政治学研究的发展，该领域文献汗牛充栋，遂本文所选研究难免挂一漏万，不能一一覆盖，不周与遗漏之处请读者见谅。

*　周幼平，法学博士，上海师范大学讲师，研究方向为比较政治研究方法。李辛，政治学博士，上海师范大学讲师，研究方向为比较政治、韩国政治。吕同舟，政治学博士，华东师范大学副教授，研究方向为比较政治、中国政府与政治。

时代的比较政治学理论进行研究;三是更多地关注现实问题,缺少对理论范式的深度研究及对话。

随着政治实践的不断演化和研究的深入,越来越多的学者开始关注到以西方经验为中心的比较政治学理论在解释非西方问题上的牵强,进一步开启了反思和重新发现的进程。

在反思方面,为什么西方政治学无法解释和预测中国政治的众多"例外"?卢春龙和严挺指出,西方政治学现代化范式对历史方法的忽视是问题的根源,并重拾比较历史政治的研究方法,通过将时间置于政治文化研究的中心位置,考察了大一统思想、偏重政治秩序、民本倾向以及对权威和科层制的敬畏等四个中国政治文化的传统核心要素,最后指出这四个核心要素"可以看作是中国政治文化的基因。它们可能是理解当代中国政治文化脉络的关键所在,也可以帮助我们更好地解释很多中国政治现象"①。王浦劬和钱维胜则有感于"我国学界对西方文化国家理论尚未展开系统梳理和深入分析。以马克思主义为指导,系统梳理和分析西方文化国家理论的渊源、路径与特征,深入评析这一理论,无疑是准确把握其发展演变轨迹,扬弃其思想内容的重要学术途径"②。在《当代西方文化国家理论评析》一文中,尝试通过结构与实践的分析进路对西方文化国家理论进行归类分析和阐释;并在此基础上运用马克思主义的辩证唯物主义和历史唯物主义对其评析。文章指出,"西方文化国家理论虽然拓展了国家理论的研究,取得了特定的学术成就,但是,也存在着重大缺失"③。

无独有偶,杨光斌和李欢认为,"在世界政治中,不同国家尤其是中西方之间国家行为的巨大差异,根源于不同历史文明的政治观"④。

---

① 卢春龙、严挺:《比较历史政治视角下的中国政治文化探析》,《政治学研究》2022 年第 5 期。
② 王浦劬、钱维胜:《当代西方文化国家理论评析》,《北京大学学报(哲学社会科学版)》2023 年第 2 期。
③ 王浦劬、钱维胜:《当代西方文化国家理论评析》,《北京大学学报(哲学社会科学版)》2023 年第 2 期。
④ 杨光斌、李欢:《政治的概念——兼论我们时代性困境的政治根源》,《社会科学研究》2023 年第 3 期。

在《政治的概念——兼论我们时代性困境的政治根源》一文中，两位学者从历史政治学的路径出发，对"政治"这一元概念进行了深入剖析，对中国和西方的"政治"概念进行了梳理和正本清源。两位学者指出，"流行的旨在私利的政治就是竞争性资源（权力）分配的概念，其实只不过是对源自社会史的'战争状态'政治的一种社会科学化表述，但却在历史属性不同的中国广为流传，从而导致政治学学科与现实政治之间的巨大张力。中国政治史所演绎的制度变迁是为大一统而致治的民心政治"①。

在重新发现方面，学者们将中国式现代化界定为中国共产党领导的社会主义现代化的缩写，并将其与资本主义等其他形式的现代化予以区分。②中国式现代化的成功实践"打破了自由主义民主的神话，从而也就为我们研究现代化道路的知识性成果提供了新的历史经验和思想资源"③，并得到了比较政治学人的广泛关注。在比较现代化的场景中，不同现代化模式的差异性得以彰显，中国式现代化的理论价值和实践价值也就自然得到了体现。在这个意义上，中国式现代化实际上为中国比较政治学人提供了一个论证背景和对话载体，相关讨论也就自然产生了。在比较现代化的理论视野中，首要解决的问题是，人类社会究竟包括哪些类型的现代化路径。杨光斌教授借鉴并跳出了巴林顿·摩尔在民主—专制二维对立视角下得出的通向现代政治社会三条道路的理论，将现代化模式归纳为英美的商人阶层主导、法德日的官僚体系主导和俄中的政党组织主导三类，并从组织化程度的角度分析得出了组织程度递增的现代化规律，发出了构建政党中心主义知识体系的呼唤。④这种政党中心主义知识体系是中国特色知识体系和话语表达的一部分，是中国式现代化理论和实践的目

---

①　杨光斌、李欢：《政治的概念——兼论我们时代性困境的政治根源》，《社会科学研究》2023 年第 3 期。
②　李慎明：《中国共产党的百年奋斗与坚持党的领导》，《政治学评论》2022 年第 1 期。
③　杨光斌：《现代化模式与现代政治理论的起源》，《党政研究》2023 年第 5 期。
④　杨光斌：《现代化模式与现代政治理论的起源》，《党政研究》2023 年第 5 期。

标所在,也对中国比较政治理论的生产提出了新要求。无独有偶,同样有学者强调作为以欧美国家现代化道路为样本的西方现代化理论,在后发国家现代化探索进程中面临着解释力不足的问题。成媺对比了拉美各国和东亚国家和地区的现代化道路,认为前者在依附与资助、威权与民主之间摇摆,后者则走向强政府主导的压缩式现代化,并进一步提出,国家主导的内生性发展是后发国家现代化的典型特色。①这一论证恰恰与前文形成了有机呼应,阐释了中国式现代化建设的内在魅力及其在比较政治研究中的意义。

　　同时,由于无论是中国的现代化实践,还是基于中国成功经验的自主现代化理论知识体系的重新发现与建构,都离不开对经典现代化理论的深入反思。李路曲和赫婧如从基本道路与多元路径、内部驱动与外部驱动和经验叙事与理论建构三组概念之间的关系问题入手,对现代化理论的适用性与不适用性进行了深入分析。两位学者指出,“这些争论也是与实践的变化对理论建构的新要求交织在一起的”②,并提出“解决这些争论和问题需要在同一视角和同一标准下阐释和比较不同国家现代化的基本问题,理解现代化的多元性、复杂性以及现代化理论本身的适用性和不适用性问题,并且要随着实践的发展在特定时空范围内不断修正和发展现代化理论”③。

　　陈周旺以及周成、钱再见则分别从人民民主的政治逻辑入手进行了重新发现,并得出了相似的研究结论。陈周旺指出,“人民民主就是以人民为中心的政治建构……人民民主的制度核心是人民当家作主,是党的领导、人民当家作主、依法治国的有机统一”④。周成和钱再见建构了“价值—制度—行动”的概念性分析框架,同样肯定了全过

---

① 成媺:《国家主导的内生性发展:比较视野下后发国家现代化道路探析》,《世界经济与政治论坛》2023 年第 1 期。
② 李路曲、赫婧如:《现代化理论的适用性与不适用性分析》,《当代世界与社会主义》2023 年第 2 期。
③ 李路曲、赫婧如:《现代化理论的适用性与不适用性分析》,《当代世界与社会主义》2023 年第 2 期。
④ 陈周旺:《人民民主的政治逻辑与制度实践》,《社会科学》2022 年第 10 期。

程人民民主中人民主体地位的价值取向,并指出其"制度载体是以人民代表大会制度为代表的'1+3'制度体系,而行动实践则包括'民主选举、民主协商、民主决策、民主管理、民主监督'五个具体环节。'价值—制度—行动'三个逻辑要素有机统一、相互促进、相互支撑,是一个能促进其高质量发展和高效率运行的良性互动的逻辑闭环。基于此,全过程人民民主政治逻辑下的发展进路应该包括加强党的领导、实行依法民主以及扩大民主参与"①。

数字时代的来临,不仅深刻改变了政治实践,也促使政治学界不断思考技术和政治之间的关系,②并催生了从数字国家、数字政府、数字政党到算法治理的一系列丰富的研究成果。

在国家层面,数字时代的来临赋予国家以一系列新特征,从而使适应于工业文明的现代国家理论面临挑战。基于此,黄其松的《数字时代的国家理论》一文通过分析提炼出马克思主义国家学说中暴力、疆域、制度和国家能力四个核心概念,并以此为框架,剖析了数字时代现代国家理论面临的困境,进而通过概念化重构国家理论的核心概念。他认为"应以数字暴力、数字执行人丰富暴力的内涵,以数字主权、数字人拓展疆域范围,以数字政府扩充制度概念,以数字治理扩展国家能力的含义,从而建构数字时代的国家理论"③。

在政府层面,随着数字政府"迈入全面数字化转型的协同发展阶段"④,现有理论面临实践中一系列协同问题的挑战,"迫切需要理论迭代以理解实践进展"⑤。因此,孟天广在《数字治理生态:数字政府的理论迭代与模型演化》一文中,在厘清和批判性吸收现有理论的基础

---

① 周成、钱再见:《全过程人民民主的政治逻辑:基于"价值—制度—行动"框架的分析》,《湖北社会科学》2022 年第 10 期。
② 高奇琦、隋晓周:《数字政治学的未来图景与现实展开》,《政治学评论》2023 年第 1 期。
③ 黄其松:《数字时代的国家理论》,《中国社会科学》2022 第 10 期。
④ 孟天广:《数字治理生态:数字政府的理论迭代与模型演化》,《政治学研究》2022 年第 5 期。
⑤ 孟天广:《数字治理生态:数字政府的理论迭代与模型演化》,《政治学研究》2022 年第 5 期。

上，基于"全景视角"提出并阐述了"数字政府理论模型演化的方向——'数字治理生态理论'"①。"数字治理生态蕴含数字治理主体和数字治理资源两大内生关联的要素系统,强调治理主体和治理资源的协同和共享,进而构建数字政府、数字经济与数字社会协同演化的生态系统。"②此外,夏志强也系统地讨论了数字化时代政府治理改革的新议程,强调今后应当不断以人文情怀引领政府数字变革,在官僚治理中融入公众行动, 在完善回应性治理模式的同时实现前瞻性治理,确保算法接地、黑箱透明、技术受控,突破信息壁垒、把握数据安全。③

在政党层面,数字化转型给政党带来了新的挑战。李路曲和许丹丹从政党的组织结构和权力关系的变迁出发,以政党类型学为起点,将政党划分为精英型政党、群众型政党、全方位型政党、卡特尔型政党、现代公司型政党以及数字型政党等;并在此基础上,通过"对世界政党组织结构和权力结构演进的基本模式进行比较和阐释"④;最后指出,无论是传统政党还是新兴政党,都在组织结构调整的基础上促进了政党政治的民主化,尽管程度不同。在数字型政党时代,建立在新的社会结构基础之上、依靠数字平台和虚拟组织来进行党的建设和组织,深刻地改变了党员的吸纳方式和组织内涵。

在治理层面,段宇波和李路曲指出,"算法治理和生命治理是关乎公共治理内在逻辑的'元问题'"⑤。由于既有研究"对于嵌入治理的数字化和生命整体异化并未引起足够重视……从生命治理出发思考算

---

① 孟天广:《数字治理生态:数字政府的理论迭代与模型演化》,《政治学研究》2022 年第 5 期。
② 孟天广:《数字治理生态:数字政府的理论迭代与模型演化》,《政治学研究》2022 年第 5 期。
③ 夏志强、王奕杰、张明阳:《数字化转型及其对政府治理的挑战》,《政治学评论》2023 年第 1 期。
④ 李路曲、许丹丹:《欧美政党组织结构和权力结构的变迁》,《世界社会科学》2023 年第 3 期。
⑤ 段宇波、李路曲:《算法治理与生命治理的内在逻辑及裂隙整合》,《中国行政管理》2022 年第 10 期。

法的还较少,西方话语较多而本土性认知还比较缺乏"[1],两位学者在《算法治理与生命治理的内在逻辑及裂隙整合》一文中，以价值、制度、技术的三维框架为基础，从算法治理与生命治理的内在逻辑出发,深入剖析了二者在演化互动中产生的裂隙和整体异化的风险,进而提出了算法治理与生命治理整合的创新路径。

二、比较政治学方法阐释

2023 年，中国比较政治学学者在方法论的研究上最突出的特点就是开始走出引介和跟随西方学界方法论研究的窠臼，虽然在研究成果的数量和学者群体形成上依然有待进一步提升，但也有了一些渐入佳境的势头。具体而言,这一时期的中国比较政治学方法论研究主要集中在复杂性和不确定性研究方法的摸索、田野政治学方法的提炼、案例导向方法的深化以及敏感议题的应对四个方面。

政治学研究对象的复杂性和不确定性等特征决定了其研究方法不能完全照搬行为主义的定量方法。李路曲、臧雷振和卢春龙等学者在这一方面各自进行了探索。基于对比较政治学研究方法和研究单位的观察，李路曲与赫婧如对社会政治现象的结构特质与复杂意涵进行了深入分析,指出"对社会政治现象复杂性和多维度的认识、集合性研究单位的建构、多元混合比较方法和理论的发展,是人们为回应现实世界日益密切的交往而发展出的认识论和方法论……它们有着内在的一致性……无论是'集合变量'还是'多元综合性方法与理论'的发展,都只是比较研究中的一种选择和趋势,并不是要替代'单一性变量'和'单一性理论'的发展。相反,只有在'单一性'发展的基础上,'综合性'才能更有效地发展"[2]。臧雷振和陈香好从研究方法研究中较少关注的确定性和不确定性维度出发，尝试对社会科学研究

① 段宇波、李路曲:《算法治理与生命治理的内在逻辑及裂隙整合》,《中国行政管理》2022年第 10 期。
② 李路曲、赫婧如:《社会政治现象的复杂意涵与比较方法的发展》,《学海》2022 年第 6 期。

方法发展变迁中诸如对客观标准要求不断增多以及诸多流派存在的分歧等现象进行解释，指出社会科学对研究确定性的追求和不确定性的挑战造成的徘徊是其转换的内在逻辑。这一发现揭示了社会科学研究方法转换中不确定性背后的确定性逻辑，并为未来的研究方法创新指出了挑战和创新起点。①针对行为主义研究取向在政治文化研究中存在概念问题这一"基础性的高阶问题"②因而阻碍了政治文化研究进步的问题，卢春龙的《中国政治文化研究的进步及其问题》首先从概念和假设检验方面进行了反思，然后在此基础之上"提倡一种关于政治文化研究的新路径——挖掘中国传统文化中的阐释学传统、重新审视其应用价值，并在其创造性地当代转化中结合行为主义的实证检验"③。

　　近年来，田野政治学在概念建构上的持续努力凸显出其在认识论和方法论上的价值和潜力。但这一过程尚未完成从自发到自觉的转变。王向民从舒茨现象学的"语言–分析"角度对田野政治学的概念建构进行社会科学认识论的探讨，指出以"祖赋人权""家户制"等为代表的田野分析事实上"为我们提供了一条'从经验中发掘话语'的现象学'语言–分析'路径"④。针对概念建构以经验为基础的取向也注定要面对"经验的有限性导致知识的解释力和有效性欠佳"⑤的问题。陈军亚以"板结社会"概念建构为例，探讨了田野政治学方法的概念建构何以进行以及如何成立的问题。文章认为，"概念建构要将中国经验置于一般性学术议题和分析框架之中，挖掘中国经验的主体特征，通过经验的概念化实现转换和自主表达，以此呈现中国经验的主

---

① 臧雷振、陈香好：《社会科学研究方法转换的内在逻辑：确定性与不确定性之间的徘徊》，《浙江学刊》2023 年第 1 期。
② 卢春龙：《中国政治文化研究的进步及其问题》，《政治学研究》2023 年第 3 期。
③ 卢春龙：《中国政治文化研究的进步及其问题》，《政治学研究》2023 年第 3 期。
④ 王向民：《"语言–分析"作为经验研究的新路径：田野政治学概念建构的现象学分析》，《华中师范大学学报（人文社会科学版）》2023 年第 4 期。
⑤ 陈军亚：《"经验的自主表达"：概念建构的田野政治学路径——以"板结社会"概念为例》，《学海》2023 年第 1 期。

体性,并获得在既有知识体系中的有效性"①。

自亚当·普沃斯基和亨利·特尤因呼吁"变量导向的方法"取代"案例导向的方法"以来②,定量研究取得了研究方法竞争中的优势。《社会科学中的研究设计》出版以及该书提倡的定性研究向定量研究看齐充分体现了"定量霸权"③,并激起了学界的反思和激烈争议。在此过程中,案例导向的研究方法取得进展并得以复兴,"案例内分析与跨案例研究作为定性研究的常见形式,已经为越来越多的学者与学科所运用"④。对此,游宇和陈超研究指出,"案例导向研究是在比较方法以及量化研究与质性研究的方法论交锋中逐渐发展起来的"⑤。同时,由于国内学者较少重视两种研究文化在认识论层面的差异及其导致的认识论与方法论的"错配"问题,两位学者指出"要科学地展开一项案例导向研究,研究者首先要理解案例导向研究的哲学基础"⑥,并通过介绍案例导向研究的哲学基础和核心特征,帮助研究者科学、严谨地开展相关研究,以"最大化发挥案例导向研究的解释力"⑦。案例研究方法发挥其在探索因果机制上的优势时,会面临"如何从经验事实中凝练规范的、可证伪的科学表述的机制,影响着案例研究方法的推广和使用"⑧的问题。臧雷振和徐榕的研究"较系统呈现了如何从经验事实到规范过程,如何从过程比较、差异化情境、结构检验提升

---

① 陈军亚:《"经验的自主表达":概念建构的田野政治学路径——以"板结社会"概念为例》,《学海》2023 年第 1 期。
② Adam Przeworski and Henry Teune,The Logic of Comparative Social Inquiry,New York:John Wiley and Sons,Inc.,1970,pp.1–23.
③ 葛传红:《西方政治学界对于"定量霸权"的反思与批判》,《国际政治研究》2019 年第 1 期。
④ 游宇、陈超:《案例导向研究的比较技艺:哲学基础与分析路径》,《开放时代》2023 年第 5 期。
⑤ 游宇、陈超:《案例导向研究的比较技艺:哲学基础与分析路径》,《开放时代》2023 年第 5 期。
⑥ 游宇、陈超:《案例导向研究的比较技艺:哲学基础与分析路径》,《开放时代》2023 年第 5 期。
⑦ 游宇、陈超:《案例导向研究的比较技艺:哲学基础与分析路径》,《开放时代》2023 年第 5 期。
⑧ 臧雷振、徐榕:《从经验事实到科学因果:基于过程的因果机制探索》,《社会科学》2023 年第 7 期。

内外部效度,实现对科学因果的挖掘,形成具有一定操作性的整合性方案"①。

在学术伦理和敏感议题的研究方法上,由于各种困难的存在,一直是学者较少触及的领域。臧雷振等学者重点关注敏感程度难判断和敏感内容资料难收集的问题,探究提高敏感议题研究结果信度和效度的方法。《社会科学研究中的敏感议题:特征判断与应对方法》一文"一方面,比较甄别议题敏感程度的差异化策略,归纳'特征判断'方法的应用标准和注意事项,强化研究者开展敏感议题研究的谨慎性、警觉性和敬畏心理。另一方面,形成经典方法与新兴技术相结合的敏感内容资料收集工具箱,减轻受访者因参与敏感议题研究而产生的应激反应,鼓励研究者在践行不伤害原则的同时提升资料收集成效,最终孕育出更多有价值的敏感议题研究成果,促进新时代社会更加包容、稳定发展"②。

三、比较政治学议题梳理

本年度比较政治学的议题仍延续既往结构,从政治秩序、政体、社会行为体、国家制度以及经济与跨国家进程五个方面呈现。

(一)政治秩序:国家建构、民族主义与民粹主义

在政治秩序这一议题中,本年度比较政治学人承袭了 2022 年度的研究理路,继续将研究重点置于民族国家与国家建构问题上,同时国际国内复杂的变动局势引发了关于民族主义与民粹主义问题的探讨。

作为比较政治的经典命题,国家建构长期获得中国比较政治学

① 臧雷振、徐榕:《从经验事实到科学因果:基于过程的因果机制探索》,《社会科学》2023年第 7 期。
② 臧雷振、王栋、仇佳璐:《社会科学研究中的敏感议题:特征判断与应对方法》,《学习与探索》2023 年第 4 期。

人的关注。已有研究围绕国家建构的概念、逻辑、元素等展开了丰富而细致的研究。这一过程既受到外部力量的干预，也受到内部力量的影响。关于这些影响如何产生及其实践机制自然引发了学者的关注。

从外部力量干预的角度看，作为一类特殊的国家类型，后殖民国家建构受到诸多外部力量的干预，其中之一是联合国的维和行动。维和行动对于目标国维持秩序固然有积极意义，但不可否认，由于维和消费带有速成性和负外部性、维和豁免权可能降低政府行政官僚机构的效能，以及税收豁免和收入两极分化可能降低民众的纳税意愿等原因，维和行动或许会对后殖民国家的国家建构带来负面影响。基于这一问题意识，卢凌宇等基于1980—2015年126个后殖民国家的样本统计数据，以政府财政汲取能力为因变量，发现两者存在显著的负相关。[1]这一数据有力地支持了维和行动可能对国家建构带来消极影响的结论。

与此同时，另一个值得关注的现象是，外部力量干预下的政权更替，因其存在着诸多先天不足，可能面临着前政权势力通过武装手段"卷土重来"。这类事例并不鲜见。由此引发了一个有意思的问题——究竟在何种情境下前政权势力更可能实现"卷土重来"而非"偃旗息鼓"？周亦奇以美国为主导的西方势力在亚非地区发动的三场政权更迭行动为案例，发现前政权在更迭前的资源动员与组织凝聚模式是影响结果的关键变量。[2]这一研究有助于深化政权更迭对国家发展的作用分析，也有助于预判更迭后国家政权的发展路径。

从内部力量影响的角度看，政治精英的行动是分析国家建构的重要视角。在20世纪初的东南亚，以民族主义和共产主义为代表的对抗性意识形态对殖民统治和帝国主义造成了巨大的冲击。但有趣的是，几乎所有政权最终都是以民族主义而非共产主义作为建国意

---

[1]　卢凌宇、王潇茹：《联合国维持和平行动与后殖民国家建构（1980—2015年）》，《国际安全研究》2023年第1期。

[2]　周亦奇：《重整旗鼓还是销声匿迹——组织模式与前政权卷土重来》，《世界经济与政治》2022年第12期。

识形态选择。这一现象背后的制度性原因,引发了学者的关注。释启鹏从政治精英行动的角度入手,认为以阶级动员为核心的共产主义意识形态,因其致力于实现阶级改造遭受了旧阶级政治精英的坚决抵制,使得民族主义成了自然的选择。作者还以建国时刻的马来西亚、印尼与菲律宾三国经验为例,佐证了这一观点。①然而,恰因如此,新的国家根深蒂固地存在着旧秩序的基因,这也为后续各国波折的政治改革埋下了伏笔。

民族主义和民粹主义是现代政治过程中极具号召力的政治思潮,前者以"我族"和"他族"的内外区分、后者以"精英"和"民众"的上下区分形成了两套不同的动员话语。但在近代以来各国民族国家建构经验中,"民族"和"民众"两种元素交替出现,使得民族主义和民粹主义出现了理论合流的态势,进而导致民族主义和民粹主义互为主要内涵的吊诡现象。特别是近年来西方国家出现的由经济危机、难民危机、移民问题等导致的政治动荡,以及代议式民主所面临的内在困境,更是加剧了这一态势。基于这一设定,林红考察对比了 19 世纪末的俄美、20 世纪中期的拉美和 21 世纪初期的欧美三波民粹主义高潮,探析民粹主义大众政治背后的民族主义动力。林红进而认为,两者的对抗性逻辑是两者得以共振乃至合流的基础;不能简单地"进步"或"反动"作为评价二者的标准,而应将其置于具体的政治情境中加以分析;同时,两者的合流也为国内政治与世界政治的连通提供了桥梁。②为了厘清两者的内涵,研究者们通过"概念加形容词"的方式提出了"民粹民族主义"与"民族民粹主义"这些亚类型概念,但未能根本性地解决两者概念模糊和混淆的问题。正是出于这一担忧,高奇崎等从概念研究的角度,对二者进行了细致界分。作者使用"最小–最大"策略的方式剥离了民族主义与民粹主义的相关属性进而进行比较,发现概念混淆的关键在于两者在决定性属性中的家族相似性以

---

① 释启鹏:《"民族"压倒"阶级":东南亚三国建国时刻的精英抉择与历史遗产》,《社会科学》2022 年第 10 期。
② 林红:《民粹主义与民族主义的历史联系及反思》,《社会科学》2023 年第 8 期。

及伴随性属性间的共性。①这一结论恰恰与前文关于民粹主义和民族主义共振的研究相呼应。

在深化概念研究的同时，还有学者围绕民族主义的表现、民粹主义与政治发展等主题展开研讨。例如，田烨认为，在欧洲出现的民族主义思潮呈现出三重维度，基于欧洲认同而形成的泛区域民族主义、基于国家认同而形成的国家民族主义和基于民族认同而形成的地方民族主义，三者各有其核心利益诉求。三者的相互作用，对欧洲地缘政治乃至全球政治格局产生了深远影响。②刘辰结合阿拉伯国家的政治发展历程，认为其民粹主义具有典型的本土意识形态特征，在与民族主义、威权主义、伊斯兰主义深度融合的过程中，对阿拉伯国家的国家认同和政治发展产生深刻影响，并将继续制约国家的民主转型和经济发展。③这些研究共同构成了本年度政治秩序专题的丰富研究。

（二）政体：政体多样性、民主化与民主崩溃

1.政体多样性：国家集权体制

自亚里士多德的《政治学》始，政体研究就是比较政治学的经典议题，政治理论家对不同的政体形式做了大量的类型学研究，这些研究构成了比较政治学早期发展的理论基础，并逐渐演化为政体研究的经典范式。近年来，伴随各国政治运行模式的多样，学界转向关注中国经验，修正、丰富已有的政体理论研究。陈炳辉聚焦于国家集权体制，认为国家集权体制作为国家组织管理制度本身并不等同于专制制度。陈炳辉使用历史比较分析的方法，区分出建立在专制政治和民主政治的不同基础上的国家集权体制，认为民主政治基础上的国家集权体制却能避免专制统治的危险。国家集权体制和民主政治体

---

① 高奇琦、张鹏：《民族主义与民粹主义之辨——基于概念研究的视角》，《学术月刊》2023年第2期。
② 田烨：《欧洲民族主义的三重维度及其显现》，《贵州民族研究》2023年第4期。
③ 刘辰：《民粹主义与阿拉伯国家的政治发展》，《国际论坛》2022年第5期。

制是现代国家建构的两大不可或缺的制度体系，社会主义民主是国家集权体制健康运行的坚实基础，确立在社会主义民主基础上的国家集权体制，才能实现高效和民主兼具的良好的国家治理。①

该研究通过对国家集权体制的理性分析，还原了其真实含义，论证了中国的集权体制与社会主义民主的关系，修正了"集权等同于专制"的观点。现实世界中的民主衰败、民粹主义盛行确实与国家集权的缺失不无关系。不论是中国经验还是诸多后发国家案例都表明没有国家集权所保证的社会秩序和经济快速发展，力图先建立西方模式的民主制度，往往会导致民主的崩溃。不过，需要进一步思考的是，国家权力集中产生巨大的动员、组织、协调和控制功能，是否会导致国家能力过于强大而无所不为、影响社会自我调节能力的发挥，谁又来监督国家权力的健康、良好的运行呢？这些问题需要进一步研判与论证。

2.民主:理论反思、政治转型

民主是否等于西式自由民主？民主是否可以衍生出多种形式？民主政治本体论的探讨一直是学界所关注的话题。②诸多发达国家都实行民主制度这一现象促使学界形成了"西式民主优势论"的认识。甚至有部分学者在分析政治制度与经济增长的理论关系时，从"发展优先"转换为"民主优先"，主张发展经济需要先采用西式民主制度。张树华、赵卫涛的专著《民主观与发展路:世界大变局与中国政治学》围绕民主范式展开，反思了西式民主理论的局限与现实困境。该书全面阐释了对民主化及其评估的科学性与政治性标准，批驳了"民主等于西式自由民主"的错误观念，强调要坚持走适合本国国情的民主发展之路。③

---

① 陈炳辉:《构建民主基础上的国家集权体制》,《政治学研究》2022 年第 6 期。
② 从 2019 年 11 月，习近平总书记考察上海市长宁区虹桥街道基层立法联系点时第一次提出"人民民主是一种全过程的民主"后，全过程民主、全过程人民民主就进入到比较政治学的研究视野，且成为近三年民主研究的热点。受篇幅所限，为聚焦年度比较民主主义的进展，本文民主理论部分仅综述从比较的视角或者含有比较方法的民主理论，不单独综述全过程人民民主理论的研究进展。
③ 张树华等:《民主观与发展路:世界大变局与中国政治学》,中国社会科学出版社,2022 年。

　　唐睿、唐世平认为,西式民主在整体上对经济发展并没有正向作用,对政体简单的二分法极大地掩盖了政治制度间的差别,而这些差别很可能是导致经济发展不同结果的重要原因。二者认为,对政治制度进一步细分或聚焦于中层制度会丰富关于二者关系的认识。政治制度不是直接作用于经济发展,而是通过某些渠道间接产生作用。制度只是"发展的新三角"的其中一个角,关于发展的新制度经济学需要拓宽视野,不应再局限于政治制度或者是产权。①轩传树、薛雁方介绍了西方民主理论研究的转向:从民主巩固到"民主解固"。他们介绍了以罗伯特·福阿和亚夏·芒克为代表的西方学者提出了"民主解固说",不仅明确指出北美、欧洲和亚太一些所谓民主国家的自由民主制已经开始解固,而且围绕"民主解固"的概念、测量、现实性及其影响与根源展开了深入研究。②

　　此外,牟硕介绍了罗伯特·达尔的民主转型理论,对古代的城邦民主、现代民族国家的民主和当代全球化民主的特点、民主转型的趋势做了详细的分析。③漆程成介绍了福山提出的国家构建优先于民主转型的转型范式理论。④关爽分析了数字技术对民主的积极作用和消极影响,认为走出数字民主的迷思,需要探索数字技术影响民主政治的因果机制和具体路径。⑤

　　按照经典民主理论,政治转型需要一定的条件,如经济发展、公民文化、社会资本等,这些变量与政治转型之间是否具有相关性长期以来成为民主研究的经典命题。诸多研究和民主实践表明,缺乏这些要件,民主则难以建立,即便出现转型,民主崩溃的可能性也比较大。

---

① 唐睿、唐世平:《西式民主与经济增长的关系——对阿西莫格鲁"西式民主优势论"的反思》,《经济社会体制比较》2022 年第 6 期。
② 轩传树、薛雁方:《从"民主巩固"到"民主解固"——西方自由民主研究范式转型》,《当代世界与社会主义》2023 年第 3 期。
③ 牟硕:《西方民主转型的历史与逻辑——以罗伯特·达尔的民主转型理论为例的考察》,《比较政治学研究》第 23 辑。
④ 漆程成:《国家构建优先于民主转型——福山对"转型范式"的反思及其超越》,《比较政治学研究》第 23 辑。
⑤ 关爽:《数字时代民主的迷思——数字技术的影响及其限度》,《比较政治学研究》第 23 辑。

其中,苏联的政治转型及其经验教训是党、国家以及学者十分关注的研究。在苏联成立 100 年之际，李慎明等对苏联亡党亡国的根本原因、教训与启示做了细致的分析。该研究认为,从赫鲁晓夫到戈尔巴乔夫领导集团在思想上政治上的蜕化变质是苏联亡党亡国的根本原因,具体表现在信仰、理论、政治、经济、组织、作风、外交和精英人生观八个方面。苏联政治转型的经验表明,大党的自身建设不仅关乎党的兴衰存亡,而且关乎国家、人民乃至人类的前途,为中国的党与国家建设提供了深刻的启示。①

　　后发民主化地区的民主转型及巩固研究也取得了一定的进展,年度研究以各地民主建构的现实作为案例,从地缘政治、殖民遗产与民主构建、民主巩固相关性的角度进行了细致考察。张喆、胡志丁认为,国别地缘环境视角可以被界定为跨尺度耦合下国内外多元地缘体利用跨领域间互动进行综合作用的情景分析。自 20 世纪 80 年代以来,由于缅甸地缘环境从内乱外压、外压内稳到外稳内乱的演变,其民主化改革进程依次经历民主开启、转型过渡期、民主转型、民主巩固和民主倒退。缅甸民主化改革的未来走向极为可能是在军方控制下民选政府与军方合作推进的适度改革。②吕文增也发现,印度民主制度建立与英国的殖民统治和国大党的领导分不开。印度独立后,制定了世俗的宪法,进行了联邦主义的国家结构设计,在中央与地方之间做了合理的安排。印度在民主实践中走出了一条联盟民主之路,这种民主模式是适应印度社会高度异质性的合适选择，能有效调和不同族群的利益。③沈晓雷评价了非洲民主发展现状,认为自 20 世纪 90 年代以来,非洲的权力更替方式发生重大转变、民主质量得到显著提高,但非洲国家在民主化进程中仍然还存在腐败问题、族群政治、社

---

①　李慎明等:《苏联亡党亡国的根本原因、教训与启示——写在苏维埃社会主义共和国联盟成立 100 周年之际》(上、中、下),分别发表在《世界社会主义研究》2022 年第 9、10、11 期。

②　张喆、胡志丁:《基于国别地缘环境视角解析缅甸民主化改革进程》,《地理研究》2022 年第 11 期。

③　吕文增:《非西方国家的民主构建:以印度为例》,《比较政治学研究》(第 22 辑),天津人民出版社,2023 年。

会与安全问题和殖民遗产等制约因素，有效应对和解决这些制约因素有助于非洲未来民主政治的良性与可持续发展。[①]

综上所述，本年度中国社会科学界既有对民主理论的介绍、分析，也十分重视对西式民主困境的反思以及民主发展中的新问题、新趋势的探讨。一方面，对民主模式和民主多样性的研究表明，西式民主不是民主的唯一模式，民主的价值在于主权在民，平衡利益，增加社会福利。近年来，民主运转失灵的现象在英国、美国、法国等老牌民主国家屡现不止，民主不再被看作一系列矢量，即便是民主巩固的国家仍然会因难以预料的政治、经济与社会而发生民主解固。这些研究不仅反映了现实世界出现的新的民主模式，也分析了西式民主制的危机，在理论上延续了民主理论范式，并根据个案的民主危机对既有的民主理论进行了一定修正。民主是全人类的共同价值，其实现方式是多样的，这为我们全面认识民主政治，进而研判其未来走向提供一种新的视角。另一方面，引发民主转型的如地缘政治、殖民遗产、经济增长是学界一直热烈讨论却尚未达成共识的话题。随着民主转型、民主崩溃在后发民主国家的发生，缅甸、印度以及非洲新生的民主国家成为民主实践的沃土。可以预见，未来民主理论的增长点很可能来自于这些后发民主地区，但因各国制度复杂多样，传统千差万别，在考察民主理论时，需要注意制度与民主之间的特殊性与适应机制。

（三）社会行为体：变动中的社会运动

本年度在社会行为体这一维度中，比较政治学人继续将重点放在社会运动领域。结合时代发展背景，信息技术推进了产业结构和社会结构的巨大变革，导致社会运动的基本形态和发生逻辑出现变化。探究变动中的社会运动问题，自然也就成为比较政治学人的现实关怀。

一方面，21 世纪以来左翼社会运动在西欧主要国家形成了一定

[①] 沈晓雷：《非洲民主政治发展评析——兼评西方学界关于非洲民主衰退的论断》，《国际政治研究》2022 年第 5 期。

声势并迅速发展成为激进左翼政党,呈现出富有特色的政治动员和组织运作,为观察研判左翼思潮的传播提供了绝佳的素材。伍慧萍梳理了近年法国、意大利、西班牙、德国等国家左翼社会运动的发展脉络,认为区别于传统政党, 左翼社会运动更多地依赖网络平台和社交媒体,通过创新运作和治理模式致力于实现直接民主,同时还体现出年轻化和跨阶级的特点。这种变化源自复杂而多变的内外部政治形势,包括贫富分化激发的社会矛盾、传统政治格局的重构、科技革命的推动以及各种危机催化的社会问题等。①实际上,左翼社会运动的发展会对包括西欧在内的各国政治格局产生影响,加之左翼政党自身执政能力不足和面临的右翼民粹主义冲击,使得政治局势变得异常复杂和棘手。这对各国政治秩序提出了新的挑战。另一方面,在关注传统西方国家社会运动的同时,也有学者聚焦非洲国家,将其工会发展历程与社会运动关联起来加以阐释。李欣等梳理了非洲工会的发展历程,发现其与政治运动的紧密结合, 使其超越了传统工会的活动范畴,呈现出社会运动工会主义特征。②

(四)民主与国家制度:政党谱系与政党现代化

政党类型学问题向来是比较政治学研究的核心。呼应着中国式现代化改革的进程,如何产出具有中国特色的政党类型学知识体系,并且能够与西方学界进行有效的理论对话,是中国比较政治学人的现实任务。在这一理论关怀下,比较政治学人试图反思传统的政党理论,在国家建构和政权建设的场景中探求政党谱系和政党现代化问题。

西方学者对政党类型学形成了异常丰富的研究图景,大致可以归入组织学、功能主义、历史主义、整合主义等分析纬度。事实上,作为经验与规范的统一体, 政党概念固有的张力更呼唤着经验研究的支

① 伍慧萍:《政治变局下西欧左翼社会运动的发展动向》,《当代世界》2023 年第 1 期。
② 李欣、吴清军:《社会运动工会主义的形成和发展——非洲工会的发展历程及其在劳动雇佣管制中的作用》,《中国劳动关系学院学报》2022 年第 5 期。

持。在比较与反思的基础上,国内学人开始引入国家建设视角,试图补充和拓展既有的类型学框架。这一视角的基本设定是,在先发国家和后发国家,政党在国家建设中扮演的角色和承担的核心任务不同,注定其组织逻辑、动员逻辑和运行逻辑呈现出显著差异。在这一视角下,卢正涛归纳出了三大政党谱系,即先发国家的作为现代国家完善者的政党、极少数后发国家的作为现代国家创造者的政党、绝大多数后发国家的游走在"创造者"与"完善者"之间的政党。[1]柴宝勇等回溯萨托利关于政党和政党体制的理论,强调政党多元主义在后发现代化、仍需完成政治系统重构的政治共同体中并不适用。柴宝勇等进一步通过比较历史分析和过程追踪法,在19世纪末至20世纪初的俄苏、20世纪初至20世纪中叶的波兰和中国的经验对比中发现了一种非竞争性的双层政党(国家)体制生成逻辑。[2]这一论证恰恰与国家建设视角下的政党类型学分析不谋而合。

与政党类型学直接关联的一个话题是,政党之间是如何发生互动的。在传统意义上,政党间互动往往被视为国内政治范畴,典型表征为政党间竞争。但实践中发现,政党互动还可能跨域国家的界限,呈现出政党跨国交往的实践样态。围绕国内政党竞争面临的新形势和政党跨国交往的基本形态等问题,学界形成了一些有讨论价值的成果。一方面,大数据、云计算、人工智能以及算法等技术的广泛应用,改变了政党间竞争的格局和方式。在既有的关注技术革命驱动政党转型的研究基础上,阙天舒等将研究视角聚焦到政党如何去吸纳和拥抱技术,将政党计算的脉络梳理为传统式、电子式、网络式和智能式,进而构建出以权力为核心、以组织为载体、以技术为动力的新的政党治理图式。[3]另一方面,出于"政党为何愿意支付高昂的跨国交

[1] 卢正涛:《政党的谱系:基于国家建设视角的分析》,《学术界》2023年第7期。
[2] 柴宝勇、石春林:《超越政党多元主义:论霸权党制及其类型学》,《世界社会科学》2023年第3期。
[3] 阙天舒、方彪:《西方政党政治现代化中的"迷思"——基于一种"政党计算"范式的比较分析》,《学术月刊》2023年第6期。

往成本"这一问题意识,温尧分析了政党跨国交往的基本形式和基本属性,建构了基于意愿和禀赋的分析框架,并选用中国共产党、德国社会民主党、美国民主和共和两党、澳大利亚绿党的跨国交往四个案例进行经验分析。[①]这一研究突出了政党作为跨国交往中核心能动者的角色。

实际上,中国比较政治学人关于政党谱系和政党现代化的研究,均或显或隐地体现出对当代中国政治、特别是中国式现代化的理论关怀。这一理论关怀也将长期影响学界的议题选择和研究策略。

(五)经济与跨国家进程

1.发展型国家:理论挑战与现实困境

刘露馨介绍了弗雷德·布洛克(Fred Block)的"隐形的发展国家(hidden developmental state)"理论,认为二战后,美国已从一个被动的守夜型国家演变为一个具有强大经济干预能力的美国式发展型国家。这一国家建构的目的是提高国家能力以维护美国的全球霸权,除了对内推行产业扶持政策外,美国式的发展型国家还通过积极的经济外交来干预国际市场的发展,以塑造特定战略性产业的全球生产体系。[②]郁建兴与刘涛选取了发展型国家与福利国家两种现代化模式作为"认知对比镜像",论述了中国共同富裕治理体系的主要框架和特征。他们认为发展型国家模式证明了国家动员主义的巨大优势,但也导致社会运行的自主逻辑无法得到有效发挥,削弱了社会自治和社会组织的能力。福利国家对二战后西方社会的和平发展、减少贫困和社会政治秩序稳定发挥了重要作用,但随着经济、财政、人口结构和全球化的挑战,因为单向度地强调和放大公民社会权利和福利权利,容易出现福利侍从主义。在对发展国家和福利国家模式进行分析

---

① 温尧:《理解政党跨国交往:意愿、禀赋与形态选择》,《世界经济与政治》2022 年第 9 期。
② 刘露馨:《重塑"利维坦"——大国竞争与美国式发展型国家的建构》,《世界经济与政治》2022 年第 10 期。

与反思后，二者指出中国的共富治理体系超越了工业时代发展型国家与福利国家的治理体系。①

上述研究围绕着发展型国家理论的两个问题展开，一是发展型国家的概念界定问题，二是发展型国家面临的现实挑战。政府通过投资和政策优惠的方式介入经济活动是发展型国家的特征之一，发展型国家被看作是美国自由市场模式与苏联计划经济之外的第三条道路。国家动员与政府介入对经济发展有一定的作用，但同时也会削弱社会自主逻辑。美国联邦政府在美国崛起与霸权之路上确实发挥了非常重要的作用，这是政府的应有之义。但是有别于东亚发展型国家的强力介入，美国社会自治和组织能力非常强大，私营部门的创新意图与能力远超政府的计划。因此，隐形发展型国家学说是否能够修正已有理论还需要进一步深入研究。

2.新自由主义:危机与改革

新自由主义的资本主义正面临多重危机并亟待转型，这一观点日益成为学者们的共识。黄平、李奇泽从新自由主义理论和经济政策层面分析其加剧收入不平等程度的内在作用机制，揭示新自由主义理论和经济政策如何通过教育市场化、经济金融化、资本全球化和财政紧缩化等渠道扩大英美等国收入不平等程度。②刘琦、徐斌介绍了欧洲绿色左翼学者对新自由主义危机的批判，认为他们延续了波兰尼"大转型"理论，分析了新自由主义的资本主义模式必然导致危机的原因，并通过双向运动理论剖析了新自由主义虽面临危机却仍"垂而不死"的原因。③林汉青等认为，美国国内长期的收入不平等根源在于资本主义代议制民主下的权力结构一方面将政府权力掌握在资产阶级手里，另一方面又限制了政府机构的权力集中。资产阶级利益集

---

① 郁建兴、刘涛《超越发展型国家与福利国家的共同富裕治理体系》，《政治学研究》2022年第5期。

② 黄平、李奇泽:《新自由主义对英美等国收入不平等的影响》，《中国社会科学》2023年第9期。

③ 刘琦、徐斌:《新自由主义危机的"红绿"批判及转型方案》，《国外理论动态》2023年第3期。

团在代议制民主中扮演了所谓的"人民利益"委托人的角色,通过利益游说和政治献金对政策制定和执行产生决定性的影响力, 造成了美国国内长期的收入不平等,其影响延续至今。[1]闫琳、关照宇发现拉美新左派政府依据内生性新结构主义理论进行了社会和经济领域的改革实践,重视国家与市场对经济社会发展的共同调节作用,修正此前新自由主义改革的后果。尽管改革无法完全解决其经济社会领域长期存在的严重的结构异质性问题, 但仍是拉美地区发展模式的一种有益探索。[2]

伴随经济不平等、收入两极分化加剧,越来越多的研究关注新自由主义政策导致的经济、政治与社会问题,指出破解新自由主义危局的根本出路是向社会主义转型。然而,因为制度的路径依赖、自由主义意识形态的教化以及政府动员能力的有限,新自由主义如何改革仍需要长期观察。

---

[1]　林汉青、王少国、王春玺:《代议制民主下的权力结构与美国收入不平等及其批判》,《经济社会体制比较》2023 年第 1 期。

[2]　闫琳、关照宇:《拉美新结构主义改革:理论与实践》,《经济社会体制比较》2023 年第 1 期。